ARTHUR SCHOPENHAUER

Philosophie in Briefen
Herausgegeben von Angelika Hübscher
und Michael Fleiter

Insel Verlag

Erste Auflage 1989
© Insel Verlag Frankfurt am Main 1989
Alle Rechte vorbehalten
Druck: Nomos Verlagsgesellschaft Baden-Baden
Printed in Germany

INHALT

VORWORT

In Ergänzung der 1987 im Insel Verlag erschienenen Brief-Biographie bringt der vorliegende Band eine Auswahl der Korrespondenz Schopenhauers unter dem Gesichtspunkt seiner Philosophie. So liegen zwei verschiedene Diskurse, ein lebensgeschichtlicher und ein philosophischer, in weitgehend getrennter Form vor. Diese Unterscheidung soll nicht nur Wiederholungen vermeiden helfen; sie hätte auch im Interesse des Philosophen selbst gelegen, der über sich gesagt hat: »Wenn er zu Zeiten sich unglücklich gefühlt, so sei dies nur vermöge eines Irrthums in der Person geschehen, er habe sich dann für einen anderen gehalten, als er sei, und nun dessen Jammer beklagt: z. B. für einen Privatdozenten, der nicht Professor wird und keine Zuhörer hat, oder für den Beklagten in einem Injurienprozesse, oder für den Liebhaber, den jenes Mädchen, auf das er capricirt ist, nicht erhören will, oder für den Patienten, den seine Krankheit zu Hause hält, oder für andere ähnliche Personen, die an ähnlichen Miseren laborieren: das Alles sei er nicht gewesen, das alles sie fremder Stoff, aus dem höchstens der Rock gemacht worden sei, den er eine Weile getragen und dann gegen einen anderen abgelegt habe. Wer aber sei er denn? Der welcher die Welt als Vorstellung geschrieben habe und vom großen Problem des Daseins eine Lösung gegeben, welche vielleicht die bisherigen antiquiren, jedenfalls aber die Denker der kommenden Jahrhunderte beschäftigen werde«[1].

Ein stolzes Bekenntnis, das zugleich als Aufforderung an Interpreten gelesen werden kann, die Abhängigkeit eines Werkes von Person und Lebensweg des Autors in den Hintergrund treten zu lassen und stattdessen die Kontingenz der

---

[1] Wilhelm Gwinner, Schopenhauers Leben, 3. Auflage, Leipzig 1910, S. 278.

Philosophie zu berücksichtigen, die diese immer auch be-
sitzt. Demgegenüber neigen einige moderne, Biographie
und Philosophie zugleich umfassende Darstellungen Scho-
penhauers dazu, die Eigenständigkeit seines Denkens, die
von der Person unabhängige Überzeugungskraft durch eine
häufig spekulative Rekonstruktion der persönlichen Lebens-
bedingungen zu untergraben.

Schopenhauers Briefwechsel enthält die Schnittpunkte, in
denen sich seine Philosophie mit dem Interesse von Freunden
und Zeitgenossen, in der Spannbreite von krasser Ableh-
nung bis hin zu höchster Verehrung, berührt. Dadurch zei-
gen sich kaleidoskopartig die verschiedensten Facetten seines
Denkens im Spiegel unmittelbarer und weithin reichender
Wirkung. Bisweilen erscheinen in den Briefen bestimmte
Aspekte seiner Philosophie auf wenige Zeilen zusammenge-
zogen. So treten Bezüge zutage, die bei der Lektüre des
weitgegliederten Werkes leicht aus dem Blickfeld geraten
können. Soweit das Briefmaterial es zuläßt, werden im
Wechselspiel von Fragen der Briefpartner und Antworten
aus des Philosophen eigener Feder Verständnisprobleme be-
sprochen, mit denen das Werk den Leser konfrontiert. Hier-
bei zeigt sich die erstaunliche Fähigkeit der Philosophie
Schopenhauers, sich kritisch und zugleich richtungweisend
mit auch heute aktuellen Fragestellungen und Problemen in
Beziehung setzen zu lassen.

Andererseits müssen bestimmte Themen, etwa aus dem
Bereich der Ästhetik, unberücksichtigt bleiben, da der ge-
samte Briefbestand hierzu kaum verwertbares Material ent-
hält.

Die Herausgeber gliedern den vorliegenden Band nach
den Schwerpunkten der Korrespondenz. Sie beginnen mit der
Darstellung des Schopenhauerischen Pessimismus im Abbild
von Briefen und Gegenbriefen, auch Dritter. Das Unzeitge-
mäße von Schopenhauers Denken stand schon früh fest. Und
früh begegnete man ihm mit Skepsis und Ablehnung. Scho-

penhauers kompromißlos realistische Sichtweise schuf ihm jedoch nicht nur Gegner, sondern trug ihm auch Anerkennung ein, die sich bis zur gleichsam religiösen Huldigung des »Meisters« steigern konnte. Sein Pessimismus, Vorbild für viele Literaten, trug schon zu seinen Lebzeiten Früchte.

Mit seiner Dissertation betritt Schopenhauer die öffentliche Bühne der Philosophie: als radikal-idealistischer Gegner des Deutschen Idealismus, ständig auf Kant rekurrierend, dessen aufklärerische Intention er als Zeitkritiker beibehält. Schopenhauer bleibt jedoch nicht bei seinem Idealismus, der Welt als Vorstellung, stehen, sondern entwickelt als deren tragendes Pendant die Welt als Wille. Hier zeigt sich eine Übereinstimmung mit Lichtenberg, der auf ähnliche Art und Weise dem Netze der Vernunft zu entkommen suchte wie Schopenhauer.

Ein großer Teil der frühen Korrespondenz ist Goethe und seiner Farbenlehre gewidmet. Hier führt der Briefwechsel in Bereiche, die abseits der philosophischen Beschäftigung mit Schopenhauer liegen und die dennoch für die Geschichte der Transzendentalphilosophie und deren naturwissenschaftliche Auswirkungen von Belang sind.

Der herrschende Hegelianismus drängte Schopenhauer in die Rolle eines »Kaspar Hauser der Philosophieprofessoren«. Wie der Briefwechsel zeigt, waren auch die Freunde und Verehrer Schopenhauers vom optimistischen Zeitgeist erfaßt. Die Briefe zeigen den unbeugsamen Schopenhauer, der voller Inbrunst und Spott die Mitleidlosigkeit der Welt anklagt, die darin besteht, daß man die Übel der Welt beschönigt oder als gerechtfertigt betrachtet, wie dies im Theismus und ihm verwandten philosophischen Strömungen der Fall ist. Schopenhauer plädiert im Grunde dafür, sich eine »Negativ-Phantasie« zu erhalten, um einen Ausdruck von Heinrich Böll zu verwenden. Sie allein vermag Widerstand und Solidarität zu bewirken.

Eine Solidarität mit der gequälten Menschheit und auch

9

mit der Natur, als deren Teil sich Schopenhauer buddhi-
stisch-mystisch begreift. Er hätte heute weit mehr Anhänger
gefunden als damals, weil in Folge der sichtbar und spürbar gewordenen Auswirkungen wissenschaftlich-technischer
Naturbeherrschung das Bewußtsein einer Fehleinstellung
gewachsen und die Notwendigkeit einer Veränderung des
Verhältnisses zur Natur in steigendem Maße auch von Na-
turwissenschaftlern eingesehen wird.

Der Briefwechsel mit Johann August Becker über die Moralphilosophie, wegen seiner Tiefe und Ausführlichkeit das
Herzstück der Korrespondenz, zeigt Schopenhauer in einen
Disput verwickelt, den er mit Nietzsche hätte führen können. Dieser rein philosophische Austausch dokumentiert im
Wechsel von Frage und Antwort Schopenhauers Insistieren
auf einer Ethik, auch wenn sie an Gott oder Vernunft keine
Stütze mehr finden kann. Im Menschen selbst, in seinem
universellen metaphysischen Mitempfinden soll sie begründet sein und so der egozentrischen Praxis des Menschen
Widerstand leisten. Ein moralischer Relativismus, wie
ihn manche Vertreter »postmodernen« Denkens verfechten,
fände in der Ethik Schopenhauers keinen Rückhalt.

Von einer Modeerscheinung der Zeit, dem Tischerücken,
dessen Umfeld heute in zahlreichen Strömungen auf ein
New Age, »Neues Zeitalter«, hin wieder aktuell ist, versprach sich Schopenhauer einen Aufschwung für seine
Philosophie, und – was weit wichtiger ist –, von der Unzulänglichkeit des aufkommenden naturwissenschaftlichen
Materialismus in ethischer Hinsicht. Indem er seine Philosophie als metaphysisch-ethische Wegweiserin anbot, machte
er deutlich, daß die moralisch indifferente, bloß empirische
Wissenschaft und Technik, die auch heute vorherrschend
sind, nicht das letzte Wort haben sollten.

Im Laufe der Jahre verliert der Briefwechsel Schopenhauers seine argumentative Breite. Schopenhauer ist »zu ausführlichen philosophischen Erörterungen« in Briefen nicht

mehr bereit. »Die Zeit eilt schneller als je, und ich möchte in den wenigen Jahren, die ich noch vor mir haben kann, das Letzte zusammenbringen, was ich noch hinzuzufügen habe«.[1] *Philosophische Erläuterungen bilden nun immer häufiger nur noch Endglieder langer Gedankenketten. Vom fünfzigsten Lebensjahr des Philosophen an, mit den Preisschriften an die Dänische und Norwegische Akademie, verrät die steigende Ungeduld, in der sich Schopenhauer bisweilen zu Ausdrücken von unüberbietbarer Schärfe über seine Kontrahenten hinreißen läßt, den sehnsüchtigen Wunsch, daß das Werk endlich Anklang finden möge. Um so mehr erfreute ihn, den Philosophen der Jugend, als den ihn Max Horkheimer einmal bezeichnet hat, das Interesse zweier junger Kadetten einer österreichischen Militäranstalt. In seinem letzten, an sie gerichteten Brief, gewinnt sein philosophisches, ethisches Anliegen noch einmal deutliche Konturen.*

---

1 GBr, 418 (vgl. S. 358 dieses Bandes)

I. LEBENSLAUF

An die philosophische Facultät der K. Friedrich-Wilhelms-Universität zu Berlin

Dresden, 31. Dez. 1819

Hochverehrter Herr Dekan [Prof. P. A. Boeckh]! hochangesehene Herren Räte und Beisitzer der Philosophischen Fakultät! Hiermit richte ich an Sie die ergebenste Bitte mir die Berechtigung und Erlaubnis erteilen zu wollen, auf Ihrer Universität in der Philosophie und deren sämtlichen Zweigen Lehrvorträge zu halten. Damit Sie in Beratung und Erwägung ziehen können, ob ich zu diesem Berufe befähigt und solcher Ehre würdig sei, lege ich Ihnen die bis jetzt von mir veröffentlichten Schriften vor, nämlich die Dissertation über die Vierfache Wurzel des Satzes vom zureichenden Grunde, die Abhandlung über das Sehn und die Farben und die Bücher über die Welt oder das System der Philosophie. Ebenso füge ich das Diplom über den mir von der hochansehnlichen philosophischen Fakultät der Universität Jena erteilten Doktorgrad diesem Schreiben bei. Um Ihnen auch einen Einblick in meine Lebensführung zu geben, lasse ich den üblichen Abriß meiner Laufbahn folgen, der wegen meines schon vorgerückteren Alters und der mannigfaltigen Windungen meines Lebenswegs weitläufiger als gewöhnlich ausfallen mußte.

[...]

Ihrem Wohlwollen, hochverehrter Herr Dekan, sowie der Gewogenheit Einer hochansehnlichen philosophischen Fakultät mich angelegentlich empfehlend, bitte ich den Allmächtigen, Sie im bevorstehenden und vielen folgenden Jahren gesund und wohl zu erhalten und Sie mit allen Glücksgütern segnen zu wollen. Ew. Hochwohlgeboren ganz ergebenster   Arthur Schopenhauer

Lebenslauf des Doctors der Philosophie Arthur Schopenhauer.

> Treibe die Natur mit der Heugabel aus,
> sie kommt doch immer zurück.
> [Horaz, Epist. 10,24.]

Die Aufgabe, über meinen Lebenslauf zu berichten, bringt mir Vieles mehr, dessen zu erwähnen ist, vor die Erinnerung, als bei der gleichen Arbeit Anderer wohl der Fall zu sein pflegt. Es rührt dies daher, daß mir den Beruf, dem ich folge, die gelehrte Tätigkeit, der ich mich hingegeben habe, nicht wie den Meisten der Zufall entgegengebracht noch die berechnende Fürsorge Anderer angewiesen, sondern die eigene freie Wahl allein zugeteilt hat, und daß mir der Weg, auf welchem ich dahin, wo ich bin, gelangte, nicht allein nicht gebahnt und geebnet, sondern behindert und versperrt gewesen, ja daß ich ihn anfangs nicht einmal kannte.

Ich stamme aus Danzig, wo ich am 22. Februar 1788 das Licht erblickte. Mein Vater war Heinrich Floris Schopenhauer, meine noch lebende, durch eine Reihe von Schriften bekannte Mutter ist eine geborene Johanna Henriette Trosiener. Wenig aber fehlte, so wäre ich Engländer geworden; denn erst da ihre Niederkunft schon nahe bevorstand verließ meine Mutter England, um in die Heimat zurückzukehren. Mein vortrefflicher Vater war ein wohlhabender Kaufmann und Königlich polnischer Hofrat, obwohl er nie gestattete daß man ihn so nannte. Er war ein gestrenger heftiger Mann, aber von tadelloser Unbescholtenheit, Rechtlichkeit und unverbrüchlicher Treue, dabei in Handelsgeschäften mit vorzüglicher Einsicht begabt. Wie viel ich ihm verdanke, vermag ich kaum in Worten auszudrücken: denn, wenn auch die Laufbahn, die er mir zu eröffnen beschlossen hatte, in seinen Augen freilich die beste, meinem Geiste nicht angemessen war, daß ich frühzeitig in nützliche Kenntnisse eingeweiht wurde, daß mir dann die Freiheit, die Muße und alle Hilfsmittel zur Verfolgung des Ziels, für das allein ich geboren war, zur Gelehrten-Ausbildung nicht fehlten, daß mir endlich auch später, in reiferen Jahren, ohne mein Zutun Vorteile zu Teil wurden, deren die Wenigsten meiner Art und Anlage sich zu erfreuen gehabt haben, nämlich freie Zeit und eine vollkommen sorgenlose Existenz, kraft deren es mir gestattet war, eine Reihe von Jahren hindurch Studien, die in Hinsicht auf Gelderwerb die unfruchtbarsten sind, Untersuchungen und Meditationen der allerschwierigsten Gattung ausschließlich nachzuhängen und zuletzt, was ich erforscht und durchdacht, durch nichts abgezogen oder gestört, niederzuschreiben – das Alles danke ich einzig jenem Manne: Denn kein Kaiser hat uns diese Muße bereitet.

Deshalb werde ich, so lange ich lebe, diese unaussprechlichen Verdienste und Wohltaten des besten Vaters immer im Herzen bewahren und sein Gedächtnis heilig halten.

Als im Jahre 1793 der König von Preußen, des wohlregierenden allerhöchster Vater, die Stadt Danzig seiner Herrschaft unterwarf, ertrug mein Vater, dessen Herz nicht weniger warm für die Freiheit als für die Vaterstadt schlug, den Anblick des Untergangs der alten Republik nicht; wenige Stunden vor der Besetzung der Stadt durch die preußischen Truppen verließ er sie deshalb mit Weib und Kind, blieb die Nacht über in seinem Landhause und reiste am folgenden Tage in Eiltouren nach Hamburg ab. Aber nicht ohne große Vermögenseinbuße kaufte er sich allein mit den Seinigen von dem Geschicke Danzigs los; denn abgesehen von dem für den Kaufmann höchst nachteiligen Ortswechsel und der in so ungünstigem Zeitpunkt nicht ohne Schaden zu bewerkstelligenden Verkäufe mußte er auch noch den zehnten Teil seiner gesamten Habe dem Fiskus abgeben, wogegen er dann von jeder Verbindlichkeit gegen die Stadt frei und entbunden erklärt wurde. So ward ich schon in zarter Kindheit, ich stand damals im fünften Jahre, heimatlos; auch habe ich seitdem niemals eine neue Heimat erworben. Denn wennschon mein Vater von jener Zeit an bis zu seinem Ende seinen Wohnsitz in Hamburg hatte und daselbst eine Handlung betrieb, so wollte er doch nie unter die Zahl der Bürger aufgenommen werden, sondern wohnte dort nach dem daselbst gültigen Rechte der Ausländer als Beisasse.

Über mich aber, seinen einzigen Sohn und damals alleinigen Erben – meine Schwester ist zehn Jahre nach mir geboren –, hatte er beschlossen, daß ich ein tüchtiger Kaufmann und zugleich ein Mann von Welt und feinen Sitten werden sollte. Zu diesem Zweck hielt er vor allem für nötig, daß ich vollkommen französisch lernte. Als er daher 1797 eine Vergnügungsreise nach Frankreich und England antrat, nahm er mich, der ich damals im 10. Jahre stand und bis dahin in einem Privatinstitut in den üblichen Fächern Unterricht genossen hatte, mit sich. Nachdem wir Paris gesehen, führte er mich nach Le Havre, wo er mich, damit aus mir wo möglich ein ganzer Franzose werde, bei einem Geschäftsfreunde zurückließ. Dieser, ein lieber guter sanfter Mann, hielt mich ganz wie seinen zweiten Sohn und ließ mich mit seinem eignen mir gleichalterigen Sohne gemeinsam erziehen. So wurden wir von zu uns kommenden Privatlehrern in allen, jenem zarten Lebensalter angemessenen Kenntnissen und Fertigkeiten unterrichtet, so daß ich neben der französischen Sprache vieles Andere dort lernte, auch einige Anfangsgründe im Lateinischen, diese jedoch mehr, damit davon die Rede sein könne, und überhaupt nur in der Absicht, damit ich, wenn mir einmal ein lateinisches Wort aufstieße, nicht ganz befremdet sei.

In jener freundlichen an der Seinemündung und der Meeresküste gelegenen Stadt verlebte ich so den weitaus frohesten Teil meiner Kindheit. Nach einem mehr als zweijährigen Aufenthalt vor Vollendung meines zwölften Jahres fuhr ich allein zu Schiff nach Hamburg zurück. Unbändig freute sich mein guter Vater, als er mich plaudern hörte wie wenn ich ein Franzose wäre: die Muttersprache dagegen hatte ich dermaßen verlernt, daß man sich darin mir nur mit größter Schwierigkeit verständlich machen konnte.

In Hamburg nun kam ich in eine von den Söhnen der höherstehenden und vermögenderen Hamburger besuchte Privat-Erziehungsanstalt, deren Vorsteher Dr. phil. Runge, auch Verfasser einer pädagogischen Schrift, war. Unter der Leitung dieses vortrefflichen Mannes sowie der anderen in dessen Anstalt tätigen Lehrer lernte ich Alles gründlich was einem Kaufmanne von Nutzen ist und dem Gebildeten wohl ansteht. Dem Lateinischen aber wurde nur eine einzige Stunde in der Woche und auch das nicht ernstlich, nur zum Schein gewidmet. Diesen Unterricht genoß ich fast vier Jahre lang. Lange vor Ablauf dieser Zeit jedoch erfaßte mich eine starke Neigung zur Gelehrtenlaufbahn, und ich ging meinen Vater mit inständigen Bitten an, mir in dieser Beziehung den Willen zu tun und mich nicht Kaufmann werden zu lassen. Dieser aber hegte hiergegen den größten Widerwillen und ließ sich, da er, nach seinem Dafürhalten einzig meinen Vorteil im Auge hatte, nicht erweichen. Da ich jedoch, durch keine Fehlbitte abgeschreckt noch ermüdet, ihm stets mit dem nämlichen Anliegen in den Ohren lag, und auch Dr. Runge mir das Zeugnis gab, daß ich andere und höhere Geistesfähigkeiten besitze, als welche der Kaufmann braucht, so wurde endlich der überaus feste Sinn meines Vaters soweit gebrochen, oder doch wankend gemacht, daß er sich, obwohl widerstrebend, einzuwilligen geneigt zeigte und davon sprach, mich dem Gymnasium zu übergeben. Da seiner väterlichen Liebe mein Wohl vor allem am Herzen lag und in seiner Ideenverbindung die Begriffe Gelehrtentum und Dürftigkeit unzertrennlich verknüpft waren, so glaubte er vor Allem dafür sorgen zu müssen, daß dieser drohenden Gefahr bei Zeiten vorgebeugt werde. Er beschloß deshalb, mich zum Hamburger Kanonikus zu machen und begann sich mit den dazu erforderten Bedingungen zu beschäftigen. Indem er jedoch über die, in der Tat hohe Einkaufssumme nicht sofort einig wurde, verzögerte dies die ganze über die Veränderung meines Lebensplans zu treffende Entscheidung. Aus diesem Aufschube schöpfte mein Vater neue Hoffnung mich von meinem Gedanken abzubringen. Daß er dies nicht mit Gewalt durchsetzte, davon hielt ihn die ihm angeborene Achtung vor der Freiheit jedes Menschen zurück. Aber mich mit List zu versuchen nahm er keinen Anstand. Er wußte daß ich sehr begierig war die Welt zu sehen sowie daß ich mich lebhaft sehnte, wieder einmal nach Le Havre und zu meinen teuren Freunden dort zu kommen. Deshalb eröffnete er mir, daß er im nächsten Frühjahre mit seiner Frau eine länger andauernde Vergnügungsreise durch einen großen Teil Europas unternehmen werde und daß ich diese herrliche Tour, auf der ich Gelegenheit haben würde, auch Le Havre wiederzusehen, mitmachen könne, wenn ich ihm nur versprechen wolle, mich nachher ganz dem Kaufmannsstande zu widmen; wolle ich dagegen auf dem Vorhaben der Gelehrten-Laufbahn bestehen, so müsse ich, um Lateinisch zu lernen, in Hamburg bleiben. Die Wahl stehe bei mir.

Einer solchen Versuchung widerstand das jugendliche Herz nicht: nachdem ich mir seinem Verlangen gemäß die Sache überlegt hatte, leistete ich das Versprechen. So verließ ich im Frühling des Jahres 1803, nachdem ich das 16. Jahr angetreten hatte, mit den Eltern Hamburg. Wir sahen zuerst Holland und fuhren dann von Frankreich nach England hinüber. Nachdem wir uns in London anderthalb Monate aufgehalten hatten, setzten meine Eltern die Reise in das Innere von England und nach Schottland fort, während ich bei einem in der Nähe Londons wohnenden Geistlichen zurückgelassen wurde, damit ich die englische Sprache gründlich erlerne, was ich in den drei daselbst verlebten Monaten gut zu Wege brachte. Nach der Rückkehr meiner Eltern nach London schloß ich mich ihnen wieder an und nachdem wir nochmals anderthalb Monate daselbst zugebracht hatten, fuhren wir wieder nach Holland, von wo wir uns durch Belgien nach Paris begaben, um daselbst den größten Teil des Winters zu verweilen. Von dort besuchte ich auch Le Havre wieder. Darauf sahen wir Bordeaux, Montpellier, Nimes, Marseille, Toulon und die Hièrischen Inseln. Nachdem wir so auch Lyon besucht hatten, fuhren wir in die Schweiz. Als diese ganz durchreist war, gingen wir nach Wien, von dort nach Dresden und Berlin, endlich nach Danzig. Nachdem wir so auch die alte Heimat wiedergesehn, kehrten wir in den ersten Tagen des Jahres 1805 nach fast zweijähriger Abwesenheit nach Hamburg zurück.

Es leuchtet ein, daß mir durch diese lang andauernde Reise zwei Jugendjahre, die sonst zu Erlernung der klassischen Lehrfächer und Sprachen verwendet zu werden pflegen, in dieser Hinsicht gänzlich nutzlos verstrichen, und dennoch zweifle ich heute noch, ob nicht eine Frucht jener Reise mir zu gut gekommen ist, die jenen verlorenen Vorteil vollständig ausgleicht, ja überwiegt. Denn gerade in den Jahren der erwachenden Mannbarkeit, in welchen die menschliche Seele sowohl Eindrücken jeder Art am meisten offen steht, als nach der Aufnahme und Erkenntnis der Dinge am stärksten verlangt und neugierig ist, wurde mein Geist, nicht, wie gewöhnlich geschieht, mit leeren Worten und Berichten von Dingen, von denen er noch keine richtige und sachgemäße Kenntnis haben konnte, angefüllt und auf diese Weise die ursprüngliche Schärfe des Verstandes abgestumpft und ermüdet; sondern statt dessen durch die Anschauung der Dinge genährt und wahrhaft unterrichtet und lernte daher, was und wie die Dinge seien, früher als er die über ihre Beschaffenheit und Veränderung fortgepflanzten Meinungen in sich aufgenommen hatte. Besonders erfreue ich mich dessen, daß mich dieser Bildungsgang frühzeitig daran gewöhnt hat, mich nicht mit den bloßen Namen von Dingen zufrieden zu geben, sondern die Betrachtung und Untersuchung der Dinge selbst und ihre aus der Anschauung erwachsende Erkenntnis dem Wortschalle entschieden vorzuziehen, weshalb ich später nie Gefahr lief, Worte für Dinge zu nehmen.

Somit lasse ich mir diese Reise mitnichten leid sein. Es blieb mir danach jedoch ein viel schlimmerer, in Wahrheit zu beklagender Nachteil. Denn, nach Hamburg zurückgekehrt mußte ich Wort halten und mich ohne Ausflüchte dem kaufmännischen Beruf widmen. Ich kam deshalb zu einem angesehenen Hamburger Kaufmann und Senator in die Lehre. Nie aber hat es einen schlechteren Handlungsbeflissenen gegeben als mich. Meine ganze Natur widerstrebte diesen Geschäften; immer auf Anderes gerichtet, vernachlässigte ich meine Obliegenheiten und war Tag für Tag nur darauf bedacht, Zeit zu gewinnen, die ich zu Hause den Büchern widmen oder in der ich mich wenigstens an Gedanken und Phantasien weiden könne. Auch hatte ich auf dem Komptoir immer Bücher versteckt, an denen ich mich, sobald ich unbewacht war, ergötzte. Als der berühmte Stirnschauer und Urheber der Schädellehre, Gall, in Hamburg Vorlesungen hielt, hinterging ich, um dessen Vorträge fleißig hören zu können, meinen Lehrherrn täglich mit List und Betrug. Außer diesen Eigenschaften machte eine tiefe Niedergeschlagenheit mich unfügsam und für Andere beschwerlich, teils weil an die Stelle der fortwährenden Zerstreuungen, an welche mich die lange Reise gewöhnt hatte, nunmehr eine verhaßte Beschäftigung und die schlimmste Knechtschaft getreten war, teils weil ich mehr und mehr zur Einsicht kam, daß ich einen verkehrten Lebensweg eingeschlagen habe – ein Fehler, den wieder gut machen zu können ich gänzlich verzweifelte.

Zu diesem meinem Unglück kam bald der schrecklichste Schicksalsschlag: mein geliebter bester Vater wurde mir durch einen jähen, von Ungefähr eingetretenen grausamen Tod plötzlich entrissen. Infolge dieses Trauerfalls steigerte sich die Verdüsterung meines Gemüts so sehr, daß sie von wirklicher Melancholie wenig mehr entfernt war. Obwohl ich sozusagen schon mein eigner Herr war, und meine Mutter mir in nichts im Wege stand, fuhr ich fort, meine Stelle bei dem Kaufherrn zu versehen, teils weil der übergroße Schmerz die Energie meines Geistes gebrochen hatte, teils weil ich mir ein Gewissen daraus machte, die Beschlüsse des Vaters alsbald nach seinem Tode wieder aufzuheben, endlich weil ich bereits in einem zu weit vorgeschrittenen Alter zu stehen glaubte um die alten Sprachen noch erlernen zu können. Daß das Schicksal mit mir, wie einst die Sibylle mit dem Tarquinius verfahre, ahndete ich nicht. Fast zwei Jahre verbrachte ich bei jenem Kaufmanne, die mir ohne irgend welchen Nutzen gänzlich verloren gingen. Endlich gegen das Ende dieser Zeit, als ich, von unerträglichen Gemütsleiden gequält, in den Briefen an meine bereits in Weimar wohnende Mutter mich in jämmerlichen Klagen über den vereitelten Lebenszweck erging, über den unersetzlichen Verlust der auf nichtige Arbeit vergebens verwendeten Kräfte und Jugend, endlich über mein vorgeschrittenes Lebensalter, das mir nicht mehr verstatte, die gewählte Laufbahn zu verlassen und eine neue zu beginnen – da geschah es daß der berühmte Fernow, ein Mann von wirklich ausgezeichneten Geistesgaben und meiner Mutter damals eng befreundet, Einsicht in diese Briefe nahm und dadurch, obwohl ich ihm übrigens unbekannt war, bewogen ward, sich mir gegenüber schriftlich zu äußern, indem er mir klar machte, daß die bis dahin verlorene Zeit noch ersetzbar sei, dies durch sein eigenes Beispiel sowie dasjenige Anderer, selbst der bedeutendsten Gelehrten, welche erst spät die gelehrte Laufbahn angetreten hätten, bewies, und mir riet, Alles im Stich zu lassen, um mich auf die Erlernung der alten Sprachen zu werfen. Als ich diesen Brief gelesen, brach ich in heftiges Weinen aus, und auf der Stelle stand in mir, dem sonst jede Wahl Qual machte, der Entschluß fest. Nachdem ich meinem Lehrherrn gekündigt, reiste ich sogleich nach Weimar. Es war dies zu Anfang des Jahres 1807, als ich eben das achtzehnte Jahr zurückgelegt hatte.

Auf Fernows Rath begab ich mich sodann ohne Verzug nach Gotha, wo ich in dem daselbst blühenden berühmten Gymnasium als Schüler Aufnahme fand. Jedoch konnte ich wegen meiner gänzlichen Unkenntnis der alten Sprachen nur an den Unterrichtsstunden teilnehmen, die in meiner Muttersprache gegeben wurden. Der rühmlichst bekannte Direktor des Gymnasiums, Döring, aber gab mir täglich zwei Privatstunden, in welchen er mich die Anfangsgründe des Lateinischen lehrte; denn so groß war meine Unwissenheit in dieser Sprache, daß ich erst deklinieren und konjugieren lernen mußte. Bald aber, meiner unglaublich raschen Fortschritte halber prophezeite mir Döring für die Zukunft das Beste und Rühmlichste, infolge dessen ich aus jener Niedergeschlagenheit und Mutlosigkeit nach und nach wieder emporgerichtet neue Hoffnung faßte und das mir vorgesteckte Ziel mit großer Frische und Spannkraft verfolgte.

Aber, o neues Mißgeschick! noch hatte ich nicht gelernt, mich gefährlicher Scherze zu enthalten, was mich zu Fall brachte. Ein Gymnasialprofessor namens Schultz, den ich meines Erinnerns nie gesehen, hatte sich in einem Tagesblatt nachteilig über die Selekta, der auch ich für die deutsch gehaltenen Lehrstunden angehörte, ausgesprochen, und diese in die Öffentlichkeit gelangte Äußerung zog ich bei Tische mit etlichen Witzen durch. Meine Verwegenheit wurde ihm hinterbracht und hatte zur Folge, daß mir Döring den Privatunterricht aufsagte. Zugleich jedoch gab er mir die Versicherung, daß es ihm zu besonderem Genusse gereicht habe, mich zu unterrichten, daß er aber sein gegebenes Wort halten müsse; auch sprach er den Wunsch aus, ich solle im Gymnasium bleiben und bei jemand Anderem Privatstunden nehmen, was ich jedoch nicht wollte. Mit Ablauf des Semesters verließ ich deshalb Gotha und begab mich nach Weimar, wo der rühmlichst bekannte Passow, jetzt Professor an der Universität zu Breslau, mir im Lateinischen und bald auch im Griechischen Privatunterricht erteilte. Später beschränkte er sich aufs Griechische, während ich bei dem ausgezeichneten, in der lateinischen Redekunst wohl unübertrefflichen Weimarer Gymnasialdirektor Lenz lateinische Konversationsstunden hatte. Beiden vortrefflichen, um mich hochverdienten Männern bleibe ich zu größtem Dank verpflichtet. Von Wissensdurst getrieben war ich meinesteils nun angestrengt ja ängstlich bestrebt mit unermüdlicher Emsigkeit, höchstem Eifer und unverdrossener Arbeit die Schäden der vergangenen Lebenszeit zu ersetzen und durch späten Fleiß die verlorene Frucht so vieler Jahre einzubringen. Nicht mit dem Gelde zur Anschaffung von Hilfsmitteln jeder Art, aber mit der Muße geizend saß ich einen Tag wie den andern bis in die Mitternacht so emsig hinter meinen Büchern und Papieren, als hätte ich mich für des Leibes tägliche Nahrung und Notdurft abzuquälen. Auch wohnte ich nicht bei meiner Mutter, sondern mit Passow in dem selben Hause, so daß ich den Lehrer stets bei der Hand hatte. Weitaus am meisten beschäftigten mich die alten Sprachen; außerdem trieb ich, nur mit Hilfe von Büchern, Mathematik und Geschichte, in deren Elemente ich schon früher eingeweiht worden war. So verbrachte ich zwei Jahre in Weimar, nach deren Ablauf meine Lehrer mich für die Universität reif erklärten, und der Wahrheit gemäß darf ich, obwohl es Wunder nehmen mag, bekennen, daß ich damals in zweieinhalb Jahren allen aus der früheren Versäumnis erwachsenen Schaden wieder gutgemacht habe. Den erfreulichen Beweis davon habe ich später daraus entnommen, daß ich auf der Universität bei dargebotener

Gelegenheit öfters in Erfahrung brachte, wie ich in der Kenntnis der alten Sprachen den anderen Studierenden nicht allein gleichstand, sondern die allermeisten und zuweilen sogar die Philologen übertraf. Es ist dies wenigstens teilweise daraus herzuleiten, daß ich, zum größten Teil Autodidakt, weit mehr alte Klassiker gelesen hatte, als es die in Gymnasien Aufgewachsenen vermochten, wo alle nur zusammen in der Herde und schrittweise vorwärtskommen. Dieses unablässige Lesen der griechischen und römischen Klassiker habe ich auch später während meiner ganzen Universitätszeit gewissenhaft fortgesetzt, indem ich ihm täglich zwei Stunden widmete. Hieraus sind mir besonders die folgenden Vorteile erwachsen: zunächst wurde ich mehr und mehr in das Altertum eingeweiht und gewann allmählich die Einsicht in dessen Vorzüglichkeit und Eigenart, die sich mir freilich am meisten erst offenbarte, als ich in diesem nun zu Ende gehenden Jahre das Glück hatte, in Italien die ehrwürdigen herrlichen Denkmäler des Altertums vor Augen zu sehen und selbst aus den geringsten Überresten des klassischen Zeitalters dessen eigentümlichen Geist zu erfassen. Sodann wurde durch dieses andauernd fortgesetzte Lesen der alten Autoren, besonders der griechischen Philosophen meine deutsche Schreibart, mein Stil wesentlich gefördert, verbessert und gereinigt; endlich verhinderte dieses beharrliche Lesen, daß mir die so schnell erworbene Kenntnis der alten Sprachen nicht ebenso schnell wieder verloren gegangen ist, vielmehr so tief in mir Wurzel geschlagen hat, daß sie bis heute, nachdem doch so viele und verschiedenartige Studien dazwischengetreten, nicht geschwunden ist und jüngst selbst das anhaltende Italienischsprechen, obwohl nichts für die Fähigkeit des Lateinsprechens und -schreibens Nachteiligeres gedacht werden kann, mir nicht geschadet hat. Zur Beglaubigung dessen versichere ich in allem Ernste, daß ich dies Alles hier ohne irgend eines Sterblichen Beihilfe niederschreibe und, ehe ich es nach Berlin sende,

Niemandem zeigen werde: indem, obwohl ich weiß, daß auch ich der Rede fehlen kann, dies, wenn es vorkäme, doch nur menschlicher Schwäche und Unvollkommenheit, nicht meiner Unwissenheit zuzuschreiben wäre. Daß ich aber solches Alles vorbringe, möge einem Menschen verziehen werden, der erst in seinem neunzehnten Jahre das Wort »mensa« deklinieren lernte; denn sonst wäre dies die eitelste Großsprecherei und zwar in unbedeutender Sache.

Gegen Ende des Jahres 1809, mit erreichter Volljährigkeit, erhielt ich von der Mutter mein Erbe, d. h. den dritten Teil des vom Vater hinterlassenen Vermögens, soviel davon noch übrig war, womit mir ein genügender Lebensunterhalt gesichert wurde. Darauf bezog ich die Universität Göttingen, wo ich mich als Mediziner einschreiben ließ. Nachdem ich aber mich selbst und zugleich die Philosophie, wenn auch nur oberflächlich so doch einigermaßen kennen gelernt hatte, änderte ich meinen Vorsatz, gab die Medizin auf und widmete mich ausschließlich der Philosophie. Die Zeit, welche ich auf das Studium der ersteren verwendet, war jedoch keineswegs verloren, weil ich erst solche Vorlesungen gehört hatte, die auch dem Philosophen nützlich ja notwendig sind. Während zweier in Göttingen verbrachter Jahre lag ich mit dem anhaltenden Fleiße, an den ich bereits gewöhnt war, den wissenschaftlichen Studien ob, von denen mich der Umgang mit den anderen Studenten durchaus nicht abzuhalten oder wegzulocken vermochte, weil mein reiferes Alter, meine reichere Erfahrung und grundverschiedenes Naturell mich jederzeit zur Absonderung und Einsamkeit führten. Infolge dessen blieb mir, obgleich ich den Vorlesungen regelmäßig beiwohnte, doch noch viel Zeit zum Bücherlesen übrig, die ich vorzugsweise Platon und Kant widmete. Im Laufe dieser zwei Jahre besuchte ich G. E. Schulzes Vorlesungen über Logik, Metaphysik und Psychologie, hörte bei Thibaut reine Mathematik, bei Hęeren alte und neuere Geschichte sowie die Geschichte der

Kreuzzüge und Ethnographie, bei Lüder deutsche Reichsgeschichte, bei Blumenbach Naturgeschichte, Mineralogie, Physiologie und vergleichende Anatomie, bei Hempel Anatomie des menschlichen Körpers, bei Strohmeier Chemie, bei Tobias Maier Physik und physikalische Astronomie, bei Schrader Botanik. Dankbar erkenne ich den mir aus dem Unterrichte dieser ausgezeichneten Männer erwachsenen großen Gewinn. Im Herbst des Jahres 1811 zog ich nach Berlin, wurde auch dort in die Zahl der Studierenden aufgenommen und war nach Kräften bemüht in der Schule der berühmten Lehrer, an welchen diese Universität so reich ist, Geist und Gemüt höher auszubilden. So hörte ich Wolfs Vorlesungen über griechische und römische Dichter, griechische Altertümer und griechische Literaturgeschichte; Schleiermachers Geschichte der Philosophie und, mit hohem Genuß, Ermans öffentliche Vorträge über Magnetismus und Elektrizität; ferner durch drei Semester hindurch Lichtensteins sämtliche zoologischen Kollegien, Experimental-Chemie bei Klaproth, ebenso Physik bei Fischer, Astronomie bei Bode, Geognosie bei Weiß, allgemeine Physiologie bei Horkel, Anatomie des menschlichen Gehirns bei Rosenthal. Der großen Verdienste dieser ausgezeichneten Männer um mich werde ich stets dankbaren Sinnes eingedenk bleiben. Auch Fichten, der seine Philosophie vortrug, folgte ich, um sie nachher um so gerechter beurteilen zu können, aufmerksam; einmal stritt ich in der von ihm seinen Zuhörern gegebenen Sprechstunde lange mit ihm – eine Disputation, deren sich die dabei zugegen Gewesenen vielleicht noch erinnern werden. Auch in Berlin würde ich zwei Jahre lang geblieben sein, wenn mich nicht während des letzten Halbjahres, 1813, die Kriegsunruhen vertrieben hätten, was ich umsomehr zu beklagen hatte, als ich mich gerade damals rüstete, bei der hochansehnlichen philosophischen Fakultät der Berliner Universität den Doktorgrad im verordneten Wege zu erlangen. Zu diesem Zweck hatte ich, nachdem ich von dem berühmten, mir stets besonders wohlwollenden Lichtenstein über die Bedingungen und Erfordernisse dazu belehrt worden war, die Abhandlung über die vierfache Wurzel des Satzes vom zureichenden Grunde zu schreiben begonnen, und zwar den Statuten hochlöblicher Fakultät gemäß in deutscher Sprache.

Da jedoch infolge des ungewissen Ausgangs des Treffens bei Lützen die Stadt Berlin bedroht schien und Alle, denen es frei stand, die Flucht ergriffen, die meisten nach Frankfurt oder Breslau, ich meines Teils aber es für das Beste hielt, dem Feind entgegenzugehen, so richtete ich meinen Weg nach Dresden, wo ich nach mancherlei Zwischenfällen und Gefährdungen endlich am zwölften Tage ankam. Ich hatte im Sinn gehabt dort zu bleiben; da mich jedoch von den dieser Stadt bevorstehenden Gefahren eine Ahnung überkam, ging ich weiter nach Weimar. Hier aber, wo ich in der Wohnung meiner Mutter abgestiegen war, mißfielen mir gewisse häusliche Verhältnisse so sehr, daß ich, einen anderen Zufluchtsort suchend, mich nach Rudolstadt zurückzog, wo ich im Gasthause, als dem in jenen unruhvollen Zeiten für einen heimatlosen Menschen passendsten und eigens angemessenen Aufenthaltsort, den übrigen Teil des Jahres verbrachte. Übrigens war ich damals gemütlich wiederum tief leidend und niedergeschlagen, hauptsächlich weil ich mein Leben in eine Zeit gefallen sah, die ganz andere Gaben erforderte, als zu welchen ich das Zeug in mir fühlte. In meiner Rudolstädter Zurückgezogenheit indessen fesselten mich die unaussprechlichen Reize der dortigen Gegend. Meiner ganzen Natur nach dem Militärwesen abhold, war ich glücklich in dem nach allen Seiten hin von bewaldeten Bergen umhegten Tale jenen ganzen kriegerischen Sommer hindurch keinen Soldaten zu sehen und keine Trommel zu hören, und lag in tiefster Einsamkeit, durch nichts zerstreut oder abgezogen, ununterbrochen den abgelegensten Problemen und Untersuchungen ob. Mit Büchern ging mir die Weimarische Bibliothek an die Hand.

So vollendete ich dort meine Dissertation über die vierfache Wurzel des Satzes vom zureichenden Grunde, immer in der Hoffnung nach Berlin zurückkehren zu können, wo ich promovieren wollte. Da es aber nicht dazu kam, indem die Wege weder während des Waffenstillstandes noch während des darauf gefolgten Krieges frei wurden, der Doktortitel mir aber damals von großem Nutzen war, so richtete ich an die verehrliche philosophische Fakultät der Universität Jena, die mir die nächste war, unter Einsendung der Dissertation mit Sendschreiben die Bitte: mir den philosophischen Doktorgrad zu erteilen, was mir deren Güte auch gewährte.

Mit hereinbrechendem Winter, der mir in meinem ländlich abgelegenen Zufluchtsort, welcher zudem damals Militär hatte, gar zu traurig erschien, wandte ich mich wieder nach Weimar, wo ich den ganzen Winter zubrachte. Damals aber, zum Troste in solchen Leiden, ward mir zu Teil, was ich zu den erfreulichsten und glücklichsten Ereignissen meines Lebens zähle: denn jene in Wahrheit hohe Zierde unseres Jahrhunderts und der deutschen Nation, der große Goethe, dessen Namen alle Zeiten im Munde führen werden, würdigte mich seiner Freundschaft und seines vertrauten Umgangs. Bis dahin nämlich war ich ihm bloß von Ansehen bekannt und pflegte er mich nicht anzureden; nachdem er aber in meiner Abhandlung geblättert hatte, kam er aus eignem Antriebe mir entgegen und fragte ob ich seine Farbenlehre studieren wolle, indem er versprach, mir mit allen dazu dienenden Hilfsmitteln und Erläuterungen Beistand zu leisten, so daß dieser Gegenstand den Winter über unseren öfteren Unterhaltungen, möge ich nun seinen Sätzen Zustimmung geben oder opponieren, Stoff bieten könne. Wenige Tage darauf schickte er mir seinen eigenen Apparat und die zur Herstellung der Farbenerscheinungen nötigen Instrumente, und später zeigte er mir selbst die schwierigeren Experimente, hocherfreut daß mein von keinerlei vorgefaßten Meinungen geblendeter Sinn die Wahrheit seiner Lehre anerkannte, welcher freilich bis auf den heutigen Tag, aus Ursachen, deren Erörterung nicht hierher gehört, Zustimmung und schuldige Anerkennung von den Meisten versagt werden. Als der große Mann sodann den ganzen Winter hindurch mich häufiger kommen ließ, blieb die Unterhaltung keineswegs auf Fragen, welche die Farbenlehre betrafen, beschränkt, sondern unsere Gespräche wurden auf alle möglichen philosophischen Gegenstände gelenkt und spannen sich viele Stunden lang fort. Aus diesem vertrauten Umgange habe ich überaus großen, unglaublichen Nutzen gezogen.

Mit Beginn des Frühjahrs 1814, nachdem die allgemeine Ruhe hergestellt war, begab ich mich nach Dresden zur weiteren Fortsetzung meiner Studien, besonders aber zur Begründung des Systems der Philosophie, das mir damals bereits im Kopfe lag. Hierzu gewährte mir dort vor allem die vorzügliche königliche Bibliothek, sodann die berühmte Gemäldegalerie und die Sammlungen antiker Bildwerke, in Originalen und Gipsabgüssen, endlich die vorzüglichen naturwissenschaftlichen Apparate die reichsten Hilfsmittel. In jener reizenden Stadt lebte ich ungestört viereinhalb Jahre, ausschließlich mit vielfältigen wissenschaftlichen Forschungen beschäftigt, hauptsächlich aber mit der Lesung aller je dagewesenen Philosophen, d. h. derer, die ihre eignen Gedanken vorgetragen, nicht jener, die nur, was Andere gedacht, erläutert und wieder aufgekocht haben.

Zwischen diesen Studien sann ich im Jahre 1815 eine neue Farbentheorie aus. Als zweifellos hatte ich erkannt, daß Goethe nur das Wesen und die Entstehung der sogenannten physischen Farben gefunden, dagegen keineswegs eine allgemeine Farbentheorie gegeben habe, die nach meiner Ansicht offenbar weder eine physikalische noch chemische, sondern eine rein physiologische sein mußte. Über diese meine Farbentheorie nun, die ich damals Goethe im Manuskript zusandte, verhandelte ich mit ihm, Briefe wechselnd, ein ganzes Jahr lang; ihr Beifall zu schenken versagte der große Mann jedoch beharrlich, obwohl er mir nie auch nur den geringsten Grund dagegen eingewendet hat; nur deshalb, weil meine Theorie, wie sie der Newtonschen in allen Stücken widerstreitet, so in einigen Einzelheiten auch mit der Goetheschen nicht im Einklange steht. »Die Einsicht aber«, wie Bacon von Verulam sagt, »ist nicht trocknen Lichts, sondern vom Willen und von den Affekten beeinflußt.« [Novum Organum I 49] Diese Abhandlung über die Farben veröffentlichte ich im Jahre 1816, nicht zweifelnd, daß ich als der Erste erstanden sei, der Goethe zugestimmt. Übrigens bin ich fest und fester überzeugt, daß die darin entwickelte Theorie die richtige, die allein richtige sei; auch ist mir nicht bange, daß sie nicht in Bälde Anerkennung finden werde, indem ich meine Beruhigung darin finde, daß weder böswilliges Verschweigen noch hartnäckiges Ableugnen die Wahrheit zu verdrehen oder zu unterdrücken vermag. Denn um mich der Worte des Livius zu bedienen, die Wahrheit, sagt man, habe oft einen schweren Stand; ausgelöscht werden könne sie nie.

Im Jahre 1818 endlich brachte ich mein philosophisches System, an dem ich fünf Jahre lang anhaltend gearbeitet hatte, zum Abschlusse. Dann aber, nach elfjähriger fortgesetzter wissenschaftlicher Tätigkeit, beschloß ich mich durch Reisen zu erholen. Ich begab mich über Wien nach Italien, sah Venedig, Bologna, Florenz und kam endlich nach Rom, wo ich fast vier Monate verweilte und mich an der Betrachtung der Denkmäler des Altertums wie der neueren Kunstwerke weidete. Ich sah Neapel, zollte Pompeji, Herkulanum, Puteoli, Bajä und Cumä meine Bewunderung und kam bis Pästum, wo ich im Angesicht der uralten herrlichen, im Laufe von fünfundzwanzig Jahrhunderten nicht erschütterten Tempel der Poseidonstadt mit

Ehrfurchtsschauer daran dachte, daß ich auf dem Boden stehe, den vielleicht Platons Fußsohle betreten. Darauf verweilte ich wieder fast einen Monat in Florenz, besuchte zum zweitenmal Venedig, ging dann Padua, Vicenza, Verona und Mailand zu sehen und kam endlich über den St.-Gotthardberg in die Schweiz. Nachdem ich so elf Monate auf Reisen zugebracht, kehrte ich im August dieses Jahres nach Dresden zurück.

Nun aber ergriff mich, den bis dahin nur die Begierde zu lernen getrieben hatte, auch das Verlangen zu lehren. Es befriedigen zu dürfen, darum habe ich die hochansehnliche Philosophische Fakultät der Universität Berlin angegangen.

[*Die Übersetzung des in Latein verfaßten Lebenslaufes stammt von Wilhelm Gwinner.*]

II. PHILOSOPHISCHER PESSIMISMUS

> In meinem 17.ten Jahre, ohne alle gelehrte
> Schulbildung, wurde ich vom Jammer des
> Lebens so ergriffen, wie Buddha in seiner
> Jugend, als er Krankheit, Alter, Schmerz
> und Tod erblickte.[1]

*Schopenhauers Denken nimmt frühzeitig philosophische Ge-
stalt an. Die drei Brieffragmente aus den Jahren 1806-1807,
erste erhaltene Briefteile, dokumentieren dies. Der 18jährige
Schopenhauer befaßt sich hier nicht mit logischen oder erkenntnistheoretischen Fragen, ihn beschäftigen romantisch-
pessimistische Gedanken. Da ist zunächst die Zeit, die dem
Leben inhärente Konstante. Weder Schmerz noch Freude haben vor ihr Bestand. Wie bei dem Romantiker Wackenroder —
den Schopenhauer irrtümlicherweise mit Tieck, dem Herausgeber der Schriften Wackenroders verwechselt — ist für ihn das
Leben durch seinen flüchtigen Charakter der Sinnlosigkeit
preisgegeben. Die Menschen, die Bewohner der durch ihre
Vergänglichkeit »unernsten« Welt, sind die Getriebenen ihres Begehrens, von dem die Kunst, vor allem die Musik, für
Augenblicke sie befreien kann. An Plato erinnert das nächste
Fragment, in dem es heißt, daß das Individuum das Gefäng-
nis der Seele sei; beim emsigen Streben nach Selbsterhaltung
werde das Gesichtsfeld eingeschränkt wie der Blick, der aus
einem schmalen Zellenfenster fällt. Großartige und zugleich
merkwürdig abstrakte Weltentwürfe jugendlichen Philoso-
phierens; ihnen fehlt noch die realitätserfüllte Anschaulichkeit, mit der das spätere Werk ausgestattet ist. Die Mutter
hielt solchen Pessimismus für bizarr.*

1 HN IV 1, 96

*Und doch sind in diesen Brieffragmenten Grundstruktu-
ren der Welt als Wille und Vorstellung vorgezeichnet. Noch
vor seiner Beschäftigung mit der Transzendentalphilosophie
und der Anschauungsform der Zeit erschließt sich dem jungen Denker in der Romantik die Nichtigkeit vorgestellter
und zeitgebundener Wirklichkeit. Die Vormacht des Willens
über den Menschen, des erst später philosophisch begründe-
ten Dinges an sich, klingt an, wie auch die seltene Möglichkeit der Loslösung vom Willen in der Kunst. Präsent sind
ebenfalls der Gedanke der Unsterblichkeit, der hier noch
mit der vorkantischen, christlichen Annahme einer ewigen
Seelensubstanz verknüpft ist, und auch das* principium individuationis, *die Vereinzelung des Menschen mitsamt seiner
egozentrisch verengten Sicht.*

*Man hat häufig nach den Ursachen von Schopenhauers
Pessimismus gefragt. Man hat sie mit dem Blick auf die zahlreichen autobiographischen Aufzeichnungen und psychologischen Selbstbeobachtungen im Handschriftlichen Nachlaß
in der psychischen Veranlagung des Philosophen gesucht,
aber auch in äußeren Umständen, z. B. in der Beziehung zu
seiner Mutter. Andere stellen die Relevanz seiner frühen
Reiseerlebnisse in den Vordergrund oder glauben, eine Erklärung in der Verknüpfung aller dieser Komponenten zu
finden. Anhand der Briefe lassen sich derartige Rückschlüsse
nicht ziehen. Eine direkte Verbindung mit der Misere der
Zeit lehnt Schopenhauer in dem Brief an Frauenstädt vom
15. Juli 1855 spöttisch ab.*

*Schon die ersten Brieffragmente vermögen die Entste-
hungsgeschichte von Schopenhauers Philosophie zu beleuch-
ten. Sie zeigen, daß und wie die Säulen seines Denkens sich
auf romantisch-pessimistischem Urgestein erheben; der Pessimismus ist seinem Denken nicht äußerlich, als bloßer Stim-
mungspessimismus, sondern geht strukturbildend darin ein.
»Schopenhauers Pessimismus«, heißt es bei Arthur Hübscher, »gründet nicht auf dem Zufälligen, Einzelnen, Be-*

langlosen, das uns das Leben verleiden kann. Der philosophische Pessimist will die Erklärung für das Allgemeine und Wesentliche geben, für das unveränderte Grundwesen der Welt, das im Willen zum Leben beruht«.[1] Trotzdem erdrückt der pessimistische philosophische Grundzug nicht jeden Funken von Freude und Optimismus. So beschwört Schopenhauer in einem Brief an den Freund Osann vom 21. Mai 1824 die Erinnerung an die beglückende Zeit seines Aufenthaltes in Italien. Viele Briefe sprudeln vor Zuversicht über, womit der an sich fortschrittsungläubige Philosoph der Anerkennung seines Werkes durch künftige Generationen entgegensah. Und widersprechen nicht auch die Ethik der Willensverneinung, die befreiende ästhetische Haltung dem pessimistischen Grundzug? Schopenhauer gibt in einem Brief an Frauenstädt vom 23. Oktober 1850 den psychologischen Schlüssel für das Verständnis dieser Widersprüche an die Hand: »Für wen nichts schlecht ist, für den ist auch nichts gut«, heißt es unter Berufung auf den verehrten Gracián. Im Leben und in der Philosophie hat Schopenhauer sich gegen eine abstrakte, jegliches Anders- und Bessersein ausschließende Totalität des Negativen verwahrt.

Die pessimistische Grundstimmung der Schopenhauerischen Philosophie bleibt jedoch vorherrschend. Mit ihr befindet sich der Denker im Kontrast zum herrschenden Zeitgeist, den der Deutsche Idealismus mit seinem Glauben an Rationalität und Fortschritt verkörpert. Dieser Gegensatz ist sichtbar, lange bevor die philosophische Auseinandersetzung mit Hegel, Fichte, Schelling einsetzt. Er verleiht der Philosophie Schopenhauers ihre einzigartige Stellung in der ersten Hälfte des geradezu fortschrittswütigen neunzehnten Jahrhunderts. Er bildet auch den Grund für die Verehrung vieler Freunde und Briefpartner, in deren Augen der philosophische Pessimismus die Bewährungsprobe erlebter Wirk-

---

1 Arthur Hübscher, Denker gegen den Strom. Schopenhauer: Gestern – Heute – Morgen. Bonn, 4. Auflage 1988, S. 297

lichkeit besteht. Die wenigen literarisch-philosophischen Zeitgenossen wie Lord Byron oder den italienischen Dichter des Weltschmerzes Giacomo Leopardi hat Schopenhauer als Kronzeugen der Wahrheit seines Weltbildes angesehen. Über Leopardi schreibt er, daß niemand in seinen Tagen die Nichtigkeit und das Leid des Lebens so gründlich und erschöpfend behandelt habe wie er.[1] Jean Paul war der einzige berühmte Zeitgenosse, der Schopenhauers Pessimismus würdigte, wobei jedoch seinem schönen Bild die Verweigerung der Zustimmung folgt: »Schopenhauers Welt als Vorstellung und Wille, – ein genial-philosophisches, kühnes, vielseitiges Werk voll Scharfsinn und Tiefsinn, aber mit einer oft trost- und bodenlosen Tiefe – vergleichbar dem melancholischen See in Norwegen, auf dem man in seiner finstern Ringmauern von steilen Felsen nie die Sonne, sondern in der Tiefe nur den gestirnten Taghimmel erblickt, und über welchen kein Vogel und keine Woge zieht. Zum Glück kann ich das Buch nur loben, nicht unterschreiben«.[2]

Arthur Schopenhauer an Johanna Schopenhauer

8. November 1806

Das Vergessen überstandner Verzweiflung. Dies ist ein so seltsamer Zug der menschlichen Natur: man würde dergleichen nicht glauben, wenn mans nicht sähe. Herrlich hat Tieck es ausgedrückt in ohngefähr den Worten: »wir stehn und jammern und fragen die Sterne, wer je unglücklicher gewesen als wir, indeß hinter unserm Rücken schon die spottende Zukunft steht und lacht über den vergänglichen Schmerz des Menschen.« Aber gewiß, es soll so seyn: nichts soll Stand halten im vergänglichen Leben. Kein unendlicher

1 W II, 675
2 Kleine Bücherschau, Nachschule zur ästhetischen Vorschule: Jubilate-Vorlesung; Bd. 2, S. 203, 1. Ausgabe 1825

34

Schmerz, keine ewige Freude, kein bleibender Eindruck, kein dauernder Enthusiasmus, kein hoher Entschluß der gelten könnte fürs Leben. Alles löst sich auf im Strohm der Zeit. Die Minuten, die zahllosen Atome von Kleinigkeiten, worin jede Handlung zerfällt, sind die Würmer, die an allem Großen und Kühnen zehren und es zerstören. Das Ungeheuer Alltäglichkeit drückt alles nieder was emporstrebt. Es wird mit nichts Ernst im Leben, weil der Staub es nicht werth ist. Was sollten auch ewige Leidenschaften, dieser Armseligkeiten wegen?

Life is a jest and all things show it:
I thought so once and now I know it.

[November 1806]
Wie fand das himmlische Samenkorn Raum auf unserm harten Boden, auf welchem Nothwendigkeit und Mangel um jedes Plätzchen streiten? wir sind ja verbannt vom Urgeist und sollen nicht zu ihm empordringen. Das eiserne Urtheil des Bedürfnisses ist über der Armen Geschlecht ausgesprochen, Mangel und Nothdurft liegen unabwälzbar auf ihm, fordern jede Kraft und hemmen jedes Streben. Nur wenn sie völlig befriedigt sind, darf der Geist, ermüdet und abgestumpft, durch die Nebel der Erde geblendet, aufwärtsblikken. Tadle die Armen nicht, wenn sie im Staube nach der Freude wühlen. O Gott, wir müssen es ihnen vergeben, wenn sie nach dem Bösen greifen; denn ihr Himmel ist verschlossen und wenige Strahlen scheinen durch bis zu ihnen. Und doch hat ein mitleidender Engel die himmlische Blume für uns erfleht und sie prangt hoch in voller Herrlichkeit, auf diesem Boden des Jammers gewurzelt. – Die Pulsschläge der göttlichen Tonkunst haben nicht aufgehört zu schlagen durch die Jahrhunderte der Barbarei und ein unmittelbarer Widerhall des Ewigen ist uns in ihr geblieben, jedem Sinn verständlich und selbst über Laster und Tugend erhaben.

Es ist unbegreiflich wie bei der Bannung der ewigen Seele in den Körper solche aus ihrer vorherigen *erhabenen Apathie* konnte gerissen werden, hinabgezogen in die Kleinheit des Irdischen und so zerstreut durch Körper und Körperwelt, daß sie ihren bisherigen Zustand verlernte und an dem von ihrem vorigen Standpunkt so unendlich kleinen Irdischen theilnahm und sich so darin einbaute, daß sie ihr ganzes Dasein darauf beschränkte und damit ausfüllte; daß die Außenwelt sie so zerstreute, daß sie selbst das Wunderbare und ihr Fremde dieser Außenwelt in dem Grade übersieht, daß Tausende aus der Welt gehen, ohne sie beachtet und darüber gedacht zu haben: da doch jede der dem Menschengeist unerklärbaren einfachsten Naturerscheinungen z. B. eines der Elemente hinreichen würde, ihn sein ganzes kurzes Leben hindurch in beständigem Streben zu erhalten und zu beschäftigen. Aber er geht rasch fort auf der Brücke, deren Grund er nicht kennt, ohne rechts oder links zu schauen seinen kleinen Fußpfad, ohne zu denken woher noch wohin, nur emsig zum nächsten Schritte strebend.

Johanna Schopenhauer an Arthur Schopenhauer
[Auszug]

Weimar d. 13 Decr. 1807
Nun zu Deinem Verhältniß hier gegen mich, und da dünckt mirs am besten ich sage Dir gleich ohne Umschweife was ich wünsche und wie es mir ums Herz ist, damit wir einander gleich verstehen. Daß ich Dich recht lieb habe daran zweifelst Du nicht, ich habe es Dir bewiesen und werde es Dir beweisen, so lange ich lebe. Es ist zu meinem Glücke nothwendig zu wissen daß Du glücklich bist, aber nicht ein Zeuge davon zu seyn. Ich habe Dir immer gesagt es wäre sehr schwer mit Dir zu leben, und je näher ich Dich betrachte je mehr scheint diese Schwierigkeit für mich wenig-

stens zuzunehmen, ich verhehle es Dir nicht, solange Du bist wie Du bist, würde ich jedes Opfer eher bringen als mich dazu entschließen. Ich verkenne Dein Gutes nicht, auch liegt das, was mich von Dir zurückscheucht nicht in Deinem Gemüth, nicht in Deinem innern, aber in Deinem Wesen in Deinem Äußern, Deine[n] Ansichten, Deine[n] Urtheile[n], Deine[n] Gewohnheiten, kurz ich kann mit Dir in nichts was die Außenwelt angeht übereinstimmen, auch Dein Mismuth ist mir drückend und verstimmt meinen heitern Humor, ohne daß es Dir etwas hilft. Sieh, lieber Arthur, Du bist nur auf Tage bey mir zum Besuche gewesen, und jedesmahl gab es heftige Scenen, um nichts und wieder nichts, und jedesmahl atmete ich erst frey wenn Du weg warst, weil Deine Gegenwart, Deine Klagen über unvermeidliche Dinge, Deine finstern Gesichter, Deine bizarren Urtheile, die wie Orakel Sprüche von Dir ausgesprochen werden, ohne daß man etwas dagegen einwenden dürfte mich drückten, und mehr noch der ewige Kampf in meinem innern mit dem ich alles was ich dagegen einwenden möchte gewaltsam niederdrückte, um nur nicht zu neuem Streit Anlaß zu geben.

[...] Alle Mittage um ein Uhr kommst Du und bleibst bis drey, dann sehe ich Dich den ganzen Tag nicht mehr, außer an meinen Gesellschaftstagen wozu Du kommen kannst wenn Du willst, auch an den beyden Tagen Abends bey mir essen kannst wenn Du Dich dabey des leidgen Disputirens *etc* das mich auch verdrüslich macht, wie auch allen Lamentirens über die dumme Welt und das menschliche Elend Dich enthalten willst, weil mir das immer eine schlechte Nacht und üble Träume macht, und ich gern gut schlafe.

Karl Rosenkranz an Friedrich Dorguth

Königsberg, d 14. Oct. 1844
Hochgeehrtester Herr und Freund,

So geht es mit der Kritik! Ich sehe, daß je länger Sie den Schopenhauer seciren, Sie immer mehr mit ihm disharmoniren werden, so große Befriedigung er Ihnen anfangs gewährte. Nichtsdestoweniger werden Sie oft von Neuem nach dem Buche greifen. Es ist ein äckt philosophischer Untersuchungstrieb und so viel Gründlichkeit und Bildung darin, daß ich ganze Bibliotheken heutiger schulgerechter, auf die Ansicht der »Oberen« berechneter Broschüren und Bücher dafür hingebe.

Gewiß liegt, wie ich Sie auch verstehe, Schopenhauers Grundfehler darin, daß er weder einen Anfang noch ein Ende außer dem Nichts hat.

Er spricht vom Leben, vom Willen zum Leben, von der Negation dieses Willens.

Aber das Leben verlangt ein Lebendiges, ein *Subjekt* des Lebens und die Negation des Willens zum Leben hebt das negirende Subjekt selbst nicht auf, affirmirt es nur erst völlig, weil mit dieser Negation alle Beschränkung und Entzweiung negirt wird.

Sie spotten immer über meinen »Geist«, der mir keine Ruhe lasse. Ja, es ist bald gesagt, wenn ich mich *beruhigen* will, d. h. wenn ich bei gewissen Bestimmungen *abbrechen* und mit Absicht nicht fragen will, was *jenseits* derselben liegt. Aber das ist es ja eben, denn sobald ich im Stande bin, etwas als eine Grenze zu erkennen, ist mir damit auch schon eine Anticipation der Bestimmungen gegeben, welche dem auf der andern Seite Vorhandenen zukommen müssen.

Sie meinen z. B. man könne die Religion im Besonderen ignoriren und klüglich – müsse man es auch.

Da denke ich wieder ganz anders. Denn ich sehe nicht ein, warum ich nicht die Thatsachen und die Thatsache, welche wir Religion nennen, gerade eben so zum Gegenstand der Untersuchung machen soll wie die Naturwissenschaft die Krystalle, Pflanzen u. s. w. oder die Logik die verschiedenen Formen des Urtheilens, Schließens u. s. w.

Das werden wir doch zugeben müssen, daß die Religion die *merkwürdigste aller* uns bekannten Thatsachen ist und daß von ihr eben sowohl, auch nach allen Einzelheiten, eine Wissenschaft möglich sein muß, als von irgend sonst einer Thatsache. Daß Menschen sich ein Wesen vorstellen, das, von ihnen selbständig unterschieden, die Welt hervorbringt, von ihrem Schicksal weiß, von dem sie, wenn ihr Wille zu Ende ist, Hülfe erwarten, und dem es bekannt ist, ob wir im Tode absolut untergehen oder uns in eine andere Existenz hinüberleben – das ist doch gewiß eine ebenso *unzweifelhafte* Thatsache, als daß wir wachsen, verdauen etc. Diese Thatsache untersuche ich eben so ruhig, wie jede andere. Sie hat denselben Grad der Realität.

Der Gegensatz des *Optimismus* und *Pessimismus*, auf welchen Schopenhauer ein so großes Gewicht legt, ist nach meiner Meinung hierbei untergeordnet und wenn ich Sie recht verstehe, machen Sie ihn auch nur zu etwas Relativen. Für uns Philosophierende, für unsere Kaltblütigkeit, existiert nur die Nothwendigkeit, nicht aber eine absolut gute, eine absolut schlechte Welt. Nun insofern unter dem Pessimismus eine Weltansicht verstanden wird, welche die Welt betrachtet, als etwas, das nicht so ist, *wie es sein sollte*, vielmehr umgekehrt ist, als es sein sollte, nur insofern kann man von uns Philosophen sagen, daß wir Optimisten sind.

Ich leugne nicht, daß die immer mehr bei mir wachsende Einsicht in das Weltgetriebe, wo ich Gegensatz gegen Gegensatz entstehen, die Extreme in einander umschlagen sehe u. s. f. meine Neigung zu einer praktischen Betheiligung, außer durch das reine Erkennen, immer mehr schwächt. Was für Dinge habe ich nicht seit Monaten hier dicht vor meinen Augen vorgehen sehen! Ich bin glücklich genug, nur die negative Seite davon durch Komik, durch Auffindung des die Dummheit, die Eitelkeit, die Habsucht, die Genußgier selbstvernichtenden ironischen Wendepunkts herauszustellen und mich so von solcher Misere frei zu erhalten. Aber doch bleibt ein Punkt der Irrationalitäten liegen, – den sich der Teufel unverdaut als seinen Antheil holen mag.

[...]

Mit den besten Wünschen voll inniger Hochachtung

Ihr ergebenster

K. Rosenkranz

Adam von Doß an Arthur Schopenhauer

München, 30 Dezember 1854

Hochverehrter Herr Doctor,

Es würde mich nicht wundern, wenn Sie mich für todt oder – ungezogen gehalten hätten, so lange verzögerte ich den längst schuldigen Dank für das mir überschickte Buch. Allein ich bin weder das Eine noch das Andere; ein gnädiges Geschick hat mir, so sehr ich mich, vermöge meiner amtlichen Stellung, exponiren mußte, über die entsetzliche Krankheit, welche seit dem Monate August diese unglückliche Stadt verwüstete, hinweggeholfen, u. mich meinen Theuersten gesund erhalten. So lange ich aber lebe, habe ich auch Lebens*art;* Ihnen gegenüber sogar etwas besseres: Manneshochachtung in der eminentesten Bedeutung dieses Wortes. Ich brauche Ihnen also wohl nicht weitläufig auseinander zu setzen, was mich bisher an der Abstattung meines Dankes hinderte. Hätte ich doch denselben am liebsten *vor* allen mit dem neuen Geschenke bedachten Freunden u. Verehrern dargebracht, während ich so der Letzte, aber wahrlich nicht der Kälteste bin.

Ich hatte, seit der durch die Cholera so koloßal vermehrten Sterblichkeit, eine gegen sonst beinahe dreifache Arbeitslast, in Folge der täglich anwachsenden Verlaßenschaften, zu bewältigen, u. daneben mit Sorgen u. Unruhe für die Gesundheit der Meinigen zu kämpfen. Seit zwei Monaten hat sich nämlich mein Ehebund durch die Geburt eines Töchterleins zur häuslichen Dreifaltigkeit gestaltet. Wo hätte ich da Stimmung u. Muße zu einem ruhigen Durchgehen Ihrer Schrift über den Willen in der Natur hernehmen sollen? Und gelesen wollte ich doch das Buch haben, ehe ich mich an den Brief machte; zu bloßen Dank- und Denkzetteln kann ich mich Ihnen gegenüber nicht entschließen.

Was nun diese Ihre Kernschrift mit den schätzbaren Zusätzen betrifft, so habe ich bei der Recapitulation der darin enthaltenen Wahrheiten wieder einmal einen ächten intellektuellen Hochgenuß gehabt, u. mich neuerdings innigst überzeugt, daß Ihnen Wenige vorphilosophirt haben, nicht leicht Einer nachphilosophieren wird. Diese göttliche Methode des Philosophirens, meine ich, müßte Jeden, auch den für geistige Interessen Stumpfesten, bezwingen u. unfehlbar für Sie gewinnen. Das heißt »sonnenklar berichten«, das heißt »die Leser zum Verstehen zwingen«, obwohl es nicht auf dem Titelblatte ausposaunt ist, wie es einst Fichte zu machen beliebte. Niederschmetternd sind aber auch die wiederholten Schwerthiebe u. Lanzenstöße, welche Sie den »in Pappe geharnischten Rittern« der Katheder- oder, was ziemlich einerlei ist, der Theaterphilosophie auf dem Turnierplatze der Vorrede versetzen; u. mit welch' köstlichen Devisen aus Göthe haben Sie Ihre im Feuer der Wahrheit gehärteten Waffen geschmückt! Diese Schauspieler der Philosophie werden freilich nicht begreifen, wie man über »Speculation« so abweichende Begriffe haben kann, u. den blutigen Ernst, mit dem Sie in das heitere Spiel der Gedanken eingreifen, wenigstens für arge Geschmacklosigkeit, wenn nicht gar für das Kennzeichen eines wilden, menschenfeindlichen, die Resultate *Ihres Speculirens* verdächtigenden Characters erklären, zu welcher Erklärungsweise der jüngere Fichte durch seine Entdeckung einer tief complicirten ethischen Verbildung Ihres sonst gewaltigen philosophischen Talentes einen höchst erwünschten Fingerzeig gegeben hat. Aber »Man kann im Herzen Milde tragen, Und doch mit Kolben drunter schlagen«, – wie ein moderner Dichter nicht übel meint u. reimt, u. sich recht gut auf Ihr Verhältniß zu den Philosophieprofeßoren anwenden läßt. Jedenfalls haben Sie mit Ihrer Kernschrift einen solchen Kernschuß in's Herz der gegnerischen Genossenschaft gethan, daß sich dieselbe nie wieder aufrichten kann. –

[...] Schon lange vor der Bekanntschaft mit Ihren Werken las ich die pessimistischen Chorsprüche der alten Tragiker, las ich Aehnliches im Shakespeare, Paskal, Byron, Leopardi u. s. w. mit großem Verständniß u. Beifall. Ich habe ein mir angeborenes feines Gehör für die Dißonanzen des Lebens. Aber die höhere Einheit, die in Werken aus einem Guße, wie die Ihrigen, über all' dem Gewirre schwebt, u. zuletzt den tollen Weltentanz auch in der Wirklichkeit zusammenhält u. für den tiefer Blickenden sogar zu einem wohlgeordneten Reigen gestaltet, spiegelt sich zuweilen selbst in der Stimmung des noch ganz in der praktischen Bejahung des Lebens Begriffenen durch tiefen Frieden u. weihevolle Erhebung des Gemüthes ab. Ich kann darum auch nicht in die so häufige Klage über die totale Trostlosigkeit u. Unfruchtbarkeit Ihrer Philosophie einstimmen; läßt sich ja sogar recht wohl der geheime Verbindungsgang zwischen Ihrer Philosophie u. der heiteren Mystik der Sufi nachweisen, u. haben Sie im zweiten Bande Ihres Hauptwerkes selbst darauf hingedeutet.

Freilich verkenne ich auf der anderen Seite ganz u. gar nicht, daß der Drang nach Wahrheit u. Liebe, wie die um Blumen summende Biene, neben dem Honig auch seinen Stachel mit sich führt. Dieser Stachel bohrt sich demjenigen tief genug ein, der sich mit einiger Freiheit auf den Höhen der Gedanken ergehen möchte, welche die großen Geister der Jahrhunderte titanenhaft aufeinandergethürmt haben, während ihn der Zwang seiner Lebensstellung auf jedem Schritt u. Tritt verfolgt. Ein Beamter sein, heißt: alle Zeit u. die beste Kraft Geschäften opfern müssen, die man sonst, wenn sie selbst das eigene Interesse beträfen, so schnell als möglich abzuthun trachten würde; heißt: ein Leib- u. Seeleigener des jeweiligen Gouvernements sein, welches mit zunehmender Arbeitslast u. Theuerung keineswegs die Zahl der Arbeiter u. die Größe ihrer Besoldungen in's Gleichgewicht setzt; am allerwenigsten aber darum bekümmert ist, daß für das Streben nach höherer Ausbildung einiger Spielraum bleibe, es im Gegentheil ungern sieht, wenn der Schuster nicht ganz u. gar bei seinem Leisten bleibt, weßhalb die unnützen Feierstunden gehörig zugestutzt werden.

Jenen Stachel empfindet aber auch der Liebebedürftige, dem in Zeiten außerordentlicher Gefahr urplötzlich, über Nacht, die Quelle versiegen kann, aus welcher seinem Herzen das süßeste Labsal zuströmte. Was es um solche Empfindung ist, erlebte ich zum ersten Mal während der kläglichen Epoche, die bald nach dem von mir, im Juli, an Sie gerichteten Einladungsschreiben über jene Bewohner Münchens hereinbrach, welche, durch Verhältnisse an die Stadt gefesselt, dem heftigsten Wüthen der Cholera, der Geißel dieses Jahrhunderts, ausgesetzt waren. Wie ein Geist aus den Gräbern, wie der steinerne Gast zum Don Juan (um mich Ihres herrlichen Gleichnisses zu bedienen) trat jenes Ungethüm – nicht zuletzt, sondern gleich anfangs in das heitere Spiel hinein, welches mit der Kunst- u. Industrie-Ausstellung bei uns kaum begonnen hatte; zugleich ein schauerlicher Schluß des auf unserer Bühne veranstalteten genuß- u. lehrreichen Gesammtgastspieles der ersten deutschen Schauspieler; eine schreckliche Aufstellung des Contrastes zwischen Dichtung u. Wahrheit! –

Ich habe seither, – die Seuche, nachdem sie mehrere tausend Opfer dahingerafft, ist leider noch nicht völlig erloschen, – der Gefahr u. dem Unglück täglich, fast stündlich in's stiere Auge gesehen, denn mein Beruf führt mich nach Todesfällen sofort in die Wohnungen der Verstorbenen, um, ihres Rücklaßes halber, provisorische Maaßregeln zu ergreifen; u. während der schlimmsten Zeit der Epidemie hatte ich *allein* oft an *einem* Tage 15-20 Obsignationen in den verschiedensten Stadttheilen, u. gar häufig in den verpesteten Quartieren der ärmsten Klasse der Bevölkerung vorzunehmen. Da hatte ich an den mannigfachen Scenen des Elends, die sich mir in so unmittelbarer Nähe darboten, lebende Bilder genug zu den abstrakten Schilderungen irdischen Jammers in Ihren Büchern. Welche brutale Zerreißung der innigsten u. nothwendigsten Verhältnisse; welche Thränen von Wittwen u. Waisen bekam ich da zu sehen! Und wie schwach die menschlichen Mittel, um so verheerendem Übel Einhalt zu thun! Für *meine* Person hatte ich geringe Besorgniß, obwohl ich im vordersten Treffen dem Contagium ausgesetzt war, über dessen Vorhandensein nun auch bei den früher ungläubigsten Aerzten u. Chemikern keine Zweifel mehr zu bestehen scheinen. Mich zerwühlte nur Sorge um mein Liebstes auf Erden, um meine Frau, deren Verlust mich in einen bodenlosen Abgrund des Schmerzes u. Lebensüberdrußes gestürzt haben würde, eben darum, weil mich ihr Besitz so unendlich beglückt.

Das allein schon spricht für Ihre Weltanschauung: daß der Glücklichste durch die Verschiebung oder Zertrümmerung des Grundsteines seines Gebäudes nothwendig der Unglücklichste werden muß. Und wie schmal die Basis ist, das lehren uns vor Allem Seuchen u. Krieg! Zugleich sah ich, wenn auch mit geringerer Bangigkeit, der erstmaligen Entbindung meiner Frau entgegen. Diese ist nun am 24 Oktober höchst glücklich abgelaufen, u. ich genieße seitdem die Freude, Vater zu sein eines Kindes voll Gesundheit u.

Liebreiz. Eine eigenthümlicher gemischte Empfindung von Lust u. Wehe kann es nicht geben, als die ist, wenn man den ersten Laut des neugebornen eigenen Kindes vernimmt, u. sich der Betrachtung hingibt, die sich, nach Ihrer Weltanschauung, an die Geburt des Menschen knüpft! –

Auch in Frankfurt scheinen sich im Herbste Spuren der allenthalben, gleich einem Giftpilze, wieder aufschießenden Cholera gezeigt zu haben; doch ist, weil weitere Nachrichten bald verstummten, wohl jene schöne u. gesunde Gegend kein günstiger Boden für jenes scheußliche Gewächs, u. ich darf wohl mit Zuversicht annehmen, daß sich in Ihrem früheren Wohlbefinden nicht das Geringste geändert hat. Wie gerne hätte ich Sie heuer als Gast bei mir gesehen, u. Ihnen jede, meiner Verehrung Ihrer Person entsprechende Aufmerksamkeit erwiesen! Doch hob sich meine Einladung, über alles Erwarten schnell, durch die so traurig veränderten hiesigen Verhältnisse von selbst auf! –

Es ist Zeit, diese Betrachtungen zu beendigen; denn ich habe *Ihre* Zeit wieder ungebührlich lang in Anspruch genommen, u. aus Anlaß der seit meinem letzten Briefe abgelaufenen schweren Epoche von meiner Person mehr als billig gesprochen. Bleiben Sie ja recht gesund u. immer neuen Ruhmes froh im neuen Jahre, aber auch wie bisher freundschaftlich gesinnt

Ihrem treuesten Verehrer
A. v. Doß

Arthur Schopenhauer an Julius Frauenstädt
[Auszug]

15. Juli 1855

Von Kuno Fischer's Geschichte der neuern Philosophie habe den 2. Band durchstöbert, der bloß bis vor Kant geht, werde aber doch schon darin *obiter* ein wenig *(extra ordinem)* besprochen, p. 466 und 395. Von der Hegelei unheilbar verdorben *konstruirt* er die Geschichte der Philosophie, nach seinen apriorischen Schablonen, und da bin ich als Pessimist der nothwendige Gegensatz des *Leibnitz* als Optimisten: und das wird daraus abgeleitet, daß Leibnitz in einer *hoffnungsreichen,* ich aber in einer *desperaten* und malörösen Zeit gelebt habe: *Ergo,* hätte ich 1700 gelebt, so wäre ich so ein geleckter, optimistischer Leibnitz gewesen, und dieser wäre ich, wenn er jetzt lebte! – So verrückt macht die Hegelei. Obendrein aber ist mein Pessimismus von 1814 bis 1818 (da er komplet erschien) erwachsen; welches die *hoffnungsreichste Zeit,* nach *Deutschlands Befreiung,* war. Das weiß der Gelbschnabel nicht! – Uebrigens redet er von mir honorig: aber man merkt, es ist bloß, weil er sich nicht untersteht schlecht von mir zu reden; wie er gern thäte. – p. 395. wird mein Wille mit Kants »praktischer Vernunft« identificirt; – obgleich diese gerade sein *Gegentheil* ist, nämlich Das, was ihn bändigen und einschränken soll, zudem eine bloße Begriffs-Kombination der »Vernunft«, – (worüber meine Ethik). Aber das thut nichts, sondern »*vive l'à peu* près«! – Die Schablonenmethode erfordert es:

Hast du aus tüchtigem Holz ein festes Kreuz erst
gezimmert,
Paßt ein lebendiger Leib auch wohl zur Noth noch daran.

G.

Karl Debrois van Bruyck an Arthur Schopenhauer

Wien, den 14. März 1858

Mögen Sie noch freundlich vernehmen, was mir ein gegenwärtig in *Berlin* lebender Freund kürzlich schrieb: »Deinen Enthusiasmus für S[chopenhauer] begreife ich nicht nur, sondern ich fände das Gegentheil gerade in Deiner Natur unfaßbar. Dieser Mann ist für mich nach Hebbel der einzige, der in der Neuzeit eine ganze Umwälzung meiner Gedanken und Anschauungen erzeugte. Ich wäre kaum im Stande, den Punkt klar bloßzulegen, wo der Einfluß jener übermächtigen Natur in mir entschieden hervortrat, allein ich fühle es evident, daß ich seit dem Moment, der mir S[chopenhauer] erschloß, auf eigene innere Fernsichten trat [sic!], die ich bis dahin nur blaß und dunkel ahnte. Vor allem ist es der Humor inmitten der pessimistischen Weltanschauung, welche[r] mir aus S[chopenhauer] elektrisch entgegenschlug, diese Freiheit des Individuums trotz dessen äußerster Gebundenheit an die mystische Nothwendigkeit. Mir war dabei zu Muthe, als ob ich in die Bilderflucht zweier einander gegenüber hängender Spiegel hineingeschaut und mir beim letzten Bild, das ich erblickt, gesagt hätte: freilich, besäßest du nur das Auge, du würdest dann noch weiter und so in infinitum sehen! Wenn S[chopenhauer] über die subtilsten Probleme spricht, so hat man die Empfindung, als müßte die schweigsame Natur, von dem genialen Forscher im Innersten gepeinigt, die Lippen einmal entsiegeln und ein Erlösungswort sich entwischen lassen.

Adam von Doß an Arthur Schopenhauer

München, 20. Februar, 1858

Hochverehrter Herr Doctor,

Empfangen Sie meinen Glückwunsch zum siebzigsten Geburtstag. Mancher beredtere mag Ihnen dargebracht werden, aber gewiß keiner, der mehr vom Herzen kommt. Mein Wunsch aber ist: daß Sie noch ein paar Decennien des rüstigen Greisenalters genießen mögen, das Ihnen die Huld des Schicksals zu so vielen abnormen Glücksgütern als beneidenswerthen Ueberschuß gewährt hat.

[...]

Gegenwärtig beschäftige ich mich sehr lebhaft mit einem italienischen Buddhisten, oder Schopenhauerianer, oder wie man ihn sonst taufen mag diesen merkwürdigen Weltverächter, dessen Betrachtungen bald an die ergreifendsten Stellen des vierten Buches Ihres Hauptwerkes und der buddhistischen Sutras über die Nichtigkeit und das Leiden des Lebens erinnern, bald mit den weltmännisch feinen, durch unübertreffliche Bestimmtheit des Ausdrucks glänzenden Reflexionen eines Rochefoucauld, oder Ihrer Parerga über die Schwächen und Mängel der menschlichen Natur wetteifern; – und doch wußte der Dichter und Selbstdenker Leopardi, den ich meine, weder etwas vom größten Propheten des Weltschmerzes aller Zeitalter, dem allerherrlichstvollendeten Schakja-Sohn, noch von seinem jüngsten großen Apostel im Norden.

Lesen Sie ja, verehrter Meister, die Operette morali und die Pensieri dieses südlichen Doppelgängers im Pessimismus, wenn Sie ihn noch nicht kennen, was wohl der Fall sein dürfte, weil sonst gewiß Sie mich auf ihn aufmerksam gemacht hätten. Uebrigens haben wir doch einmal von Leopardi gesprochen, nämlich während meines Aufenthaltes in Frankfurt im Mai 1850, aber freilich nur auf Veranlassung einer wenige Monate zuvor in den Blättern für litter. Unterhaltung erschienenen Anzeige seiner gesammelten Briefe. Einige Stellen aus denselben verriethen mir schon damals den ungewöhnlichen Beobachter und Denker, als welchen ich nun den mir theuer gewordenen Autor der Operette morali näher kennen gelernt habe.

Mich entzückt die entschiedene Bestätigung der gerade am meisten angefochtenen Seite Ihres Systems durch einen Mann wie Leopardi um so mehr, weil wir es hier ebenfalls mit einer durchaus edlen, großgesinnten, nur der Wahrheit huldigenden, jeden Nebenzweck verschmähenden Natur; – mit einem Philosophen und Gelehrten zu thun haben, der, obwohl einzig und allein am *klassischen* Alterthum herangebildet und frei von präoccupirenden Einflüssen indischer Studien, die man so gern aus den Resultaten Ihrer Philosophie herauswittert, – dennoch zu derselben tragischen Weltanschauung durchgedrungen ist, welche den Grundzug des Brahmanismus und Buddhismus und Ihres Systems bildet.

Uebrigens hat der Dichter Leopardi kein wissenschaftliches S y s t e m aufgestellt. Er begnügt sich, in erzählender, dialogischer oder didaktischer Form seine Grundansichten über das so bedenkliche Problem des animalischen Lebens, oder was ihm identisch ist, des *Schmerzes,* zu entwickeln. Ausgerüstet mit unendlich feiner Beobachtungsgabe, welche durch die Fülle gelehrter Kenntnisse, die er besitzt, nirgends abgestumpft erscheint, weist er am Leben und Streben des Menschen und am Walten der ganzen Natur nach: »wie mißlich es ist, als ein Theil derselben zu existiren«. Das Unhaltbare des Optimismus deckt er überall mit derselben Schonungslosigkeit und Offenheit auf, die auch Ihnen eigen ist, und spottet des gelehrten und ungelehrten Pöbels, der ihm ebensowenig wie Ihnen seine Lebensphilosophie und sein schneidendes Urtheil über die mit sich selbst liebäugelnde, allervortrefflichste »Jetztwelt« verzeihen und seine pessimistische Anschauung der Dinge gerade so wie bei Ihnen als Wirkung subjektiv krankhafter Verstimmung erklären wollte. Mit Mühe widerstehe ich der Versuchung, zur Probe eine Stelle voll bitterer Ironie aus dem herrlichen Gespräche Tristan's mit einem Freunde hier einzuschalten; allein sie ist zu lang, und ich muß trachten, mit dieser Epistel an's Ende zu kommen.

[...]

Daß es Leopardi dennoch zu keinem philosophischen System gebracht hat, was ihm wohl schon als *Poeten* versagt war; daß er, wie Montaigne, Pascal u. A., als bloßer Essayist aufgetreten, überhaupt nicht durch Kant's Schule gegangen ist, und daher den »Alleszermalmer« so wenig kennt, wie seine übrigen gelehrten Genossen in Italien, Frankreich und selbst England; – das unterscheidet ihn wieder beträchtlich von einem Alles umfassenden Philosophen, wie Deutschland einen an Ihnen, mein Doctor, zu besitzen das Glück hat! Können also seine »Versuche« nun und nimmer die Tragweite Ihrer Schriften haben, so sind sie dagegen als adminiculirende Beiträge zum praktischen Theil Ihrer Weltweisheit immerhin höchst schätzbar und können allen jenen nicht genug empfohlen werden, denen es um eine stets ausgebreitetere Kenntniß alles dessen, was Ihre ethischen Grundanschauungen unterstützt, und um Erweiterung *ächt philosophischer Unterhaltung* zu thun ist. Denn so langweilig die *deutschen* Gelehrten in der Regel zu philosophiren pflegen, so theilt der auch weltmännisch gewandte italienische Nobile den Vorzug mit Ihnen: nirgends in seinen Schriften langweilig zu sein.

Leider besteht keine Uebersetzung seiner prosaischen Schriften, während doch mit jeder Messe Schund im Ueberfluß aus allen Sprachen auf den deutschen Büchermarkt geworfen wird. Und daher ist Leopardi in Deutschland, die Gelehrten, die sich speziell mit italienischer Litteratur befassen, ausgenommen, als Prosaiker wohl nur Wenigen bekannt. Seine »Gesänge« dürften bekannter sein, weil Kannegießer einen Theil derselben übersetzt hat, ob gut, kann ich nicht sagen. Diejenigen, welche ich zur Zeit im Original gelesen habe, haben mich tief ergriffen. Es waltet ein hehrer Geist in diesen Dichtungen von vollendet schöner Form: sie gemahnen mich zuweilen an die tiefsinnige Schwermuth einiger der berühmtesten Chöre der antiken Tragödie.

Ein antikes Element ist überhaupt in Leopardi nicht zu verkennen und wohl auch Ursache, daß derselbe, nachdem er in der Analyse unserer Welt- und Lebenszustände auffallend gleichen Schritt mit Ihrer Philosophie und dem Buddhismus gehalten, da, wo der *Heilsweg* vorgezeichnet und betreten werden soll, zaudert, und mehr stoisch als christlich resignirt, beim reinen Schmerze stehen bleibt, jeden mystischen Trost beharrlich von sich weisend.

Und so wüßte ich fürwahr kein bezeichnenderes Motto seinen Werken voranzusetzen, als jenen alten, bei der bloßen Klage, ohne versöhnende Gegenstrophe stehen bleibenden buddhistischen Chorgesang: »Alles in der Welt vergeht wie eine Erscheinung, und Elend bedroht uns hienieden und in den Wohnungen der Geister. Unser Leib ist hohl und trügerisch, wie die Rohrpalme; er ist unser geheimer, unversöhnlicher Feind; es ist so gefährlich, mit ihm sich zu befreunden, wie mit einem Kasten voll Schlangen.« –

[...]

Vorübergehend gerieth ich auf den Einfall, es könnte angemessen sein u. Ihnen Freude machen, wenn ich meine Bemerkungen über die Bestätigung, welche die am meisten befehdete Seite Ihres Systems durch einen Denker wie Leopardi gefunden, in einem Journal veröffentlichen würde. Allein ich halte dieselben für zu skizzenhaft allgemein, u. zu detaillirterer Ausarbeitung u. Begründung fehlt es mir an Muße. Darum zwängte ich, was ich zum heurigen siebzigsten Geburtstag zum bieten hatte, in die Form dieser Epistel, welche sich, selbst mit Hinweglassung alles rein Persönlichen, kaum zum Drucke eignen würde. Dennoch sollte Leopardi in seinem Verhältniß zu Ihnen erkannt werden, u. zur Förderung dieser nicht unersprießlichen Erkenntniß etwas vor der Oeffentlichkeit geschehen! –

Leben Sie wohl, verehrter Herr Doctor, u. bleiben Sie mir auch wieder im neuen Jahr mit Ihrer unschätzbaren Freundschaft zugethan.

Ganz der Ihrige,

Doß

Arthur Schopenhauer an Adam von Doß

Frankfurt a. M. d. 1. März 1859

Lieber Herr *v Doß*,

Ich brauche Ihnen nicht zu sagen, wie wohlthuend Ihre treue Anhänglichkeit und Theilnahme auf mich wirkt. Auch Ihr jetziges Schreiben habe ich mit großer Befriedigung gelesen. Ihrer beharrlichen Anpreisung verdanke ich es, daß ich mir den *Leopardi* verschrieb und ihn endlich letzten Herbst erhalten habe, in 4ter Aufl, v. 1856, mit *Leopardi's* Leiche als Titelkupfer. Mit großem Genusse habe ich ihn wiederholt gelesen: doch gefällt mir seine Prosa bei Weitem besser, als seine Verse: nur ein Paar Gedichte haben meinen vollen Beifall, die *recantazione* und einige andere. *Lindner*, dem ich nicht darüber geschrieben hatte, hat in seiner Voße'schen Zeitung, v. 30· *Nov*ʳ bis 1 *Jan*ʳ mehrere Dialoge übersetzt und im Vor- und Nach-Wort die Parallele mit mir gezogen: sehr gut. Doch kann er nicht so ganz vollkommen Italiänisch: doch kündigt er die Uebersetzᵍ des Ganzen an. Aber, was Sie ergötzen wird! Die *Rivista Italiana* v. *Dicembre* 1858, *a Torino* 1859, eröffnet mit einem Dialog v. 40 Seiten: *Schopenhauer e. Leopardi*, v. *De Sanctis*, welches eine sehr richtige Darstellung meiner Lehre giebt, die dieser Italiäner gründlich kennt, *in succum et sanguinem* vertirt hat und die Wahrheit derselben mit Enthusiasmus anerkennt. Er hat nicht, wie die deutschen Professoren, namentl *Erdmann*, stümperhaft meine Schriften excerpirt; nein, er hat es Alles an der Schnur, und greift was er eben braucht. In München werden Sie es auftreiben können. Daß *Leopardi* arm war, scheint nicht, aus seinen Schriften, noch Biographie. Wir sehn das väterliche Schloß mit Bibliothek.

Ich bin sehr beschäftigt: seit 6 Monaten arbeite ich an der 3ten Aufl meines Hauptwerks, (welches ganz vergriffen ist) mit Zusätzen. Stündlich erwarte ich den ersten Korrektur-Bogen des 1sten Bandes: ich bin beim 2ten, der die meisten Zusätze erhält. *Brkhs* bezahlt wimmernd 3 Friedrichsd'or den Bogen. Im Spätsommer wird es erscheinen: beide Theile zugleich. – *Revue Germanique* hat 1 Kap: aus Parerga übersetzt; ganz gut aber bloße Blumenlese. – *Revue Française* hat 2 Mal schlechte Uebersetzungen v. *Alex: Weil* gegeben. – *Asher*'s mir dedicirtes Buch werden Sie sehn: ist verfehlt: aber eine merkwürdige, mir nicht erinnerliche Stelle giebt er, von der *Stael!* – Man wird wohl gar meynen, ich hätte es daher! Aber Systeme, wie meines, entspringen nicht aus einem fremden Einfall; übrigens verweise auf *Parerga I, p.* 125 [142 f.].

[...] Ich muß daher schließen, und es geschieht mit den herzlichsten Wünschen für Ihre Gesundheit und Wohlergehn.

Arthur Schopenhauer

Clemens Rainer an Arthur Schopenhauer

Oldenburg, 24. Januar 1860

Hochzuverehrender Herr!

Ein Ihnen völlig unbekanntes Menschenkind wagt es, Sie mit der Lesung dieses Blattes zu behelligen, in Kürze will ich mich Ihnen vorstellen: ich bin Künstler, freilich – obwohl keiner auslernt – noch ein lernender, ein lernender in des Wortes strengster Bedeutung; ein erst werdender darf ich mich zu Ihnen nicht ausdrücken, denn wenn ich keiner bin, werde ich auch keiner. Ich habe jura studirt, diese Fachwissenschaft absolvirt und nach legaler Praxis das in meinem Vaterlande Bayern, gelegen in Deutschland, für den öffentl. Dienst als Richter vorgeschriebene Staatsexamen bestanden, dann habe ich vor vierthalb Jahren, einem seit den Tagen meiner Kindheit in mir lebendigen Drange folgend, meinen gegenwärtigen Lebensweg eingeschlagen und bin Schauspieler geworden. Ihrer Darstellung des Wesens der Kunst verdanke ich eine bedeutende Aufhellung des Pfades nach dem mir vorschwebenden Ziele, und der Drang meinem Gefühle des Dankes für dies empfangene Geschenk Ausdruck zu geben, ist die nächste Veranlassung meines ehrerbietig an Sie gerichteten Briefes, zugleich aber sehne ich mich, daran eine Bitte knüpfen zu dürfen. Ich habe vorgestern den Mephistopheles gespielt, besser als mancher Darsteller von meiner noch jungen, praktischen künstlerischen Reife, aber nicht so gut, wie ich von mir selbst fordern zu dürfen berechtigt zu sein glaube – (der äußere Erfolg kann mich selbst nicht bestechen) – wenn auch diesmal unbeirrt von dem theoretischen Gefasel, das mich bei frühern Versuchen dieser Rolle beengte, von jenem ästhetischen im Nebel herum fahrender Erklärer, welche das unsterbliche Gedicht in eine Hegelsche Jacke zwängen möchten, bei welcher Procedur das gesunde Kind aber alle Nähte platzen macht. Sie erlassen mir, jene Theoreme eines namhaften Ästhetikers ausführlich anzuziehen, der sich um die Nachweisung bemüht, daß die künstlerische Darstellung des Bösen »welches nur als ein Moment in der Idee« erscheine »dessen Begriff nur aus der philosophischen Bedeutung der Negation gewonnen werden könne« nur dann lösbar sei, wenn das nur so faßbare Wesen sich in einer Reihe individueller Lebensäußerungen bethätige; dies sei

Göthen in der wunderbaren Schöpfung des M. gelungen. Ich räume ein, daß bei dieser Darlegung, im Hinblick auf die liebevolle Hingebung, welche der gedachte Mann, insbesondere für die dramatische Kunst so vielfach beurkundet, sich noch immer Etwas denken läßt, muß mich aber als entschiedenen Gegner einer anderen Ansicht erklären, welche in M. nur die Nachtseite in der Brust des Faust erblickt, ihn so zu einer bloßen Allegorie verflüchtigt. Sie erwähnen – und zwar, wenn ich Sie verstanden, nicht mißbilligend, daß man die Lockungen und Verführungen, welche die Verneinung des Willens vereiteln, ihr ein stetes Hinderniß in wechselnden Gestalten entgegenstellen, als Teufel personificirt habe; der Mythos zeigt in ihm die Ursache, warum Erlösung u. Befreiung illusorisch oder doch gefährdet sind. Göthe benutzte nach Seydelmanns Ausdruck diesen alten, wohlbekannten Teufel zu seiner wunderbaren Gestalt. Er that aber etwas hinzu, was ihn bedeutend modificirte, besonders durch den ihm beigelegten Zug, daß er als heilsames Ferment *schaffend* wirken müsse. So redlich ich mich in das Werk Ihres Geistes zu vertiefen strebte, ist mir bis zur Stunde unerschlossen, wie viel von dieser Modification der Hinneigung des Dichters zum Hellenismus zuzurechnen sein möge.

Wenn Sie es, hochgeehrter Herr, nicht für einen Diebstahl an Ihrer Zeit betrachten, opfern Sie mir ein halbes Stündchen, u. geben Sie mir in einigen Strichen Ihren Gedanken über diese Gestalt und ihre Stellung zum Gedicht, sowie über die Aufgabe des Darstellers, der sie von der Bühne herab versinnlichen soll. Mir ist M. die Verkörperung des Egoismus, der lieblosen Selbstsucht, die auf allen Stufen der Objectivation im principio individuationis befangen, in einzelnen Erscheinungen sich selbst zerfleischt (nicht blos das Menschenherz zum Bösen stachelt, sondern auch als verheerende Schloßen die Halme des Feldes in den Boden schmettert, oder als Biß der Schlange ein anderes Leben abschneidet); aber eben durch die Wucht des Leidens, das er in Beispiel u. Erfahrung fühlen läßt, der endlichen Erkenntniß, welche das pr. indiv. durchschaut, zum Siege hilft: nur so vermag ich ihn als schaffenden Teufel zu erkennen. Verdammen Sie meinen Schritt nicht als eine sträfliche Dreistigkeit, sondern werden Sie durch die Klarheit und Schärfe Ihres Geistes hilfreich einem heißen Ringen, das der Heiligkeit der Sache, der es geweiht, mit voller Redlichkeit ergeben ist.

Mit vorzüglicher Hochachtung und Verehrung
Ihr gehorsamst ergebener
Clemens Rainer

Arthur Schopenhauer an Clemens Rainer

Frankfurt a. M. d. 29 Jan^r 1860

Geehrtester Herr,

Daß Sie nach *rite* vollbrachten Studien und Examen sich dem Theater zugewandt haben, ist ein gutes Anzeichen, indem es auf entschiedenen Hang und dieser auf wirkliches Talent deutet; vorausgesetzt, daß Ihre physische Beschaffenheit entsprechend sei: denn dem Schauspieler ist seine Korporisation und Sprachorgan, was dem Virtuosen sein Instrument.

Ich will versuchen, Ihre etwas unbestimmt gestellte Frage zu beantworten, so gut ich kann; obwohl ich zweifle, daß sich praktische Resultate daraus ergeben werden. – Ob das »und muß, als Teufel, *schaffen*« d. h. wirken, einem gewissen Hellenismus oder wohl gar Optimismus, der Alles als zum Besten führend auffaßt, in Göthe's Ansicht, zuzuschreiben sei; oder ob wirklich der Teufel, als Urheber des Uebels und Leidens indirekt zur Verneinung des Willens und dadurch zur Erlösung beitragend von ihm gedacht worden, vermag ich so wenig wie Sie zu entscheiden. Eine die letztere Ansicht erläuternde Stelle finden Sie in der eben jetzt erschienenen 3ten Auflage meines Hauptwerks: Bd. 2, S. 660, 61 [663]. Da der genetische Gesichtspunkt nie zu vernachlässigen ist, müssen wir im Auge behalten, daß der Teufel ursprünglich Ahriman ist, – worüber ich Einiges gesagt habe im 2. Band der Parerga. S. 314 [402 f.]. – Auch ist zu erinnern, daß der »Prolog im Himmel« dem Kap. 1 im Hiob nachgebildet ist. – Sie haben ganz richtig die Stelle in meinem Hauptwerk herausgefunden, im 4ten Buch, Bd. 1, §. 68, wo ich den Teufel als Personifikation der Verlockungen zur Bejahung des Willens bezeichne. Vom Standpunkt meiner Philosophie aus wäre er zu erklären als die Personifikation der koncentrirten Bejahung des Willens. Damit hängt es zusammen, daß wir als das Hauptgeschäft des Teufels überall die Unzucht jeder Art finden und er meistens Zoten im Munde führt: in dieser Hinsicht habe ich etwas beigebracht in besagter neuer Auflage Bd. 2, S. 651 [653]. – Gerade in diesem Sinn finden wir ihn dargestellt in den vortrefflichen »Paralipomena zum Faust«, welche im 17. Bande des Göthe'schen »Nachlasses« (oder Bd. 57 der sämmtlichen Werke) stehn und gewiß aus alter Zeit, d. h. jüngeren Jahren sind. Diese müssen Sie, falls solche Ihnen entgangen wären, durchaus lesen: jedoch treten hier Satan und Mephistopheles als 2 verschiedene Personen auf. – Sie nehmen, wie Sie sagen, den *M.* als Verkörperung des Egoismus: dies reicht nicht aus: daraus macht man noch keinen Teufel: sondern hiezu gehört »die 2te antimoralische Potenz«, die positive Bosheit, welcher das Leiden Anderer Selbstzweck ist und die ich daher als die eigentlich teuflische Potenz bezeichnet habe im §. 14 »antimoralische Tendenzen« in der Abhdlg. über das Fundament der Moral, in den »beiden Grundproblemen der Ethik«, welches Buch ich Ihnen empfehle, da die ethische Seite meiner Philosophie Ihnen am nächsten liegt. – Ich weiß nicht, ob Ihnen ein Buch zu Gesicht gekommen ist: »A. Schopenhauer als Interpret des Faust« von *D'. Asher* 1859. Ich kann es Ihnen nicht gerade empfehlen, da es wenig leistet; jedoch hat es eine Menge Parallel-Stellen aus dem Faust und meinen Werken, wiewohl viele gezwungen und unpassend sind.

Dies ist Alles, was mir zu Ihrem Zweck und auf Ihre Frage beigefallen ist. Sie sehn meinen guten Willen. – Vor 2 Jahren habe ich hier den jetzt wohl schon berühmten Schauspieler Haase als Mephistopheles gesehen und bin sehr befriedigt gewesen: er war durch und durch in Verruchtheit getränkt und ein gewisses *air de réprobation* verließ ihn nie. Am meisten hat er mich frappirt im Anfang, plötzlich als fahrender Scholast dastehend.

Von Herzen wünsche ich Ihnen Gesundheit und glänzende Erfolge.

Arthur Schopenhauer

III. DER VOLLENDER KANTS

> Kant ist mit seinem Denken nicht zu Ende
> gekommen: ich habe bloß seine Sache
> durchgeführt.[1]

*Mit der Dissertation von 1813, »Über die vierfache Wurzel
des Satzes vom zureichenden Grunde. Eine philosophische
Abhandlung«, nimmt Schopenhauer die Auseinandersetz-
zung mit dem Rationalitäts- und Fortschrittsglauben im
Deutschen Idealismus auf. Dies geschieht nicht direkt in
Form eines frontalen Angriffs, sondern auf dem Umweg
über eine Kritik an der Verwendung der transzendentalphi-
losophischen Kategorie der Kausalität, auf die sich jener
Glaube stützt. In diesem Zusammenhang wendet sich Schopenhauer gegen ein vorherrschendes Kant-Verständnis, an
dem Kant seiner Ansicht nach selbst nicht unschuldig war.
Kant hat, wie es in der Ersten Fassung der Dissertation von
1813 heißt, »von dem berüchtigten Ding an sich als dem
Grund der Erscheinung«[2] gesprochen. Trotz ihrer Kritik am
Ding an sich hatten Kants Nachfolger an einer der erscheinenden Welt vorgeordneten Ursache festgehalten, sei dies
nun in der Gestalt des Welt-setzenden Ichs wie bei Fichte
oder der Hegelschen logischen Idee. Schopenhauer dringt
deshalb darauf, die Kategorie der Ursache genauer zu untersuchen, als dies Kant getan hat. Er entwickelt vier verschiedene Arten von Grund-Folge-Verhältnissen, die es als
unmöglich erscheinen lassen, von einem Grund schlechthin zu sprechen, einem Grund, der womöglich außerhalb
der ganzen Welt, »außerhalb aller Objekte«, anzusiedeln*

1 W I, 595
2 G I, 92

wäre.[1] *Mit der vierfachen Wurzel des Satzes vom zureichenden Grunde will er darlegen, daß es vier verschiedene Ursachen des Erkennens, Werdens, Seins und Handelns gibt, die ausreichend sind zur Bestimmung aller Phänomene innerhalb der erscheinenden Wirklichkeit und auch nur in ihr Geltung besitzen. Wie man nicht von einem Dreieck an sich reden könne, sondern nur von einem recht-, stumpf- oder spitzwinkligen, so sei es auch unmöglich, von einem Grund an sich zu reden. In Schopenhauers Fassung verpflichtet der Satz vom Grunde zu einer strikt immanenten Betrachtung der erscheinenden Welt. Entsprechend wendet Schopenhauer in seiner Antwort auf das einzige vorhandene philosophisch relevante Brieffragment Frauenstädts von 1852 gegen Fichte ein, daß weder das Subjekt dem Objekt, wie bei Fichte, noch das Objekt dem Subjekt vorausgehe, sondern daß beide untrennbar aufeinander bezogen seien. Läßt Fichte die Welt aus dem Ich hervorgehen, dann liegt auch in diesem Fall nur eine Variante des Satzes vom Grunde vor und die Immanenz erscheinender Wirklichkeit bleibt gewahrt. Der transzendente Gebrauch, auf dem das rationalistische und optimistische Grund-Folge-Verhältnis des Deutschen Idealismus basiert, erscheint so als Mißbrauch.*

Gottlob Ernst Schulze, der Schopenhauer seine Meinung zur Dissertation schriftlich mitteilte, zollte dem Verfasser förmlich-professorales Lob. Mit der idealistischen Interpretation der Kategorie der Kausalität war er weitgehend einverstanden. Auf die sich gegen die »neueren philosophischen Schriften«[2] *richtende Spitze ging er nicht ein; lag sie doch auf der Linie seiner Einwände gegen den Deutschen Idealismus. Da sich Schopenhauer in der Kritik an der zeitgenössischen Philosophie in der ursprünglichen Fassung der Dissertation von 1813 zurückhielt, konnte er ohne weiteres mit ihr seine Probevorlesung anläßlich seiner Habilitation vor Hegel*

1 G1, 94
2 G1, 93

bestehen, ohne größeren Widerspruch hervorzurufen.[1] *Die anti-spekulative Stoßrichtung fiel in der komplexen Fülle der scholastischen, die Kantische Kategorientafeln neu ordnenden idealistischen Argumentation nicht auf. Erst in der Fassung von 1847 hat er sie eindeutig hervortreten lassen und seine Gegner beim Namen genannt.*

Schopenhauers zeitkritisch orientierte Kant-Revision läuft auf einen radikalen Subjektivismus hinaus. »Man übersah« – so ist in der Dissertation von 1813 zu lesen –, »daß das Objekt außerhalb seiner Beziehungen auf das Subjekt schlechthin nichts *ist, und daß, wenn man ihm diese nimmt oder davon abstrahirt, durchaus* nichts *übrig bleibt und die ihm beigelegte* Existenz *an sich* ein Unding war und verschwindet«.[2] *Schopenhauer nähert sich hier dem materialen Idealismus Berkeleys an, der das Sein der Dinge mit deren Wahrnehmung für identisch erklärt und hierfür die Formel »esse est percipi« gefunden hatte. Aus Schopenhauers radikal subjektiver Perspektive ist es zu verstehen, daß er dem Herausgeber der Kant-Gesamtausgabe, Karl Rosenkranz, vorschlägt, darin die erste Fassung der Kritik der reinen Vernunft von 1781 neu aufzulegen, da diese stärker den Subjektivismus betone, während sich Kant in der zweiten von 1787 deutlich von Berkeleys Idealismus distanziert habe. Von dem höheren Wert der ersten Fassung überzeugt, stimmte Rosenkranz Schopenhauers Ansinnen zu, wenngleich er einen der Gründe, die Schopenhauer für Kants Änderungen angab, Kants »Timidität«, nicht akzeptierte. Er legte seiner Ausgabe der Kritik der reinen Vernunft von 1838 den Text der ersten Fassung zugrunde. Die Zusätze und Umarbeitungen der zweiten Fassung fügte er als Supplemente bei, während er die in dieser Fassung weggelassenen Stellen durch Fußnoten kenntlich machte.*

1 Arthur Hübscher, Arthur Schopenhauer. Ein Lebensbild. 3. Auflage, F. A. Brockhaus 1988, S. 81

2 G1, 24

Der Briefwechsel mit Rosenkranz aus dem Jahre 1837 macht sichtbar, daß Schopenhauer nicht nur mit seinem Werk, sondern auch durch Einflußnahme auf die Herausgeber die rationalistische und optimistische Wirkungsgeschichte Kants auf idealistische Art und Weise zu durchkreuzen suchte. 1829 hatte er dem englischen Literaten Haywood und dann unmittelbar dem Verlag Black, Young & Young den Plan angetragen, Kant ins Englische zu übersetzen. Hierbei ließ er den Unterschied zwischen den verschiedenen Fassungen der Kritik der reinen Vernunft unerwähnt.

Spätere Interpreten führten mit Recht aus, daß es Kant gar nicht darum ging, über die Realität der Welt jenseits der Grenzen ihrer verstandes- und vernunftmäßigen Erfassung zu streiten, sondern daß er den Nachweis der schöpferischen Synthesis der Erkenntnis erbringen wollte.[1] Wenn Schopenhauer dennoch der Ansicht ist, mit seinem Vorschlag Kants eigentliches Anliegen zu vertreten, so kann dies nur für seine eigene Intention gelten, aufklärerisch im Kantischen Sinne die Annahme ewiger, an sich bestehender Wahrheiten zu verwerfen: die Dinge an sich »im Wolkenkukuksheim«, nach denen sich die Wirklichkeit richten soll, mögen sie nun »Ich« oder »Idee« heißen. Im Erkenntnistheoretischen weicht Schopenhauer jedoch bedeutend von Kant ab.

Dies gilt auch für seine Interpretation des Dinges an sich, das er zu bestimmen unternimmt. Da für Kant die Fragen nach dem Ding an sich »alles Vermögen der menschlichen Vernunft übersteigen«[2], unterläßt er eine Definition. Bei Schopenhauer hingegen, der sich durch seinen radikalen Subjektivismus im Netze der Vernunft verfangen hat, besteht das Bedürfnis nach einem neuen, die Gewißheit der Existenz des Daseins und der Erkenntnis verbürgenden Standpunktes. Da dieser nicht länger außerhalb der vorge-

---

1 Hans Naegelsbach, Das Wesen der Vorstellung bei Schopenhauer. Heidelberg 1927, S. 47 ff.
2 Vorrede zur ersten Auflage der Kritik der reinen Vernunft aus dem Jahre 1781

stellten Wirklichkeit liegen kann und auch nicht in ihr zu finden ist – kommt sie doch, als bloße Vorstellung, dem Schattengebilde des Traumes gleich –, sucht Schopenhauer ihn im Leib, in der Unmittelbarkeit der Äußerungen der Gefühle zu begründen, das heißt im Willen. Seine Philosophie könne er gleich zum Fenster hinauswerfen ohne diese Entdeckung, schreibt er in dem Brief an Frauenstädt vom 6. August 1852. Die geraffte Kürze des Briefes macht deutlich, daß der radikale Subjektivismus, der Rückgang auf Berkeley, für ihn nur haltbar ist unter der Voraussetzung dieser neugewonnenen metaphysischen Position. Durch sie erlangt er gleichsam einen Archimedischen Punkt: Zwar ist der Wille nicht losgelöst von der Erscheinung zu sehen, als ihr vorgeordneter Grund, sondern er bleibt immer auf sie verwiesen, wie Schopenhauer im selben Brief beschreibt. Innerhalb dieser notwendigen Beziehung bildet er jedoch den Schwerpunkt, ohne den die radikalsubjektiv begriffene Erscheinung jeglichen Halt verlöre. Hier wird sichtbar, daß die Welt als Vorstellung ihr tragendes Pendant hat: in der Welt als Wille.

Schon bei Lichtenberg, dessen »Vermischte Schriften« sich in Schopenhauers Besitz befanden, klingt diese »Lösung« des Problems des radikalen Subjektivismus an. Schopenhauer eröffnet sie den Blick auf das, was der Wirklichkeit zugrunde liegt: nicht als ihre rationale Ursache, sondern als das, was ihre Substanz ausmacht, unabhängig vom Bewußtsein und frei vom Bestimmtwerden durch Motive in der Form eines bewußten Wollens – auf das vernunftlose Wesen der Welt.

In seiner Preisschrift beschreibt Carl Georg Bähr Schopenhauers Willensmetaphysik als nicht im Widerspruch zur Kritik der reinen Vernunft stehend. Dem ist insofern zuzustimmen, als Kant keine innere Bestimmung des Dinges an sich vorgenommen hat. Andererseits hat Kant aber auch niemals die Unerkennbarkeit des Dinges an sich zu durchdringen versucht. Lorenzo Hammarsköld konnte somit in seiner

Philosophiegeschichte von 1825 Schopenhauer zu den Denkern rechnen, die von Kant ausgehend »mehr oder weniger ... abweichende Systeme« aufstellten.[1] *Daß sich Schopenhauer selbst der Nähe wie auch der Ferne zu Kant bewußt war, zeigt sein Briefwechsel mit Albert Möser vom November 1858.*

G. E. Schulze an Arthur Schopenhauer

Göttingen, den 20. Januar 1814

Sie haben mir, theuerster Herr Doctor, mit Ihrem Werke über das Princip vom zureichenden Grunde ein sehr angenehmes Geschenk gemacht und ich statte Ihnen den aufrichtigsten Dank für dasselbe und für das Vergnügen ab, welches mir dessen Lectüre gewährte. Vermöge unserer ehemaligen Verbindung hatte es für mich ein besonderes Interesse, und da mir aus jener Verbindung Ihr philosophisches Talent bekannt war, so fieng ich es mit nicht geringen Erwartungen zu lesen an. Aber diese Erwartungen sind bey weitem übertroffen worden. Sehe ich nähmlich bey Ihrer Schrift auf die Wichtigkeit des Themas für die ganze Philosophie, auf die Methode, die in der Untersuchung und Beantwortung der zum Thema gehörigen Fragen befolgt worden ist, auf den Scharfsinn und die Richtigkeit der Beobachtungen über manche Acte des menschlichen Geistes und auf die Consequenz im Denken, die sich darin aussprechen, auf die Bestimmtheit und das Anziehende des Vortrages, auf die Achtung der Verdienste anderer Philosophen, die darin an den Tag gelegt worden ist, endlich auf die Abwesenheit alles Be-

---

1 Lorenzo Hammarsköld, Grunddragen af Philosophiens Historia, fran de äldsta till närvarande Tider (Grundzüge der Geschichte der Philosophie. Von den ältesten zu den gegenwärtigen Zeiten), Stockholm, C. G. Holm, 1., 2. Abt. 1825; 3. Abt. Bd.1 1826, Bd.2 1827 (Stockholm C. M. Carlson). Vgl. 26. Jb. 1939, S. 346

strebens, nur etwas Neues und Eigenes zu sagen, obgleich vieles darin von einer neuen Seite dargestellt worden ist, so muß ich solche für eine recht erfreuliche Erscheinung halten, die vom Verfasser noch viel Ausgezeichnetes und Treffliches erwarten läßt. Sie wissen, wie wenig ich dazu Neigung habe, Andern Complimente zu machen, und ich brauche also nicht erst zu versichern, daß das obige allgemeine Urtheil über Ihre Schrift die reine Sprache meiner Ueberzeugung sey.

Bey diesem Urtheil würde ich es bewenden lassen, wenn Sie mich nicht ausdrücklich dazu aufgefordert hätten, auch von dem Eindrucke zu reden, den die Ausführung der Absicht Ihres Werkes auf meine Ueberzeugung gemacht hat. Doch hiervon nur so viel, als die engen Grenzen eines Briefes erlauben. Mehrmals habe ich mich (besonders in der ›Kritik der theoret. Philosophie‹ bei der Prüfung der Kantischen Ableitung des Princips der Causalität aus der Form der hypothet. Urtheile) über den großen und innern Unterschied der idealen Gründe von den realen erklärt. In der Hauptsache wären wir also wohl miteinander einverstanden. Aber davon bin ich nicht überzeugt worden, daß das, was Sie §. 37 den Satz vom zureichenden Grunde des Seyns nennen, ein von dem logischen Princip des Grundes innerlich verschiedenes Princip sey. Vollkommen richtig und wahr ist freylich, was Sie S. 21 über die Verschiedenheit der Erkenntniß der Gleichheit der drey Seiten eines Triangels aus der Gleichheit der drei Winkel von aller Erkenntniß aus bloßer Vergleichung des Inhalts gewisser Begriffe anführen. Aber diese Verschiedenheit ist, wie es mir vorkommt, lediglich aus der eigenthümlichen Beschaffenheit der mathematischen Erkenntnisse abstammend, welche mit bloßen Begriffen nicht zu Stande gebracht werden kann, sondern der Construction der Begriffe bedarf, wenn eine Einsicht von der Gleichheit oder Ungleichheit gewisser Größen entstehen soll. In dem, was Sie das Gesetz der Motivation genannt haben, finde ich gleichfalls nur Anwendung des Princips der Causalität auf eine besondere Classe von Objecten, nähmlich auf menschliche Entschließungen. Gleichwohl ist Ihre Bemühung, die Unterschiede der vier Anwendungen des Princips vom zureichenden Grunde deutlich zu machen, nicht überflüssig, sondern verdienstlich. Denn wenn auch diese Anwendungen nicht alle im gleichen Grade verschieden seyn sollten, so ist es doch lehrreich und wichtig, keine von den dabey vorkommenden Verschiedenheiten zu übersehen und dadurch die richtigen Anwendungen sicherer zu machen. Und der in der Aufsuchung des Verschiedenartigen bewiesene Scharfsinn hat den Wissenschaften weit mehr Vortheil gebracht, als der die Verschiedenartigkeit der Dinge verkennende und alles gleichmachende Witz. Die Bestimmung *mancher* Geistesacte in Ihrem Werke schien mir nicht allgemein genug gefaßt und angegeben. Aber ubi plurima nitent non in paucis est haerendum. Und wer, wie Sie, einen Plato, Aristoteles und Kant sich zu Mustern für die Bearbeitung der Philosophie gewählt hat, der ist auf dem Wege des Fortschreitens zu immer größerer Vollkommenheit. Ich nähre daher die frohe Hoffnung, daß die Philosophie oder die Aufklärung der höchsten Angelegenheiten des menschlichen Geistes Ihren Talenten und Ihrem Eifer dafür noch vieles zu verdanken haben wird, und bin mit vorzüglicher Hochachtung und aufrichtiger freundschaftlicher Gesinnung

der Ihrige

G. E. Schulze

Arthur Schopenhauer an August Boeckh

Berlin d. 18^{ten}März 1820

Ewr Wohlgeborn

habe die Ehre gehorsamst anzuzeigen, daß ich Gestern bei dem Herrn Professor Hegel um die Erlaubniß angehalten habe, meine Probevorlesung über einen von mir selbst gewählten Gegenstand halten zu dürfen, nämlich über 4 verschiedene Arten von Ursachen, aus welchen alle in Raum und Zeit erscheinende Wesen sich mit Nothwendigkeit bewegen, und welchen 4 Arten von Ursachen gemäß, diese Wesen selbst in 4 Arten zerfallen, nämlich in leblose Körper die sich nach Ursachen im engsten Sinne des Wortes bewegen; in Pflanzen, deren Bewegungen und Veränderungen nach Reizen vor sich gehn; in Thiere, die durch Motive bewegt werden, und zwar durch solche welche konkret, d. h. anschauliche Vorstellungen sind, die Fähigkeit zu welchen der Verstand ist; und endlich in Menschen, deren Thun durch Motive in *abstracto* geleitet und bestimmt wird, d. h. durch nichtanschauliche, allgemeine, abstrakte Vorstellungen, Begriffe, Gedanken, die Fähigkeit zu welchen die Vernunft ist.

Herr Professor Hegel hatte die Güte, mir mit der größten Bereitwilligkeit seine Genehmigung dieses Thema's meiner Vorlesung zu ertheilen.

Der ich mich hochachtungsvoll nenne

Ewr Wohlgeborn ergebener Diener
Arthur Schopenhauer

Schopenhauer an Francis Haywood über den Verlag Black,
Young & Young

Berlin, 21. Dez. 1829

Mein Herr! Obwohl Ihnen so völlig fremd, daß mir nicht einmal Ihr Name bekannt ist, nehme ich mir die Freiheit an Sie zu schreiben, in der Hoffnung damit entschuldigt zu sein, daß es ein rein literarisches Interesse ist, welches mich so kühn macht. Die Veranlassung dazu gibt mir eine Stelle in Ihrem durchdachten Aufsatze über die Geschichte der Philosophie in Frankreich von Damiron in der Foreign Review & Continental Miscellany vom Juli 1829, wo Sie, von Kants Kritik der reinen Vernunft sprechend, sagen: »Wir fühlen die Schwierigkeiten, die das Original und die Eigentümlichkeit seiner Terminologie darbieten und würden die Übersetzung desselben sowie der übrigen wichtigeren Werke Kants, besonders im gegenwärtigen Zeitpunkt, als ein glückliches Ereignis begrüßen.«

Es freut mich zu sehen, daß Ihnen die Verpflanzung der Schriften Kants nach England so wünschenswert erscheint, da ich selbst den Gedanken daran schon manches Jahr nähre. Kants erhabene Werke sind sicherlich nicht für ein Jahrhundert noch für ein Land allein geschaffen; sie werden dereinst über ganz Europa verbreitet sein. Aber ich lebe der Hoffnung, daß sie ganz besonders in England gut anschlagen und vielleicht sogar bessere Früchte bringen werden, als in ihrer Heimat, wo ihr Schicksal gewesen ist, in den ersten Jahren nach ihrem Erscheinen gänzlich vernachlässigt zu werden. Dann folgte allgemeine Bewunderung; aber sie wurde bald abgelenkt auf ein höchst unwürdiges Objekt, die sinnlose Philosophie Fichtes, der noch jetzt insgemein für einen Philosophen gilt und von einigen sogar mit Kant auf eine Linie gestellt wird, lediglich auf überliefertes Ansehen hin, da seine philosophischen Werke, welche keine zweite Auflage erlebt haben, von Niemand gelesen werden. Er wurde bald von Schelling ausgestochen, dessen zahlreiche Extravaganzen und Absurditäten indessen durch einiges Verdienst aufgewogen werden; aber auch er wird nicht mehr gelesen, da die Ausgabe seiner gesammelten Schriften über den 1809 erschienenen ersten Band nicht hinausgekommen ist. Ich will der zahllosen seltsamen und tollen Produktionen nicht erwähnen, die durch Kants Schriften hervorgerufen worden – wie selbst »die göttliche Sonne Maden zeugt, wenn sie auf Aas fällt« –, aber so sehr entartete allmählich unsere deutsche Philosophie, daß wir jetzt einen bloßen Windbeutel und Scharlatan, einen Menschen ohne das geringste Verdienst, ich meine Hegel, mit einem Gemisch von bombastischem Unsinn und an Verrücktheit grenzenden Sätzen einen Teil des deutschen Publikums, freilich nur den einfältigeren und unwissenderen, an der Nase herumführen sehen, und es ist ihm durch persönliche Mittel und Verbindungen gelungen, Namen und Ruf eines Philosophen zu erlangen. Gewiß nimmt ihn der einsichtsvollere Teil des Publikums für das was er ist, und bei diesem steht auch kein anderer Philosoph in Ansehn als Kant, welcher deshalb selbst jetzt allein noch allgemein gelesen wird, wie die im letzten Jahre, 48 Jahre nach der ersten, erschienene siebte Auflage der Kritik der reinen Vernunft beweist; während alle seine Nachfolger in der öffentlichen Gunst nach kurzem Glanz für immer untergegangen sind.

Meine Erfahrung hat mich von der Wahrheit der Ansicht Lord Bacons überzeugt, daß wärmere Klimata im allgemeinen aufgeweckte Köpfe erzeugen; daß aber die hervorragenden Geister der kälteren auch die ausgezeichnetsten der warmen Länder übertreffen. Deutschland hat im letzten Jahrhundert zwei Genies allerersten Rangs hervorgebracht: Kant und Goethe; aber das Volk im Ganzen ist außerordentlich stumpf und sein Mangel an Urteilskraft wird durch seine Gelehrsamkeit nur noch mehr ins Licht gestellt. Es ist deshalb ganz falsch, eine Nation nach den in ihr erzeugten großen Männern d. h. die Regel nach den Ausnahmen zu beurteilen. Ohne irgend eine Schmeichelei zu beabsichtigen halte ich, aufrichtig gesagt, die englische Nation für die intelligenteste in Europa. Demgemäß finden wir das Klima Englands frei von unserer eisigen Kälte wie von unserer versengenden Hitze, wirklich gemäßigt.

Ich bin deswegen der Meinung, daß die Verpflanzung der Werke Kants nach England dem Ruhme Kants und dem Fortschritt des britischen Volkes höchst förderlich sein werde. Ganz gewiß wird dieselbe einen tiefen Einfluß üben, zunächst nur auf die Gelehrten, dann aber, durch deren Vermittelung, im Lauf der Zeit auf die ganze Nation. Schon oft habe ich zu behaupten gewagt, daß wenn Kant englisch oder lateinisch geschrieben hätte, unmöglich das Parlament vier Jahre lang über die Emanzipation der Katholiken disputiert und der Pöbel Irlands dafür gekämpft haben würde.

Überzeugt daß Sie in vorerwähnter Stelle Ihre wahre Meinung ausgesprochen haben und also meinen Wunsch, Kants Werke nach England zu verpflanzen, teilen, will ich Ihnen jetzt einen Plan zur Erfüllung dieses Wunsches vorlegen, indem ich wünsche daß Sie von Ihrer Seite mir zur Beschaffung der Mittel dazu, nämlich eines Verlegers, Ihren Beistand leihen. Denn ich selbst bin es, der sich als Übersetzer anbietet, in der gleich näher darzulegenden Überzeugung, daß, alles wohlerwogen, schwerlich ein Mensch zu finden sein dürfte, der zur Lösung dieser Aufgabe geeigneter wäre als ich. Da ich aber keine literarischen Beziehungen in England habe, so hoffe ich daß Sie, geehrter Herr, einige Mühe nicht scheuen werden, ein Unternehmen zu fördern, daß Ihnen ausgesprochenermaßen so sehr am Herzen liegt.

[...]

Englische Bücher sollten ohne Zweifel von Engländern geschrieben werden. Aber unser Fall hat seine besondere Natur: es ist das Gegenteil aller gewöhnlichen Fälle, darin nämlich, daß hier weitaus die größere Schwierigkeit im Verständnisse des Textes, nicht in der Wiedergabe seines Wortlautes liegt. Obwohl es nun einige wenige Engländer gibt, die des Deutschen wirklich mächtig sind, so hege ich doch sehr große Zweifel, ob einer darunter es in dem Grade kennt, um auch nur den wörtlichen Sinn der Schriften Kants vollkommen und ohne irgend einen Fehler zu verstehen: aber angenommen es wäre der Fall, so würde dies einen solchen noch bei weitem nicht zum Übersetzer Kants befähigen. Ein Übersetzer nach dem bloßen Wortlaute würde sehr oft in hohem Grade inkorrekt sein und entweder Dinge schreiben ohne irgend einen Sinn oder mit einem ganz falschen, den er sich selbst zurecht gemacht hätte. Um Kant übersetzen zu können, ist unbedingt erforderlich, daß man seine Meinung bis auf den Grund erfaßt habe, ja sogar seine Lehre tief in sich eingesogen habe, und dies ist unmöglich ohne ein jahrelanges eindringendes Studium seiner Philosophie. Denn allgemein anerkannt ist, daß selbst in Deutschland wenige Kant wirklich verstehen und keiner je seine Meinung beim ersten Lesen durchschaut hat: nur nach und nach dringt der Studierende in seinen Ideengang ein und erfaßt den wahren Sinn seiner Sätze, da seine Meditationen die tiefsinnigsten sind, die je in eines Menschen Kopf Eingang gefunden, und wenn sein Stil dunkel ist, so ist er es hauptsächlich wegen der unermeßlichen Tiefe seiner Gedanken. Diese Mühe aber wird dadurch ausgeglichen, daß derjenige, welcher zum richtigen Verständnisse der Kantischen Offenbarungen durchgedrungen ist, seinen Verstand von Grund aus verändert findet: er sieht nun Alles in anderem Licht, er belächelt euere Dispute über Geist und Materie, da er weiß daß weder so ein Ding wie Geist noch so ein Ding wie Stoff existiert, daß es unrichtige Begriffe sind; ebenso eure Streitfragen über ein künftiges Leben oder den Anfang der Welt, da er weiß, daß die Zeit ideal nicht real ist usw. Lockes, Humes und Reids Untersuchungen über den menschlichen Verstand (des flachen Dugald Stewart oder der gleich flachen französischen Ideologen nicht zu gedenken) stehen zu denen Kants im Verhältnisse jugendlicher Vorübungen oder der Elementargeometrie zur Analysis des Unendlichen.

Sollte freilich ein Engländer, der sein Leben lang sich ausschließlich mit spekulativer Philosophie beschäftigt, so vollkommen deutsch verstehen, um im Stande gewesen zu sein, Kants Werke eigens und im Zusammenhang zu studieren, und öffentlich den Beweis des wirklichen Verständnisses ihrer Bedeutung liefern können – ein solcher würde ohne Zweifel zur Übersetzung derselben der tüchtigste sein und bereitwillig würde ich ihm die Arbeit abtreten. Aber wenn es sich fände, daß ein solcher nicht aufzutreiben wäre, dann bin ich geneigt zu denken, daß ich allein der geeignete Mann dazu sei: weil ich sehr zweifle, daß irgend einer unserer deutschen Philosophen so gut englisch versteht wie ich, daß außerdem sehr wenige und vielleicht keiner der noch lebenden sich so fest und streng an Kant angeschlossen wie ich und dessen Werke gleich mir zum Hauptgegenstand seiner Belehrung gemacht hat.

Das sind die Gründe, aus welchen ich die Berufung in mir fühle, sein Apostel in England zu werden und die Ehre dieser Berufung in Anspruch zu nehmen.

Ohne Zweifel ist mein Englisch-Schreiben in mehr als einer Hinsicht mangelhaft, es mag zuweilen eine fremde Färbung haben, es mögen sogar einige Fehler gegen Grammatik und Orthographie mitunterlaufen – was sich daraus erklärt, daß ich hundertmal mehr Gelegenheit gehabt habe Englisch zu lesen oder zu sprechen, als zu schreiben: ein großer Teil meiner Mängel würde ganz verschwinden, wenn ich statt selbst zu schreiben diktieren könnte; – aber bei alle dem kenne ich genau den Sinn und die Bedeutung jedes englischen Worts und jeder Redensart und habe einen stattlichen Vorrat davon zur Verfügung.

Überdies können die erwähnten Unvollkommenheiten sehr wohl ausgeglichen werden durch einen philosophisch gebildeten Engländer (wie z. B. Sie, mein Herr), der die Arbeit übernehmen wollte, mein Manuskript zu korrigieren, es von allen grammatischen Fehlern oder ungebräuchlichen Redewendungen zu reinigen sowie den Stil und die Eleganz des Ausdrucks zu verbessern. Derselbe müßte sich aber ganz auf den sprachlichen und stilistischen Teil der Arbeit beschränken, alle Änderungen sorgfältig vermeidend, welche irgendwie den Sinn affizieren könnten; wogegen ich es um meiner selbst willen nicht wagen würde, mein Englisch gedruckt zu sehen, ohne es zuvor einer solchen Reinigung unterworfen zu haben. Übrigens verhehle ich mir keineswegs, daß selbst so das Werk kaum jenen Grad von Eleganz und gefälliger Abrundung erreichen wird, den es erlangen könnte, wenn es aus der Feder eines Engländers flösse. Aber nichts ist vollkommen unter der Sonne und bei der oben konstatierten Lage des Falls werden Sie begreifen, daß jeder, der sich in einer Hinsicht zum Übersetzer Kants ins Englische eignet, in einer andern immer mangelhaft erfunden werden wird; indessen was bedeutet bei einem Werke solcher Art eine kleine Unvollkommenheit in der Glätte des Stils im Vergleich mit einer solchen in der Richtigkeit und Genauigkeit des Sinnes? Demnach möchte ich die Behauptung wagen, daß meine Mängel unerheblich erscheinen im Vergleich mit denen eines englischen Übersetzers, der, ohne zuvor in Kants Gedankenzusammenhang eingedrungen zu sein, nun starr vor einer Stelle sitzt, aus der er nichts zu machen weiß, bis er sich ihrer dadurch entledigt, daß er an ihrer Statt irgend einen aus eignen Mitteln genommenen in gewähltem Englisch ausgedrückten Gemeinplatz setzt. Dem allen nach glaube ich, daß der Weg, den ich vorschlage, der einzige ist, eine exakte und zuverlässige englische Übersetzung Kants ans Licht zu fördern; ja ich möchte mich sogar zu der Behauptung versteigen, daß die Möglichkeit derselben eine seltene, nicht zu versäumende Gelegenheit bildet, da, nach allem was ich davon verstehe, eher ein

Jahrhundert vergehen wird, bevor wieder in einem und demselben Kopfe so viel Kantische Philosophie mit soviel Englisch zusammentrifft, wie durch einen glücklichen Zufall in diesem meinem grauen beieinanderwohnen. Deswegen betrachte ich mich gewissermaßen für verpflichtet, dem englischen Publikum meine Dienste anzubieten, wahrhaftig mehr um Wissen und Wahrheit zu fördern als meines Vorteils halber. Wird mein Anerbieten zurückgewiesen, so wird weder der Fehler noch der größere Schaden auf meiner Seite liegen.

[...]

[Aus dem Englischen übersetzt von Wilhelm Gwinner]

Schopenhauer an Karl Rosenkranz und
Friedrich Wilhelm Schubert

An die Herren Professoren Rosenkranz und Schubert, der Universität Königsberg.

Frankfurt a. M. den 24 August 1837

Geehrteste Herren!

In Ihrer Eigenschaft als Herausgeber der sämmtlichen Werke Kants ist es allein, daß ich mir die Freiheit nehme, Ihnen eine Mittheilung zu machen, welche ich, in Folge eines viele Jahre gehegten Vorsatzes, eben so Jedem machen würde, der dem besagten Unternehmen vorstünde. Wenn nun dieses zwar, wie ich nicht verhehle, so wenig Ihrethalben als meinethalben, sondern ganz allein im rein objektiven Interesse der Kantischen Philosophie geschieht, so wird nichtsdestoweniger diese Mittheilung, wenn Sie solche benutzen wollen, zu Ihrem Vortheil gereichen, indem Sie alsdann die von Ihnen übernommene Obliegenheit mit Ehre erfüllen und das Lob verdienen werden, wirklich etwas geleistet zu haben, wofür Sie als Herausgeber Ihre Namen der Ausgabe vorsetzen. Denn, mit Ausnahme des einzigen Punktes, von welchem ich zu reden habe, sehe ich dazu bei K's Werken wenig Gelegenheit. Vollständigkeit und korrekter Abdruck sind hier nicht schwer zu leisten, und die Ordnung der Bücher am Ende gleichgültig.

Was mich betrifft; so glaube ich voraussetzen zu dürfen, daß mein Verhältniß zur Kantischen Philosophie und meine Kritik derselben Ihnen bekannt ist. Seit 27 Jahren hat Kants Lehre nie aufgehört ein Hauptgegenstand meines Studiums und Nachdenkens zu seyn. Ich möchte wissen, wer unter den Mitlebenden kompetenter in Kantischer Philosophie wäre als ich. – Zur Sache! –

Bekanntlich hat K an der Krit: d. rein: V. bei der 2ten Ausgabe eine bedeutende Veränderung vorgenommen: und nach dieser 2ten sind alle folgenden abgedruckt worden. Nun ist es meine feste, aus wiederholtem Studio des Werkes erwachsene und auf sichere Gründe gestützte Ueberzeugung, daß K, durch jene Aenderung, sein Werk verstümmelt, verunstaltet, verdorben hat. Was ihn dazu bewog, war Menschenfurcht, entstanden durch Altersschwäche, welche nicht nur den Kopf angreift, sondern bisweilen auch dem Herzen jene Festigkeit nimmt, die nöthig ist, um die Zeitgenossen, mit ihren Meinungen und Absichten, nach Verdienst zu verachten; ohne welches nie ein großer Mann wird. Man hatte ihm vorgeworfen, seine Lehre wäre nur aufgefrischter Berkleyanischer Idealismus: sodann hatte sein Umstoßen geheiligter Lehren des alten Dogmatismus, namentlich der rationalen Psychologie, Aergerniß gegeben. Dazu kam von Außen, daß der große König, der Freund des Lichts und Beschützer der Wahrheit, eben gestorben war, und jener Nachfolger, dem K bald versprechen mußte, nicht mehr zu schreiben, ihm succedirt hatte. Durch dieses Alles ließ Kant sich intimidiren und hatte die Schwäche, zu thun, was seiner nicht würdig war. Dieses besteht darin, daß er das Erste Hauptstück des 2ten Buchs der transs: Dialektik (der ersten Ausg: *p.* 341; – der 5ten *p.* 399) gänzlich verändert und daraus 32 Seiten rein weggestrichen hat, welche gerade das enthielten, was zum deutlichen Verständniß des ganzen Werks unumgänglich nöthig ist, und durch dessen Weglassung, wie auch durch das an die Stelle gesetzte Neue, seine ganze Lehre in Widersprüche mit sich selbst geräth, Widersprüche, die ich in meiner Kritik (p. 612-618 [WI, 514-518 oben]) gerügt und hervorgehoben habe, eben nur weil ich damals, 1818, die erste Ausgabe nie gesehn hatte, in welcher sie keine Widersprüche sind, sondern zum Ganzen stimmen. In Wahrheit, die 2te Ausg: gleicht einem Menschen, dem man ein Bein amputirt und es durch ein hölzernes ersetzt hat. – In der Vorrede zur 2ten Ausg: *p.*XLII giebt er für die Ausmerzung jenes wichtigen und überaus schönen Theils seines Buchs kahle, ja unwahre Entschuldigungen, weil er nicht eingeständlich das Weggelassene als zurückgenommen angesehn haben will: man könne es, sagt er, in der 1ten Ausg: nachlesen, er habe Raum nöthig gehabt für das neu Eingeschaltete, Alles sei bloß verbesserte Darstellung. – Aber das Unredliche dieses Vorgebens wird klar, wenn man die 2te Ausg: mit der 1sten vergleicht. Da hat er in der 2ten Ausg: nicht bloß das erwähnte wichtige und schöne Hauptstück weggelassen und dafür unter dem selben Titel ein halb so langes, viel unbedeutenderes eingeschoben; sondern er hat auch der 2ten Ausgabe (*p.* 274-279 der 5ten Ausg: ich besitze, neben der ersten Ausg:, nur diese und weiß nicht ob ihre Seitenzahl exakt dieselbe wie in der 2ten ist) eine ausdrückliche Widerlegung des Idealismus einverleibt, die das gerade Gegentheil der weggelassenen Stelle besagt und alle die Irrthümer, welche diese auf das gründlichste widerlegt hatte, selbst verficht, folglich mit seiner ganzen Lehre im Widerspruch steht. Die neue hier nun gegebene angebliche Widerlegung des Idealismus ist so grundschlecht, so offenbare Sophisterei, zum Theil sogar so konfuser Gallimathias, daß sie ihrer Stelle in seinem unsterblichen Werke ganz unwürdig ist. Im Bewußtseyn dieser Unzulänglichkeit hat er sie noch *p.* XXXIX der Vorrede, durch Aenderung einer Stelle verbessern und durch eine lange konfuse Anmerk^g verfechten wollen. Aber der alte Mann hat vergessen, nun auch durchgängig aus der 2ten Auflage alle die vielen Stellen zu streichen, welche mit dem neu Hinzugekommenen in Widerspruch stehn, aber mit dem Weggelassenen vollkommen harmoniren. Dergleichen sind besonders der ganze 6te Abschnitt der Antinomie der reinen Vernunft, wie auch alle die Stellen, welche ich in meiner Kritik (*p.* 615) gleichsam verwundert angeführt habe, weil er dadurch sich selbst widerspricht und mir (1818) die erste Ausg: und folglich der Unterschleif noch unbekannt war. (Beiläufig können Sie hieraus abnehmen, daß ich nicht für, sondern gegen mein persönliches Interesse Ihnen rathe). Daß Menschenfurcht es war, die den schwachen Greis zu dieser Verunstaltung der Kritik der rationalen Psychologie bewog, ist auch daraus ersichtlich, daß seine Angriffe auf diese geheiligte Lehre des alten Dogmatismus, in der neuen Darstellung viel schwächer, schüchterner und ungründlicher sind, als in der ersten, und daß er sie, um zu besänftigen, sogleich versetzt hat mit vorläufigen, aber hier noch gar nicht hergehörenden und, dem Zusammenhang nach, noch gar nicht verständlichen Erörterungen der Seelenunsterblichkeit aus Gründen der praktischen Vernunft und als Postulat derselben. Dies furchtsame Zurückweichen also hat ihn dahin gebracht, daß er über den Hauptpunkt aller Philosophie, nämlich das Verhältniß des Idealen zum Realen, die Gedanken, welche er in den kräftigsten Jahren gefaßt und sein ganzes Leben hindurch gehegt hatte, nun im 64sten Jahr, mit dem Leichtsinn, der dem spätern Alter, so gut als die Furchtsamkeit, eigen ist, eigentlich zurücknahm, jedoch, aus Schaam, nicht eingeständlich, sondern, durch die Hinterthüre entschlüpfend, sein System im Stich ließ.

Dadurch also ist die Krit: d.rein: Vern: in der 2ten Ausgabe ein sich selber widersprechendes, verstümmeltes, verdorbnes Buch geworden: sie ist gewissermaßen unächt. – Mit dem hier Gesagten stimmt auch überein F. H. Jacobi im 2ten Theil seiner sämmtlichen Schriften, (od. Hume, über den Glauben) wo er einen Theil des von Kant Supprimirten und Sekretirten hat abdrucken lassen.

Meine Herren, das Schicksal hat es in Ihre Hand gelegt, die Kritik d. rein: Vern:, das wichtigste Buch, das jemals in Europa geschrieben worden, rein und unverfälscht, in ihrer ächten Gestalt, der Welt zurückzugeben und durch eine solche gerechte *Restitutio in integrum* sich den Beifall aller Einsichtigen, ja den Dank der Nachwelt zu erwerben und bei Ihrem Unternehmen wahre Ehre einzulegen: und dieses grade in dem Zeitpunkt, wo das wahre Europäische Leben dieses für alle Zeiten geschriebenen Buches, (so früh wie erst 60 Jahr nach dessen Entstehen) schon anfängt; indem England und Frankreich begierig nach diesem Quell der Weisheit verlangen. Ueberlassen Sie nicht das, was doch ein Mal geschehn muß, einer spätren Zeit und Sie verdunkelnden Herausgebern: seyn Sie der Wichtigkeit Ihrer Stellung sich bewußt und benutzen Sie die Gelegenheit, sich ein wahres und bleibendes Verdienst um die Philosophie zu erwerben, indem Sie sich ermannen zu einem Schritt, dessen Kühnheit, weil durch die Beschaffenheit der Sache vollkommen gerechtfertigt, Ihnen entschieden zur Ehre gereichen wird. *Sapere audete!* Lassen Sie die Krit: d. rein. Vern: genau nach der ersten Ausg: abdrucken und fügen die Zusätze und Varianten der 2ten Ausg: als Supplement hinzu, mit durchgängiger Hinweisung darauf vom gedruckten Text aus. Dies ist im Grunde auch nur das rein chronologische Verfahren, indem Sie die Kritik in ihrer ursprünglichen Gestalt, wie Kant sie nach langjähriger Arbeit der Welt vorlegte, geben und dann die Änderungen, die er später daran gemacht, hinzufügen.

Ich habe beide Ausgaben genau kollationirt, alle Abweichungen und Differenzen notirt, und erbiete mich, Ihnen ein zuverlässiges, überall, nach Seite und Zeile, jede Abweichung oder Zusatz genau angebendes Verzeichniß zu schikken, welches Sie nur zu verifiziren brauchen und aller weitern Mühe überhoben sind. Die erste Ausg: hat nur 27 Seiten weniger als die andern: sie ist durch ihre organische Einheit, durch die Ursprünglichkeit ihrer Konstitution, wie auch in allen ihr eigenthümlichen Stellen, durchaus klarer und verständlicher als die 2te: dies erstreckt sich bis auf ihr Inhaltsverzeichniß, welches, durch seine Einfachheit, viel faßlicher ist als das der 2ten.

Lassen Sie ja nicht sich überwinden von dem den Menschen eigenen Hang, im betretenen Wege, im ausgefahrnen Gleise, im breiten Heerwege des Herkömmlichen, (vor dem Pythagoras warnte) zu bleiben, und ergreifen nur etwan die halbe Maaßregel, die 2te Ausg: zum Grunde zu legen und ihr als Varianten die ursprünglichen Stellen der ersten hinzuzufügen. Das wäre, wie wenn man bei einer restaurirten Antike die später gefundenen ächten Glieder nicht einsetzen, sondern nur daneben legen wollte. Sondern legen Sie, bei dieser glänzenden Gelegenheit, einen Beweis von Urtheil und Einsicht ab, indem Sie mit Konsequenz verfahren und thun was in der Sache indicirt und ihr angemessen ist. *Seguir li pochi e non la volgar gente.* Wollen Sie mich als Zurather und Gewährsmann nennen; so ist es mir recht. Ich bin von der alleinigen Richtigkeit des Ihnen angerathenen Verfahrens so fest überzeugt, daß ich bereit bin, die ganze Verantwortlichkeit auf mich allein zu nehmen, wenn Sie das wünschen und Ihnen frei stelle, zur Apologie Ihres Verfahrens in meinem Sinn, aus gegenwärtigem Briefe die ganze Hauptstelle von »Zur Sache« an, bis »gewissermaaßen unächt« abdrucken zu lassen: welches jedoch mit Nennung meines Namens und ohne alle Veränderungen oder Auslassungen geschehn müßte. – Mancher wird Ihre Ausgabe kaufen, um die so seltene Urgestalt der Krit: d.r.V. zu besitzen, die er nur aus dunkler Tradition kennt, während die verstümmelte Krit: d.r.V. in 6 od: 7 Auflagen ein sehr verbreitetes Buch ist. Dies ist ein Argument für den Verleger. Es ist doch wohl gewiß überflüssig, zu sagen, daß ich für meine Bemühungen in dieser Sache nicht die geringste Retribution verlange oder erwarte. – Wenn Sie meinen Rath befolgen wollen, erbiete ich mich Ihnen noch einige Notizen von minderm Belang mitzutheilen. Auch verhehle ich Ihnen nicht, daß wenn Sie ihn nicht befolgen, ich mich um andere Gelegenheit, die Krit: d.r.V. in ihrer ächten Gestalt ans Licht zu fördern, bemühen werde, welches auf Ihre Edition nachtheilig rückwirken würde. Mir liegt bloß daran, daß in dieser großen Angelegenheit das Rechte geschehe, gleichviel durch wen. *Dixi & animam salvavi.*

Mit den aufrichtigsten Wünschen für den glücklichen Fortgang Ihres lobenswerthen Unternehmens, bin ich, meine Herren,

Ihr ergebener Diener
Arthur Schopenhauer

Karl Rosenkranz an Schopenhauer

Königsberg 9t. September 1837

Hochgeehrtester Herr,

Ihr Brief v. 24st. Aug. hat längere Zeit, mich zu finden gebraucht, da ich jetzt auf dem Lande lebe und nur selten zur Stadt komme. Und doch konnte ich nicht schreiben, ohne nicht zuvor meinen Collegen Prof. Schubert gesprochen zu haben.

Sie haben in der Hauptsache ganz Recht. Die Varianten würde ich natürlich auf keinen Fall weggelassen haben. Allein ich gestehe, daß ich Willens war, die spätere Ausgabe, weil Kant sie als die orthodoxe autorisirte, zu Grunde zu legen und aus der ersteren die Abweichungen unter den Text drucken zu lassen. Ihre Auseinandersetzung hat mich jedoch überzeugt, daß das umgekehrte Verfahren sowohl das *historischere* als insonderheit, worauf es ankommt, das *philosophischere* sei. Ihnen gebührt also die Ehre dieser Ordnung und Sie wollen die Güte haben, mir Ihre schon fertig liegende Arbeit mit der Fahrpost zu übersenden. Sie haben auch, in diesem Fall, von Ihrer Entwicklung in dem überschickten Brief Gebrauch zu machen erlaubt und Sie können sich darauf verlassen, daß ich nur iisdem verbis daraus citiren werde.

Nur den einen Perioden möcht' ich auslassen, wo Sie über den alten Kant etwas zu herbe und in Einer Rücksicht auch nicht ganz gerecht urtheilen. Kant ließ nämlich das Buch drucken (2te Ausg.) und schrieb die Vorrede, als von dem Wöllner'schen Edict noch nichts bekannt war. Von einer »Intimidation« kann also nicht wohl die Rede sein. Da er nun im Streit der Facultäten seine alte Kühnheit doch genugsam bewies, so ist dies ein Grund mehr, jene verschlechternden Verbesserungen bona fide zu nehmen. Auch unter Kants nachgelassenen Papieren finden sich interessante Monologen und Geständnisse des Alten in Beziehung auf diese Angelegenheit. Zuweilen streift er wohl an die Sophisterei des »Leichtsinns«, welchen Sie dem Alter nicht weniger als der Jugend zuertheilen, aber im Ganzen sieht man denn doch immer den Mann, der es mit seinen Gedanken und Worten ernsthaft und heilig nahm.

Die Ordnung der Kantischen Schriften scheint Ihnen gleichgültig. Ihnen kann sie es auch sein, denn Sie kennen dieselben. Aber etwas Anderes ist es mit dem, der sie erst kennen *lernen* will. Ich hoffe, Sie sollen sich durch den Erfolg selbst überzeugen, daß auch hierin das Bestimmte dem Unbestimmten vorzuziehen ist.

Daß Sie für Ihre Theilnahme an der Herausgabe jedes »Retribuiren« zurückweisen, finde ich bei Ihnen als einem honetten Manne in der Ordnung. Aber deshalb werden Sie es uns nicht abschlagen, wenn wir uns die Freiheit nehmen, Ihnen zum Dank ein Exemplar der Werke zu verehren, da Sie denn doch einmal sammt Ihrem Namen darin verflochten werden.

Aus den bittern Anmerkungen zu Ihrer Schrift, Der Wille in der Natur, weiß ich, wie Sie von der Hegelschen Philosophie und Schule, also auch von mir wahrscheinlich, denken. Das soll mich nicht abhalten, Ihre Cooperation freudig anzunehmen, denn Ihre Arbeit ist einmal gemacht. Nur das freut mich anführen zu können, daß von Seiten der Hegelschen Schule, in Michelets Geschichte der Philosophie von Kant bis Hegel, der hohe Werth der ersten Ausgabe der Kritik der r. Vern. ebenfalls sehr nachdrücklich hervorgehoben ist.

Ist nun aber die Hegel'sche Schule die einzige, der Sie das Ignoriren vorwerfen können? was allerdings für einen *strebenden* und *gewissenhaften* Autor eine Sache zum Verzweifeln ist, zumal wenn man noch, wie Sie dies auch erfahren haben, von Andern schamlos ausgebeutet wird. Aber so ist unsere Zeit. Philosophie wird von ihr noch wenig begriffen und ich hoffe immer von Olympiade zu Olympiade auf bessere Zeiten. Wenn man Professor ist, so wird man allerdings öfter erwähnt; es sind Viele von uns abhängig; allein das ist nur eine Philosophenpresse, und so hat endlich die justitia distributiva dafür gesorgt, daß es uns doch kein Haar besser geht, als dem Einsamen, der von seinem Zimmer aus seine Gedankenblitze in die Welt schleudert. Wenn diese oft erst nach unserm Tode zünden, so macht das für die Sache nichts aus. Ist nur das Feuer da, so wird es am Zundersubstrat auch nicht fehlen.

Ich bin gern aufrichtig (schlimm genug, daß ich in unserer verlogenen Welt dies ordentlich bemerke) und so will ich denn auch bekennen, daß ich seit 1826 Ihr Buch nicht in der Hand gehabt habe (ich meine, Ihr Hauptbuch, worin die

Kritik) und erst seit Ihrer letzten Schrift wieder daran dachte, aber nun erst dazu komme. Ich hoffe, in der Geschichte der Kant. Philos. ihm vielleicht seine Stelle richtiger anweisen zu können, als z.B. der schulmeisterliche Herr Rixner.

Sie wollen außer dem index locorum uns noch einige [auf] Kant bezügliche Mittheilungen machen. Vergessen Sie dies nicht. Professor Schubert empfiehlt sich.

Hochachtungsvoll

Ihr ergebenster
Karl Rosenkranz

Schopenhauer an Karl Rosenkranz
[Auszug]

Frankfurt a. M. d. 25 Septr 1837

Geehrter Herr Professor!

Ihr werthes Schreiben vom 9ten Septr hat mir viel Freude gemacht, hauptsächlich weil es mir die Gewißheit giebt, daß, meinem vieljährigen Wunsch gemäß, die ächte und unverfälschte Kritik d. r. Vernunft ihre Wiedergeburt erleben wird: eine für die Philosophie höchst wichtige Begebenheit. Zudem freut es mich, daß Sie so menschlich und billig von meinen Sachen reden, obwohl solche eine Seite haben, die Ihnen mißfallen muß. Aber das ist recht von Ihnen: man muß in der Welt zu abstrahiren verstehn und den Mann unterscheiden von seinem Amt, seinem Stand, seiner Nation, seinem Glauben, ja selbst seinem philosophischen System oder Sekte. Sehn wir doch Offiziere feindlicher Armeen, auf neutralem Boden, freundlich mit einander umgehn: wir aber werden an Humanität doch nicht solchen Haudegen nachstehn! – Uebrigens hoffe ich, daß Sie das wankende Gebäude der Hegelei verlassen werden; ehe es, in seinem gänzlichen Einsturz, Sie mit vielen Andern unter den Trümmern begräbt: und wer die Materialien kennt, aus denen es erbaut ist, braucht, jenen Einsturz mit Gewißheit

83

vorher zu sagen, keinen großen Scharfsinn. Dann bleibt Ihnen im alten aber festen Bau des Kantischen Pallastes eine sichere Säte: denn gewiß wird es Ihnen nicht einfallen in das alte verlassene Rattennest des Leibnitzianismus sich zu flüchten, wo Monaden, prästab: Harmonie, Optimismus und andre Fratzen und Absurditäten ersten Ranges spuken, und woselbst, wie es scheinen will, einiges Gesindel zusammenläuft, eigentlich nur wegen der Centralmonade, *in majorem Dei gloriam*, wie fast alles schlechte Beginnen. –

[...]

Die Supplemente zur Krit: d. r. Vern: (aus d: 2ten u. s. f. Ausg: sie sind ansehnlich:) können auch recht gut im folgenden Bande stehn, damit der Band der Kritik nicht zu dick werde, und allenfalls könnte der Verleger von diesem einige 100 Abdrücke extra abziehn, unter dem Titel: »K's Krit: d. r. V. nach der ersten Ausg:« dies wäre für alle die vielen Kan[tianer] (unter 40 Million[en] Deutsche) welche K's Werke besitzen und daher nicht wieder kaufen wollen, aber doch gern die berühmte erste Ausg: hätten: diese Leute bedürfen keiner Supplemente, da sie, nach den Noten unterm Text, das Nöthige selbst aufsuchen können in ihren alten Ausgaben der 2ten Recension: – sehr profitabel für den Verleger! – Auf Ihre Rüge einiger meiner Ausdrücke in meiner Entwickelung des Sachverhältnisses, habe ich diese in der Abschrift wieder durchgesehn: allein ich finde nicht, daß ich zu viel gesagt habe und sehe nicht warum ich mich matter Umschreibungen bedienen soll, in einer Sache die einer energischen Rechtfertigung bedarf: es ist meine Weise, Alles bei seinem Namen zu nennen. Lebte Kant, so verdiente er Schonung; aber *de mortuis nil nisi verum:* es ist so wie ich gesagt habe. Aber was ich von »Intimidation« gesagt habe, bezieht sich keineswegs allein auf etwanige Intimidation von Oben, sondern eben so sehr darauf, daß, indem man K's Lehre für aufgefrischten Berkleyischen Idealismus erklärte, man ihm die, jedem Gründer eines Systems (der als

84

solcher gleichen Rang mit dem Gründer einer Dynastie hat) so unendlich wichtige Originalität absprach: das machte ihm Angst, in seiner Altersschwäche. Ueberzeugen Sie sich hievon durch Prolegomena (v. 1783!) *p 70 & ibid: p. 202 seqq:* »Probe eines Urtheils über die Kritik« – wie auch durch die der 2ten Ausg: eingeschobene »Widerlegung des Idealismus«. – Diese Intimidation hat die s c h l i m m s t e n Aenderungen veranlaßt. – Da Sie also von meiner Entwik-kel^g Gebrauch machen wollen, bitte ich derselben f o l-g e n d e   k l e i n e   Z u s ä t z e einzufügen: 1°) gleich am Anfang, nach den Worten »aufgefrischter Berkleyanischer Idealis-mus wäre«, – stehe noch Folgendes: – »hiedurch sah er, mit Schrecken, die, jedem Gründer eines Systems so unschätz-bare und unerläßliche Originalität gefährdet (siehe Prolego-mena zu jeder Metaphysik *p. 70 & 202 seqq:*) zugleich hatte andrerseits« u. s. w. – 2°) ganz am Ende, nach den Worten »sie ist gewissermaßen unächt« stehe noch Folgendes: »Ohne Zweifel ist das Mißverstehn der Krt: d. r. V., wel-ches bekanntlich Kants Nachfolger, Gegner und Anhänger einander gegenseitig, und wahrscheinlich mit gegenseitigem Recht, unaufhörlich vorwarfen, hauptsächlich dieser von Kant selbst vorgenommenen Verschlimmbesserung seines Werkes zuzuschreiben: denn, wer kann verstehn, was wi-dersprechende Elemente in sich trägt?« – 3°) Bald nach jener ersten Einschaltung habe ich gesagt, er habe 3 2   S e i t e n ganz gestrichen: statt dessen muß es heißen 5 7   S e i t e n. – Uebrigens bleibt Ihnen völlig unbenommen, beim Abdruck meiner *epistola exhortatoria* sofort anzumerken, daß Sie mir nicht ganz beistimmen, sondern dächten, ich hätte zuviel gesagt od: dergl: mehr. Denn Sie können sehr wohl meine Meinung anführen, ohne sie darum zur Ihrigen zu machen. Wenn Sie an meine Kritik d. K'ischen Philosophie bei dieser Gelegenheit erinnern wollen, werden Sie nicht bloß mir et-was Angenehmes erzeigen, sondern, wie ich glaube, auch Ihrem Publiko nutzen: denn z. B. der Theologe Baumgarten Crusius (den ich nicht etwan persönlich kenne) in seiner Christlichen Moral v. c^a 1826, giebt einen Abriß der Kantischen Phil: und dann empfiehlt er seinen Lesern von den zahllosen Werken über Kant's Philosophie nur 2 zu lesen, nämlich Reinholds Briefe v. 1790 und meine Kritik v. 1819, jene um die Vorzüge, diese um die Fehler K's kennen zu lernen – obgleich ich meyne, ich hätte seine Vorzüge am richtigsten nachgewiesen und verherrlicht. – Selbst in Hübners Zeitungslexikon, einem Philisterbuch, fand ich neulich meinen Namen angeführt, bloß mit dem Prädikament eines Eingeweihten in die K'ische Phil: – Denn diese Leute werden schon rar: und ich erschrecke oft über die Ignoranz jüngerer Professoren in Kantischer Phil: z. E. vor etwan einem Jahr recensirte der Beneke Lord Brougham's alte-Weiber-Theologie, und führte dagegen Kants kritische Einwürfe gegen alle Physikotheologie vor, die, nach ihm, darin beständen, daß die gescheute Einricht^g der Natur wohl Weisheit, aber doch noch nicht Allweisheit bewiese, oder so ungefähr lautete das Gewäsche, aber völlig ignorirte er die tiefe Lehre Kants, daß die Zweckmäßigkeit allererst von unserm Verstande in die Natur hineingebracht wird, also subjektiven Ursprungs ist: wie ich dies näher gezeigt habe in meiner neuesten Schrift *Cap:* Vergleichende Anatomie. Ueberhaupt reißt in die Philosophie jetzt wirklich Barbarei ein: daher die Schriften über Seelenunsterblichkeit, und anderes mehr, als wäre Kant nie gewesen. – Ein Exemplar Ihrer Ausgabe werde ich mit Dank entgegennehmen, da dieselbe mir in vieler Hinsicht interessant ist, wie Alles was in Kants Philosophie geschieht, auch allmälig alle Citate nach derselben gemacht werden werden. – Was Rixner über mich sagt, weiß ich wirklich nicht, hoffe jedoch daß er mich schlecht macht, da er Voltairen lästert. Treffend finde ich aber was von mir gesagt wird im kleinen Tennemannschen Grundriß d. Gesch: d. Ph:, nämlich daß ich nur Einen Schritt weiter gegangen sei als Kant: das ist wahr. Ich bin meinem Lehrer und Meister treu geblieben, so weit er der Wahrheit treu blieb, habe von da, wo er die Sache hingeführt, Einen Schritt weiter gethan, aber nicht in die Luft, wie alle die Luftspringer meiner Zeit, sondern auf festem Grund und Boden, den meine letzte Schrift expreß darlegt, und habe nie das Falsche und Schlechte gelten gelassen, daher ich keine Freunde habe, – inzwischen hochachtungsvoll bin

Ihr ganz ergebener

Arthur Schopenhauer

Johann August Becker an Schopenhauer

Alzey, 25. August 1849

Werthester Herr Doctor!

[...]

Beim Durchblättern von Lichtenberg's vermischten Schriften sind mir nämlich eine Reihe von Aphorismen aufgefallen, welche nach meiner Ansicht beweisen, daß auch dieser geistreiche Mann ein entschiedener Anhänger Ihres System's geworden wäre, wenn er dessen Publikation erlebt hätte, indem er darin (quatenus prodire licet) im Zusammenhange die Lösung von Problemen gefunden haben würde, welche ihn im Stillen viel beschäftigt zu haben scheinen, und zwar eine Lösung in dem Sinne, wie er ihn »muthmaaßte« und schon muthmaaßen zu können für einen großen Vorzug hielt.

Hochachtungsvoll

Ihr ergebenster

Becker

Anlage

Einige Dicta von Lichtenberg, aus welchen sich ergibt, daß dessen Weltanschauung – freilich nicht zu einem System ausgebildet, sondern nur in einzelnen apperçus aphoristisch angedeutet – im wesentlichen mit der von Schopenhauer übereinstimmte:

1. Ideale Grundansicht

»Euler sagt, es würde ebenso gut donnern und blitzen, wenn auch kein Mensch vorhanden wäre, den der Blitz erschlagen könnte.« – Es ist ein gar gewöhnlicher Ausdruck, ich muß aber gestehen, daß es mir nie leicht gewesen ist, ihn ganz zu fassen.

Mir kommt es immer vor, als wenn der Begriff *Seyn, Etwas von unserm Denken erborgtes wäre, und wenn es keine empfindenden und denkenden Wesen mehr gibt, so ist auch nichts mehr.* (Vergl. Schopenh. I, p. 35 [W I, S. 36 f.])

So einfältig dies klingt, und so sehr ich verlacht werden würde, wenn ich es öffentlich sagte, so halte ich doch, so Etwas *muthmaaßen* zu können, für einen der größten Vorzüge, eigentlich für eine der sonderbarsten Einrichtungen des menschlichen Geistes. – –

Dies hängt wieder mit meiner *Seelenwandrung* zusammen (Vergl. Schop. I p. 401, II p 507 [W I, 420; W II, 577]).

Ich denke, oder eigentlich ich *empfinde* (S. Schop. I §. 11) hiebei sehr viel, das ich nicht anzudeuten im Stande bin, weil es nicht gewöhnlich menschlich und daher unsre Sprache nicht dafür gemacht ist.

... Wenn es auch Gegenstände außer uns gibt, so können wir ja von ihrer objectiven Realität schlechterdings nichts wissen.

Es verhalte sich Alles wie es wolle, so sind und bleiben wir doch nur Idealisten, ja wir können schlechterdings nichts andres seyn:

Zu glauben, daß diese Vorstellungen und Empfindungen durch äußre Gegenstände veranlaßt werden, ist ja wieder eine Vorstellung. Der Idealismus ist ganz unmöglich zu widerlegen.

Man muß erst eins werden, was man unter Vorstellungen versteht.

Sie sind sicherlich von verschiedner Art, aber keine enthält ein deutliches Zeichen, daß sie von *außen* komme. Ja was ist *außen?* Was sind Gegenstände praeter nos? Was will die Präposition praeter sagen? – Es ist eine bloß menschliche Erfindung, ein Name, einen Unterschied von andern Dingen anzudeuten, die wir nicht praeter nos nennen.

2. Ausgangspunkt der Philosophie und nothwendige Gränzen des Intellects.

(Vergl. Schopenh. II 199, 201. II 141, 207, I 197. [W II, 219, 221, 155 f., 228; W I, 205 f.])
Das Wesen, das wir am reinsten aus den Händen der Natur empfangen und uns zugleich am nächsten gelegt wird, – sind wir *selbst*.

Und doch wie schwer ist da Alles und wie verwickelt. Es scheint *fast wir sollen bloß wirken* – ohne uns selbst zum Gegenstande der Betrachtung zu machen.

3. Atheismus – Pessimismus.

Alles Schließen auf einen Urheber der Welt ist immer Anthropomorphismus.
. . . . Ich glaube kaum, daß es möglich seyn wird zu erweisen, daß wir das Werk eines höchsten Wesens und nicht vielmehr zum Zeitvertreib von einem sehr unvollkommenen zusammengesetzt worden sind.

4. Freiheit des Willens.

Der Mensch ist gewiß nicht frei, allein es gehört sehr tiefes Studium der Philosophie dazu, sich durch diese Vorstellung nicht irre führen zu lassen, ein Studium, zu welchem unter

Tausenden nicht Einer die Zeit und Geduld, und unter Hunderten die sie haben kaum Einer den Geist hat.

Appendix c^a. Hegel u. Cons.

Leute, die zu dem Namen Genie kommen wie die Kelleresel zum Namen Tausendfuß – nicht weil sie so viel Füße haben, sondern weil die Meisten nicht 14 zählen können.

Diese Werke sind eine Art von Pikenik, wobei der Verfasser die Worte und der Leser den Sinn stellen. Will dieser nicht, oder kann er nicht gut, so läßt er's bleiben. Zu einem solchen Kränzchen finden sich immer Leute.

Julius Frauenstädt an Schopenhauer
[Fragment]

[1852]

... Fortlages Fichtianismus hat mich veranlaßt, Ihre Widerlegung Fichte's in der Welt als Wille und Vorstellung I., 36 fg. [W I, 37 f.] noch einmal vorzunehmen. Da stieß mir aber von Neuem auf S. 38., wo Sie gegen Fichte sagen, daß der Satz vom Grunde das Objekt schon voraussetzt, nicht aber, vor und außer demselben geltend, es erst herbeiführen kann, der Scrupel auf, daß Sie ja in der »vierfachen Wurzel« die Anschauung des Objekts erst durch Anwendung des Satzes vom Grunde zu Stande kommen lassen, hier also selbst das Objekt aus dem Subjekt ableiten; z.B. S. 73. der »vierfachen Wurzel« (2. Aufl.). Wie können Sie also gegen Fichte behaupten, daß das Subjekt das Objekt schon voraussetzt? Ich weiß mir diesen Scrupel nicht anders zu lösen, als so: das Subjekt setzt nur Das am Objekt voraus, was dem Ding an sich zugehört, das Unergründliche, schafft aber selbst erst die *Vorstellung* des Objekts, also Das, wodurch das Ding an sich zur *Erscheinung* wird. Indem ich z.B. einen Baum sehe, setzt mein Subjekt schon das Ding an sich des Baumes voraus; hingegen die *Vorstellung* des Baumes setzt umgekehrt die Operation des Subjekts, das Uebergehen von der Wirkung (im Auge) auf die Ursache, voraus . . . .

Schopenhauer an Julius Frauenstädt

Frankfurt a. M., den 12. Juli 1852

Mein werther Freund!

Ich zögere nicht, Ihren Brief zu beantworten, da Ihnen *aqua haeret* und Sie etwas nachgeholfen seyn wollen, gehe darum auch gleich zur Hauptsache. Also *ad* 1. Nie habe ich von einer Willens-S u b s t a n z geredet, indem ich nicht, wie die Philosophaster, mich hinter dergleichen Abstrakta verschanze, und daher Substanz bei mir bloß ein Synonym von Materie ist, darüber hinaus aber ein unberechtigter Begriff. – In meinem Hauptwerk Bd. 2, *p.* 204 [225] steht allerdings »der Wille ist die Substanz des Menschen«: aber dabei steht auch, daß dies »bildlich und gleichnißweise« zu verstehen sei. Im Uebrigen haben Sie die Stellen, mit welchen dieser Vorwurf des Fortlage zu widerlegen ist, ganz richtig getroffen; noch ließe sich Bd. 2, *p.* 634-36 [736 ff.], besonders 638 oben *sub* 4 [740] hinzufügen, wie auch eine Stelle, wo ich gesagt habe, zur Diastole der Welt müsse es auch eine Systole geben; weiß aber gar nicht, wo sie steht. – Ebenfalls noch *ibid. p.* 172 [189], »warum eine so unermeßliche Kraft« etc.

Ad 2. Hiegegen sind Ihre Antworten nicht die richtigen: vom Ding an sich darf da noch nicht die Rede seyn, und der Unterschied zwischen Vorstellung und Gegenstand ist unstatthaft: die Welt ist Vorstellung. Vielmehr ist's wie folgt. – Fichte's Ableitung des Nicht-Ich aus dem Ich ist eine ganz abstrakte: $A = A.$ *ergo* Ich = Ich, und so fort. Nimmt man es abstrakt; so ist mit dem Subjekt das Objekt sofort gesetzt. Denn Subjekt seyn heißt erkennen, dies heißt Vorstellungen haben. Objekt und Vorstellung ist das Selbe. Ich habe daher in der 4fachen Wurzel die Objekte oder Vorstellungen in 4 Klassen getheilt, innerhalb welcher stets der Satz vom Grunde herrscht, in jeder in anderer Gestalt, aber die Klasse selbst schon voraussetzt und sogar mit ihr eigentlich zusammenfällt. (Welt als Wille und Vorstellung Bd. 2, *p.* 17-21 [18 ff.] und Bd. 1, *p* 39 [41]). Nun aber ist in der Wirklichkeit das Daseyn des Subjekts des Erkennens kein abstraktes, dasselbe existirt nicht für sich und unabhängig, ist nicht wie vom Himmel gefallen; sondern es tritt auf als das Werkzeug einer individuellen Willenserscheinung (Thier, Mensch), deren Zwecken es dienen soll und die nun dadurch ein Bewußtseyn einerseits ihrer selbst und andererseits der übrigen Dinge erhält: da entsteht die Frage, wie, innerhalb dieses Bewußtseyns, und aus welchen *Elementen* die Vorstellung der Außenwelt zu Stande kommt. Diese Frage habe ich bereits beantwortet in der Farbenlehre, dann in meinem Hauptwerke, Bd. 1, *p.* 22. *sqq.* [22 ff.] und Bd. 2, Cap. 2, am gründlichsten und ausführlichsten jedoch in der 2. Auflage der *vierfachen Wurzel* §. 21, wo es sich ergiebt, daß alle jene Elemente *subjektiven* Ursprungs sind, weshalb am Schluß ausdrücklich darauf aufmerksam gemacht wird, wie gänzlich verschieden das Alles sei von Fichte's Windbeutelleien. Denn meine ganze Darstellung ist bloß die Vollendung des Kantischen transscendentalen Idealismus. Zu einer speciellen Kritik der Fichte'schen Philosophie empfehle ich Ihnen ganz besonders einen Aufsatz vom verstorbenen Grafen Redern »Kritik der Philosophie Fichte's, Schelling's und Hegels« in den Heidelberger Jahrbüchern, Oktober, Doppelheft 1840, welches Sie auf der Bibliothek leicht erhalten können: er denkt von den Herren wie ich: es ist erst nach seinem Tode gedruckt: er war natürlich kein Philosophieprofessor. Benutzen Sie das und werfen Sie dem Fortlage getrost meine Kraftstellen gegen den Fichte, namentlich den Schluß des §. 21 vierfache Wurzel und Parerga

Bd. 1, *p.* 90, 91 [101 f.], auch 169 [190] an den Kopf, dreist und derb: denn mit der ganzen Rotte muß Ernst gemacht werden und wir haben die Wahrheit auf unserer Seite. Von dem Fortlage aber ist es eine unerhörte Dummdreistigkeit, daß er das alte abgestandene Zeug wieder aufwärmen will. Das abgethane Absurde möchte er wieder in Kredit bringen, damit nur das Aechte nicht aufkomme, welches keinen Judengott kennt. Und mit mir macht er es ganz nach Art dieser Lumpe, die statt ein System zu studieren und einzudringen in seinen Sinn, es von außen mustern, und irgend einen hervorragenden Balken, d. h. einen Widerspruch oder sonstige Inkonsequenz herauszufinden bemüht sind, um es danach auf dem rein logischen Wege sehr wohlfeil und bequem zu widerlegen.

[...]

Kein Schimpfen ist zu hart gegen Diener, welche Feinde des Herrn sind, dessen Brod sie essen, und dies ist das Verhältniß der Philosophieprofessoren zur Philosophie.

Ich wünsche sehr, gute persönliche Nachrichten von Ihnen zu empfangen und bleibe

Ihr Freund

Arthur Schopenhauer

Schopenhauer an Adam von Doss

Frankfurt a. M. d. 22 Juli, 1852

Mein lieber Herr von Doß,

Mit wirklicher Rührung habe ich Ihr schönes Geschenk empfangen; da es mir beweist, wie sehr ich Ihren Gedanken gegenwärtig bin, indem, beim Anblick dieser Lithographie, Ihnen sogleich eingefallen ist, daß Hundedarstellungen die Hauptzierde meines Zimmers sind. Da hängt schon der Mentor in Glas und Rahmen da, und gehört zu den besten in der ganzen Sammlung, die jetzt 16 Stücke begreift. Für

Hunde, die sich in solcher Art ausgezeichnet haben, sollte es, von Staatswegen, eine Ehrenmedaille geben, mit »Menschenretter« darauf, die sie vorn am Halsband trügen, um sie vor unwürdiger Behandlung zu schützen. Empfangen Sie meinen herzlichen Dank für das artige Bild, welches mir bis jetzt noch nicht vorgekommen war.

Die philosophischen Fragen und Bedenken, die Sie beunruhigen, sind solche, wie sie jedem denkenden Menschen, der sich in meine Philosophie hineinstudirt hat, aufsteigen müssen. Glauben Sie, daß wenn ich Antworten darauf hätte, ich solche zurückhalten würde? Leider kann ich nichts, als mich berufen auf Bd. 2, *p.* 187 [206] meines Hauptwerks, wo ich gesagt habe: »welche Fackel wir auch anzünden, und welchen Raum sie erleuchten mag; stets wird unser Horizont von tiefer Nacht umgränzt bleiben.« Wenn es mir gelungen ist, unsere nächste Umgebung ein wenig aufzuhellen; so hab' ich viel gethan: ja, ich bezweifele sehr, daß man jemals über mich wird hinauskommen können, d. h. in der Länge: in der Breite wird manches zu thun seyn, an Erläuterungen, Bestätigungen, Verknüpfungen, Ausführungen u. s. w. Sie müssen nie aus den Augen verlieren, was unser Intellekt eigentl ist: ein bloßes Werkzeug zu den armsäligen Zwecken individueller Willenserscheinungen: was er außerdem leistet, ist schon bloß *abusive*. Und der sollte die Urverhältnisse alles Daseyns ergründen, verstehn und erschöpfen?! Dazu ist er so unfähig, daß wenn uns eine wirkliche Offenbarung jener Probleme würde, wir gar nichts davon verstehn würden und so klug bleiben wie vorher. Kant und ich gehn eine ganze Strecke einig zusammen: er subjektiv, ich objektiv das Selbe sagend. Beckers Wort, »daß Sie genauere Nachrichten über die Geschichte des Dinges an sich haben möchten«, ist zwar etwas schalkhaft gewendet, aber nicht ohne Wahrheit.

Im Einzelnen will ich Ihnen jedoch bemerken, daß Sie sprechen vom »erkenntnißlosen, also scheinbar unfreien

Zustande des Willens«: gerade dann ist er im freien Zustande: denn die Erkenntniß ist das Medium der Motive,
und diese wirken mit Nothwdgkt. Was er aber in jenem
Zustande vermag, bezeugt die ganze organische Natur, deren überkünstliches Getriebe er erkenntnißlos hervorbringt. Im Tode, wo er das Gehirn zurückläßt, tritt er in
diesen Zustand zurück (Parerga I, 212 [236 f.]), und geht
f r e i seinen Weg. Keiner Kalpas bedarf er zur finalen Erlösung, wie überhaupt keiner Zeit: diese, wie alle Gestalten
des Satzes vom Grunde zu eliminiren, wenn vom Ding an
sich die Rede ist, ist freilich schwer und doch erforderlich:
ebendeshalb ist uns dort alles Verständniß abgesperrt: und
freilich ist uns Alles, was außerhalb jener Formen geschieht,
ein Wunder. Warum aber die Erlösung eines Einzigen nicht
die Aller ist, werden wir beantworten können, wann wir
wissen, wie tief die Wurzel der Individualität geht; wie Sie
einst selbst gefragt haben. – In meinem letzten Briefe an Sie
habe ich vergessen, Ihnen auf Ihren Skrupel hinsichtl des,
Parerga II, *p.* 234 [292] vom erkenntnißlosen Bewußtseyn
Gesagten, zu erwidern, daß eine wenigstens indirekte Erläuterung dazu sich findet in meinem Hauptwerk II, *p.* 273
[310].

Auf das Land versetzt zu werden sollten Sie nicht so sehr
fürchten. Was Sie dort an Kunde von allem Neuen verlieren, gewinnen Sie an Muße und Geistesruhe; vorausgesetzt,
daß Sie dann Ihre Dulcinea geheirathet haben. Mit wenigen,
aber sehr ausgewählten Büchern und allenfalls Einem Journal kann man weit kommen. Das Neue ist meistens eine
unnütze Störung.

[...]

Lassen Sie sich bei der hiesigen Gesandschaft anstellen:
da können wir Eins philosophiren: aber jedenfalls leben Sie
gesund und denken fleißig an

Ihren alten Freund
Arthur Schopenhauer

Frankfurt a. M., den 6. Aug. 1852

Unser lieber Getreuer!

Denn das sind und bleiben Sie, wenn gleich Sie mir bisweilen das Leben etwas sauer machen. Kaum nämlich habe ich gegen Ihre Bedenken und Skrupel bestens ausgeholfen; so kommen Sie schon mit neuen. Das wäre freilich ganz recht, und in der Ordnung, wenn es mit den Skrupeln nur etwas Rechtes wäre: es sind aber lauter Sachen, die Sie selbst sich recht gut lösen und zurechtlegen könnten, wenn Sie nur, durch periodisches Wiederlesen aller meiner wenigen Schriften sich stets den ganzen Komplex des Systems gegenwärtig erhielten, wodurch sie allemal Jedes mit Jedem würden in Uebereinstimmung bringen können und nicht darum herumgehn, wie um eine Statue der Kritikus, welcher wenn er Eine Seite sieht, ihr richtiges Verhältniß zur andern bezweifelt. Denn meine Schriften muß man immer wieder lesen, um bei einem so breiten Fundament stets das Ganze übersehn zu können. Sie hatten einst den Einfall, zu meinen Schriften ein Register machen zu wollen: erst jetzt wäre das ausführbar, da der Cyklus vollendet ist: müßte sehr genau und ausführlich seyn. Da könnte man stets sich Raths erholen und finden wie Alles klappt.

Also, drauf los! – Die intelligible Freiheit des Willens ist eben eine intelligible, nicht ein intuitive: denn sie beruht darauf, daß 1) die Freiheit ein negativer Begriff ist, dessen Inhalt bloß die Abwesenheit jeder Nothwendigkeit; – 2) daß alle Nothwendigkeit bloß besagt »Folge aus einem gegebenen Grunde;« – 3) daß der Satz vom Grunde, in seinen 4 Gestalten, bloß die Form der Erscheinung ist, präformirt *in cerebro*, nicht dem Ding an sich zukommt; *ergo* ist ein solches als solches frei. – Daß das Individuum und sein Charakter das Werk des intelligiblen Willens ist, folgt allein daraus, daß während die Thaten mit Nothwendigkeit aus den Motiven und dem gegebenen Charakter, auf den diese wirken, hervorgehn, dennoch wir das deutlichste Bewußtseyn der Verantwortlichkeit für selbige haben, als Thäter unserer Thaten. Aber intuitiv faßlich können wir alle diese Verhältnisse uns nicht machen: – sind bloß intelligibel.

Dann wieder wollen Sie die Formen der Erscheinung überhaupt, und zunächst hier das *Operari sequitur esse*, auf das Ding an sich übertragen: es müßte ein τί seyn, d. h. eine beharrliche *essentia* haben. Aber diese und alle analogen Nothwendigkeiten gelten bloß von der Erscheinung, also von den materiellen Dingen dieser Welt, nicht von allen ersinnlichen. Es giebt nämlich (wenigstens für uns) keine *veritates aeternae*, sondern bloße »Anticipationen der Möglichkeit einer Erfahrung überhaupt«, die als solche *a priori* sind, aber bloß weil sie Resultate der Funktionen des Intellekts sind, welche präformirt sind *in cerebro* und gültig allein für die Erscheinung: wir sind ja *morbleu* Kantianer, nicht Kartesianer: – mit Ihrem *aut aut!* – Gerade im Wollen kann der Wille nie frei seyn, (weil er da Erscheinung ist), aber vom Wollen kann er's werden. Sie haben die Wahrheit gerade auf den Kopf gestellt und gelangen daher zu dem Satz, daß ich hätte, wie Kant, unbestimmt lassen sollen was das Ding an sich sei: – *quae, qualis, quanta!* Da möchte man sich dem Teufel ergeben! – Da könnte ich ja gleich meine ganze Philosophie zum Fenster hinauswerfen. Das ist ja eben meine große Entdeckung, daß Kants Ding an sich Das ist, was wir im Selbstbewußtseyn als den Willen finden, und daß dieser vom Intellekt ganz verschieden und unabhängig ist, daher auch ohne diesen vorhanden, in allen Wesen. Aber dieser Wille ist Ding an sich bloß in Bezug auf die Erscheinung: er ist das was diese ist, unabhängig von unserer Wahrnehmung und Vorstellung: das eben heißt an sich: daher ist er das Erscheinende in jeder Erscheinung, der Kern jedes Wesens. Als solches ist er Wille, Wille zum Leben. Daß er vom Wollen loskommen kann, bezeugt, im

Menschen, die Askese in Asien und Europa, durch Jahrtausende. (W. a. W. u. V. Bd. 1., § 70). Dies Loskommen, oder vielmehr dessen Resultat, ist für uns geradezu ein Uebergang ins Nichts (Nirwana = Nichts); aber alles Nichts ist relativ (*ibid*. §. 71.). – Das über diese Erkenntnisse Hinausgehende ist absolut transscendent; daher die Philosophie hier aufhört, und die Mystik eintritt. Die Stelle Bd. 2 *p.* 564 [W II, 643 oben] haben Sie ganz passend angeführt: es giebt deren mehr; aber wer kann sie alle gleich wissen? Register! – Das Ding an sich haben Sie stets nur in der E r s c h e i n u n g zu suchen, als bloß in Bezug auf diese vorhanden; nicht aber in Wolkenkukuksheim, wo Sie es oft zu kontempliren scheinen: dahin können wir nicht; dies heißt, es ist transscendent. Sie müssen stets im Auge behalten, was der Intellekt sei, ein bloßes Werkzeug zum Behuf der armsäligen Zwecke einer individuellen Willenserscheinung. Daher die Gränzen desselben Kant nachgewiesen hat; ich aber den Ursprung dieser Beschränktheit dazu: er auf subjektivem, ich auf objektivem Wege; weil ich am Willen ein που στω mir gewonnen hatte. Meine Philosophie unternimmt nicht, zu erklären, wie es zu einer Welt, wie diese ist, hat kommen können; sondern bloß uns darin zu orientiren, d.h. zu sagen, was sie sei. Vergl. W. a. W. u. V. Bd. 2., *p.* 187 [W II, 206]: »So läßt meine Lehre« u.s.w. Sie aber möchten eigentlich über mich hinaus, und wenn Sie dann sehn, daß es nicht geht, fangen Sie mit meinen Dogmen Krakeel an.

Meine Askese stößt, sagen Sie, die Leute ab. Glaub's: sie streitet mit ihren Gelüsten und mit dem Protestantismus, diesem Christenthum mit abgebrochener Spitze. Wenn nur die Wahrheit wollte mit sich handeln lassen! Da könnte man sie nach dem Kaprice der Leute zuschneiden.

[...]

Ich wünsche herzlich zu hören, daß es Ihnen eigentlich wohlgienge, und bleibe

Ihr alter Freund

Arthur Schopenhauer

Schopenhauer an Dr. Paul Battel

Frankfurt a. M. d. 18 Aug: 1853
Werthgeschätzter Herr Doctor.

Ihre Theilnahme an meiner Philosophie hat mich herzlich gefreut. Die Gewalt der Wahrheit ist es, die auf Sie gewirkt hat: wie bereits auf manchen Andern. Denn, so klein auch bis jetzt die Zahl der Anhänger meiner Lehre, so weit wenigstens als sie mir bekannt geworden, ist: so sind doch Alle von eben dem Enthusiasmus erfüllt, wie Sie, und reden im Ganzen die selbe Sprache. Sie Alle sind mir die Bürgen für den Einfluß, den dereinst meine Philosophie erlangen wird, wenn auch erst in Zeiten, die ich wohl nicht erleben werde; da ich bereits im 66ten Jahre stehe.

Der einzige Rath, den ich Ihnen zu ertheilen habe, ist, daß Sie ein gründliches Studium der Kantischen Philosophie betreiben mögen, als welche die Grundlage und Voraussetzung der meinigen ist: und sodann, daß sie meine Schriften sämmtlich lesen: deren sind nicht viele, und Alles darin steht in näherm, oder entfernterem Zusammenhange mit jedem Andern; zudem sind Wiederholungen, soviel als irgend möglich, vermieden. Wann ein Mal gründliche Erkenntniß und eigene Überzeugung gewonnen ist, wird es an der Kraft zum Aussprechen derselben niemals fehlen.

Mit den herzlichsten Wünschen für Ihr leibliches und geistiges Wohlergehn.

Arthur Schopenhauer

Schopenhauer an Johann August Becker
[Auszug]

Frankfurt d. 20. Jan^r 1856

Die Leipziger Preisfrage ist mir ein Räthsel: die *Leipziger* *Professoren* sind mir feind. Der älteste von ihnen, Ch: Weiß, kam diesen Sommer mir Visite machen und wurde nicht angenommen. Die 2 andern Hartenstein und Drobisch, Herbartianer, schimpfen auf mich, was sie können im Repertorio. Vielleicht ist die Preisfrage eine Mine, mit der sie mich sprengen wollen – oder eine Ente? Ich hoffe auf nähere Nachricht im nächsten Repertorio, – vielleicht auch schreibt Frauenstädt etwas davon in seinem nächsten Brief. Eben erzählt mir Einer, der aus Böhmen zurückgekommen, er habe daselbst jene Nachricht, in einer Zeitung, in B ö h - m i s c h e r S p r a c h e gelesen. Sonst kommen dergleichen Dinge nie in politische Zeitungen.

In summa, wenn ich auch manchen Aerger habe, sehe ich doch mit Freuden meine Philosophie immer mehr Boden gewinen und zwar in geometrischer Proportion der Zeit. Briefe und Besuche, deren ich letzten Sommer viele gehabt, berichten stark davon. Mit dem Ersticken und Sekretiren ist es aus: die es noch versuchen und dazu mich bestehlen, haben sich verrechnet: man wird sehn was sie sind.

[Es folgen zwei Auszüge der Bährschen Preisschrift »Die Schopenhauersche Philosophie in ihren Grundzügen«, Dresden 1857. Auf einige der hier abgedruckten Stellen bezieht sich Schopenhauer im darauffolgenden Brief an Carl G. Bähr.]

Es ist aber nöthig, dass wir uns ausdrücklich dagegen verwahren, als ob wir durch unsern obigen Einwurf, der lediglich einen Satz der Transscendentalphilosophie betraf, zugleich eine andere, höchst wichtige und auf eine unvergleichlich tiefsinnige und geniale Auffassung der Natur begründete Lehre der Schopenhauer'schen Philosophie antasten wollten, nach welcher der Intellect aus dem Willen hervorgegangen, ursprünglich nur das Medium der Causalität auf erkennende Wesen und von Natur dazu bestimmt ist den Bestrebungen eines individuellen Willens zu dienen. Mit dieser bedeutungsvollen Wahrheit hat jener erkenntnisstheoretische Satz gar Nichts zu thun, obwohl es auf den ersten Anblick also scheinen könnte. Die Transscendentalphilosophie musste nämlich die Frage gänzlich unberührt lassen, welches denn das *Substrat* der erkennenden Handlung sei, die sie als das letzte Gegebene, das Reale, bestehen liess: ob vielleicht eine Intelligenz an sich, oder Materie, oder auch Wille? Die Frage betrifft, wie man leicht sieht, nicht das Bewusstsein einer Realität, d. h. *Existenz* an sich, sondern das Bewusstsein von deren *Wesen* und *Beschaffenheit.* Ueber das Wesen, die *essentia*, des Dinges an sich, bloss als solchen, kann aber schlechterdings nie ein Aufschluss ertheilt noch gesucht werden, sondern nur sofern das Reale sich *manifestirt*, also in ein *Verhältniss zur Erscheinung* tritt. Alsdann ist es nicht mehr Gegenstand einer transscendentalen, sondern der einer *metaphysischen* Betrachtung. Und so lehrt uns denn Schopenhauer's Metaphysik, dass das Ding an sich, aufgefasst in seiner unmittelbarsten Beziehung zur Erscheinung, als seine deutlichste Manifestation und zugleich als die letzte und ursprünglichste Aeusserung seines Wesens, aus der alle andern Erscheinungen erklärt werden müssen, den *Willen zum Leben* erkennen lasse; dass daher die erkennende Handlung selbst als eine Ausstrahlung dieses Willens anzusehen sei, und das Bewusstsein ihrer Spontaneität – jener kaum mehr fassbare ewige Punkt, der in aller Flucht der Erscheinung unwandelbar feststeht – mit seiner eigenen Basis, daraus es entsprungen ist, dem Wollenden, sich als identisch auffasse und mit diesem in das Bewusstsein eines Ich zusammenfliesse.

[...]

Schopenhauer ist der einzig ächte Nachfolger Kant's, weil
er der einzige ist, der die Möglichkeit einer Metaphysik auf-
gefunden hat, die nicht im Widerspruch steht zur Kritik der
reinen Vernunft. Mögen wir uns umsehen im Himmel und
auf Erden, wir finden keinen andern Weg zu einer wahren
und innigen Auffassung des Wesens der Dinge, als eine Erklärung aller Naturerscheinungen aus den Erscheinungen
des Selbstbewusstseins.

[...]

Schopenhauer an Carl G. Bähr

Frankfurt a. M. d. 1. März 1857
Werthgeschätzter Herr Bähr!

Empfangen sie meinen herzlichen Dank für Abfassung
und Uebersendung Ihrer Schrift. Ich habe diese 2 Mal mit
größter Aufmerksamkeit durchgelesen und sie hat nicht nur
meine Erwartung weit übertroffen, sondern mich in Erstaunen und Bewunderung versetzt. Diese Reife des Geistes,
Besonnenheit, Urtheil, sichere Haltung des Vortrags und
gründliche Auffassung sowohl der Kantischen, als meiner
Philosophie sind in Ihrem Alter (ich denke 22 J.) ein Phänomen. Kein Mensch wird dieses Buch für das Werk eines jungen Mannes halten, vielmehr eines sehr gereiften, von wenigstens 40 J. Sie haben mehr Kantische Philosophie inne,
als 6 Professoren zusammengenommen. Die Veranlassung
der Schrift haben Sie (vielleicht auch auf Rath des Verlegers)
eben deshalb nicht erwähnt, damit Ihre Jugend kein ungün-
stiges Vorurtheil errege. *Recte.*

Besonders freut es mich, daß Sie meine Philosophie in
enger Verbindung mit der Kantischen aufgefaßt haben, als
Ein Ganzes: so ist's Recht. Sie haben nicht, wie alle Andre,
die über meine Lehre geschrieben (bloß Weigelt zum Theil
ausgenommen), sich meiner Worte bedient, um meine Gedanken wiederzugeben; sondern Sie reden eine ganz an-

dere Sprache, als ich, und tragen die Lehren in ganz anderer Weise und Ordnung vor; weil Sie eben meine Philosophie in sich aufgenommen und wohl verdauet haben, daher
Sie solche frei reproduziren. Daher eben ist es auch das
Gründlichste, was noch darüber gesagt worden. Ihr Vortrag ist jedoch abstrakt, trocken und schwierig, Dem, der
die Sachen kennt, ganz faßlich; dem Neuling hingegen
schwer verständlich. Besonders dunkel wird er in Ihrer
Deduktion des Dinges an sich, die mir selbst nicht klar geworden ist und mir auch unrichtig vorkommt. Sie identifi-
ziren W a h r n e h m u n g und E m p f i n d u n g: das ist gegen
den Sprachgebrauch, der aber hier sehr treffend ist; denn
erst O b j e k t e nehmen wir w a h r, d.h. erkennen sie als
r e a l: also ist Wahrnehm^g identisch mit A n s c h a u u n g.
Von der Empfindung aber zu etwas außerhalb unser führt
keine andre Brücke als das Kausalitätsgesetz, und Dies ist
c e r e b r a l e n Ursprungs, wie die Empfindung s e n s u a l e n.
Also ist das Thor geschlossen und die Brücke aufgezogen:
nur durch Verrath von innen ist die Festung zu nehmen, *ut
dixi*. Ihr *Résumé* p. 98 kann ich demnach durchaus nicht
gelten lassen. Aber Das freut mich, ein Mal wieder ausführliche Diskussionen über das Ding an sich zu lesen,
ganz wie in den 90ger Jahren. Habe ich doch die Sachen
wieder auf die Bahn gebracht. Kuno Fischer in Jena liest
jetzt auch Kantische Philosophie. In dem Absatz *p.*93/94
haben Sie eine wirkliche tiefgedachte Bemerkung beigebracht. Scharfsinnig und treffend ist die Parallele, die Sie
p. 145 zwischen Kants und meinem Verfahren nachweisen.
– *p.* 125 & 128 über das »Substrat« ist sehr richtig und
scharfsinnig bemerkt. Ueberhaupt habe ich gar viele Stellen angestrichen, die ich mit Ueberraschung und großem
Beifall gelesen: es wäre zu weitläuftig sie alle zu besprechen. – Jetzt aber will ich Einiges, das ich nicht ganz billige, anführen: aber streng zu tadeln habe ich durchaus
nichts gefunden. – Was Sie *p.* 20 als die »unmittelbare Ge-

genwart« der Vorstellungen bezeichnen ist wenigstens nicht Das, was ich »Satz v. Grund« § 19 darunter verstehe. – *p.* 118 »so vermißt man« – ist ein sehr ungerechter Vorwurf: ich bin der Erste, der den Unterschied zwischen abstrakter und intuitiver Vorstellung scharf bezeichnet und hervorgehoben hat. Zudem sind die Begriffe, als Stoff der Urtheile, diesen vorhergängig. – Ihrer Argumentation gegen mich, p. 122-125, stelle ich entgegen W. a. W. u. V. Bd: 2, *p.* 273 [W II, 310], und nächst dem *Parerga* Bd. 2, § 64 & *p.* 233, 234 [P II, 290f.].

Ihr Buch, als die erste gründliche Diskussion meiner Lehre, könnte der Verbreitung derselben sehr förderlich seyn, wenn es nur weniger schwer zu verstehen wäre. Jedenfalls ist es mir eine Ermuthigung, daß es noch solche Köpfe giebt, wie Sie, und daß ich solchen vollkommen faßlich bin. Auf das Buch von Seidel bin ich begierig: aber ich wollte viel darauf wetten, daß es dem Ihrigen himmelweit nachstehn wird, und daß sein Sieg zu erklären ist aus dem, was ich im 2ten Bande meines Hauptwerks Kap. 19 am Schluß des § 7 erwähnt habe.

Bedenke ich nun gar, daß Sie ein Jurist sind, also die Philosophie als Nebenstudium getrieben haben, so steigt meine Bewunderung Ihrer Leistung.

[...]

Macte virtute tua! Mit Dankbarkeit und Freundschaft
der Ihrige
Arthur Schopenhauer

Albert Möser an Schopenhauer

Sehr verehrter Herr!

Indem ich die Feder ergreife, um, Ihnen persönlich fremd, aus der Ferne zu Ihnen in Beziehung zu treten, so gebe ich damit einem Drange nach, dem zu folgen mir seit länger zum Bedürfniß geworden.

Sie werden mich vielleicht sofort begreifen, wenn ich Ihnen sage, daß seit ungefähr einem Jahre Ihre Werke meine tägliche Lectüre bilden.

Von früh auf begeistert für die höchsten menschlichen Leistungen auf geistigem Gebiete und nicht zum Geringsten beseelt von einer enormen Sehnsucht nach Aufklärung über das große Weltenräthsel, habe ich freilich in letzterer Beziehung gleich manchem Andern erst auf manchen Irrwegen herumirrlichteliren müssen und mich vergebens bemüht, mir aus den nachkantischen Systemen ein philosophisches Glaubensbekenntniß zu gewinnen, bis mir dann endlich ein günstiges Geschick Ihre Werke in die Hände führte.

Und da darf ich denn sagen, daß mir, neben einem der reinsten Genüsse, durch Sie eine ganz unsagbare geistige Förderung zu Theil geworden, ja daß mir vielleicht nie Etwas so sehr aus der Seele gesprochen gewesen als Ihre ganze Philosophie.

Und es ist das sehr begreiflich, indem ich, aufrichtig zu gestehen, vor Ihnen von allen Philosophen eigentlich ganz und vollständig nur Kant mir anzueignen vermochte, im Theoretischen aber sich Ihr System ja ganz an diesen anschließt, wogegen ich im Practischen, als selbst früh mit den Widerwärtigkeiten der Existenz bekannt geworden und nur mit Mühe aus drückenden Verhältnissen zu den höchsten Errungenschaften menschlicher Bildung emporgeklommen, hinsichtlich der Bedeutung des Daseins von

Haus aus wohl nur Ihrer Ansicht sein konnte, daß dieses Leben doch eigentlich des Lebens nicht werth sei.

Wenn Sie mich nun aber fragen, weshalb ich es für nöthig gehalten, dieses Alles Ihnen mitzutheilen, so bin ich allerdings nicht der Meinung, daß Sie über die Anerkennung Ihrer Philosophie von Seiten eines unbekannten jungen Mannes besonderes Wohlgefallen empfinden sollen, wol aber denke ich, daß es bei Ihrem so menschenfreundlichen Character Ihnen einige Freude bereiten wird, wenn Ihnen Jemand gesteht, wie sehr er durch Sie im Geistigen gefördert ist; und zu dem tragen Ihre Werke so ganz den Stempel Ihrer ganz in ihnen aufgegangenen Persönlichkeit, daß hier wol das Wort von Börne gilt: Wer meine Werke liebt, der liebt mich, so daß es auch von diesem Gesichtspunkte der gegen Sie gehegten Verehrung und Zuneigung aus begreiflich erscheint, wenn man, wie ich hier, einmal eine persönliche Beziehung anzustreben sich erkühnt.

Würde ich nun überzeugt sein können, daß Sie diese Epistel nicht übel aufnehmen sollten, so dürfte ich mich mit gutem Gewissen unterzeichnen als

Ihr Sie unbedingt hochachtender und verehrender

Albert Möser, Studiosus

Schopenhauer an Albert Möser

Frankfurt a. M. d. 25 Novr 1858

Mein junger Freund,

Ihre Theilnahme an meiner Philosophie und Aneignung derselben freut mich von Herzen, um so mehr als sie das Studium der Kantischen haben vorhergehn lassen. Denn diese ist das Fundament der meinigen, welche ohne jene nicht gründlich verstanden werden kann: aber auch andrerseits lernt man durch mich auch den Kant besser verstehn. Wir sind Ergänzungen zu einander, und daher auch so höchst heterogen. Fahren Sie in diesen Studien fort: da werden Sie immer tiefer eindringen und immer mehr finden: zudem ist *repetitio mater studiorum*, und was man liegen läßt verblaßt allmälig.

Möge die Natur Ihnen dauerhafte Gesundheit und das Schicksal einen sanften Lebensweg verleihen, – Dies wünscht Ihnen von Herzen

der Ihrige

Arthur Schopenhauer

IV. FARBENTHEORIE CONTRA FARBENLEHRE

> Des Herrn Docktor Schoppenhauer
> Wohlgeboren. Herrn Docktor Schoppen-
> hauer wünsche um eilf Uhr, lieber jedoch
> um halb eilf bey mir zu sehen, um den er-
> sten klaren Sonnenschein zu benutzen.
> W. d. 8. Jan. 1814   Goethe[1]

*Schopenhauer schickte Anfang November 1813 Goethe das
erste Exemplar seiner Dissertation. Der Dichter nahm sie
wohlwollend auf; erweckte sie doch in ihm durch die Anschaulichkeit, in welcher die Lehrsätze der Geometrie begründet wurden, das Bewußtsein einer ihm wahlverwand-
ten Natur. Noch im selben Monat begann die Reihe der
Zusammenkünfte zur gemeinsamen Arbeit, über welche
Schopenhauer später sagte: »Als der große Mann sodann den
ganzen Winter hindurch mich häufiger kommen ließ, blieb
die Unterhaltung keineswegs auf Fragen, welche die Farbenlehre betrafen, beschränkt, sondern unsere Gespräche
wurden auf alle möglichen philosophischen Gegenstände gelenkt und spannen sich viele Stunden lang fort. Aus diesem
vertrauten Umgange habe ich überaus großen, unglaublichen Nutzen gezogen«.[1]*

*Die Farbenlehre stand im Mittelpunkt der Gespräche. Die
Entdeckung der entoptischen Lichtfiguren durch Thomas
Johann Seebeck hatte Goethe nach Beendigung seiner Farbenlehre im Jahre 1810 von neuem in den Bann naturwis-
senschaftlich-ästhetischer Beschäftigungen gezogen. Nun
stellte er Schopenhauer seinen wissenschaftlichen Apparat
zur Verfügung und führte verschiedene optische Experimente vor. Die Ansichten Schopenhauers wichen jedoch zu-*

---

1 GBr, 655 (vgl. a. S. 27f. dieses Bandes)

sehends von den seinen ab, so daß er dem Geheimen Staats-
rat Christoph Friedrich Ludwig Schultz, mit dem er – meist
über die Farbenlehre – korrespondierte, am 19. Juli 1816
schrieb: »Doktor Schopenhauer ist ein bedeutender Kopf,
den ich selbst veranlaßte, weil er eine Zeitlang sich hier auf-
hielt, meine Farbenlehre zu ergreifen ... Nun ist, wie Sie
wohl beurteilen, dieser junge Mann, von meinem Stand-
punct ausgehend, mein Gegner geworden. Zur Mittelstim-
mung dieser Differenz habe ich auch wohl die Formel; doch
bleiben dergleichen Dinge immer schwer zu entwickeln«.[1]

Seiner Mißstimmung verschaffte er mit den bekannten
epigrammatischen Versen Ausdruck: »Trüge gern noch länger des Lehrers Bürden, wenn Schüler nur nicht gleich Lehrer würden«.[2]

Goethes Verstimmung wie auch seine spätere Verweigerung jedweder Stellungnahme zur 1816 erschienenen Farbentheorie Schopenhauers »Ueber das Sehn und die Farben«
resultierten aus sachbezogenen Differenzen. Seine Farbenlehre umschließt drei Komponenten: die Reaktionen des Auges auf Farbeindrücke, die physischen Beugungserscheinun-
gen des Lichts und die den Farben zugrundeliegenden chemischen Verbindungen. Nach Werner Heisenberg richtete
sich Goethes Bemühen darauf, diese verschiedenen, subjektiven wie objektiven Farbphänomene als geordneten Ausdruck eines »Urphänomens« zu sehen, nämlich »der Bei-
mengung des Trüben zum Licht«.[3] Das Licht, das sich in
einem Medium mit dem weder durchsichtigen noch un-
durchsichtigen Trüben trifft, läßt Farben entstehen. Experimente mit getönten Scheiben belegen diese Annahme. In der
Natur läßt sich dieser Vorgang an den Farberscheinungen

1 GBr, 499
2 Goethe, Stuttgart 1960 Bd. I, S. 467
3 Werner Heisenberg, Die Goethesche und die Newtonsche Farbenlehre im
Lichte der modernen Physik. In: Goethe im XX. Jahrhundert, Spiegelungen und
Deutungen. Hrsg. von Hans Mayer. Hamburg 1967, S. 419

des Sonnenlichtes beobachten: »Die Sonne, die am Tage strahlend weiß scheint, leuchtet gelb und rot, wenn sie durch die dazwischenliegende Dunstschicht verdunkelt wird«.[1] Alfred Schmidt weist darauf hin, daß Goethe das Naturgesetz der Polarität, welches der Magnetismus, die Forschungen Galvanis und Voltas und die Naturphilosophie Kants bestätigt hatten, auch der Farbentstehung zugrunde liegen sah.[2] Dies bildete für Goethe kein deduktives Prinzip, von dem ausgehend sich die unterschiedlichen Erscheinungen systematisch und vollständig erfassen lassen, sondern stellte einen objektiv vorhandenen Leitfaden dar. Goethes Methode bestand darin, durch Untersuchungen zahlreicher Einzelphänomene in anschaulicher und tastend vorgehender Empirie das »Urphänomen« der durch polare Gegensätze erzeugten Farben theoretisch zu durchdringen.

Schopenhauer behält das Prinzip der Polarität bei. Er versteht jedoch unter Polarität keinen innerhalb und außerhalb des Subjektes stattfindenden Vorgang, sondern sieht sie ausschließlich in der physiologischen Beschaffenheit des Auges verankert: Licht reizt die Retina zur Tätigkeit, Finsternis ruft Untätigkeit hervor. Das Weiß, welches als Repräsentant des Lichtes bei Goethe die Grundlage der Farbentstehung bildet, erscheint bei Schopenhauer deshalb als abgeleitet. Die volle Tätigkeit der Netzhaut ruft den Eindruck des Weißen hervor. Die Farben entstehen, wenn die Tätigkeit der Netzhaut qualitativ geteilt ist, d. h. wenn die nach Tätigkeit und Untätigkeit graduell verschiedenen Teilfunktionen der Netzhaut sich komplementär verhalten und entsprechende farbliche Eindrücke bewirken.

Diese hier nur kurz skizzierten Positionen kennzeichnen den Unterschied zwischen Goethes und Schopenhauers Farbenlehre. Die objektiven Teile, wie die chemische Beschaf-

---

1 Werner Heisenberg, a.a.O., S. 419
2 Alfred Schmidt, Goethes herrlich leuchtende Natur. München-Wien 1984 S. 140ff.

fenheit und das Licht, die in Goethes Farbenlehre eine wichtige Rolle spielen, besitzen in Schopenhauers physiologischer und d. h. subjektiver Auffassung nur untergeordnete Bedeutung.[1] Reiz und Gegenwirkung auf die Netzhaut, die bei Goethe den Grund der physiologischen Farben bilden, neben welchen auch noch die physischen und chemischen relevant sind, erlangen bei Schopenhauer ausschließlich Priorität. An die Stelle des Goetheschen »Urphänomens«, das subjektive und objektive Faktoren umfaßt, tritt in der Farbentheorie Schopenhauers das Urphänomen der organischen Fähigkeit der Retina, ihre Tätigkeit qualitativ zu teilen.[2] Hierdurch stellte sich Schopenhauer in einen nicht zu überbrückenden Gegensatz zu Goethe, der, gegen einen solchen Subjektivismus gewandt, sagte: »Im eigenen Auge schaue mit Lust, was Plato von Anbeginn gewußt. Denn das ist der Natur Gehalt, daß außen gilt, was innen galt«.[3]

Schopenhauers Widerspruch kam nicht von ungefähr und resultierte auch nicht aus Besserwisserei. Er erwuchs direkt aus den erkenntnistheoretischen Überlegungen der Dissertation. Hier hatte er ausgeführt, daß nur durch Veränderungen im Leibe, die durch andere Objekte bewirkt werden, diese dem Subjekt unmittelbar gegenwärtig sind.[4] Die physiologische Farbentheorie Schopenhauers knüpft an seine in der Dissertation niedergelegten subjektivischen Ansichten an. In seiner Schrift »Ueber das Sehn und die Farben« stellte Schopenhauer den oben skizzierten Überlegungen noch die Theorie der Intellektualität der Anschauung voran. Durch die Tätigkeit des Verstandes, des werkbildenden Künstlers, sind wir in der Lage, die Dinge aufrecht wahrzunehmen und nicht auf dem Kopfe stehend, das zweimal Empfundene

1 Karl Wagner, Goethes Farbenlehre und Schopenhauers Farbentheorie. In: 22. Jb 1935, S. 152
2 Karl Wagner, a.a.O., S. 111
3 Zahme Xenien, 2. Reihe, 1662-65
4 G1, 26

einfach anzuschauen und aus den gesehenen bloßen Flächen Körper zu konstruieren. Ohne die genannte Intellektualität, die durch die physiologischen Forschungen Flourens' bestätigt worden war, nähmen wir nur Farbflecke auf der Retina wahr.[1] *Der physiologische Subjektivismus wird in Schopenhauers Farbentheorie um eine intellektuale Komponente erweitert.*

Schopenhauer hat an der Richtigkeit vieler Einzelergebnisse der Goetheschen Forschung nie gezweifelt. Diese Gewißheit ließ ihn zeit seines Lebens dessen Farbenlehre befürworten. Das zeigt sich unter anderem in seiner Unterstützung F. Grävells, der 1857 mit seiner Schrift »Goethe im Recht gegen Newton«[2] *als Anwalt Goethes und als Kritiker Newtons auftrat. Schopenhauer hat jedoch die unterschiedlichen und vielfältigen Beobachtungen und Experimente, mit denen Goethe sich dem »Urphänomen« zu nähern suchte, als gleichsam begriffslosen, zwischen Objektivismus und Subjektivismus hin- und herschwankenden Empirismus bewertet, dem er durch seine physiologische Farbentheorie einheitlich subjektive Konturen geben wollte. Goethe lehnte diese Sichtweise ab. Wenn er sagt, auf Berge, die so hoch seien, daß sie einen solchen Überblick über die unterschiedlichen Farbphänomene ermöglichen, wäre er noch nicht gestiegen, so läßt diese Replik in ihrer Bescheidenheit deutlich die Ablehnung spürbar werden, die er gegenüber Schopenhauers Sichtweise empfindet. Und wenn er Schopenhauer an Dr. Seebeck verweist, so nicht, damit dieser ihn durch einzelne Experimente belehrt, wie Schopenhauer vermutet, sondern weil er in Seebecks Entdeckungen der Lichtfiguren im Innern eines Glaskörpers eine Bestätigung seiner die innere und äußere Welt umfassenden Farbenlehre sah, den Zusammenklang zwischen dem symbolhaften Auge der entoptischen Erscheinung und dem Auge des Schauenden »als*

---

1 F, 11 ff.
2 Friedrich Grävell, Goethe im Recht gegen Newton. Berlin 1857

*wundersame Spiegelungen«, wie es in dem Gedicht »Entop-
tische Farben« heißt, das Goethe der Gräfin Julie von
Egloffstein widmete.*[1]

*Goethes naturwissenschaftliche Arbeiten sind von dem
Bestreben durchdrungen, den Zusammenhang subjektiver
und objektiver Erscheinungsweisen der Farbe darzustellen.
Carl Friedrich von Weizsäcker schreibt hierzu: »Goethe will
weder das Auge, noch das Licht untersuchen; er setzt sie als
bekannt voraus. Ihn beschäftigt vielmehr die lebendige Beziehung beider, wie sie sich in den Farben manifestiert«.*[2]
*Das Innen und das Außen zeigt sich in der »Sonnenhaftig-
keit des Auges, im Sehen, das den Menschen mit der Welt ...
verbindet«, in prästabilierter Harmonie.*[3] *Goethes ganzheit-
liche Sichtweise enthält einen bewußt ausgetragenen Widerspruch zum Anliegen der modernen Naturwissenschaften,
die eine Scheidung der Wirklichkeit in einen objektiven und
subjektiven Bereich vornehmen. Vor diesem Hintergrund
definiert Newton Farbe als objektiven Bestandteil des
Lichts. Er dringt mit einer mathematisch meßbaren Optik in
die Natur der Farbphänomene ein, die dadurch nutzbar gemacht werden, und schafft so die Grundlagen der physikalischen Optik heute. Schopenhauer, der nicht müde wird, den
anti-newtonschen Zug der Goetheschen Farbenlehre zu be-
tonen, hat hierbei nur ihre subjektiv-idealistische Seite im
Auge, die dem Objektivismus Newtons opponiert. Da Goethes die innere und äußere Natur umfassende Ganzheit jedoch nicht mit seinem Subjektivismus zu vereinbaren ist,
entgehen ihm auch die hiermit verbundenen wissenschafts-
kritischen Intentionen. Wohl auch wegen des rein wissen-
schaftlich-objektivierenden Charakters seiner Farbentheorie, die in keinem Bezug zu seiner ebenfalls ganzheitlich*

1 Goethe, a. a. O., S. 546 f.
2 Carl Friedrich von Weizsäcker in: Goethes Werke, Bd. 13, Naturwissenschaftliche Schriften, München 1981, S. 625
3 Carl Friedrich von Weizsäcker, a. a. O. S. 634

ausgerichteten Metaphysik und Ethik steht, hat Schopenhauer ihr später eine Sonderstellung in der Reihe seiner Werke eingeräumt.[1]

Schopenhauers Farbentheorie fand lange Zeit in der Fachwelt keine Aufmerksamkeit. Auch eine von ihm neu gestaltete und ins Lateinische übersetzte Abfassung seiner Farben-Arbeit, die von Radius 1830 in einem Sammelwerk für Fachleute herausgegeben wurde, konnte hieran nichts ändern. Erst in Vorträgen und Schriften des Physikers Hermann von Helmholtz, des berühmt gewordenen Sohnes seines alten Studienkollegen Ferdinand Helmholtz, wird die Wichtigkeit der erkenntnistheoretischen Grundlagen für die Optik herausgestellt, ohne daß der Name Schopenhauer hierbei fällt. In der physiologischen Optik haben Schopenhauers Beiträge zur qualitativ geteilten Tätigkeit der Retina und die Ansichten zur Frage »des Aufrechtsehens, des binokularen Sehens sowie der Tiefenwahrnehmung und Entfernungsbeurteilung« in Teilbereichen ihre Gültigkeit behalten und sind von einer Reihe bedeutender Vertreter wie Ostwald und Wessely gewürdigt worden. Joachim Gerlach ist in einem Aufsatz dieser, sich der philosophischen Beschäftigung mit Schopenhauer entziehenden Wirkungsgeschichte nachgegangen.[2] Die Mitwelt ist Schopenhauer, dessen Farbentheorie im Schatten der Goetheschen Farbenlehre stand, die Anerkennung schuldig geblieben, was jedoch sein unbeirrbares Vertrauen in die Durchschlagkraft seiner Erkenntnis nicht zu beeinträchtigen vermochte.

---

1 GBr, 18. 2. 1860, an F. A. Brockhaus: »weil die kleinen Schriften (mit Ausnahme der Farbenlehre) integrale Theile meiner Philosophie sind«.
2 Joachim Gerlach, Schopenhauers Farbenlehre und die moderne Sinnesphysiologie. In: Zeit der Ernte. Stuttgart – Bad Cannstatt 1982, S. 413 ff.

Dresden d. 11. Novemb.1815

Ewr Excellenz

haben mir durch Ihr gütiges Schreiben eine große Freude gemacht, weil Alles was von Ihnen kommt für mich von unschätzbarem Werth, ja mir ein Heiligthum ist. Ueberdies enthält Ihr Brief das Lob meiner Arbeit, und Ihr Beifall überwiegt in meiner Schätzung jeden andern. Besonders erfreulich aber ist es mir, daß Sie in diesem Lobe selbst, mit der Ihnen eignen Divination, grade wieder den rechten Punkt getroffen haben, indem Sie nämlich die Treue und Redlichkeit rühmen, mit der ich gearbeitet habe. Nicht nur was ich in diesem beschränkten Felde gethan habe, sondern Alles was ich in Zukunft zu leisten zuversichtlich hoffe, wird einzig und allein dieser Treue und Redlichkeit zu danken seyn. Denn diese Eigenschaften die urspünglich nur das Praktische betreffen, sind bei mir in das Theoretische und Intellektuale übergegangen: ich kann nicht rasten, kann mich nicht zufrieden geben, so lange irgend ein Theil eines von mir betrachteten Gegenstandes noch nicht reine, deutliche Kontour zeigt.

Jedes Werk hat seinen Ursprung in einem einzigen glücklichen Einfall, und dieser giebt die Wollust der Konception: die Geburt aber, die Ausführung, ist, wenigstens bei mir nicht ohne Pein: denn alsdann stehe ich vor meinem eignen Geist: wie ein unerbittlicher Richter vor einem Gefangenen der auf der Folter liegt, und lasse ihn antworten, bis nichts mehr zu fragen übrig ist. Einzig aus dem Mangel an jener Redlichkeit scheinen mir fast alle Irrthümer und unsäglichen Verkehrtheiten entsprungen zu seyn, davon die Theorien und Philosophien so voll sind. Man fand die Wahrheit nicht, bloß darum daß man sie nicht suchte, sondern statt ihrer immer nur irgend eine vorgefaßte Meinung wiederzufinden beabsichtigte, oder wenigstens irgend eine Lieblingsidee durchaus nicht verletzen wollte, zu diesem Zweck aber Winkelzüge gegen Andere und sich selbst anwenden mußte. Der Muth keine Frage auf dem Herzen zu behalten ist es der den Philosophen macht. Dieser muß dem Oedipus des Sophokles gleichen, der Aufklärung über sein eignes schreckliches Schicksal suchend, rastlos weiter forscht, selbst wenn er schon ahndet daß sich aus den Antworten das Entsetzlichste für ihn ergeben wird. Aber da tragen die Meisten die Jokaste in sich, welche den Oedipus um aller Götter willen bittet, nicht weiter zu forschen: und sie geben ihr nach, und darum steht es auch mit der Philosophie noch immer wie es steht. – Wie Odin am Höllenthor die alte Seherin in ihrem Grabe immer weiter ausfrägt, ihres Sträubens und Weigerns und Bittens um Ruhe ohngeachtet, so muß der Philosoph unerbittlich sich selbst ausfragen. Dieser philosophische Muth aber, der Eins ist mit der Treue und Redlichkeit des Forschens, die Sie mir zuerkennen, entspringt nicht aus der Reflexion, läßt sich nicht durch Vorsätze erzwingen, sondern ist angeborne Richtung des Geistes. Mit meinem Wesen innig verwebt, zeigt jene Treue und Redlichkeit sich nebenher auch im Praktischen und Persönlichen, so daß ich häufig mit Wohlbehagen erfahre, wie fast nie ein Mensch Mistrauen gegen mich hegt, vielmehr fast Jeder ohne alle nähere Bekanntschaft mir ganz und gar vertraut.

Diese Eigenschaft (über die ich fürchten müßte zu selbstgefällig mich ausgelassen zu haben, wenn nicht Ehrlichkeit das Einzige wäre das Jeder von sich rühmen darf) ist es nun auch, die mir die Zuversicht giebt, zu Ew^r Excellenz so offen, ja frei zu reden, wie ich es heute im Sinn habe.

Ihr Brief hat mir eine Hoffnung genommen, die sich allmählig doch bei mir eingenistet hatte, die Hoffnung, daß Sie den Wunsch erfüllen würden, den ich in meinem ersten Brief Ihnen zu erkennen gegeben hatte. So begehrenswerth für mich dessen Erfüllung seyn muß, so bin ich doch nicht so thörigt zu verlangen, daß Sie hierauf Rücksicht nehmen sollten: und wenn ich gleich nicht verhehle, daß jener Wunsch ein Motiv mehr für m e i n e Aktivität in dieser Angelegenheit ist; so darf bei der Sache selbst doch nichts in Betrachtung kommen, als die Ehre der Wahrheit, das Heil der Wissenschaft und der Ruhm Ihres unsterblichen Namens, gegen welchen bei dieser Gelegenheit ein Heer armseliger Kathederhelden sich erhoben hat, das freilich einst das Verdammungsurtheil der Nachwelt erfahren wird, besser aber schon jetzt dem verdienten Schicksal überliefert würde. –

Warum ist, wie der Lehrbrief sagt, »das Urtheil schwierig«? – Weil es zugleich sachkundig und unbestochen seyn soll; selten aber ein wahrer Kenner gefunden wird, der nicht schon selbst einen Stein auf dem Brett hätte, und dem nicht daher bei den objektiven Betrachtungen subjektive sich unvermeidlich einmischten. Selbstverläugnung aber muß man nicht erwarten, und jene Gäste bleiben aus, die – »ein fremdes Lied – lieber als ihr eignes hören.« –

Ich glaube sehr fest, daß Ew. Excellenz mir Ihren Beifall nicht, wie jetzt, mit einem gewissen Widerstreben, nicht mehr auf meine Person als auf mein Werk gerichtet ertheilen würden, wenn meine Schrift, indem sie eben das leistete und bedeutete wie jetzt, nicht zugleich einigen Nebensätzen Ihrer Farbenlehre widerspräche. – Nothwendig liegt der Irrthum in meinem Werk, oder in Ihrem. Ist ersteres, warum sollten Ew. Excellenz sich die Befriedigung und mir die Belehrung versagen, durch wenige Worte die Linie zu ziehn, die in meiner Schrift das Wahre vom Falschen sonderte? – Aber ich gestehe unverholen, daß ich nicht glaube daß eine solche Linie sich ziehen ließe. Meine Theorie ist die Entfaltung eines einzigen untheilbaren Gedankens, der ganz falsch oder ganz wahr seyn muß: sie gleicht daher einem Gewölbe, aus welchem man keinen Stein nehmen kann, ohne daß das ganze einstürzte. Ihr Werk dagegen ist die systematische Zusammenstellung vieler (vorher eben durch die falsche Theorie Newtons theils entstellter, theils verhehlter) und mannigfaltiger Thatsachen: dabei konnte sehr leicht ein kleiner Irrthum mit unterlaufen, und kann eben so leicht, dem Ganzen unbeschadet gehoben werden. Ist aber wirklich so etwas der Fall gewesen; o dann werden jene engherzigen Gegner, denen wir die Abschwörung einer ganzen Schaar hundertjähriger Irrthümer zumuthen, in Ihrem Werk ehr die kleinste Unrichtigkeit als das unzählige Wahre und Vortreffliche auffinden und anerkennen, werden eben jene Unrichtigkeit zum Vorwand nehmen um vom ganzen Werke nichts wissen zu wollen: nimmermehr aber wird bei denen (wenigstens so lange nicht eine unpartheiische Generation gekommen ist) das Gute des Ganzen den kleinsten erweislichen Fehler decken können. Ist also irgend ein Irrthum mit eingeschlüpft, so muß er zu Tage kommen, früher oder später, *et pueri qui nunc ludunt nostri judices erunt.* Wie viel mehr aber wird es in diesem Fall vor Welt und Nachwelt Ihnen zur Ehre gereichen und die Anerkennung Ihres Werkes fördern, wenn jene kleine Irrthümer beiläufig, mit gerechter Schonung und Nachweisung Ihrer Anlässe, in der Schrift eines ihrer ersten Proselyten, die Sie selbst herausgeben, berichtigt werden, als wenn es den Feinden überlassen bleibt sie mit Gehässigkeit ans Licht zu stellen und herauszuheben. Muß man nicht oft, um Leib und Leben zu retten, ein Glied des Leibes dem Messer des Wundarztes Preis geben? und ist man nicht verloren, wenn man statt dessen dem Wundarzte entgegenruft: »Thue was du willst, nur diese Stelle rühre nicht an!«

Hierzu kommt, daß die Punkte wo meine Theorie mit Ihrer Farbenlehre disharmonirt höchst unbedeutend sind, ja beinahe verschwindende Größen gegen das worin jene dieser beistimmt und ihr volle Bestätigung und unerschütterlichen Grund giebt.

Die Hauptsache ist die Herstellung des Weißen. Daß

Newton hier nur ganz zufällig und nur den Worten nach der Wahrheit nahe gekommen ist, während Sie schon das Wesentliche der Sache selbst, die Aufhebung aller Farbe durch den Gegensatz gelehrt haben, wobei nur zu berichtigen daß das etwa entstehende Grau nicht der Farbe als solcher, im engsten Sinn genommen, zukommt, sondern nur der chemischen Farbe, und was ferner zu Ihrer Rechtfertigung zu sagen war, ist ausführlich gesagt worden. Die Herstellung des Weißen bedeutet bei mir nur dieses: daß wenn auf einer und derselben Stelle der Retina die Thätigkeit in welcher sie bei Anschauung des Rothen ist, zugleich mit der in welcher sie bei Anschauung des Grünen ist, hervorgebracht wird, die Empfindung des Weißen oder des Lichts, d.h. die volle Thätigkeit des Auges, deren 2 gleiche Hälften Grün und Roth waren, gegeben ist: und ebenso bei den ungleichen Hälften. – Malus und Arago in Paris haben neuerlich schwierige Experimente und gelehrte Untersuchungen gemacht, über Polarisation und Depolarisation der Lichtstrahlen, wobei die homogenen Lichter zum Vorschein kommen: das Alles aber ist verlorene Mühe: sie sind auf dem falschen Wege, so lange sie mit Newton die wesentliche Ursache der Farbe in einer eigenthümlichen ursprünglichen Modifikabilität (Theilbarkeit) des Lichtes suchen, da sie statt dessen in einer ursprünglich eigenthümlichen Modifikabilität (Theilbarkeit) der Thätigkeit der Retina liegt deren Aeußerung hervorzurufen, als untergeordnete Ursache (äußerer Reiz) ein auf eine gewisse Weise (durch Trübung oder auch durch Zurückstrahlung von der eigenthümlich modifizirten Oberfläche gewisser Körper) gehemmtes Licht erfordert wird, welches aber bei der Hervorbringung der Farbe im Auge immer nur die Rolle spielt wie bei Hervorrufung der im Körper schlummernden Elektrizität (Trennung des + E und − E) die Reibung. Jene Herren sind also durchaus auf dem falschen Wege, so lange sie mit Newton hartnäckig die Farbe im Licht suchen und nicht im Auge. Grade so haben alle Philosophen vor Kant geirrt, da sie Zeit, Raum, Kausalität, als unabhängig vom Subject vorhanden setzten und nun Anfang, Ende, Ursach, Zweck der Welt, das Subjekt mit eingeschlossen, suchten.

Der zweite Widerspruch ist, daß nur der physiologische Gegensatz, nicht der physische, ein polarer sei. Ich erinnere mich dieses Ew. Excellenz schon in Weimar mündlich vorgetragen zu haben, worauf Sie sehr liberal antworteten: »Schreiben Sie doch einmal ein Werk in zwei dicken Bänden, ohne daß irgend etwas zu berichtigen wäre.« –

Das Dritte ist die Entstehung des Violetten, eine geringfügige Nebensache. Die versprochenen Bemerkungen darüber werde ich indessen mit Freuden vernehmen.

Diese kleinen Berichtigungen sind übrigens für mich ganz und gar kein Verdienst, wiewohl die Auffindung der Theorie eines ist, aus der nachher jene Berichtigungen von selbst flossen. Wer auf dem empirischen Wege der Wissenschaft ein neues Feld eröffnet, eine Masse von Thatsachen auffindet und nach ihrem unmittelbaren Zusammenhange geordnet darstellt, gleicht demjenigen der ein neues Land entdeckt und die erste Karte desselben vorläufig entwirft. Der Theoretiker aber gleicht Einem unter denen welche jener in das neue Land führte, und der nun einen hohen Berg in demselben erklimmt, von dessen Gipfel er das Land in Einem Blick übersieht. Daß er hinauf kam ist sein Verdienst: daß er nun aber von oben sieht wo jene die unten wandeln den nächsten Weg verfehlen, daß er die Verhältnisse der Berge, Flüsse, Wälder genauer bestimmt, das Alles ist jetzt kinderleicht.

Ich weiß mit vollkommner Gewißheit, daß ich die erste wahre Theorie der Farbe geliefert habe, die erste, so weit die Geschichte der Wissenschaften reicht: ich weiß auch daß diese Theorie einst allgemein gelten und den Kindern in den Schulen geläufig seyn wird: sei es daß meinen Namen die Ehre der Erfindung begleitet, oder den eines Andern, der entweder dasselbe entdeckte oder mich beraubte. Aber ich weiß auch ebenso gewiß, daß ich jenes nimmermehr geleistet haben würde, ohne Ew. Excellenz früheres und größeres Verdienst. Auch glaube ich daß diese Anerkennung, wie aus dem Motto meiner Schrift, so auch durchweg aus dem Ton des Ganzen, ja fast aus jeder Zeile spricht: immer bin ich nur Ihr Verfechter (deshalb ich auch hoffte mit Ihrem Feldzeichen ausgestattet zu werden): ich habe sogar die wenigen Abweichungen von Ihnen absichtlich mehr hervorgehoben, damit man keine blinde Anhänglichkeit und Partheiligkeit in mir zu sehn glaubte. Meine Theorie verhält sich zu Ihrem Werke völlig wie die Frucht zum Baum. – Was aber diese Theorie beitragen kann Ihrer Farbenlehre Gültigkeit und Anerkennung zu verschaffen, das möchte nicht wenig seyn. Ew. Excellenz selbst gaben mir einmal die Lehre, man müsse stets positiv verfahren, stets aufbauen und nicht sich mit dem Niederreißen des Fremden zu lange aufhalten: worauf ich die Worte Ihres Lieblings Spinoza anführte: *est enim verum index sui et falsi: – lux se ipsa[m] et tenebras illustrat.* Der didaktische Theil Ihrer Farbenlehre ist zwar positiv, indem er die Thatsachen darstellt und ihren Zusammenhang, ihre Uebereinstimmung zeigt: der polemische, negative, war durchaus nothwendig, weil hier um Bahn zu brechen, vor allen Dingen der alte Wahn gebrochen werden mußte. Allein für die eigentliche T h e o r i e Newtons, die Sie umgestoßen haben, haben Sie keine neue gegeben. Dies eben ist meine Arbeit gewesen: in ihr erhält das Publikum was ihm immer Bedürfniß ist und was es daher so ungern fahren läßt, allgemeine Begriffe, in denen das Wesen jedes möglichen Farbenphänomens enthalten ist, die Kenntniß der letzten Ursache und des innersten Wesens aller möglichen Farbe überhaupt, erhält also vollen Ersatz für die Newtonische Theorie, indem meine wirklich das ist, wofür jene sich ausgab. Vergleiche ich Ihre Farbenlehre einer Pyramide, so ist meine Theorie die Spitze derselben, der untheilbare mathematische Punct, von dem aus das ganze große Gebäude sich ausbreitet, und der so wesentlich ist, daß es ohne ihn keine Pyramide mehr ist, während man von unten immer abschneiden kann ohne daß es aufhört Pyramide zu seyn. Sie haben nicht, wie die Aegypter, von der Spitze, sondern vom Fundament in seiner ganzen Breite zu bauen angefangen und Alles bis auf die Spitze aufgeführt: in diesem Ihrem Gebäude ist nun zwar der Andeutung nach auch die Spitze gegeben und vollkommen bestimmt: doch haben Sie es mir überlassen sie wirklich darauf zu setzen, wodurch allererst die Pyramide vollendet ist, die Jahrhunderten trotzt. – Die Phänomene die meine Theorie beweisen, sind von Ihnen zuerst und höchst vollkommen dargestellt, und da dieselben so unumstößlich sind, daß man nie wagen konnte sie zu bestreiten, so haben die Gegner sie, (so viel mir bekannt) mit Stillschweigen übergangen. Auf diese allein gestützt und in sich vollkommen evident, steht meine Theorie unerschütterlich fest: aber mit ihr ist Newtons ganze Lehre durchaus unvereinbar, dagegen Ihre Farbenlehre in bester Uebereinstimmung. Von allen ferneren Untersuchungen einzelner Thatsachen, um welche bisher der Streit sich immer drehte, wird nunmehr wenn die Newtonische Lehre nur vorerst noch Möglichkeit behalten soll, die meinige zuvor widerlegt werden müssen, was nimmermehr gelingen kann. Darum behaupte ich daß die Bekanntmachung meiner Theorie den Umsturz der Newtonischen herbeiführen muß. – Jene alte Burg haben Sie von allen Seiten berannt und stark angegriffen: der Kundige sieht sie wanken und weiß daß sie fallen muß: aber die Invaliden drinnen wollen nicht kapituliren, ja plärren sogar ein abgeschmacktes *Te Deum* in alle vier Winde. Da habe ich nun von Ihren Schanzen und Laufgräben aus, in der Tiefe eine Mine gegraben, welche mit einem Schlage das ganze Gebäude sprengen muß: von Ihnen wird nur noch verlangt, daß Sie die Lunte in die Hand nehmen, um die Mine abzubrennen, damit nicht etwa die ganze Explosion versage. Möge Sie doch nicht die Rücksicht abhalten, daß einige Ihrer eignen, jetzt ohnehin überflüssigen Belagerungswerke ein wenig mitleiden könnten.

Anbelangend den Vorschlag welchen Ew. Excellenz mir zu machen die Güte haben, so bedauere ich, nicht wohl darauf eingehn zu können. Ich sehe nicht wohin das führen soll: das Urtheil eines Einzelnen hat zu wenig Werth für mich: in Hinsicht auf Ew. Excellenz war es ein ganz Anderes: denn Sie sind kein Einzelner, sondern der Einzige. – Ich sehe zudem wohl was Dr. Seebeck von mir erhalten soll, nämlich die Theorie, die er, da er eben wie ich, Ihre Farbenlehre als gegebene Vorarbeit überliefert empfangen und sich viel länger und anhaltender damit beschäftigt hat als ich, selbst hätte finden sollen, und nicht gefunden hat, was ihn ungünstig stimmen muß: ich sehe aber nicht was er mir dagegen geben soll: einzelne Experimente, genaue Kenntniß jener Gegner, die ich keiner Notiz werth achte, werden mir schwerlich viel nützen. Durch die Mittheilung bliebe es denn doch zuletzt seinem guten Willen anheim gestellt, ob er etwa meine Erkenntniß für die seinige ausgeben will, oder nicht. Was ich bedarf und wünsche ist Autorität: Sie sind so reich daran: Dr. Seebeck kann mir keine geben, und kann mir also nicht helfen. Ich habe das feste Vertrauen daß Ew. Excellenz mich und meine Gesinnung gegen Sie völlig durchschauen, und daher nicht den mindesten Vorwurf, sondern eben nur einen spaßhaften Einfall darin erkennen werden, wenn ich Ihnen sage, daß bei Ihrem Vorschlag mir sogleich die Tochter des Pfarrers von Taubenhayn einfiel, welche Ansprüche auf die Hand des gnädigen Herrn macht, der ihr hingegen seinen wackern Jäger zudenkt: gleichfalls Jean Jacques Rousseau, den in seiner Jugend eine vornehme Dame, die er besuchte, zum Essen zu bleiben einlud, der aber nachher erst merkte, daß man ihn mit der Dienerschaft speisen zu lassen gedachte.

Ew. Excellenz haben jetzt andere Beschäftigungen, sind vielleicht in der höhern Region der Dichtkunst, von welcher aus die wissenschaftlichen Untersuchungen mit Recht geringfügig erscheinen. Bei allem diesem aber, kann ich mir doch nicht wohl denken, daß jene Beschäftigungen es Ihnen durchaus nicht gestatten sollten Antheil an diesen Angelegenheiten der Farbenlehre zu nehmen: denn dies Gebiet ist so klein, so leicht zu überschauen, der wesentliche Inhalt des Werks, das die Frucht Ihrer Beobachtungen während vieler Jahre war, muß Ihnen unauslöschlich eingeprägt und gegenwärtig seyn, meine Schrift ist so kurz und Ihnen jetzt schon bekannt, daß ich dächte die Entscheidung könnte Ihnen weder großen Zeitverlust, noch sonderliche Zerstreuung geben. – Auch ich habe es immer, ein Paar Wochen ausgenommen, nur als Nebensache behandelt, und trage weit andre Theorien als die der Farbe, beständig im Kopfe herum. –

Was ich mit diesem langen und auch wohl langweiligen Briefe, dieser redseligen *oratio pro corona*, eigentlich beabsichtige? – Daß Ew. Excellenz sich vielleicht bewegen lassen, meinem Kindlein nochmals huldreich in die Augen zu schauen, ehe Sie in letzter Instanz abschlagen, bei ihm zu Gevatter zu stehn. Denn ohne diese Gunst steht es schlecht um seine Konstellation: Konception und schmerzliche Geburt sind vergeblich gewesen: es muß in den Mutterleib zurück. Die Gründe hiezu habe ich Ew. Excellenz in meinem ersten Briefe auseinandergesetzt. Und wie würde es dem Kinde bei den Feinden ergehn, wenn selbst die Freunde ihm ihre Hülfe verweigern! – Die Welt, welche schon so manches Jahrtausend in den Farben schwimmt, ohne zu wissen was die Farben sind, wird sich vors Erste noch ferner ohne diese Kenntniß behelfen müssen, und wird sich deshalb nicht weniger wohl befinden: mich allein wird es schmerzen die verkehrten Meinungen über die Farben ferner lesen und hören zu müssen und ihr Lob dazu, während ich das Bessere weiß und schweigen muß. Herodot sagt: ἐχθίστη δὲ ὀδύνη ἐστὶ τῶν ἐν ἀνθρώποισι αὕτη, πολλὰ φρονέοντα, μηδενὸς κρατέειν. IX. 16. und Hamlet ruft schmerzlich aus: *but break my heart: for I must hold my tongue!* – Jedoch bin ich dieses Leidens schon gewohnt, in meinem eigentlichen Fache. –

Wenn ich also für jetzt noch die Pythagoreische εχεμυθια aushalten muß, so werden Ew. Excellenz mir eine Bitte gewiß gewähren, besonders wenn ich Sie erinnre, daß der Gedanke etwas Ihnen wohlgefälliges zu thun, meinen Eifer rege erhielt bei jener Arbeit, die sonst wohl nicht zur Ausführung gekommen wäre. Meine Bitte ist die, daß Ew. Excellenz mir bei Zurücksendung des Manuscripts ganz aufrichtig und genau berichten, ob Sie irgend Jemanden, und wem, jene Abhandlung mitgetheilt haben. Da Sie den Dr. Seebeck begegnet sind, der sein Hauptgeschäft aus der Farbenlehre macht, so war wohl nichts natürlicher als daß Sie ihm meinen Versuch wenigstens mündlich bekannt machten oder auch ihm solchen zur Durchsicht gaben. Ich wünsche sehr nur genau zu wissen, wie ich in dieser Hinsicht überhaupt daran bin. Ew. Excellenz selbst wissen, wie sehr man Ursache hat Plagiate zu fürchten und haben mir eigne Erfahrungen dieser Art im Vertrauen mitgetheilt, z. E. von Oken. Ew. Excellenz werden es daher mir nicht verdenken, daß ich Sie inständigst bitte mich hierüber völlig ins Klare zu setzen.

Ich hoffe daß Ew. Excellenz Nachsicht haben werden mit der Redseligkeit und Freimüthigkeit dieses Briefes, da Sie überzeugt seyn müssen, daß Niemand von einer innigeren Verehrung gegen Sie durchdrungen ist als

Ew. Excellenz ergebenster Diener

Arthur Schopenhauer

Weimar, den 16. Novbr. 1815

Gar sehr, mein Werthester, bin ich Ihnen dankbar, daß Sie durch Ihr freundliches Schreiben die Entfernung die uns trennt so glücklich aufheben wollen. Ich kann dasselbe nur teilweise erwidern und beruhige Sie daher vor allem über die Frage: ob jemand Ihre Abhandlung gesehn, und ich kann aufrichtig sagen: Niemand. Doctor Seebeck besuchte mich auf dem Lande, wo ich Ihre Arbeit nicht bey mir hatte, ich dachte wohl daran, allein traute mir nicht genug Sammlung zu, um aus dem Gedächtniß den gehörigen Vortrag zu machen. Sodann auch, weil uns nur kurze Zeit verliehen war, wollte ich Seebeck nicht unterbrechen in seiner Darstellung der Phänomene und deren Erläuterung, welche sämmtlich zu der Abtheilung der physischen Farben gehören. Ferner hinderte mich der Zweifel, ob es Ihnen denn auch angenehm seyn könnte.

Wenn ich nun aber den Wunsch äußerte, Sie mit Seebeck in Rapport zu setzen, so gründete er sich darauf, daß ich meinen Freund auch für die physiologische Abtheilung und für das allgemeine Theoretische zu interessiren hoffte. Nun, da Sie es ablehnen, werde ich nicht weiter darauf bestehen.

So weit für diesmal, damit wenigstens meine Ansicht des Violetten diesen Brief begleiten könne. Zunächst habe sodann mich zu erklären über meine unüberwindliche Abneigung, auch nur den mindesten öffentlichen Antheil an dem Streite über die Farbenlehre gegenwärtig zu nehmen, sodann aber glaube ich Ihnen schuldig zu seyn, über Ihre Arbeit selbsten, welche ich wieder mit Aufmerksamkeit betrachtet, meine Ansichten zu eröffnen. Wer selbst geneigt ist die Welt aus dem Subject zu erbauen, wird die Betrachtung nicht ablehnen, daß das Subject in der Erscheinung immer nur Individuum ist, und daher eines gewissen Antheils von Wahrheit und Irrthum bedarf, um seine Eigenthümlichkeit zu erhalten. Nichts aber trennt die Menschen mehr, als daß die Portionen dieser beyden Ingredienzien nach verschiedenen Proportionen gemischt sind.

G.

[Beilage:] In meiner Vorstellung vom *Violetten* bestärken mich folgende Gründe:

1) Auf Saussüre's Kyanometer wird das allerdunkelste Blau Königsblau genannt, welches ohne ein *Œil de rouge* nicht denkbar ist. Diesen röthlichen Schein möchte ich nun für das Violette halten, welches sich in der feinsten Trübe auf dem entschiedensten Dunklen zeigt. Auf so hohe Berge, um das Phänomen selbst zu beobachten, bin ich nie gekommen.

2) Man bereite ein ganz finsteres Zimmer, in dessen Thüre eine weiße Blechtafel mit scharf geränderter Oeffnung angebracht ist, man betrachte diese von außen und der leere Raum wird als ein schwarzer Gegenstand auf weißem Grund erscheinen. Diesen sehe man durch's Prisma an und das schönste Violett wird sichtbar werden, ohne daß denkbar sei, das finstere Zimmer werfe irgend Licht zurück.

3) Besitze ich unter meinem Apparat eine gemachte Fensterscheibe, auf welche, an gewissen Stellen die feinste Trübe leicht aufgetragen ist, die bey durchfallendem Licht ein vollkommenes Hellgelb, bei durchwirkender Finsterniß aber das herrlichste Violett sehen läßt. Man mag diesen Versuch vor einem schwarzen Hute oder vor jener finstern Oeffnung des bemeldeten Zimmers anstellen.

Was die Herstellung des Weißen aus verschiedenen Farben betrifft, so kann ich mir sie auch nicht zueignen. Das gewalthsam wirkende Sonnenlicht hebt das Skieron der Farbe für unsere Sinne auf. Dieses Finstere mag nun einfach als gelb und blau oder gesteigert verbunden und zusammengesetzt, oder auch durcheinander gemischt seyn.

Ich trat in eine nachgeahmte gothische Kapelle, die Fensterscheiben waren sämmtlich von buntem böhmischen Glas, und ich konnte bemerken, daß die Sonne, sie mochte durch eine Scheibe, durch welche sie wollte, in mein Auge kommen, mir immer farblos, nur etwas weniger gedämpft erschien.

Man bilde aus den reinsten drey Pigmenten, gelb, blau und roth, eine kleine Portion schwarz, und mische diese in eine große Wanne Wasser, man wird dieser nichts anmerken aber doch auch nicht behaupten, daß es dadurch klarer geworden sey.

Bei sinnlichen Dingen giebt es eine Gränze, wo sie uns verschwinden, und sowohl bey Erfahrung als bey Urtheil sind wir hier an der gefährlichsten Stelle.

Was die Herstellung des Weißen aus der Herstellung der getheilten Augenthätigkeit betrifft, nächstens.

G.

Schopenhauer an Goethe

Dresden, d. 7. Februar, 16

Ewr Excellenz

haben es gesagt, in Ihrer Biographie: »so ist doch immer das Finale, daß der Mensch auf sich zurückgewiesen wird.« Auch ich muß jetzt schmerzlich ausseufzen: »ich trete die Kelter allein!« – Ich kann es nicht verhehlen, daß es mich sehr geschmerzt hat, so gar keine ernstliche Theilname, Rückwirkung, Erwiederung von Ihnen erhalten zu haben. Die Erfüllung meiner ersten Bitte hoffte ich viel zuversichtlicher, als ich mir merken lassen mochte: ich war der lebhaftesten Theilnahme gewiß. Diese sanguinischen Hoffnungen erblaßten allmählig: aber nach so langer Zeit, so vielem Schreiben, auch nicht einmal Ihre Meinung, Ihr Urtheil zu erfahren, nichts, gar nichts als ein zögerndes Lob und ein leises Versagen des Beifalls, ohne Angabe von Gegengründen: das war mehr als ich fürchten, weniger als ich je hoffen konnte. Indessen bleibe es ferne von mir, gegen Sie mir auch nur in Gedanken einen Vorwurf zu erlauben. Denn Sie haben der gesammten Menschheit, der lebenden und kommenden, so Vieles und Großes geleistet, daß Alle und Jeder, in dieser allgemeinen Schuld der Menschheit an Sie, mit als Schuldner begriffen sind, daher kein Einzelner in irgend einer Art je einen Anspruch an Sie zu machen hat. Aber wahrlich, um mich bei solcher Gelegenheit in solcher Gesinnung zu finden, mußte man Göthe oder Kant seyn: kein andrer von denen die mit mir zugleich die Sonne sahen.

Sonderbar nun scheint es mir selbst, daß die verfehlte Theilnahme bei Ihnen, statt meine gute Meinung von meiner Arbeit zu schwächen und meinen Muth niederzuschlagen, beide fast erhöht zu haben scheint. Ich bin fest überzeugt, daß meine Theorie vollkommen wahr, neu, und, so weit der Gegenstand es zuläßt, wichtig ist: Ich bin eifriger als je, die Entdeckung meinem Namen zu vindiziren, und habe mich kurz entschlossen die Schrift noch nächste Messe herauszugeben. Fast ist es, als ob ich von Ihrer Aufnahme appelliren müßte, nicht an die des absurden Haufens, sondern an das Urtheil der einzelnen Denkenden und urtheilsfähigen unter jenen Millionen, die hin und wieder und in weiten Zwischenräumen der Zeit und des Orts zerstreut erscheinen, und die es eigentlich sind, was man Nachwelt nennt: denn das Ganze der Nachwelt ist so verkehrt als die Mitwelt. Ich weiß, wie das Pack, welches Katheder und Literaturzeitungen inne hat, gegen mich bellen wird: aber seit ich Ihnen meine Schrift schickte, habe ich in der Menschenverachtung neue und so starke Progresse gemacht, daß ich bereit bin im Thun und im Denken die Meinung des ganzen Menschenhaufens nöthigenfalls für Nichts zu achten.

Uebrigens habe ich in dem Jahr seit der ersten Abfassung meiner Theorie, nie aufgehört mich mit dem Gegenstande

zu beschäftigen, darüber zu lesen, zu denken und aufzu-
schreiben. Daher werde ich jetzt die Abhandlung umarbeiten, manches berichtigen, manches zusetzen, einiges weg-
nehmen, den Vortrag verbessern. Und hier habe ich noch
eine Bitte an Ewr Excellenz, die Sie mir gewiß nicht abschlagen werden. Sie schrieben mir, Sie hätten in Jena durchzu-
sehn versucht, was seit 8 Jahren über die Farben geschrieben
ist: auch früher lobten Sie, daß Seebeck genaue Kenntniß
Ihrer Gegner habe. Ich wünsche mich von Allem genau zu
unterrichten. Von dem in der neusten Zeit Erschienenen, ist
mir außer den *s. v.* Recensionen nichts bekannt, als des
Klotz einfältiges Produkt. Runge's artiges Werk mit dem
Steffenschen Naturphilosophicum (das ich nicht loben
kann), Pfaffs schändliches Geschreibe, Mollweides elendes
Lateinisches Programm, und einige Aufsätze in Himlys
ophthalmologischer Bibliothek, älter als Ihre Farbenlehre.
Bewers neue Theorie der Lichtfarben erhalte ich nächstens.
– Ich bitte Ewr Excellenz inständigst mir mitzutheilen was
Ihnen außer diesem bekannt sein möchte, und wenn es ir-
gend seyn kann, mir e i n e l i t e r a r i s c h e N o t i z v o n S e e -
b e c k zu verschaffen. Dies alles kann mir aber nur nutzen,
wenn es ohne allen Aufschub geschieht. Denn Hartknoch
verlegt meine Abhandlung und ich habe versprochen in drei
bis vier Wochen das *MS* zum Druck zu liefern.

Ich bitte Ewr Excellenz zu bedenken daß meine Schrift
hoffentlich viel zur Ehre und Rechtfertigung Ihres Werkes
beitragen wird und sehe deshalb der gütigen Erfüllung meiner Bitte mit Zuversicht entgegen.

In umwandelbarer Verehrung verharrend

Ewr Excellenz ergebenster Diener

Arthur Schopenhauer Dr.

Weimar d. 16. Juny 1816

Das schwarze Siegel meines Briefes muß mir abermals bey Ihnen, mein werthester Herr Doctor, zur Entschuldigung dienen, wenn ich beynahe nur den Empfang Ihres wohlgedachten Aufsatzes melde. Die Krankheit meiner lieben Frau und ihr erfolgtes Ableben hat mich allem Wissenschaftlichen und namentlich der Farbenlehre entrissen, in die ich durch Ihre Arbeit, durch den Abdruck des Schulz'schen Aufsatzes, welcher beyliegt, und bey dem Transport meines sämmtlichen chromatischen Apparats nach Jena wieder hineingelockt worden. Auch wurden die Versuche der entoptischen Farben leider unterbrochen, sowie die der chemischen, wozu mich Voigts schätzenswerthe Schrift: *die Farben organischer Körper* angeregt. Indessen ist aus allem doch zu ersehen, daß der Punkt, von dem wir sämtlich ausgehen, lebendig fortwirkt, wenn gleich nach verschiedenen Richtungen. Möchten doch auch Sie nicht müde werden dieses schöne Feld zu bebauen und Ihre Ansichten fortzuhegen, damit wir vielleicht in einigen Jahren fröhlich in dem Mittelpunkt wieder zusammenträfen, von dem wir herstammen; denn wir sind denn doch auf das höchste Alterthum gegründet und diesen Vortheil wird uns niemand entreißen. Lassen Sie manchmal von sich hören.

Mit den besten Wünschen

Goethe

Ferdinand von Biedenfeld an Friedrich Arnold Brockhaus

Dr[esden] 5 M[ärz] 1818

Lieber Freund!

In aller Eile entledige ich mich eines Auftrags, welcher Ihnen vielleicht von einiger Bedeutung ist. Im *Conv. Lex.* haben Sie *ad Verbum Farben u Farbenlehre*, von Gilbert u Schmeißer bearbeitet[,] recht anschaulich Newtons Lehre angeführt, aber Göthe u mehr noch von A. Schopenhauer kein Wort, was mit ihren Lehren das Publikum bekannt machte. Dennoch ist es gerade Schopenhauers Lehre, welche offenbar beginnt über Newton den Sieg davonzutragen u Göthes Werk zu krönen. Es scheint mir Pflicht Sie darauf aufmerksam zu machen. Wohl würde sich jemand in *Dresden* finden, welcher diesen Artikel schnell unter Schop. Aufsicht hier umarbeiten könnte, da Schmeißer mir selbst versicherte, den Göthe hierüber nicht einmal gelesen zu haben. Die Sache muß hier sprechen, nicht die Persönliche Meinung, u historisch sind Göthes u Schop. Ansichten nicht minder intereßant u Folgenreich als Newtons System.

Schopenhauer, dieser höchst intereßante Kopf, welcher vielleicht an Denkkraft u ernstem Willen u Tiefe des Studiums von keinem Lebenden überboten wird hat nun auch ein größeres umfaßendes Philosophisches Werk in der Arbeit welches im Juli 1818 fertig zur Abgabe wird. Noch hat er keinen Verleger gesucht, macht auf großes Honorar keinen Anspruch, da er Vermögen hat, u wünscht einen großen Buchhändler zum Verleger. Wäre dies nicht Ein Ihrer würdiges Unternehmen? Einige Zeilen an Schopenhauer würden Sie ohne Zweifel darüber ganz *au fait* setzen, u zweifelsohne ein Werk hervorbringen, welches Epoche machen, zerstören u mächtig aufbauen wird.

Hiermit habe ich gethan, was Freundes Pflicht heischt, –

Sie müssen nun thun, was Erfahrung u. Klugheit Ihnen rathen.

Allen Ihren Lieben viel Herzliches von

Ihrem aufrichtigen Freund
Frhr von Biedenfeld

Schopenhauer an Goethe

Dresden d.23.sten Juni 1818

Ewr Excellenz

haben lange nichts von mir vernommen, da ich keinen Anlaß Ihnen zu schreiben fand und nicht so ganz ohne Vorwand beschwerlich fallen wollte. Inzwischen habe ich immer die Freude gehabt, die erwünschtesten Nachrichten über Ihr Wohlseyn von meiner Schwester zu erhalten und zuletzt auch die, daß Sie Großvater geworden sind, wozu ich von Herzen Glück wünsche.

Ich komme dieses Mal eigentlich um mich von einer geringeren Entfernung auf eine größere zu beurlauben. Nämlich nach mehr als vierjähriger Arbeit hier in Dresden, habe ich das Tagewerk meiner Hände vollbracht und so vor's Erste das Aechzen und das Krächzen abgethan. Daher wende ich mich jetzt wieder von hier und will nunmehr ins Land, wo die Citronen blühn, *nel bel paëse, dove il Si suona*, sagt Dante, und »wo mich das Nein, Nein, Nein aller Litteraturzeitungen nicht erreichen soll«, setze ich hinzu. Danach, im folgenden Sommer, gedenke ich zurück über den Berg und seinen Wolkensteg in die Schweiz; so daß wenigstens ein Jahr vergehn wird ehe ich Teutschland wieder sehe.

Es ist mein lebhafter Wunsch und würde mir die größte Freude seyn, Ewr Excellenz noch vorher wiederzusehn. Leider habe ich aber durchaus keine Zeit nach Karlsbad zu kommen, da ich bis Anfang Septembers, wo meine Abreise festgesetzt ist, noch alle Hände voll zu thun habe mit der letzten Vollendung meines Werkes. Nachher aber meinen

Weg über Weimar zu nehmen, verhindern bekannte Misverhältnisse, so gern ich auch meine Schwester sähe, die ein außerordentliches Mädchen geworden seyn muß, wie ich nach ihren Briefen urtheile und nach ausgeschnittenen Figuren mit poetischem Text, welche mir der Graf Pückler mit Ekstase vorzeigte. Der ist übrigens ein Geistreicher Mensch und ich freue mich ihn in Rom wiederzufinden. – Daß Ewr Excellenz vom Bade hieher kämen, wäre mir das Allererwünschteste: aber ich wage nicht es zu hoffen.

Darum nun bin ich so frei zu fragen, ob Sie nicht vielleicht noch irgend einen Rath, eine Weisung, hinsichtlich meiner Reise in das Ihnen so wohlbekannte und vielgeliebte Land mir gütigst ertheilen möchten, außer dem was in Ihren gedruckten Briefen zu finden ist, die mich (hoffentlich auch der angekündigte dritte Band) begleiten sollen: vielleicht würden Sie mir noch irgend einige Bücher über Italien, außer den ganz bekannten, empfehlen, oder wohl gar mich würdigen mir durch ein Empfehlungsschreiben irgend eine interessante oder sonst mittelbar wichtige Bekanntschaft zu verschaffen: endlich könnte es auch seyn, daß Sie irgend eine Kleinigkeit nach Rom oder Neapel zu schicken wünschten. Durch alles dieser Art würden Sie mich sehr beglücken, wie sich von selbst versteht: und dieses wäre denn die egoistische Absicht dieses meines Schreibens *pour prendre congé*.

Mein Werk, welches nun zu Michael erscheint ist die Frucht nicht nur meines hiesigen Aufenthalts, sondern gewissermaßen meines Lebens. Denn ich glaube nicht, daß ich je etwas Besseres oder Gehaltvolleres zu Stande bringen werde, und bin der Meinung, daß Helvetius Recht hat zu sagen, daß bis zum 30sten höchstens 35sten Jahre im Menschen durch den Eindruck der Welt alle Gedanken erregt sind, deren er fähig ist, und alles was er später liefert immer nur die Entwickelungen jener Gedanken sind. Mir gab nun ein günstiges Schicksal die Muße von Außen und den entschiedensten Trieb von Innen, um früh und frisch zu liefern, was Mancher, z. B. Kant, nur als Früchte der Jugend einmarinirt im Essig des Alters auftischen konnte. – Ich bin im 31sten Jahr. – Der Titel des Buchs, den bis jetzt außer dem Verleger und mir noch kein Mensch weiß, ist: »Die Welt als Wille und Vorstellung, vier Bücher, nebst einem Anhange, der die Kritik der Kantischen Philosophie enthält.« – Brockhaus erhält den Auftrag Ewr Excellenz ein schönes Exemplar zu übersenden. Ich kann, nach unsern einstigen philosophischen Dialogen, nicht umhin, mir viel Hoffnung auf Ihren Beifall zu machen, falls Sie noch die Geduld haben, sich in einen fremden Gedankengang hineinzulesen. Es werden wenigstens 40 Bogen.

Meine Farbentheorie hat noch keine, wenigstens keine lautgewordene Sensation gemacht, – wie der Stein im Sumpf keine Ringe: doch bin ich guter Dinge: denn das Aechte und Wahre schafft sich zuletzt immer Recht und Platz. Auch sehe ich doch schon jetzt wie dieser spitze Keil meiner Theorie der breiteren Masse Ihrer Farbenlehre die Bahn bricht, im stillen gewiß sehr wirkt und allmählig Alles umstimmt, obgleich für jetzt man sich noch schämt Ihnen zuzurufen: *pater, peccavimus!* – Da hat z. B. die Leipziger Lit: Zeitg, welche im August 1815 so dummfrech, frevlerisch und vermessen über Ihr Werk in letzter Instanz den Stab brach, am 14ten Juli 1817, meine Sache vornehmend, ein Meisterstück in der einlenkenden Manier geliefert. Der Kerl windet sich, wie ein Wurm; weil er merkt wie es enden muß: er gesteht allmählig ein, ich hätte ganz und gar Recht in allen Stücken: nur meint er, Newton könne dabei doch noch bestehn, und redet noch immer, wiewohl ganz kleinlaut, von homogenen Lichtern: am Ende sagt er, daß wenn es auch gar noch dahin käme, daß auch Sie zuletzt Recht behielten, so hätten dann die Newtonianer sich damit zu trösten, daß sie doch bei allen Debatten immer fein höflich gewesen, wir aber sackgrob. Ein sauberes *refugium* bei einer faulen und schändlich geführten Sache! – Einliegend finden sie das Werk eines von mir gemachten Proselyten, Ficinus, Professors der Chemie an der hiesigen medicinischen Akademie: es ist der Artikel *Farbe* zum Wörterbuch der Physiologie und Medicin von Pier, im noch nicht erschienenen 3ten Band. Sie werden die Satisfaktion haben, auf diesen Bogen meine Theorie verbunden mit Ihrer Farbenlehre, die dadurch *apriori* demonstrirt und begründet wird, als anerkannte Wahrheit vorgetragen zu sehn, und dahinter unsern Sir Isaak auf dem Armsünderstühlchen. Vielleicht ist dies das erste eigentliche Lehrbuch, was Ihre Lehre aufnimmt: aber die erste Festung eines zu erobernden Landes, die der Feind räumt und unsre Truppen besetzen, freut ungemein. Ich dächte meine *Avant-garde* von leichten Husaren verdiente eine Belobung, obgleich sie in Ihren Physikalischen Heften keine erhalten hat. Inzwischen ergötzt sich meine kleine Eitelkeit nun daran, daß ich vorerst auf diesen, hoffentlich noch auf vielen Bogen, ein Plätzchen neben Ihnen habe auf dem Sitz, auf welchem fast anderthalb Jahrhunderte Sir Isaak so gar breit und bequem saß und sich adoriren ließ von der weiten Welt.

Da ich nur von St. Schütz die nicht ganz verbürgte Nachricht Ihres Aufenthalts in Karlsbad habe; gebe ich diesen Brief dem hiesigen Bibliotheks-Sekretär Semler mit, einem außerordentlich guten und dienstfertigen Mann. –

In Hoffnung auf irgend ein Zeichen der Fortdauer Ihrer Gunst, verharre ich mit innigster Verehrung

Ewr Excellenz ergebenster Diener

Arthur Schopenhauer

Adele Schopenhauer an Arthur Schopenhauer
[Auszug]

[5. Februar 1819]

Nun laß uns von Deinem Werke reden. Ich erhielt es vor kurzem. Quandts Vater ist todt, daher die Verzögerung. Goethe empfing es mit großer Freude, zerschnitt gleich das ganze dicke Buch in zwei Theile und fing augenblicklich an, darin zu lesen. Nach einer Stunde sandte er mir beiliegenden Zettel und ließ sagen: Er danke Dir sehr und glaube daß das ganze Buch gut sei. Weil er immer das Glück habe, in Büchern die bedeutendsten Stellen aufzuschlagen, so habe er denn die bezeichneten Seiten gelesen und große Freude daran gehabt. Darum sende er die Nummern, daß Du nachsehen könntest was er meine. Bald gedenkt er Dir selber weitläufiger seine Herzensmeinung zu schreiben; bis dahin solle ich Dir dies melden. Wenige Tage darauf sagte mir Ottilie, der Vater sitze über dem Buche und lese es mit einem Eifer, wie sie noch nie an ihm gesehen. Er äußerte gegen sie: auf ein ganzes Jahr habe er nun eine Freude; denn nun lese er es von Anfang zu Ende und denke wohl soviel Zeit dazu zu bedürfen. Dann sprach er mit mir und meinte, es sei ihm eine große Freude, daß Du noch so an ihm hingest, da ihr euch doch eigentlich über die Farbenlehre veruneinigt hättet, indem Dein Weg von dem seinen abgienge. In diesem Buche gefalle ihm vorzüglich die Klarheit der Darstellung und der Schreibart, obschon Deine Sprache von der der Andern abweiche, und man sich erst gewöhnen müsse, die Dinge so zu nennen, wie Du es verlangst. Habe man aber einmal diesen Vortheil erlangt und wisse: daß Pferd nicht Pferd, sondern *cavallo* und Gott etwa *dio* oder anders heiße, dann lese man bequem und leicht. Auch gefalle ihm die ganze Eintheilung gar wohl – nur ließ ihm das ungraziöse Format keine Ruh, und er bildete sich glücklich ein, das Werk bestehe in zwei Theilen. Nächstens hoffe ich ihn wieder allein zu sprechen; vielleicht äußert er etwas Befriedigenderes. Wenigstens bist Du der einzige Autor, den Goethe auf diese Weise mit diesem Ernste liest; das, dünkt mich, muß Dich freuen.

Schopenhauer an Justus Radius

Berlin, d. 13. Juni. 1829

Ewr Wohlgeborn

habe ich die Ehre anzuzeigen, daß ich, unsrer Verabredung gemäß, das Manuskript meiner Lateinischen Abhandlung Gestern der Enslin'schen Buchhandlung übergeben habe, woselbst man mir sagte, es würde Ihnen in 8 Tagen zukommen. Sobald Sie es empfangen, bitte ich mir Anzeige davon zu machen. Ich habe es mit großer Sorgfalt ausgearbeitet und es hat mich viel Zeit gekostet. Die Umänderung ist viel beträchtlicher ausgefallen als ich vorhergesehn. Bloß einige Paragraphen in der Mitte sind gewissermaßen nach der Deutschen Schrift übersetzt, aber auch diese mit vielen Veränderungen, Auslassungen und Einschaltungen. Alles übrige ist der Form nach und großentheils auch dem Inhalt nach ganz neu. Durch Auslassung alles minder Wesentlichen und Einfügung, wie auch völligere Ausführung wesentlicher Betrachtungen, ist das Ganze vollkommner und gründeter als die Deutsche Schrift, und ihr durchaus vorzuziehn.

Die wichtigsten der ganz neu hinzugekommenen Erörterungen sind: der vollständige Beweis *a priori* von der Nothwendigkeit des Göthischen Ur-Phänomens; meine Hypothese über die chemischen Farben; und am Schluß die ausführliche Widerlegung der allgemein geltenden Erklärung der physiologischen Farben. – Ueber die Latinität wird es mich sehr freuen Ihre Meinung zu vernehmen, aber ganz unumwunden und ungeschminkt; da es mir nicht etwa um ein Kompliment, sondern um ein Urtheil zu thun ist, und ich vermuthe, daß Sie ein Kenner sind. Ich habe auch darauf viel Sorgfalt verwendet: übrigens ist es nicht zu vermeiden, daß man nicht zuweilen einen unklassischen Ausdruck gebrauchte, da wir mit dem Reichthum unsrer seit 1½ Jahrtausenden aufgehäuften Begriffe auf den armen Sprachvorrath einer ganz auf das Praktische gerichteten Nation hingewiesen, in der Lage sind, wie ein reicher Mann, mit vielem kostbaren Hausrath, genöthigt in eine ärmliche Hütte zu ziehn und nun Alles unterzubringen, so gut es geht: da wird hin und wieder etwas hervorragen. – Eine Erinnerung fühle ich mich gedrungen Ihnen zu machen, welche ich Sie bitten muß der herzlichen Besorgniß zu gute zu halten, mit der ein Vater sein sorgsam gepflegtes Kind jetzt fremden Händen anvertraut: es ist diese, daß es Ihnen, als Herausgebern, nicht etwa zusteht irgend etwas zu ändern oder wegzustreichen: ich würde so etwas als eine Verfälschung aufnehmen. Gewiß ist die Erinnerung überflüssig und ich bitte nochmals recht sehr mir solche zu verzeihen. Aber immer ist doch eine unnütze Bemerkung vorher, besser als eine Tragödie nachher. Sollte in meiner Abhandlung irgend etwas zu sehr gegen Ihre eigenen Ansichten anstoßen, so steht es Ihnen frei sich darüber in Anmerkungen unten auf der Seite, wie Sie wollen, zu äußern, und habe ich dagegen nichts: nur mein Wort muß unverändert und unverkürzt dastehn. Ein Anderes wäre es, wenn Sie einen Sprachfehler entdeckten, dergleichen bekanntlich auch dem Besten entschlüpfen kann und sich nachher dem daran gewohnten Auge entzieht, dem Fremden gleich aufstößt. Obgleich ich die Abhandlung von Niemanden habe durchlesen lassen, so sollte es, wegen der darauf gewandten Sorgfalt, mich doch sehr wundern, wenn dergleichen mit eingelaufen wäre: für den Fall jedoch, werde ich Ihnen für die Ausmertzung danken: doch bitte ich auch alsdann zwei Mal zuzusehn: z. B. gleich auf dem ersten Bogen steht »credere in« –: kein sonderliches Latein: allein hier ist mit Fleiß und mit sichtbarem Vortheil der Kirchenstil affektirt. – Die letzte Korrektur besorgen Sie ohne Zweifel selbst: und da empfehle ich Ihnen mein armes Kind ganz besonders, und bitte Sie das Manuscript zur Hand zu haben: Kann Einen doch ein Druckfehler Jahre lang ängstigen! – Ich würde es gern sehn, wenn der Druck etwas splendid behandelt wäre: z. B. der Titel, ein Blatt für sich: sodann, daß jede der 3 Hauptabtheilungen eine neue Seite anfienge, und dgl. – Außer dem Autor-Exemplar des Bandes, darin die Abhandlung steht, hätte ich gern 8, allenfalls 10 Abdrucke, bloß der Abhandlung allein, zum Verschenken an Göthe und andere Freunde: da ich kein Honorar erhalte, wird dies keine Schwierigkeit haben: doch bitte ich es dem Verleger bei Zeiten zu sagen, damit die Paar Bogen gleich einigemal mehr abgedruckt werden. Es werden etwa 4 Ihrer Bogen seyn, obschon 22 geschriebene: denn ich habe sehr groß und deutlich geschrieben, um meiner Seits keinen Anlaß zu Druckfehlern zu geben.

Schließlich bitte ich noch mir gefälligst anzuzeigen, wann ungefähr der Band ans Licht treten wird, da ich begierig bin die Sache im Druck zu sehn. Ich wünsche dem Werke von Herzen einen guten Absatz und wird es mich freuen dazu beigetragen zu haben.

Ewr. Wohlgeb. meine Arbeit nochmals bestens empfehlend bin ich mit vorzüglicher Hochachtung

Ewr Wohlgeborn ergebener Diener
Arthur Schopenhauer

Schopenhauer an Aubert de Vitry
[Auszug]

16. Januar 1833

Zwischen diesen Studien sann ich im Jahre 1815 eine neue Farbentheorie aus. Als zweifellos hatte ich erkannt, daß Goethe nur das Wesen und die Entstehung der sogenannten physischen Farben gefunden, dagegen keineswegs eine allgemeine Farbentheorie gegeben habe, die nach meiner Ansicht offenbar weder eine physikalische noch chemische, sondern eine rein physiologische sein mußte. Über diese meine Farbentheorie nun, die ich damals Goethe im Manuskript zusandte, verhandelte ich mit ihm, Briefe wechselnd, ein ganzes Jahr lang; ihr Beifall zu schenken versagte der große Mann jedoch beharrlich, obwohl er mir nie auch nur den geringsten Grund dagegen eingewendet hat; nur deshalb, weil meine Theorie, wie sie der Newtonschen in allen Stücken widerstreitet, so in einigen Einzelheiten auch mit der Goetheschen nicht im Einklang steht. »Die Einsicht aber«, wie Bacon von Verulam sagt, »ist nicht trocknen Lichts, sondern vom Willen und von den Affekten beeinflußt.« [Novum Organum I 49] Diese Abhandlung über die Farben veröffentlichte ich im Jahre 1816, nicht zweifelnd, daß ich als der Erste erstanden sei, der Goethe zugestimmt. Übrigens bin ich fest und fester überzeugt, daß die darin entwickelte Theorie die richtige, die allein richtige sei; auch ist mir nicht bange, daß sie nicht in Bälde Anerkennung finden werde, indem ich meine Beruhigung darin finde, daß weder böswilliges Verschweigen noch hartnäckiges Ableugnen die Wahrheit zu verdrehen oder zu unterdrücken vermag. Denn um mich der Worte des Livius zu bedienen, die Wahrheit, sagt man, habe oft einen schweren Stand; ausgelöscht werden könne sie nie.

Schopenhauer an Charles Lock Eastlake
[Auszug]

Frankfurt am Main, 1841
Seien Sie so gütig, mein Herr, die kleine Abhandlung, welche ich Ihnen beifolgend mit diesem Briefe durch einen Handlungsreisenden sende, durchzulesen; und ich ersuche Sie die Wichtigkeit derselben nicht nach ihrem Umfange zu beurteilen. Sie enthält die einzige und für immer wahre Theorie der physiologischen Farbe, eine Theorie, welche

wahr wäre, selbst wenn Goethe Unrecht hätte, sie hängt nicht von seinen Behauptungen ab. Der Hauptpunkt ist in § 5 dargelegt, der indessen nicht vollkommen verstanden noch gehörig gewürdigt werden kann, ohne daß man gelesen hat, was vorhergeht. Mein Stil ist sehr verständlich und faßlich, daher werden Sie es mit der größten Leichtigkeit lesen. Und wenn Sie nachher, indem Sie die Zahlenbrüche (von der Tätigkeit der Retina), durch welche ich die sechs Hauptfarben ausdrücke, im Sinne behalten, diese Farben einzeln betrachten, dann werden Sie finden, daß Sie nur durch diese und durch keine andere Theorie auf der Erde dahin gelangen, das eigentümliche Gefühl zu verstehen, welches jede Farbe in Ihrem Auge hervorbringt, und dadurch einen Einblick in die eigentliche Natur jeder Farbe und der Farbe im allgemeinen erhalten. Ebenso gibt allein meine Theorie den wahren Sinn, in welchem der Begriff der Komplementärfarben zu nehmen ist, d.h. sie haben keine Beziehung zum *Licht*, sondern zur *Retina*, und sind nicht eine Wiederherstellung weißen Lichts, sondern der vollen Tätigkeit der Retina, die durch jede Farbe eine Zweiteilung erfährt, entweder in Gelb und Violet ($\frac{3}{4}$-$\frac{1}{4}$) oder in Orange und Blau ($\frac{2}{3}$-$\frac{1}{3}$) oder in Rot und Grün ($\frac{1}{2}$-$\frac{1}{2}$). Das ist in Kürze das große Geheimnis.

Einige vorurteilsfreie Personen haben bezeugt, daß ich den Hauptpunkt aller Farbenlehre ausfindig gemacht habe. Aber wenn Goethe ungeachtet all seines Ruhmes das Vorurteil und die deutsche Einfältigkeit nicht überwinden konnte, wie könnte ich es, der ich nur unter den Metaphysikern bekannt bin. Indessen wird meine Theorie als die wahre gelehrt und als eine solche, die den Hauptpunkt enthält, zu dem Goethe nur die weitere Folge gibt, in Pierer's Real-Lexikon der medizinischen Wissenschaften; und selbst in dem der Gewöhnlichkeit angepaßten aber weit verbreiteten Diktionair, dem Konversationslexikon, finden Sie unter dem Worte »Farbe« angeführt, daß ich zusammen mit

Goethe als höchst wesentlich gelesen werden sollte. – Möge die Macht der Wahrheit, mein Herr, Ihren Geist erleuchten und Sie veranlassen, auch diese kleine Abhandlung von mir zu übersetzen oder wenigstens einen Auszug daraus für das englische Publikum zu machen! Dies ist mein heißester Wunsch. Aber wenn Sie sich zu dieser Arbeit entschließen sollten, wünsche ich, Sie verglichen die lateinische Ausgabe dieser meiner Abhandlung, die in dem 3. Bande der »Scriptores ophth. min. ed. Justus Radius 1830« unter dem Titel Theoria etc. enthalten ist. Ich bedaure, Ihnen diese Schrift nicht senden zu können, da ich nur ein einziges Exemplar, von dem ich mich nicht trennen kann, besitze und genötigt sein würde, das ganze Werk in drei Bänden zu kaufen, um sie zu bekommen. Überdies weiß ich nicht, ob Sie lateinisch verstehen. Indessen können Sie leicht die erwähnten Scriptores in irgend einer medizinischen Bibliothek in London finden, vorzüglich bei den Augenärzten. Außerdem schickte ich, als meine lateinische Abhandlung erschien, Exemplare davon an Sir Everard Home, an Professor Jameson in Edinburgh und an Dr. Michael Ryan in London. Vielleicht könnten Sie eins dieser Exemplare bekommen. Es ist keine genaue Übersetzung der deutschen Abhandlung, sondern etwas verändert in der Form und auch ein wenig verkürzt; aber im wesentlichen ist der Inhalt derselbe: nur ist er verbessert in einigen Erklärungen, namentlich in der Darlegung der absoluten Unmöglichkeit der Newtonschen Theorie und der Unrichtigkeit der Erklärung der physiologischen Farben, die von Karl Scherffer 1761 gegeben und seither immer wiederholt worden ist, sogar von Cuvier. Eine Übersetzung der deutschen Abhandlung, wie sie ist, würde jedenfalls hinreichend sein für die Hauptsache und den Zweck. Ich durchstreiche einige Stellen in dem Exemplar, welches ich Ihnen sende, nicht als falsch, aber als nebensächlich. Da meine Theorie ganz physiologisch ist, die Farbe nur als eine Empfindung und in Bezug auf das Auge betrachtet, so ist sie die *primäre Theorie* und geht allen Erklärungen der äußeren Ursachen jener Empfindungen, welches die physischen und chemischen Farben sind, voran.

Wenn ich Ihnen jemals behilflich sein kann, den großen Zweck der wahren Farbenlehre zu fördern, so werden Sie mich immer bereit dazu finden, und ich brauche es kaum zu erwähnen, ohne jeglichen persönlichen Beweggrund. Auch erwarte ich keine Vergütung für irgend welche Mühe, der ich mich unterziehen möchte, da ich ein unabhängiger Gentleman bin, der von seinem Vermögen und nicht von seiner Feder lebt.

[Aus dem Englischen übersetzt von Ernst Otto Lindner]

Schopenhauer an Julius Frauenstädt
[*Auszug*]

Frankfurt a. Main, d. 9. Dez. 1849
Hier macht die Stadt ein Goethe-Album, darin alle litterarischen und selbst politischen Notabilitäten Deutschlands sich verewigen sollen, und bleibt es auf der Stadt-Bibliothek. Mir haben sie auch ein großes Pergamentblatt geschickt, worauf ich beide Seiten vollgeschrieben habe, mit einer gräulichen Philippica und zwar dies Mal *adversus physicos*. Diese nämlich haben gegen Goethe's Farbenlehre sich analog benommen, wie die Philosophie-Professoren gegen meine Philosophie. Ich bin meiner Sache gewiß, habe mich also dermaßen deutlich gemacht, daß es ein Skandal seyn wird. Goethe sieht von oben herab auf das Album seiner Vaterstadt, hat gewiß zehnmal mehr Freude über mein Donnerwetter, als über alle Lobhudeleien der Uebrigen, sagt »Du bist mein lieber Sohn, an dem ich Wohlgefallen habe« und begreift, wie dämonisch er getrieben war, als er 1813 mich zu seinem persönlichen Schüler darin gleichsam preßte, vorherfühlend

Exoriare aliquis meis ex ossibus ultor.

Das Album wird hoffentlich gedruckt werden, also empfehle ich Ihnen meine Philippica, die Viele sehr ärgern wird.

Johann August Becker an Schopenhauer

Mainz 10. Jan^r 1856

Hochgeehrtester Herr Doctor!

Ich fühle das Bedürfniß, mich einmal wieder mit Ihnen zu unterhalten, u da ich seit Ostern vorigen Jahres nicht mehr dazu kommen konnte, Sie persönlich zu sehen, so greife ich die Gelegenheit vom Zaune, Ihnen wenigstens schriftlich etwas vorzuplaudern.

Herr Dr. Mayer hat mir dieser Tage eine kleine Brochüre mitgetheilt, die mich lebhaft wieder an Sie erinnert und theils erfreut, theils verdroßen hat. Denn Sie enthält eine neue Bestätigung einer Ihrer Lehren von Seiten eines unbefangenen Naturforschers, deßen Bemerkungen zugleich dafür sprechen, daß das Bedürfnis nach *ächter* Philosophie wieder erwacht und somit die Empfänglichkeit der Zeit für Ihre Theorieen immer im Wachsen begriffen ist; (u das ist das Erfreuliche). –

Sie und Ihre Werke werden aber mit keiner Silbe erwähnt, was von Rechts wegen hätte geschehen müßen, wenn Sie dem Verfaßer bekannt waren. Das beweist (u das ist das Unerfreuliche) daß denn doch das solange fortgesetzte Secretirungs-System der »Herrn vom Gewerbe« immer noch einigermaßen fortwirkt und bis jetzt verhindert hat, daß Ihre Lehren in Regionen eingedrungen sind, wo man sie höchst willkommen heißen würde.

Das opusculum ist betitelt: *Ueber das Sehen der Menschen.* Vortrag gehalten in Königsberg zum Besten von Kant's Denkmal am 27 Febr 1855 durch Helmholz, Profeßor der Physiologie. Leipzig. Voß 1855.

Der Verfaßer (wie ich höre, jetzt Profeßor in Bonn und namentlich als Erfinder eines Augenspiegels rühmlich bekannt) hat, wie er sagt, obiges Thema gewählt, weil »die Lehre von den sinnlichen Wahrnehmungen der Punkt ist, in dem sich Philosophie und Naturwißenschaft berühren« –; er beklagt aber, »daß die Psychologen die geistigen Acte, von denen dabei die Rede ist, meist unmittelbar zur sinnlichen Wahrnehmung gerechnet und kaum näheren Aufschluß über sie zu erhalten gesucht haben« –

Obgleich nun dies eigentlich auch von K a n t gesagt werden kann, deßen Erkenntnißlehre erst *durch Sie* ergänzt und berichtigt worden ist, – so weist er doch lediglich auf ihn zurück, der nachgewiesen habe, »was an unsern Vorstellungen von den besondern und eigenthümlichen Gesetzen des denkenden Geistes herrühre«, und daß »der Satz: keine Wirkung ohne Ursache – ein v o r aller Erfahrung gegebenes Gesetz unseres Denkens« sey.

Die eigne Darstellung des Verfaßers dagegen ist keineswegs aus K a n t geschöpft, sondern stimmt, fast bis ins Einzelne mit der *Ihrigen* vollständig überein. Er zeigt nicht nur, daß das Sehen intellectual und daß der – von der reflectirenden *Vernunft* zu unterscheidende – *Verstand* es ist, welcher die data der Sinnesempfindung in Anschauung körperlicher Objecte verwandelt, – sondern auch, daß dies durch Anwendung des Causalitäts-Gesetzes geschieht u daß letzteres eine Erkenntniß a priori ist. Sogar für diese Apriorität gibt er den nämlichen Beweis, welchen Sie dem mißlungenen K a n t's (schon 1813 in der ersten Ausgabe des Satzes vom Grunde) substituirt u 1847 in § 21 der 2ten Ausgabe näher entwickelt haben.

Als Beleg deßen nur ein Paar Excerpte:

»Auf der Fläche der Netzhaut wird ein optisches Bild entworfen, wie es auch in jeder Camera obscura geschieht. Aber die letztere *sieht* das Bild nicht; das Auge *sieht* es.

Der Unterschied liegt darin, daß die Netzhaut ein empfindlicher Theil unsers Nervensystems ist; es entsteht *Licht-empfindung*, welche durch die Fasern des Sehnerven dem Gehirne zugeleitet wird und hier zum Bewußtseyn gelangt.

Aber *Lichtempfindung* ist immer noch kein *Sehen*.

Das *Sehen besteht* erst *im Verständniß der Lichtempfindung*.

Jede Lichtempfindung veranlaßt – *die Vorstellung*, daß das Licht aus dem vor uns liegenden Raume komme.

– – – – –

»Nach der Stelle unsrer Netzhaut in welcher die Licht-empfindung angeregt wird, *beurtheilen wir*, in welcher Richtung die verschiedenen hellen Gegenstände, die uns umgeben sich befinden, in welche Theile des Gesichtsfeldes wir *sie zu setzen haben*.«

– – – –

»Auf welche Weise sind wir aus der Welt der Empfindungen unsers Nerven hinübergelangt in die Welt der Wirklichkeit? – Offenbar nur durch einen *Schluß*:

Wir müßen die Gegenwart äußrer Objecte als die *Ursachen* unsrer Nervenerregung *voraussetzen*. Denn es kann keine Wirkung ohne Ursache seyn. – Woher wißen wir, daß *keine Wirkung ohne Ursache seyn könne?* –

Ist das ein *Erfahrungssatz*?

Man hat ihn dafür ausgeben wollen, aber wir sehen hier: wir *brauchen diesen Satz* ehe wir noch irgend Kenntniß von den Dingen der Außenwelt haben, wir *brauchen* ihn *um überhaupt zu der Erkenntniß zu kommen, daß es Objecte im Raume um uns gibt, zwischen denen ein Verhältniß von Ursache und Wirkung vorkommen kann*.«

»Also K a n t ' s (?) Ideen leben noch und entfalten sich immer reicher, selbst in Gebieten wo man ihre Früchte vielleicht nicht gesucht haben würde.«

Sollte nicht Freund Frauenstädt, etwa in einer Notiz in dem Brockhaus'schen Unterhaltungsblatt (deßen Mitarbeiter er ja ist) auf Ihre Eigenthumsrechte an diesen Ideen aufmerksam machen, wenn Sie nicht selbst das »ubi rem meam invenio ibi vindico« ausüben wollen?

Der Gedanke ist naheliegend, daß Herr Helmholz von *Ihnen* geborgt habe; jedoch zeigen andre Stellen, daß er Sie wirklich nicht kennt, namentlich die folgende sonderbare, in welcher er den Vertheidigern der Goetheschen Farbenlehre einen Standpunkt zuschreibt, welcher dem Ihrigen grade entgegengesetzt ist, da Sie ja umgekehrt der Ansicht sind, daß man die N e w t o n sche Farbenlehre nur festhalten könne, wenn man die wunderlichste harmonia praestabilita annehme!: (pag 67 der Farbenlehre)

[...] Da Helm[h]olz seinen Vortrag in Königsberg und zu Ehren Kants gehalten hat, also damals ohne Zweifel auch mit Rosenkranz zusammen gekommen seyn wird, so halte ich es für ein neues Zeichen von der Apostasie und PhProfeßorengesinnung des letzteren, daß er ihn nicht auf Ihre Leistungen aufmerksam gemacht hat, u ein weiteres Zeichen glaube ich auf dem Umschlage des Werkchens entdeckt zu haben. Der enthält nämlich die Buchhändler Anzeige von der Rosenkranzschen Ausgabe von Kant's Werken. Sie kosten zusammen 27 Thlr (die nicht jeder Jünger der Weltweisheit so leicht aufbringen kann); jeder einzelne Band wird aber auch besonders abgegeben, *mit alleiniger Ausnahme der »Kritik d. r. Vernunft.«* –

Sollte Dem nicht die Absicht zu Grunde liegen, die sonst nicht mehr zu habende und hier wieder abgedruckte *erste* Ausgabe dieses Hauptwerks – und damit auch Ihre Verdienste in dieser Beziehung so viel als möglich zu secretiren? –

[...]

       Freundschaftlich

             Ihr stets ergebener Becker

Schopenhauer an Johann August Becker

Frankfurt d. 20 Jan^r 1856

Werther Herr und Freund,

Es hat mich gefreut, von Ihnen ein Mal wieder ein Lebenszeichen zu erhalten, nachdem ich angefangen hatte, ein solches, nicht ohne Besorgniß, zu vermissen.

Sie legen zu viel Gewicht auf den Helmholz, der ein Lump ist, – daß Viele Dies sind, bessert's nicht. Im J. 1853 erschienen plötzlich mehrere Widerlegungen der Göthe'schen Farbenlehre, die man ja längst widerlegt glaubte und ruhig belächelte. Warum sie jetzt kamen, sagten sie nicht. Damit man nicht nachsähe, wo die *altera pars* zu hören sei. Die *feigen Schurken* wollten mich widerlegen, ohne mich zu nennen. Sie kamen nämlich in Folge meiner Parerga v. 1851, und in Folge der dadurch den Lumpen eingejagten Angst, daß das gegen Göthe begangene *litterarische Verbrechen* an den Tag kommen könnte, – wie es soll und wird. Darunter war auch des Helmholz Aufsatz in der (seitdem verreckten) Monatsschrift, den ich gelesen habe, – eine schlechte Vertheidigung einer schlechten Sache. Des Dove Farbenlehre gehört auch dahin. Die Kerle müssen die Neutonische Lüge vertheidigen, so lange Humbold lebt, der als Nachtreter Arago's ein geschworner Neutonianer ist.

Ich habe ein Schriftchen von dem Helmholz »über Wechselwirkung«, darin von dieser gar nicht die Rede ist, sondern bekannte Sächelchen aus der Mechanik vorgetragen werden. Sein Buch »über das Sehn« kenne ich nicht. Aus Ihren Auszügen geht aber *deutlich* und sicher hervor, daß er mich ausgeschrieben hat. So ein Lump hat Kanten nie gelesen, schreibt, aus schurkischem Neide, lieber ihm zu, was *er von mir gelernt* hat, und nennt mich nicht. Bei Kant, wie Sie wissen, spatzirt, durch die Sinne, die Außenwelt ganz fertig in den Kopf hinein. So ein Helmholz, wie alle seines Gelichters, hat bloß die Absicht, sich irgendwie, *per fas et nefas*, geltend zu machen, und eben darum Andre nicht gelten zu lassen, während er sie bestiehlt. Selbst die Hälfte seines Titels ist dem meinigen entnommen. Sie glauben nicht wie *geistesarm* und wie gewissenlos solche Menschen sind. Jetzt schreiben Viele mich eben so aus: man erzählt es mir. Am schönsten macht es Büchner, der in der 3ten Auflage seines in jeder Hinsicht *nichtswürdigen* Buches eine Stelle aus dem »Willen in der Natur« als Motto über ein Kapitel setzt und »Kant« darunter schreibt; – während er in der Vorrede Stadtklatsch über mich debitirt.

Gar vieles ist in letzterer Zeit über mich geschrieben, in Journälen und Büchern. Ich erfahre wohl kaum die Hälfte. Neulich bringt mir Einer »Ersch u. Gruber Encyklop.« v. 1853, wo im Artikel »Gefühl« der Jenaische Scheidler sehr hoch von mir redet: besonders gefällt mir, daß er mich den Scharfsinnigsten der Scharfsinnigen nennt. *Bartholmeß des philosophèmes religieux* elendes Kapitel über mich, mit Klatsch, wie ich mich in Rom und Neapel 1818 gesellschaftlich betragen habe, – da er in der Wiege lag! Hofmann, Edition des Baader, mit wüthigen Ausfällen gegen mich in den Vorreden der Bd 6-12, und den Noten. Diese Sauereien sind auch *apart* abgedruckt. Ein Prediger Kalb hier hat vor dem Gustav-Adolphs-Verein gegen mich gepredigt, – was mich sehr freut. Kurz, 100 Narrenspossen, Neid, Malice, –: aber man lese, wie sie mit Pope, mit Voltaire, *mit Allen* umgesprungen sind! Es ist Alles obligate Begleitung.

[...]

Ihr ergebener Freund

Arthur Schopenhauer

Frankfurt d. 10 April 1858

Werthester Herr Becker,

[...]

In Berlin hat kürzlich in der Polytechnischen Gesellschaft ein Dr Wolff 2 Vorlesg^{en} gehalten »über Göthe's Farbenlehre und deren Anhänger« gegen uns: dagegen ist Grävell aufgetreten, mit einer Vorles^g für uns (er ist Verf: v. »Göthe im Recht gegen Neuton«): nach der Nationalzeit^g v. *27 März* hat das Publikum ganz ihm beigestimmt. Diese Vorlesungen der Gesellschaft werden nachmals gedruckt: ich erwarte, daß man sie mir einschickt; wie man letzten Oktober mir eine Vorles^g eingesandt hat, in der ein Hr Scheeffer meine Theorie der Sinnesanschauung im Verstande geltend machte gegen die sensualistische des Physiologen Müller.

Wenn Sie einen Aufsatz über die Vereinbarung meiner Farbentheorie mit der Undulationstheorie publiciren; so wird mir dies erwünscht seyn, sofern es meine Theorie zur Sprache bringt: aber an jene Vereinbarung glaube ich nicht; weil das Wahre nicht leicht, selbst nur scheinbar, eine Verbind^g mit dem Falschen eingeht. Aber Wahres mit Wahrem fließt leicht zusammen: so meine Theorie mit Göthe's Farbenlehre, welche sie ganz ernstlich und fast *a priori* begründet.

Mit Achtung und Ergebenheit

Arthur Schopenhauer

Schopenhauer an Friedrich Grävell

Frankfurt a. M. d. 19 April 1858
Werthgeschätz[t]er Herr Dr Grävell,

Meinen verbindlichsten Dank für die mir übersandten interessanten Piecen! Es freut mich sehr, daß es zur öffentlichen Debatte über die Farbenlehre gekommen ist; wie solche auch sei. Denn Viele, welche auf Autorität Göthe's F. L. verachten, werden dadurch stutzig gemacht und Einige werden Göthe's Werk zur Hand nehmen und sich mit der Sache bekannt machen; zumal jetzt, wo G's Ruhm höher steht, als jemals; wie dies die endlose Göthe-Litteratur bezeugt.

[...]

Es wird mich freuen, Sie bei Ihrer Durchreise zu sehn und mündlich das Weitere zu verhandeln. Bis dahin verbleibe
Hochachtungsvoll
Ihr ergebener Diener
Arthur Schopenhauer

V. GEGEN THEOLOGISCHEN UND
PHILOSOPHISCHEN OPTIMISMUS

> Wenn ein Gott die Welt gemacht hat, so
> möchte ich nicht der Gott seyn: ihr Jam-
> mer würde mir das Herz zerreißen.[1]

Heinz Maus hat in seiner Arbeit »Die Traumhölle des Juste-
milieu« bemerkt, daß die scharfen Äußerungen Schopen-
hauers über Hegel nicht dem Ressentiment entstammten,
das der von seiner Berliner Lehrtätigkeit Enttäuschte gehegt
habe.[2] Der frühe Brief Schopenhauers an Frommann vom
November 1813 belegt diese Einschätzung. Eine jüngst er-
schienene Studie von Alfred Schmidt behandelt Schopen-
hauers Gegnerschaft ausführlich.[3] Schmidts Arbeit erörtert
Schopenhauers komplexe theoretische Kritik, die lange Zeit
unter der Fülle seiner spöttischen Bemerkungen verborgen
geblieben war.

Der Briefwechsel Schopenhauers enthüllt nicht den ge-
samten Horizont dieses philosophischen Dissenses. Er doku-
mentiert jedoch, daß Schopenhauers Mißfallen an Hegel
und am Deutschen Idealismus durch die rationalistische und
optimistische Wirkungsgeschichte der nach-kantischen Phi-
losophie hervorgerufen wurde. Fichtes Ich und Hegels Idee
als Ursachen der Welt aufgefaßt, verliehen dieser den Cha-
rakter durchgängiger Logizität und Fortschrittlichkeit. Der
Blick auf die Wirklichkeit wurde verstellt, indem diese als
Erscheinungsweise überweltlicher transzendenter Prinzi-

1 HN III, 57 (1822)
2 Heinz Maus, Die Traumhölle des Justemilieu. Erinnerungen an die Aufgaben
der Kritischen Theorie. Hrsg. von Michael Th. Greven und Gerd van de Moetter.
Frankfurt a. M. 1981, S. 72
3 Alfred Schmidt, Idee und Weltwille. Schopenhauer als Kritiker Hegels. München 1988

pien betrachtet wurde. Ein neuer philosophischer Glaube macht sich breit, der sich in Übereinstimmung mit dem alt-hergebrachten christlich-monotheistischen Glauben befand – trotz Fichtes Jenenser Atheismusstreits, hinter dem Scho-penhauer nur eine Kontroverse mit der Landesreligion ver-mutete und nicht etwa eine Verurteilung Fichtes infolge sei-nes Atheismus. Schopenhauer greift im Grunde auf Kant zurück, wenn er gegen die Vernachlässigung der anschauli-chen Wirklichkeit und deren idealisierende Überwölbung durch transzendente Hypothesen zu Felde zieht, die in sei-nen Augen für den Niedergang der Philosophie seit Kant verantwortlich sind.

In seinem Brief an Frauenstädt vom 30. September 1850 bemängelt Schopenhauer bei Johann Friedrich Herbart die Hintansetzung der Empirie. In der Philosophiegeschichte werden Herbart und seine Schule allerdings eigentlich zu den Gegnern spekulativen Denkens gezählt.[1] Während He-gel durch die dialektische Methode das der Vernunft Wider-sprechende, mithin die reale Welt, jener anverwandelt, ent-wickelt Herbart, der sich gegen das spekulative Aufgehen der Welt in ein System der Vernunft verwahrt, eine Meta-physik, in der widerspruchslose Dinge an sich, sogenannte Reale, das Wesen der Welt bilden. Aber Herbarts Konstruk-tion, in der die Realen als einfach und wandellos fungieren, tut sich schwer. Ihre Starre erlaubt keine Übersetzung in die vielfältigem Wandel unterworfene Welt der Phänomene. Schopenhauer verwirft Herbarts Philosophie wegen des Mangels an empirischer Anschaulichkeit, den Herbart mit dem spekulativen Denken, dem er doch eigentlich opponiert, gemein hat. Eine Philosophie, die wie bei Herbart oder He-gel von abstrakten Begriffen ausgeht statt vom empirischen Bewußtsein, schwebt Schopenhauer zufolge in der Luft.[2]

---

1 Wilhelm Windelband, Lehrbuch der Geschichte der Philosophie. Hrsg. von Heinz Heimsoeth. Tübingen 1980, S. 488 Fußnote und S. 502
2 Alfred Schmidt, a. a. O., S. 125

Schopenhauer beharrt auf Kants methodologischem Hinweis, daß »in dem bloßen Begriff eines Dinges … gar kein Charakter seines Daseins angetroffen«[1] werden kann.

Eine transzendente Überhöhung der Wirklichkeit bekämpft Schopenhauer nicht nur an den Vertretern des Deutschen Idealismus, sondern, wie die Briefe zeigen, auch an der Philosophie mancher seiner Freunde und Verehrer. So muß der »Treufreund« Frauenstädt trotz der unverzichtbaren Öffentlichkeitsarbeit, die er mit seinen Publikationen für Schopenhauers Philosophie geleistet hat, den Spott des ihm gegenüber in seiner Ablehnung kindlich offenen Schopenhauer über sich ergehen lassen. Frauenstädt hatte in Briefen an Schopenhauer den Willen transzendent definiert, als außerzeitliches Urwesen, und ihn damit einem höchsten Wesen gleichgesetzt, das an die Hegelsche Idee oder den monotheistischen Gott gemahnt. Eine Kadaverphilosophie, so Schopenhauer, weil doch schon Kant die menschliche Einsicht in Wesen und Endabsicht eines über der Welt thronenden Gottes für unmöglich erklärt hatte. Schopenhauers Briefe an Frauenstädt verdeutlichen, daß sich sein ganzer Zorn gegen derartige Revitalisierungen eines religiösen Dogmas richtet, insbesondere wenn sie an seiner Willensphilosophie erprobt werden. Als sich der Jugendfreund Quandt, von einer plötzlichen philosophischen Begeisterung erfaßt, die durch ihren unbeholfenen Eifer rührend wirkt, zu der Aussage versteigt, der Wille sei mit der »Persönlichkeit Gottes« gleichzusetzen, handelt er sich eine in aller Freundschaft erteilte, aber an Drastik nicht zu überbietende Abfuhr ein.

In seiner Kritik an der spekulativen Idee und ihren verwandten Formen, den Dingen an sich im »Wolkenkukuksheim«, spricht Schopenhauer an einigen Stellen vom »alten Jud«. Hierin könnte man einen Ausdruck antisemitischen

---

1 I. Kant, Kritik der reinen Vernunft, A 225 / B 273

Ressentiments sehen. Dieser Eindruck verstärkt sich, wenn man liest, wie er der Darstellung des Renanschen Antisemitismus in dem Brief seines Verehrers Doß widerspruchslos zustimmt. Vor dem Hintergrund seiner Kritik an der Transzendenz ergibt sich jedoch ein anderes Bild: Schopenhauer identifiziert, wie Alfred Schmidt sagt, in Hegels Philosophie Elemente des jüdisch-islamischen Monotheismus mitsamt der dazugehörenden optimistischen Annahme eines Gottes, der die Geschicke der Welt lenkt.[1] Und wie er über Hegel und dessen Epigonen maßlos in Zorn geraten kann, so erzürnt er sich auch über die jüdische Urgestalt der Schöpfungswelt. Die Welt als Machwerk – sei es eines Gottes, sei es einer Idee! Dieser Gedanke war ihm so zuwider, daß er sich in seinem Zorn des Vokabulars des Unmenschen bediente, ohne jedoch den biologischen und nationalistischen Rassismus des Antisemitismus zu teilen.

Nietzsche hat Schopenhauer als den ersten eingeständlichen und unbeugsamen Atheisten bezeichnet, den wir Deutschen gehabt haben, und dabei dessen Kritik an der mit theologischen oder philosophischen Argumenten operierenden Übergehung oder Rechtfertigung der Übel der Welt im Auge gehabt. So heißt es im Handschriftlichen Nachlaß Schopenhauers: »Den Theisten ist vorzüglich darum zu thun, den Ursprung der Dinge aus einer Vernunft, also überhaupt aus der Erkenntniß herzuleiten. Weil, wo man die Welt vorhersah, alles zum besten angelegt seyn wird; – also des Optimismus wegen. – Der Ursprung der Welt aus dem Erkenntnißlosen, dem Willen, entspricht dagegen vortrefflich dem Anblick der Welt«.[2] Schopenhauer hat die transzendente Verblendung gegenüber der Wirklichkeit in Form einer optimistischen philosophischen Theodizee mit dem Wort »ruchlos« gebrandmarkt. Ihm ist die Mitleidlosigkeit derer ein Dorn im Auge gewesen, denen der Jammer der

---

1 Alfred Schmidt, a.a.O., S. 55
2 HN III, 545

Welt nicht das Herz zerreißt, sondern die ihn stattdessen ver-
klären und wegrationalisieren. Die Kehrseite seines realisti-
schen Pessimismus ist die Hinwendung zur Welt, die Solidari-
tät mit ihr und ihren Geschöpfen in einem Universum ohne
Gott. Marx hat, wie Franziska Kugelmann mitteilt, diese
Intention Schopenhauerschen Denkens verstanden.[1]

Bei den meisten Zeitgenossen jedoch riefen Schopenhauers
Pessimismus und seine Kritik am Monotheismus und dessen
philosophisch säkularisierten Formen Widerspruch hervor.
Das logisch-optimistische Raisonnement lag im Sinne der
Zeit. Dies geht deutlich aus dem Brief des Hegelianers Rosen-
kranz an Friedrich Dorguth hervor. Wegen seines Pessimis-
mus und wegen der aufklärerischen Konsequenz seines Den-
kens sah Schopenhauer sich fast bis zum Ende seines Lebens in
die Rolle eines Kaspar Hauser der Philosophieprofessoren ge-
drängt. Der Widerstand der Zeit konnte jedoch seine Hoff-
nung, östlich- buddhistisches Denken, das Sinn und Moral
aus der immanent begriffenen Welt schöpft, werde auch im
Abendlande Eingang finden, nicht zunichte machen.

Schopenhauer an Carl Friedrich Ernst Frommann

Rudolstadt, d. 4. Novbr 1813
Indem ich, geehrter Herr Frommann, Ihnen die Abhandlung überreiche für die ich promovirt bin, sende ich Ihnen
zugleich unter herzlichem Dank Hegels Logik zurück: ich
würde diese nicht so lange behalten haben, hätte ich nicht
gewußt daß Sie solche so wenig lesen als ich. Von dem anderen Philosophen aber den ich durch Ihre Güte erhalten
habe, dem Bako v. Verulam, möchte ich mich noch nicht
trennen, sondern behielte ihn gern noch ein Weilchen,

---

1 Franziska Kugelmann, Kleine Züge an dem großen Charakterbild von Karl
Marx. In: Mohr und General. Erinnerungen an Marx und Engels. Berlin/DDR
1964, S. 283 f.

wenn Sie nicht etwa schon darum gemahnt sind: in ein paar Wochen werde ich Ihnen solchen in jedem Fall zurückschicken.

Ich wünsche und hoffe daß Sie durch die Kriegsunruhen nicht besonders gelitten haben und keine Privat-Betrübniß die Freude stöhrt, die Sie sicherlich über den überaus glücklichen und erwünschten Fortgang der Sache Teutschlands und der Menschheit empfinden.

Nächste Woche gedenke ich meinen Aufenthalt wieder in Weimar zu nehmen. Ihrer werthen Familie bitte ich mich bestens zu empfehlen und nenne mich mit der ausgezeichnetesten Hochachtung

Ihren ergebenen Diener

Arthur Schopenhauer

Schopenhauer an F. A. Brockhaus

Dresden d 28sten März 1818

Herrn Buchhändler *Brockhaus* in *Leipzig*.

P.P

Da mir Hr. v. Biedenfeld gesagt hat, daß Sie, auf eine vorläufige Anfrage, nicht abgeneigt wären, ein Manuskript von mir zu drucken; so nehme ich mir die Freiheit Ihnen näher anzugeben, wovon die Rede ist.

Ich will nämlich zur nächsten MichaelisMesse ein philosophisches Werk erscheinen lassen, an welchem ich hier seit 4 Jahren unablässig gearbeitet habe. – Es wäre nun einerseits sehr am unrechten Ort, dem Verleger gegenüber als Schriftsteller den Bescheidenen spielen zu wollen: andrerseits ist es überall unrecht den Charlatan zu machen. Daher will ich Ihnen zugleich offen und gewissenhaft über mein Werk dasjenige sagen, woran Ihnen, meines Erachtens, gelegen seyn kann. Zugleich aber nehme ich Ihnen, als einem Mann von Ehre, hiemit das Versprechen ab, das Gesagte streng zu verschweigen, sogar den Titel des Buchs, welchen Niemand früher als aus dem MeßKatalog erfahren soll.

Mein Werk also ist ein neues philosophisches System: aber neu im ganzen Sinn des Worts: nicht neue Darstellung des schon Vorhandenen: sondern eine im höchsten Grad zusammenhangende Gedankenreihe, die bisher noch nie in irgend eines Menschen Kopf gekommen. Das Buch, in welchem ich das schwere Geschäft, sie Andern verständlich mitzutheilen ausgeführt habe, wird, meiner festen Ueberzeugung nach, eines von denen seyn, welche nachher die Quelle und der Anlaß von hundert andern Büchern werden. Jene Gedankenreihe war, dem Wesentlichen nach, schon vor 4 Jahren in meinem Kopfe vorhanden: aber um sie zu entwickeln und sie durch unzählige Aufsätze und Studien mir selber vollkommen deutlich zu machen, bedurfte es ganzer 4 Jahre, in welchen ich mich ausschließlich damit und mit den dazu gehörigen Studien fremder Werke beschäftigt habe. Vor einem Jahre fieng ich an das Ganze in zusammenhangendem Vortrag für Andre faßlich zu machen, und bin damit eben jetzt fertig geworden. Dieser Vortrag selbst ist gleich fern von dem hochtönenden, leeren und sinnlosen Wortschwall der neuen philosophischen Schule und vom breiten platten Geschwätze der Periode vor Kant: er ist im höchsten Grade deutlich, faßlich, dabei energisch und ich darf wohl sagen nicht ohne Schönheit: nur wer ächte eigene Gedanken hat, hat ächten Stil. Der Werth, den ich auf meine Arbeit lege, ist sehr groß: denn ich betrachte sie als eine ganze Frucht meines Daseyns. Der Eindruck nämlich, welchen auf einen individuellen Geist die Welt macht, und der Gedanke, durch welchen der Geist, nach erhaltener Bildung, auf jenen Eindruck reagirt, ist allemal nach zurückgelegtem dreißigsten Jahre da, vorhanden und geschehn: alles Spätere sind nur Entwickelungen und Variationen desselben. Ist nun diese Reaktion, dieser Gedanke, ein vom gewöhnlichen, wie er sich täglich in Millionen Indi-

viduen wiederholt, verschiedener und wirklich eigenthümlicher; so kann nun auch das Werk in welchem er sich ausspricht und mittheilt, sogleich vollendet werden, sobald nur
ein günstiges Geschick die Muße, die innere und äußere
Ruhe dazu giebt. Dies ist nun, wie ich glaube, mein Fall
gewesen. Wollte ich demnach, gemäß dem Werthe, welchen
ich auf mein Werk lege, meine Forderungen an Sie abmes-
sen, so würden diese außerordentlich, ja unerschwingbar
ausfallen. Sogar aber wenn ich auch nur nach dem Werth,
den, meines Erachtens, das Manuskript für den Verleger haben wird, die Forderungen machen wollte, würden sie
schon stark seyn. Allein auch dieses werde ich nicht, weil
ich nicht verlangen kann, daß Sie alles Gesagte mir ganz auf
mein Wort glauben, sondern Sie natürlich argwöhnen müssen, ich sei durch Eigenliebe bestochen. Dies annehmend
bequeme ich mich von der Rücksicht auszugehn, daß mein
Name noch sehr wenig bekannt ist, und daß ein philosophisches Werk, solange es keinen Ruhm erlangt hat, vor's Erste
kein großes Publikum findet, wiewohl nachher ein desto
größeres. Hierauf also gründen sich folgende höchst billige
Forderungen.

Das Werk hat zum Titel: »Die Welt als Wille und Vorstellung, von Arthur Schopenhauer, nebst einem Anhang, der
die Kritik der Kantischen Philosophie enthält.« – Es wird,
nach ungefährer Schätzung, wenn, wie ich durchaus will, in
groß Oktavo mit höchstens 30 Zeilen auf der Seite gedruckt,
40 Bogen einnehmen, die nicht in 2 Bände getheilt werden
dürfen. Sie erhalten ⅔ des *MS* ganz gewiß Mitte Julii: nicht
früher, weil ich jetzt, da es eben fertig, es selbst ins Reine
schreiben will, um dabei noch beträchtliche Verbesserungen im Vortrag vorzunehmen. Das letzte ⅓ des *MS* erhalten
Sie spätestens Anfangs September. Sie machen Sich ver-
bindlich das Werk zur Michaelismesse zu liefern, auf gutem
Druckpapier, in großem Format, mit scharfen Lettern
schön gedruckt. Sie versprechen in einem Kontrakt aller-

höchstens 800 Exemplar[e] zu drucken und begeben sich förmlich aller Ansprüche auf eine 2te Auflage. Sie versprechen mir auf Ehre und Gewissen jeden Bogen 3 Mal und das letzte Mal von einem wirklichen von mir genehmigten Gelehrten, der das *MS* zur Hand hat, auf das sorgfältigste korrigiren zu lassen. Sie bezahlen mir das kaum nennenswerthe Honorar von einem Dukaten für den gedruckten Bogen, und zwar gleich bei Ablieferung des *M.S.*: denn ich reise, sobald ich es übergeben, nach Italien ab, welche Reise ich bloß dieser Arbeit wegen um 2 Jahre verschoben habe. Sie lassen mir endlich 10 Exemplare auf schönem Papier zukommen.

Ihnen das *MS* zur Durchsicht schicken, kann ich nicht, theils weil es jetzt nur mir leserlich ist, theils weil ich es nicht aus den Händen gebe, solange keine Abschrift vorhanden, endlich auch weil ich beständig damit beschäftigt bin.

Ihre gefällige ganz entschiedene Antwort erbitte ich mir ohne Aufschub, weil, falls Sie meinen Antrag nicht annehmen, ich Jemanden, der nach Leipzig geht, auftragen werde, mir dort auf der Messe einen Verleger zu suchen. [...]

Letzten Herbst hatten Sie die Güte mir 2 *Louisd'or* den Bogen für Beiträge zum Kunstblatt anzubieten, wovon ich jedoch keinen Gebrauch machen kann, da ich nie an Zeitschriften arbeiten werde.

Ich will nur noch bemerken, daß ich nicht etwa mich dazu verstehn werde, das *MS* theilweise früher abzuliefern, als zur angegebenen Zeit. Die Vollendung die ich dem Werke geben will erlaubt das durchaus nicht.

Mich ergebenst empfehlend

Arthur Schopenhauer

Königsberg, d. 16. Juli 1844

Hochgeehrtester Herr und Freund!

Ich lese seit mehrern Tagen den zweiten Theil des Schopenhauer, den Sie, nach Ihrem letzten Brief zu urtheilen, in Magdeburg weit früher gehabt haben. Ich habe den größten Genuß von diesem Buche, worin so viel Geist, Erkenntniß, Witz eigenartiges Anschauen ist. Das Schimpfen auf Fichte, Schelling und Hegel irrt mich so wenig, als die Hypostasirung des Begriffs Wille. Auf einer gewissen Höhe der philosophischen Bildung wird man gegen alle solche Streitigkeiten ganz gleichgültig, wiewohl das Zusammentreffen des Philosophirens in einem Menschen mit dem Umstand, daß er zugleich Beamter der Philosophie, daß er Professor an einer Universität ist, die Reizbarkeit länger wach erhällt. Es entsteht eine Gewohnheit der literarischen Berücksichtigung, weil die ganze Atmosphäre, worin man lebt, mit solchen Bezüglichkeiten erfüllt ist. Aber ich habe es mir geschworen, alle nominelle Polemik, überhaupt alle Kritik einmal ein Dezennium hindurch ganz ruhen zu lassen und nur positive Arbeiten zu machen. Wie bereue ich meine Entgegnung an Herrn Exner! Hätte ich diesen Aufwand doch ganz unterlassen, besonders (was auch Ihnen die Aufnahme schwieriger macht) den Witz, denn das müssen Sie doch sagen, daß die Majorität der Leser heutzutage den Witz in der Philosophie gar nicht goutiren können. Auch meine Vorrede zu Hegels Leben verwünsche ich bereits. Aus dem Persönlichen kommt wieder nur Persönliches, nichts für die Sache heraus.

Was nun Schopenhauer angeht, so ist mir klar, daß Sie wie ich, da wir aller Schulfuchserei gram sind und den Witz lieben, ihm in den meisten Einzelheiten, in den Detailbegriffen, beistimmen werden. Hier ist er scharf, treffend und schreibt auch vorzüglich, so daß mir sein Buch unter dem heutigen Jargon der philosophischen Broschüren und Journale, die ich freilich kaum noch umblättere, eine wahre Erquickung ist. Aber ich finde mich doch nicht befriedigt, denn so wahr seine Charakteristik des Lebens von ihrer *negativen* Seite her ist, so scheint mir doch die *affirmative* gegen sie unlogisch herabgesetzt. Er bringt ein Plus der Negation der Weltexistenz heraus, oder vielmehr er beruft sich auf eines jeden *Erfahrung*, daß es so sei. Das nenne ich unlogisch, denn das Negative und Positive müssen Correlate sein und ich halte dafür, daß Leiden und Thun, Leben und Tod, Entbehren und Genießen, Erzeugen und Zerstören, Wehe und Wohl u. s. f. an und für sich in der Welt *proportionirt* sind, was die Franzosen die Lehre von der Kompensation nennen. Nur nehme ich an, daß schon innerhalb eines jeden Individuums (zu Mensch, Familie, Gemeinde, Staat, Volk,) dieses Gleichgewicht sich realisiert, nicht aber erst eines *Jenseits* bedarf. Denn existiert ein solches für den Menschen, so müssen ja alle Bedingungen des Daseins darin so total verändert sein, daß sein bisheriges Dasein zu demselben der Empfindung nach verhältnißlos ist.

Ferner finde ich, daß Schopenhauer den *Willen zum Leben* doch immer nur von *Subjekten* aussagen kann, meinetwegen bis zum Krystall herunter. Aber die unorganische, elementarische Natur – wie ist es mit dieser? Was macht die Astronomie mit dem Willen zum Leben?

Ferner finde ich es ungeheuer bequem, Wille und Intellekt so zu sondern, daß man sie wie zwei Ehegatten agiren läßt, von denen der eine im Hauswesen die constante, der andre die variable Seite repräsentirt. Mir kommt es vor, als ob Schopenhauer hierdurch in alle die Gemeinplätze zurückgesunken wäre, welche uns das vorige Jahrhundert über Herz und Kopf, Gemüth und Verstand, Wärme und Licht aufgetischt hat. Sch. hat diese Gemeinplätze *geistreich* aufgefrischt, aber das benimmt ihnen nichts von ihrer Plattheit. Auf die *Einheit* des Theoretischen und Praktischen, auf die Realwurzel, aus der beide entspringen, muß zurück-gegangen werden. Sch. nennt einmal selbst das Ich als das *rhizoma*, allein weil er Fichte gar nichts zugestehen will, springt er bald ab.

Nun verfällt er in die grellsten Widersprüche, indem er, obwohl der Wille zum Leben das sich *stets gleiche sein* soll, doch die *Erkenntniß* des Elends des Lebens zum Medium macht, *den Willen zum Leben nicht mehr zu wollen*. Ist dies möglich – und an der Sache zweifle ich gar nicht – so ist dieser negative Wille, als vom Denken ausgehend, unstreitig *stärker*, als der unmittelbare positive Wille zum Leben; folglich ist das Denken, da es den Willen zur Antithese gegen sich, zur Selbstnegation zu bestimmen vermag, dem Begriffe nach das Prius des Willens.

Ja, S. 68 [W II, 74] sagt Sch. selbst, daß Gedanken dem Menschen eingeimpft werden können, die nachher so fest und durch keine Belehrung zu erschüttern haften, als wären sie *angeboren* – und leitet nachher selbst die colossalsten Phänomene der Weltgeschichte aus diesen Vorstellungen ab; d. h. er gibt zu, daß *Abstraktionen* den Willen bestimmen können, daß er nicht schlechthin nur un*mittelbar* determinirt ist.

Für ganz vorzüglich halte ich, was er über den Geschlechtstrieb sagt, dem die Ethik noch immer vorbeischleicht! Auch Sie haben schon darauf hingewiesen. Daß er, bei seiner Freisinnigkeit, mit seiner Lehre vom Pessimismus der Welt und von seinem indischen Büßerthum dem hierarchischen Kirchenwesen bis zum Cölibat hin Vorschub leistet, thut mir ordentlich leid.

Ich selbst, verehrter Freund, befinde mich in einer kritischen Lage. Meine Biographie Hegels hat mich dermaßen mit seinem System einstweilen fertig werden lassen, daß ich mehr als je das innigste Bedürfniß fühle, einmal die Probleme ganz nackt und unhistorisch, ohne alle Reaktion zu gegebenen Philosophien, durchzudenken. Aber dazu möchte ich auch gern eine andre Umgebung haben und besonders das Dociren eine Zeitlang unterlassen können. Ich bin fest überzeugt, eine Menge Verschrobenheiten in der Philosophie werden durch die Kathederwirthschaft erzeugt und fortgepflanzt. Die Stunde schlägt, die Studenten sitzen da, der Herr Professor soll den Vortrag halten; er soll für Stipendien, Prüfungen u. s. f. sich einrichten etc. Da wird dann die Trivialität, die Breite, die Anmaaßung, die Rechthaberei genährt und besonders wird zu viel von den bei den Regierungen, bei den Höfen gerade beliebten Ansichten eingemischt. Habe ich doch erlebt, daß mein Kollege, der Herbartianer Taute, vorigen Sommer meine Philosophie dem Ministerium förmlich denuncirte und ihm seine Philosophie als eine für die christliche Theologie höchstersprießliche anbot.

Meine Stärke ist die Richtung auf das Systematische und natürlich liegt hier auch meine Schwäche: Erschleichungen, falsche Übergänge, sanguinische Combinationen. Hilft aber alles nichts. Ich muß mein architektonisches Talent in seiner Einseitigkeit sich allmälig versuchen lassen. Es ist die Art, wie ich etwas thun kann. Leben Sie wohl, Sie, der in Magdeburg wohl allein mit der Philosophie sich beschäftigt.

Ihr ergebenster

K. Rosenkranz

Schopenhauer an Friedrich Dorguth

Frankfurt a. M. d. 28. Juli 1845

... und meine Sache geborgen: aber es mit dicken und ernsten Büchern, wie meine, dahin zu bringen, ist schwer, ohne Hülfe von außen: ich aber bin wahrlich seit 30 Jahren der Kaspar Hauser der Philosophie-Professoren: abgesperrt haben sie mich von Luft und Licht, daß ich nicht heraus soll in die Welt; weil meine Erscheinung ihnen sehr unbequem wäre. Darum auch fühle ich mich Ihnen für Ihre Schrift sehr verpflichtet, weil ich von ihr die selbe Wirkung hoffe: der auffallende Titel derselben wird Aufmerksamkeit erregen, man wird um so ehr, als sie kurz ist, danach greifen, und zwar Ihr übergroßes Lob mit Mißtrauen aufnehmen, dennoch aber...

Von ganzem Herzen wünsche ich Ihnen noch langes Wohlseyn, mit fortdauernder Heiterkeit und Thätigkeit des Geistes und bleibe mit wahrer Hochachtung

Ihr ergebener Diener

Arthur Schopenhauer

Schopenhauer an Julius Frauenstädt

Frankfurt a. M. den 11. März 1852

Werther Freund.

Empfangen Sie meinen Dank für die abermalige Glorifikation, die Sie durch ihre Rezension mir haben zu Theil werden lassen. Die Darstellung ist gut, sorgfältig, und überhaupt wie ich sie von Ihnen erwartete: auch glaube ich, daß sie viel wirken wird, hauptsächlich weil man fühlt, daß aus Ihnen aufrichtige Ueberzeugung redet. Nur Eines darin hat mich verdrossen, nämlich, daß Sie sagen, ich hätte das Ignoriren und Sekretiren zum Theil verschuldet, durch meine Angriffe auf die Philosophie-Professoren. – Diese Angriffe datiren ja erst von 1847 (bis dahin waren bloß kleine Sarkasmen untergelaufen), nachdem ich von 1813 bis 1847 vergeblich auf irgend eine Gerechtigkeit von diesen Lumpen gewartet hatte: also nach 34 Jahren der Geduld! Erinnern Sie sich doch nur Ihres eigenen Erstaunens, als Sie zufällig meine Existenz entdeckt hatten. 1813 trat ich auf, Farbenlehre 1816, das Hauptwerk Ende 1818 u.s.w. Ein solches methodisches Ignoriren des allein Beachtenswerthen, und Celebriren des Schlechten, 34 Jahre lang, ist ohne Beispiel.

Ich bin noch viel zu glimpflich mit den Lumpen umgegangen. Ich hoffe, daß Sie bei irgend einer Gelegenheit Ihren Irrthum berichtigen werden.

[...]

Lassen Sie bald etwas, und wo möglich etwas Gutes, von sich hören.

Leben Sie wohl!

Arthur Schopenhauer

Schopenhauer an Julius Frauenstädt

Frankfurt a. M., den 30. Septbr. 1850

Mein lieber *Dr*. Frauenstädt!

Sie sind ein wahrer Treufreund und *optime meritus de nobis et philosophia nostra*, in alle Wege. Herzlichen Dank für Ihre Mühe und Eifer in Herbeischaffung eines Verlegers! Ich hoffe, daß der Mann ein gutes Geschäft macht, da Vieles, namentlich die Aphorismen zur Lebensweisheit, die fast den halben ersten Band füllen, sehr populär sind. Aber die Zeitläufte sind Schuld, daß man so schwer einen Verleger zu solchen Büchern findet. Alles steckt noch bis über die Ohren in der Politik.

Das Manuskript kann ich vernünftigerweise nicht eher übersenden, als bis der Kontrakt gegenseitig unterschrieben ist und ich die Druckprobe gesehen habe. Dann schicke ich es sogleich direkt an den Verleger. Die allerletzte Revision, die mich seit mehr als 3 Monat beschäftigt, wird *certo certius* binnen 8 Tagen zu Ende seyn. Sollte jedoch der Verleger, aus irgend einer Ursache, den Druck erst etwas später beginnen wollen; so möchte ich, statt das Manuskript bei ihm liegen zu lassen, es lieber noch so lange behalten, weil mir doch noch irgend etwas zu ändern, oder hinzuzusetzen einfallen könnte. Ich trenne mich ungern von diesem letzten Werk: denn der Rest ist Schweigen.

Lesen Sie dem Hayn die Contraktbedingungen mit donnernder Stimme vor. Ich gehe nicht davon ab. Ich verlange wahrlich wenig für ein Werk 6jähriger täglicher (2 erste Morgenstunden) Arbeit, und dessen Vorarbeiten sich im Laufe meines Lebens, über 30 Jahre hindurch, angesammelt hatten: denn aus dem Aermel schütteln lassen Sachen, wie meine, sich nicht. Wo giebt es, in der deutschen Litteratur, eine Buch, welches man aufschlagen kann, wo man will, und gleich mehr Gedanken empfängt, als man zu fassen vermag, – wie mein 2ter Band der Welt a. W. u. V.? – (Pfui, Alter, renommire nicht!) Endlich soll Verleger im Kontrakt versprechen, seinen Annoncen meines Buchs keine Belobung, Empfehlung oder sonstigen Kommentar beizufügen: hingegen steht es ihm frei, die Inhaltsanzeige dabei abzudrucken.

Daß Sie ein Mal den Herbartianismus in die Aetzlauge nehmen wollen ist sehr verdienstlich: Sie »kommen dadurch einem allgemein gefühlten Bedürfniß entgegen«. Denn unerträglich anzusehen ist es, wie Drobisch, Hartenstein und Konsorten hartnäckig fortfahren, jenes Gewebe von Verkehrtheiten dem Publiko und den Studenten als die wahre und ächte Philosophie aufbinden und anschmieren zu wollen. Meine Kenntniß seiner Philosophie ist bloß eine allgemeine; da mir bei seinen Schriften stets die Geduld bald ausgegangen ist; denn den Gedankengang eines solchen Queerkopfs mitzumachen ist für mich die größte Pönitenz. Jedoch, hier was mir eben beifällt: 1) Bei ihm hat der Mensch eine Seele, die eine Monade und ein wesentlich und ursprünglich e r k e n n e n d e s Wesen ist und sonst nichts. Einen Willen als solchen hat sie gar nicht, sondern das Wollen ist ein bloßes Resultat des Denkens und Vorstellens. Dieses πρωτον ψευδος ist eine Absurdität ohne Gleichen. 2) Diese Seele ist der Tummelplatz von Vorstellungen, die nach ihren eigenen mechanischen Gesetzen einander hemmen, stören, befördern und was sonst treiben. Auf d i e s e r e i n i m a g i -

nären Data werden schwierige, analytische Rechnungen basirt, als ob es auf die Quanta ankäme und nicht auf das Was! eigentlich um der Sache durch Rechnen einen Schein von Gründlichkeit zu geben und um doch was zu treiben, damit es aussieht, als hätte man was. 3) Sollen in allen Grundbegriffen Widersprüche stecken, – die aber hineingedreht werden, durch elende Sophismen, ungefähr wie die des Zeno Eleaticus. Das aus der Anschauung rein Abgezogene kann nie Widersprüche enthalten. Ganz vorzüglich elend sind seine »Briefe über die Freiheit des Willens«. – Aus alter Zeit finde ich Folgendes von mir aufgeschrieben: »Wie verkehrt es sei, in der Philosophie, von fertigen Begriffen, statt von der Anschauung, auszugehn, liefern ein Beispiel Herbarts ›Hauptpunkte der Metaphysik‹ 1808. Gleich anfangs steht als Vorfrage ›wie können Gründe und Folgen zusammenhängen?‹ Statt nun sich umzusehen, das Verhältniß von Grund und Folge, wie es im einzelnen Fall gegeben ist, zu untersuchen, die Art des Zusammenhangs zwischen Grund und Folge kennen zu lernen, – welches eben hieße von der Anschauung ausgehn, – wird aus den allgemeinen Begriffen von Grund und Folge raisonnirt: da kann denn nichts weiter herauskommen, als was im allgemeinen Begriff liegt, – womit man keinen Hund aus dem Ofen lockt. Weiterhin wird ganz ebenso mit den Begriffen Veränderung und Kraft verfahren. – §. 7 und 8 werden gar Zeit und Raum aus Begriffen abgeleitet; – welche Ableitung diese natürlich in der Stille schon voraussetzt; da diese Begriffe sonst gar keinen Sinn haben könnten. – Das dialektische Spiel mit den abstraktesten Begriffen, das diese ganze Metaphysik ausmacht, scheint das Vorspiel der Hegelei gewesen zu seyn, und belegt, daß in der Philosophie nichts auszurichten ist, wenn man vom Abstrakten, statt vom Anschaulichen ausgeht.« – Noch bemerke ich, daß er, stets bemüht, den Theismus *per fas et nefas* einzuschwärzen, irgendwo sagt, »Kant hätte zwar den physikotheologi-

schen Beweis als nicht ganz stringent und ausreichend nachgewiesen:« das lügt er, weil er ihn anwendet und geltend
macht. Kant hat den ganzen Grundgedanken des physiko-
theologischen Beweises als unberechtigt nachgewiesen.
Vollkommen, nämlich thetisch, durch das Positive und
nicht bloß negativ, hat jener Beweis seine Widerlegung im
»Willen in der Natur«, der die Antithese desselben ist; –
und Dorguth, in seiner letzten Schrift, hebt mit großem
Lobe hervor mein Gleichniß von der Bierflasche Bd. 2., *p.*
330 [W II, S. 374]: darin zeigt er richtigen Takt.

Ihr Langenbeck wird der Sohn des Göttingischen seyn,
bei dem ich 1809 Anatomie gehört habe, und der, zu meinem Trost, sie noch liest. Sie sollten diesen alten, höchst
berühmten Chirurgen brieflich konsultiren über die beste
Methode die Cilienhaare zu beseitigen. Ihnen von Herzen
Befreiung von diesem Uebel wünschend

Ihr Freund

A. Schopenhauer

Schopenhauer an Julius Frauenstädt

Frankfurt a. M. den 21. August 1852
Ich muß, mein werther Freund, mir alle Ihre vielen und großen Verdienste um die Verkündigung meiner Philosophie
vergegenwärtigen, um nur nicht außer aller Geduld und
Fassung zu gerathen, bei Ihrem letzten Briefe. Das Aergste
ist, daß ich sehn muß, wie die schöne Zeit und Mühe, die ich
an Beantwortung Ihrer zwei vorhergegangenen Briefe gewendet hatte, ganz verloren ist: indem von Allem, was ich
gesagt, was ich citirt habe, gar keine Notiz genommen wird,
um nur ungestört fortfahren zu können in jener wahren Begeisterung von Absurdität. Vergebens z. B. habe ich geschrieben, daß Sie das Ding an sich nicht zu suchen haben in
Wolkenkukuksheim (d. h. da, da wo der Judengott sitzt),

sondern in den Dingen dieser Welt, – also im Tisch, daran Sie schreiben, im Stuhl unter Ihrem Werthesten. Vielmehr sagen Sie, »es bliebe ein Widerspruch, daß ich vom Dinge an sich aussagte, was mit dem Begriffe des Dinges an sich unvereinbar wäre.« Ganz richtig! mit I h r e m Begriff von Ding an sich ist's ewig unvereinbar, und diesen eröffnen Sie uns in folgender präklaren Definition: das Ding an sich ist »das ewige, unentstandene, und unvergängliche Urwesen.« – *Das* wäre das Ding an sich?! – Den Teufel auch! – Ich will Ihnen sagen was das ist: das ist das wohlbekannte *Absolutum*, also der verkappte kosmologische Beweis, auf dem der Judengott reitet. Und Sie gehen vor ihm her, wie König David vor der Bundeslade, und singen tanzend *aut aut!* ganz glorreich. – Und ist doch selbst Er, trotz seiner obigen kugelfest machenden Definition, ganz schön aufgehoben worden, von Kant; so daß ich ihn nur als todten Leichnam überkommen habe: aber zieht mir, wie in Ihrem Briefe, der Gestank des Kadavers in die Nase, so werde ich unwillig. Sie haben ihm eine neue Maske und Titel geben wollen: allein da diese aus der Kantischen Garderobe gestohlen ist, thun wir Einspruch. Nennen Sie ihn also nur wie die Andern, in Ihrem Sinne philosophirenden Kamaraden, z.B. das Uebersinnliche, die *Gottheit*, das Unendliche, das Unvordenkliche, oder am schönsten, mit Hegel: »die Uedäh!« – Wir wissen ja doch Alle was dahinter steckt: es ist der Herr von Absolut, der, wenn man ihn packt und sagt: »woher bist denn Du, Bursche?« – antwortet: »Impertinente Frage! ich bin ja der Herr von Absolut, der keine Rechenschaft schuldig ist: das folgt ›analytisch aus meinem Namen‹.«

> Es ist der Herr von Absolut! –
> Das heißt es ist der alte Jud'
> ὅς εποιησε τον οὐρανον καὶ την γην,
> ἐν ἀρχη? αμην, αμην!

Auf Grund solcher Definition argumentiren Sie behaglich weiter: »vom Ding an sich müssen *wir*, da *wir*« (ich bitte den Singular zu gebrauchen) »es als außerzeitliches Urwesen betrachten« u. s. w. Und wieder: »Dies folgt Alles *analytisch* aus dem Begriff des Dinges an sich.« – Ja, aus Ihrem, – den Sie aus der Synagoge geholt haben. Und der langen Rede kurzer Sinn ist, daß der liebe Gott keinen Selbstmord begehen kann. Richtig! wie sollte er auch? und wie möchte er? wenn er παντα καλα λιαν trillert. – Beiläufig noch: von Ihrer oben citirten präklaren Definition (des Absolutums, statt des Dinges an sich) habe ich irgendwo gesagt, daß einen empirischen Beleg dazu die *Materie* gäbe, als welche genau das Definitum zu dieser Definition ist: und das haben Sie irgendwo lobend wiederholt. *Mais tout cela est oublié,* wie meine ganze Philosophie. Was das »*Ding an sich*« heiße, haben Sie noch erst aus der Kritik der reinen Vernunft zu lernen: was es sei, aus meinen Werken; und die kurze Geschichte desselben finden Sie Parerga, Bd. 1, *p.* 13-19 [P I, 15-21]. – Schlagen's auf! –

Meine Philosophie redet nie von Wolkenkukuksheim, sondern von dieser Welt, d. h. sie ist *immanent,* nicht transscendent. Sie liest die vorliegende Welt ab, wie eine Hieroglyphentafel (deren Schlüssel ich gefunden habe, im Willen) und zeigt ihren Zusammenhang durchweg. Sie lehrt, was die Erscheinung sei, und was das Ding an sich. Dieses aber ist Ding an sich blos *relativ,* d. h. in seinem Verhältniß zur Erscheinung: – und diese ist Erscheinung bloß in ihrer Relation zum Ding an sich. Außerdem ist *sie* ein Gehirnphänomen. Was aber das Ding an sich *außerhalb* jener Relation sei, habe ich nie gesagt, weil ich's nicht weiß: in derselben aber ist's Wille zum Leben. Daß dieser sich aufheben kann, habe ich nachgewiesen, empirisch; und habe bloß gefolgert, daß mit dem Ding an sich auch seine Erscheinung wegfallen muß. Verneinung des Willens zum Leben ist nicht die Vernichtung eines Objects oder Wesens, sondern bloßes Nichtwollen, in Folge eines *Quietivs.* – Begreift's und merkt's! – Aber von den *Antecedenzien* der Bejahung, oder den *Konsequenzen* der Verneinung des Willens (der auch nicht als beharrende *Substanz,* d. h. Materie bei mir auftritt) habe ich nichts gelehrt, habe vielmehr am Schluß des vierten Buchs (ich wiederhol es, weil Ihre Augen tauber sind, als mein rechtes Ohr) gesagt, daß f ü r u n s die Aufhebung des Willens ein Übergang in's Nichts sei. – Was nun Das, was wir allein als Wille zum Leben und Kern dieser Erscheinung kennen, *außerdem* sein möge, wenn es nämlich Dieses *nicht mehr,* oder *noch nicht* ist, – ist ein *transscendentes* Problem, d. h. ein solches, dessen Lösung die F o r m e n unsers Intellekts, welche bloße Funktionen eines, zum Dienste der individuellen Willenserscheinung bestimmten Gehirns sind, gar nie zu fassen und zu denken fähig sind: so daß, wenn es uns wirklich *offenbart* würde, wir durchaus nichts davon verstehen würden. – Und zuletzt glückliche Reise nach Wolkenkukuksheim! grüßen Sie den alten Juden von mir und von Kant: er kennt uns. Wollen Sie Ihre Skepsis vor's Publikum bringen, um zu zeigen, daß Sie meine Philosophie gepriesen haben, ohne sie zu verstehn; so kann ich Ihnen Dieses so wenig verwehren, wie anrathen. Nur m i r kommen Sie nicht mehr damit: ich bin es müde, mich über Mißverständnisse und Mißdeutungen zu ärgern, und den Augiasstall auszumisten, kann meine edle Zeit besser anwenden, sende daher Ihre Kommentarien ungelesen zurück und bitte ernstlich, mich mit allen ferneren Skrupeln und Bedenken ganz zu verschonen. Denn nachdem ich meine Philosophie mit großer Kunst und beispielloser Klarheit der Welt dargelegt habe, bin ich wahrlich nicht gelaunt, sie nochmals brieflich, *ex abrupto*, bald dies, bald jenes Dogma, und in aufsteigender Linie, abzuhandeln: – Kavillationen kann man leicht gegen jeden Satz eines Systems machen: sobald man nur derweilen alle übrigen vergißt und ignorirt.

Anlangend die Frage, warum, kraft der metaphysischen Einheit des Willens, nicht Ein Heiliger die Welt aufhebt? – ist zu sagen, weil erstlich diese Einheit eine metaphysische ist, und zweitens, daß wir die Frage näher beantworten werden, wann wir wissen werden, »wie tief im Ding an sich die Wurzeln der Individualität gehn«, ein Problem, das ich aufgeworfen, aber als transscendent und daher unlösbar liegen gelassen habe. –

[. . .]

Aber Das ist ein excellenter Einfall, daß Sie den Humboldt auf mein Urtheil über die Farbenlehre hinweisen möchten: – da würden Sie ihn in Ingrimm versetzen. Er hat sich im 3. Band des Kosmos auf das Kläglichste mit der Neutonischen Farbenlehre kompromittirt, wobei er von einem *grünlichen roth* redet, dies ist wie von einem Ost-West-Wind: er redet also ganz wie ein Blinder von der Farbe. – Ueberhaupt, wo ist eine Eitelkeit, die ich nicht gekränkt hätte? man dient nicht der Welt und der Wahrheit zugleich. Daher, wenn es Kreuze regnete, keines auf meine Brust fiele.

Heute habe ich denn auch wohl Ihre Eitelkeit etwas gekränkt: läßt sich nicht ändern. Nehmen Sie nur die bittere Arznei aus den Händen

Ihres Freundes

Arthur Schopenhauer

Ernst Otto Lindner an Schopenhauer

Berlin, 16. März 1853

Hochgeehrtester Herr,

[. . .]

Gleichzeitig erlaube ich mir Ihnen meine Anzeige von Frauenstädt's ästhetischen Fragen mitzutheilen. Es ist mein vollkommener Ernst daß der Hauptwerth dieses Buches in den Hinweisungen auf Ihre Schriften besteht; hat man erst a und b so findet man unschwer was daraus zu machen ist, – das ist ganz kurz meine Ansicht über die philosophische Bedeutung von F's Buch. Außerdem leidet F. noch theilweise an dem Fehler der sogenannten speculativen Philosophieen: er konstruirt leicht und gern aus allgemeinen Begriffen, und bringt alles logisch richtig zu stande, aber die ursprüngliche lebenskräftige Anschauung, dies unmittelbare Erfahrenhaben vermißt man dabei nicht selten. Auch ist es nicht rathsam in solchem Falle die Recension specieller Werke zu übernehmen, wie jüngst in einem naturwissenschaftlichen Artikel der Blätter für litt. Unterhaltung, man verfällt dabey gar zu leicht in ein dogmatisches Philosophiren. Ich glaube mit diesem Urtheil F's sonstigen Verdiensten und Talent, nicht zu nahegetreten zu sein, und würde mich sehr freuen von Ihnen zustimmend oder verneinend eine Entscheidung zu vernehmen.

Nachdem ich mit meinem Freund Haupt die Schrift über die vierfache etc. durchgenommen, lesen wir jetzt die Welt als Wille etc. und Sie würden gewiß an dem Eifer Freude haben, mit welchem Haupt auf die Sache eingeht.

[...]

Mit besonderer Hochachtung ganz ergebenst

Ihr Lindner

Johann August Becker an Schopenhauer

Mainz 24 März 1854

Hochgeehrtester Herr Doctor!

Ich habe nunmehr in einigen freien Stunden Dr Frauenstädts »Briefe« durchgelesen, – natürlich nur oberflächlich u kann mir daher, da ich kein rascher Denker bin, bis jetzt nur ein vorläufiges Urtheil erlauben. Das Buch enthält jedenfalls viel Vortreffliches, in so fern nämlich Freund Fr.

Sie wörtlich abgeschrieben hat. Was er aber ex propriis beifügte, Das kam mir mehrfach bedenklich vor. Namentlich hat das im 24t Briefe pag. 270-274 Gesagte mich recht eigentlich verplüfft. Hätte ich das allein und anderswo gelesen, so würde ich, auf den ersten Eindruck hin, geurtheilt haben, daß so nur Einer sich äußern könne, der nur oberflächliche Bekanntschaft mit Ihren Werken gemacht, vieles nicht gehörig verdaut u sich nur die Resultate Ihres Denkens gemerkt habe, ohne den Weg im Auge zu behalten auf welchem Sie dazu gelangt sind.

Nun zeugt aber doch der übrige Inhalt des Buchs von dem fleißigsten Studium Ihrer Werke, von großer Vertrautheit mit Ihren Lehren u Ihrer Methode und von Begeisterung dafür: – Das mußte mich denn natürlich an der Richtigkeit meiner eigenen Auffaßung irre machen.

Dr. Fr. spricht l. cit. von einem Doppelsinne, welchen das Wort »*Erscheinung*« in verschiedenen Theilen Ihrer Lehre haben soll, den ich aber bisher in keiner Weise gefunden hatte, und bis jetzt ist es mir nicht klar geworden, was er eigentlich meint?

1.) »Erscheinung«, sagt er, werde in der Erkenntnißtheorie als gleichbedeutend mit »Vorstellung« genommen; *eine ganz andre Rolle* spiele sie in der Aesthetik, wo sie »*der reale* (?) Ausdruck der ewigen Idee sey« –

– als ob bei Ihnen nicht auch die Idee *Vorstellung* wäre, nichts als Vorstellung, zerfallend in das anschauende willensfreie Subject und das Object außerhalb des Raums u der Zeit, wie auch die Vorstellung des einzelnen Dings in Subject u Object zerfällt, nur daß jenes dem Willen noch dienstbar ist und dieses alle durch Zeit u Raum bedingte Relationen nicht abgestreift hat.

2.) »Der ästhetischen Contemplation – dem klaren Weltauge«, meint er, »gebe sich nach diesem Theil Ihrer Lehre, das innre ewige Wesen der Welt kund, während im andern Theile die *Erscheinung* doch das Ding an sich verhülle oder verberge« – – als ob Das, was sich der ästhetischen Contemplation kund gibt, bei Ihnen etwas andres wäre als »die Welt als Vorstellung«, welche die Welt als Wille – zwar nicht verbirgt, aber auch für sich allein sie nicht offenbart, sondern nur uns darüber unbelehrt läßt, so lange wir nicht auf das Selbstbewußtseyn zurückgehen, in welchem uns diese Welt der Vorstellung noch in ganz andrer toto genere verschiedner Weise gegeben ist.

3.) »In Ihrer Naturphilosophie werde die Thiergestalt als der Ausdruck des in ihr erscheinenden Willens aufgefaßt, so daß man *aus der Erscheinung* das Ding an sich erkennen könne – der Leib sey objectiver Spiegel des Willens (?)« –

– als ob nach Ihrer Lehre die Erkenntniß des Dings an sich aus der Thiergestalt (ihrer platonischen Idee) ohne weiteres möglich wäre, auch wenn Sie nicht zugleich den Aufschluß gegeben hätten, daß der Leib einerseits Vorstellung andrerseits Ding an sich (Wille) sey! –

4.) »Der Leib sey bald »objectiver Spiegel des Willens und »bald *nur* Vorstellung – also ein *rein* subjectives Gehirnphänomen; – die *Erscheinung* sey also bei Ihnen bald bloß ideal, bald habe sie aber auch *eine reale Seite*; er glaube aber doch nicht, daß das ein eigentlicher Widerspruch sey.« –

– als ob Sie nicht bloß ein transcendentaler sondern auch ein empirischer Idealist wären und irgend wo läugneten, daß Alles was als Erscheinung im Raume existirt nicht auch noch eine Existenz für sich haben könne, zu welchem es keines erkennenden Subjectes bedarf – u als ob es nicht ein wirklicher, recht eigentlicher Widerspruch wäre, der durch ein Subject bedingten *Erscheinung* doch eine *reale Seite* zuzugestehen, in welcher sich das Wesen selbst offenbare – ein Widerspruch, deßen Sie sich aber doch gewiß nicht schuldig gemacht haben, wenn Sie die einzige, von Kant übersehene Gelegenheit, den äußeren Vorgang unmittelbar aus seinem Inneren zu verstehen, nachweisen u dann, diese Gelegenheit benutzend, aber nicht aus der Erscheinung allein oder irgend einer Seite derselben, den Leib als die Offenbarung des Willens ansprechen.

Liegt vielleicht Dem, was Frstdt vorbringt eine Auffaßung zu Grunde, welche 1) Vorstellung 2) Gegenstand der Vorstellung u 3) Ding an sich unterscheidet, u deren Unhaltbarkeit Sie W a W I p. 499 [W I, 526] gezeigt haben, – oder hat er Sie in andrer Weise mißverstanden, oder habe ich ihn oder Sie oder beide mißverstanden? –

Helfen Sie mir durch einen kleinen Wink aus dieser meiner Not, wenn Sie einmal nichts beßeres zu thun haben!

Freundschaftlichst

Ihr ganz ergebenster

Becker

Schopenhauer an Johann August Becker

Frankfurt d. 31 März 1854

Werther Herr und Freund,

Ueber die Maaßen freuet es mich, zu sehn, wie sehr Sie noch immer in meiner Philosophie zu Hause sind und Alles an der Schnur haben. Die angeregte Stelle Frauenstädts hat auch mich verdrossen, und Ihre Widerlegung ist vollkommen richtig. Im ersten Band meines Hauptwerks findet man in § 32 u. 34 das Verhältniß der Idee zum Ding an sich deutlich dargelegt. Im Ganzen würde ich sagen: Die Plat: Idee ist eben nur die anschauliche Vorstellung, also die Erscheinung selbst, aufgefaßt als eine Stufe der Objektivation des Willens und dadurch befreit von der Vervielfältigung des Gleichartigen durch Raum und Zeit und von den durch eben diese herbeigeführten Zufälligkeiten, Mängeln und Unvollkommenheiten. Ihre Auffassung erfordert die Elimination des Willens aus dem Bewußtseyn, die aber als solche nicht vom Willen selbst ausgehn kann, folgl nur durch eine

momentane Präponderanz des Intellekts eintritt. – Die specielle Bedeutung der einzelnen Ideen, Thiergestalten und
ihrer Theile und Formen, wie ich sie im »Willen in der Natur« dargelegt habe, ist bloß die empirische Bestätigung meiner dabei vorausgesetzten Grundwahrheit, daß das Ding an
sich dieser Erscheinung der Wille zum Leben ist, den wir hier
unter verschiedenen Bedingungen auftreten und ihnen sich
anpassen sehn. – Bei mir Widersprüche zu suchen ist ganz
eitel: Alles ist aus Einem Guß. – Aber mir scheint, daß der
gute Frauenstädt hat seinen Scharfsinn zeigen wollen und
nur spitzfindige Kriteleien zu Markte gebracht hat. Ich muß
ihm aber Vieles zu Gute halten, wenn ich bedenke, daß allein
durch sein jetzt 8jähriges unausgesetztes, standhaftes Bemühen meine Philosophie jetzt endlich ins Publikum dringt und
die Kabale der Professoren vereitelt wird.

Wenn aber Sie, der mich am Gründlichsten gefaßt hat,
jetzt wollten Ihre mir soeben geschriebene Verfechtung, mit
einigen Zugaben, als Kritik und Recension des Frauenstädt-
'schen Buchs aufsetzen und etwan den Heidelberger Jahrbüchern, oder sonst einem Journal einsenden, – dann würden
Sie auch ein thätiger Evangelist seyn und nicht mehr des
Ruhmes ermangeln vor dem Herrn! Sie wären der eigentliche
kanonische Evangelist! – Wollen Sie denn, um's Himmels
Willen, *ungedruckt* aus der Welt gehn? *Absit*! schauderhafter
Gedanke! – Sie könnten auch das Büchelchen von *Weigelt*,
»populäre Vorlesungen«, recensiren, darüber eben ein ganz
unwissender Narr sich hergemacht hat, in den »Gränzboten«. – Wollen Sie es machen wie Preußen und Oesterreich,
welche, die Hände in den Taschen, neutral zusehn? – Oh! –
ich sage nicht mehr. –

Gestern erhielt ich einen Brief von Frauenstädt: er bittet
mich, ihm Ihre Meinung über sein Buch mitzutheilen. Ich
gedenke ihm Ihren Brief zu schicken: sollte Ihnen Das aber
nicht Recht seyn; so haben Sie 3 Tage um Protest und *veto*
einzulegen.

[…]

Herzlich wird es mich freuen, Sie bald hier zu sehn, und bin ich mit den besten Wünschen

Ihr ergebener Freund

Arthur Schopenhauer

Johann Gottlob von Quandt an Schopenhauer

Dresden den 19 Januar: 1849

Verehrtester Freund

Die freundliche Gewohnheit auf meinen Umherzügen in Frankfurth auszuruhen und mich Ihres Umgangs zu erfreuen, ist von mir unfreiwillig aufgegeben worden und als Ersatz habe ich den 1 Band Ihres Werks: die Welt als Wille und Vorstellung gelesen und fühle mich gedrungen Ihnen den lebhaftesten Dank zu sagen. Dies könnte nun eine gewöhnliche Redensart seyn, mit welcher man sich bei Schriftstellern abfindet, wenn ich nicht hinzufügte, was ich beim Lesen gedacht habe. Allein dabei wird mir bange und ich kann nur wie jener Grieche sagen: schlag zu aber höre; machen Sie also mit dem Blatte sodann was Sie wollen, aber lesen Sie es zuvor u dies wird als Mortification Ihres Willens sehr zu Ihrer Heiligkeit beitragen.

Das 1 Buch hat ganz meine Zustimmung, es war mir alles verständlich und ich war ganz zu Hause darin. Beim 2 Buch ward es mir schon unheimlich, denn mir schien, als wenn Sie p: 125 § 22 [W I, 131 f.] das Willen nennen, was ich als Nothwendigkeit erkenne; indeß rissen die Gedanken in § 23. 24. mich mit sich fort. Am Schluß des Buchs 2, konnte ich mich jedoch folgender Betrachtungen nicht erwehren. – Der Wille schien mir ein autokratisches Wesen zu seyn. In einer andern Hinsicht konnte ich das Ding an sich, mit dem Willen nicht identificiren, denn das Ding an sich schien mir doch etwas an sich, und der Wille, nicht das Ding an sich selbst zu seyn. Der Wille ist keine Substanz, sondern ein Modus des Dinges, und dieses ist die Substanz. Das Ding an sich will, es ist das Wollende, ist sich Zweck seines Wollens. Das sich selbstwollende Ding an sich, ist das, was durchaus ist, Grund alles Seyns, worin alles ist, und darum ist es eben nicht den Formen von Zeit und Raum und keiner Termination, und ebenso wenig sein Wille der Causalität unterworfen, weil dieser Wille selbst die oberste Ursache alles Seyns ist. Hinsichtlich alles Realen, ist dieser Wille als Nothwendigkeit, hinsichtlich des Ethischen, als Fatum zu betrachten. Sie werden sich nicht entsetzen, wenn ich bekenne, daß ich Welt und Gott für identisch und die Welt als den sich selbst zum realen Seyn entschloßnen Gott betrachte, also eine natura naturans annehme. Es widerspricht dies der Persönlichkeit Gottes nicht, denn was sich will, muß sich auch bewußt sein. Wollen Sie den sich selbst zum Daseyn bestimmenden, an die Realität sich hingegebenen Gott, als den sich selbst aus Liebe opfernden Gott betrachten, so werden wir uns der christlichen Denkungsweise annähern und Pantheismus und Christenthum vereinen.

[...]

Die Aufgabe ist also nicht den Willen zu mortificiren, sondern die Empfindungen in Begriffe zu verwandeln, Garve sagt, man muß den Schmerzen zuhorchen, um dem Leben den Stachel zu nehmen. Wir gewinnen dadurch eine schmerzensfreie ästhetische Lebensansicht (p. 362 [WI, 376f.]). Diese Lebensansicht schützt vollkommen gegen die Langeweile, denn es ist uns dann nichts gleichgültig und so ist ein Uebel aufgehoben, welches Sie als eines der Größten schildern. Wenn Langeweile eintreten kann, so ist die Thätigkeit des Willens so schwach geworden, daß sich der Mensch seines Willens nicht mehr bewußt wird. Daher haben Kinder, Schwächlinge und Greise nur Langeweile. Wenn das Leben ganz Wille ist, so findet in keinem

Augenblicke ein Stillestand des Willens und folglich keine Langeweile statt. Der Wille findet in der Dauer des Lebens schon seine Befriedigung, denn sogar der Unglückliche will leben. Es liegt darum im Wollen selbst eine Seligkeit, weil es von dem Wissen des Zwecks begleitet wird und alle Zwecke nach Realisirung einer Idee streben und alles was ist, ist Realisirung der Idee. In diesem Sinne ist die Welt ein göttliches Kunstwerk und folglich auch schmerzensfrei von ihrer idealen Seite wie die Idee schmerzlos, und als Realisirung der Idee, ist sie Seligkeit. Die Aufgabe ist diese, daß jeder seinen Willen mit der Lebensidee in Uebereinstimmung setzt.

Alles Wollen ohne Zweck, wäre zwecklos und was kann der Zweck anderes seyn, als das Leben, Daseyn des Dinges an sich? – Das Ding an sich, scheint mir nun, ist die Realität der Idee, ist also Seligkeit des Daseyns der Idee, womit wir zu Platon zurückkehren und das Leben von den Beschuldigungen gereinigt haben, welche Sie ihm vorwerfen, wozu Sie aber selbst mir die Vertheidigungswaffen an die Hand gaben. Diese Seligkeit welche schon im Daseyn liegt, diese Befriedigung des sich selbst Wollens, wird einzig und allein durch einige Antiken anschaulich und kein Kunstwerk einer spätern Zeit macht einen so tiefen, beruhigenden und seligen Eindruck auf mich, als der junge Hercules, die Venus von Melos und der Germanicus in Paris, der Antinous in Neapel, der Adonis in Stockholm und der ruhende Flußgott aus dem Giebel des Parthenon.

(Zu p. 399 [W I, 418]. Warum soll nun aber der im principio individuationis befangene Mensch, das Leben nur als eine Qual und Ungerechtigkeit betrachten? Er kann ja auch gerade umgekehrt, die Seligkeit des gesammten Daseyns, der gesammten Willenserfüllung, als seine Seligkeit betrachten und dann den eignen Schmerz für einen Traum, für ein Nichts erkennen, und dieses findet in der That auch bei den aller meisten Menschen statt, so dunkel auch dies Gefühl bei sehr Vielen ist und durch individuelle Schmerzen übertäubt wird, so beruht hierauf hauptsächlich die Liebe zum Leben.

[...]

Die Ascetik steht in Widerspruch mit dem Universalwillen, der Wille ist aber Manifestation des Dings an sich, das durchaus Seyende, also verneint der Ascet das Seyn, er verneint im Einzelnen das All, er will daß Nichts ist. Es geht dem Ascet wie dem Skeptiker, welcher um consequent zu bleiben, zweifeln müßte, daß er zweifle und so müßte der Ascet sein Nichtwollen auch nicht wollen, er müßte gar keinen Willen, weder einen negirenden, noch affirmirenden Willen haben. Die Verneinung einer Verneinung ist aber eine Bejahung und so ist in der Ascetik ein unauflöslicher Widerspruch. Der Ascet welcher sich selbst nicht will, ist eben auch in dem *principio individuationis* befangen, wie der Egoist, beide lehnen sich gegen den Universalwillen auf, nur jeder in seiner Weise, indem der eine nicht wollen will, der andere seinen Eigenwillen will. (Zu p: 450 [W I, 368]) Unser Zustand ist kein ursprünglich heilloser, er ist es durch die Verkehrtheit der Menschen, er ist es durch den Irrthum geworden, daß von den meisten Menschen, sich jeder für ein Ding an sich hält.

Die Aufgabe des Individuums ist also nicht, sich nicht zu wollen, seine vom Universalwillen gewollte Einzelnheit zu verneinen, sondern nur den Eigenwillen aufzuheben und solchen dem höheren Willen unterzuordnen und mit diesem zu identificiren. Es ist die Aufgabe die, im Erkennen und Wollen in Uebereinstimmung mit dem durchaus Seyenden zu treten, sich als Einsseyn mit dem All zu erkennen und zu wollen, oder mit andern Worten, den Gegensatz von Ich und Nichtich, im Erkennen und Wollen, aufzuheben. Wie in der unorganischen Natur der Wille in der Einzelerscheinung unbewußt, als Naturkraft, oder Naturgesetz, mit Nothwendigkeit herrscht, so muß und soll sich der Mensch dem Universalwillen mit Bewußtseyn fügen, soll mit Bewußtseyn wollen und dies ist die wahre Resignation.

[. . .]

Lassen Sie Sichs gefallen zu seyn. Alle Mortification des Willens, richten Sie nur gegen Ihren Privatwillen, aber nicht gegen den Universalwillen, der Sie und mich und sich gewollt hat. Ich hoffe Sie vielleicht in diesem Jahre wieder zu sehen, allein ich fürchte nicht, Sie als Trappist anzutreffen. Madame Guyon kenne ich aus einem meisterhaften Kupferstich.

[. . .]

Zur Entschuldigung Kants, in Beziehung auf den Nachtrag zu Ihrem Werke, sage ich nur, daß Gott, Idee, Substanz, das Ding an sich und der Wille, Wechselbegriffe sind, und für den Religiosen Gott das ist, was für den Aesthetiker Idee, den Naturphilosophen Substanz, den speculativen Philosophen das Ding an sich, und den Ethiker der Wille ist; daß also Kant aus seinem Standpunkte das Absolute, als das Ding an sich erkennen mußte.

[. . .]

Ich habe die Gewohnheit meine Arbeiten mir durch meine Frau vorlesen zu lassen und beurtheile nach dem Eindrucke welche solche machen, das, was ich geschrieben habe. Dies habe ich denn auch mit diesem Briefe gethan und meine Frau verlangte, daß ich noch viele freundliche Grüße von ihr an Sie, hinzufügen sollte, was denn hiermit bestens ausgerichtet wird.

Mit wahrer Hochachtung und Zuneigung verbleibe
Ihr ergebenster Freund
v. Quandt

Schopenhauer an Johann Gottlob von Quandt

Frankfurt a. M. 28 Jan^r 1849

Wie sehr muß es mich freuen, mein werther Herr von Quandt, daß endlich meine Philosophie auch Ihnen einiges Interesse abgewonnen hat, und dies zu einer Zeit, einer wahren Schwerenothszeit, da Keiner mehr ein Buch aufmacht, sondern nichtswürdige Zeitungen das Monopol gelesen zu werden usurpirt haben. Vielleicht haben Sie Zerstreuung von der Allerweltsteufelei gesucht; wie ich denn auch bewundern muß, daß Sie im verlaufenen Jahr gelassen nach München gereist sind, Bilder zu besehn! Ich habe zuletzt den politischen Kampfplatz in meiner Ihnen wohlbekannten Studierstube gehabt, als welche von 20 Stockböhmen besetzt wurde, die von da aus auf die Barrikaden schießen wollten. Welche angenehme Diversion für einen Philosophen! Der Himmel befreie uns von aller Freiheit.

Ihre extensive Polemik zu beantworten müßte ich noch ein Buch schreiben: aber glücklicherweise ist es schon geschrieben, nämlich der 2te Band zum ersten: denn dieser erste ist ja der nämliche, den ich vor 30 Jahren Ihnen verehrt habe. Der 2te gefällt allen Leuten viel besser und ist die Arbeit reiferer Jahre: der wird viele Ihrer Skrupel und Zweifel beseitigen. Aber eigentlich soll man ganz vom Kantischen transc: Idealism durchdrungen seyn, ehe man zu mir kommt: aber Sie kommen gar vom Hegel, und bringen Pantheismus und Optimismus mit, – die zu meiner Sache passen, wie die Schweinskarbonade zur Judenhochzeit.

Ich hoffe also Sie diesen Sommer wieder zu sehn, wenn bis dahin die Welt noch steht, danke Ihrer Frau Gemahlin für gütiges Andenken und verbleibe

Ihr alter Freund

Arthur Schopenhauer.

Schopenhauer an Ernst Otto Lindner

Frankfurt a. M., d. 27. Juni 1855
Meinen herzlichen Dank, lieber Herr Dr. Lindner, für Ihren wahrhaft vortrefflichen Aufsatz über den *Asher*. Derselbe hat mir große Freude gemacht, vom ersten bis zum letzten Wort. Besonders aber freut mich, daß Sie dem Pessimismus und der Askese die Ehre gönnen, welche der Wahrheit gebürt, – gegenüber dem rein jüdischen, niederträchtigen Optimismus, dessen Fall um so eklatanter seyn wird, als die Majorität für ihn unzählbarer ist.

[...] Mögen Sie prosperiren und floriren, das wünscht von Herzen

Ihr Freund

Arthur Schopenhauer

Adam von Doß an Schopenhauer

München am 19.ten Februar 1860
Hochverehrter Herr Doctor!

Die Wiederkehr Ihres Geburtstages gibt mir neuerdings die angenehmste Veranlaßung, Sie meiner unverbrüchlichen Anhänglichkeit u. Verehrung zu versichern u. Ihnen zugleich vom ganzen Herzen dazu zu gratuliren, daß Sie endlich doch noch am Abende Ihres Lebens das Gestirn Ihres Ruhmes, gleich dem Monde, sich immer höher über den Horizont der Mitwelt erheben sehen, um in feierlicher Bahn der Nachwelt zu leuchten, wenn die Nacht des Grabes schon längst den Meister u. die ersten Verkündiger seiner Unsterblichkeit umfangen wird.

Solche Gedanken voll Freude u. Wehmuth rief in mir das Erscheinen der dritten Auflage Ihres Hauptwerkes hervor, das nun in *der* Gestalt beschloßen vor uns liegt, in welcher es auf die dankbarere Nachwelt kommen wird.

Von Fichte's, Schelling's u. Hegel's Werken bestehen, meines Wißens, erst zwei Auflagen, obwohl dieselben zehn, zum Theil zwanzig Jahre vor dem Erscheinen Ihres Hauptwerkes geschrieben worden u. Fichte u. Hegel längst todt sind. Ich sehe voll Ungeduld der Zeit entgegen, da es mir gegönnt sein wird, mit behaglicher Gründlichkeit an das wiederholte Studium Ihres Hauptwerkes in seiner jüngsten Gestaltung zu gehen. Meine Geduld wird sich freilich gar sehr auf die Probe gestellt sehen, da sich die lästigen Obliegenheiten meines praktischen Berufes in Bälde eher vermehren als vermindern werden. Ich sehe nämlich, wenn sich meinem wohlbegründeten Anspruch nicht unerwartete Hinderniße entgegenstellen, im Verlaufe dieses Jahres der Beförderung zum Gerichts-Rath entgegen, ein Avancement, welches außer dem höhern Range wenige materielle Vortheile, wohl aber nicht unbeträchtlich gesteigerte Ansprüche hinsichtlich meiner quantitativen u. qualitativen amtlichen Leistungen zur Folge haben wird. In solchen Übergangsperioden voll Spannung u. Unruhe ist nur ein desultorisches Lesen möglich, u. da mir dieses für ein Werk von dem Umfang u. der Tiefe Ihres Systems nicht genügt, so begnügte ich mich einstweilen damit, mir dasselbe in der neuen Auflage für ein paar Wochen von meinem Buchhändler zur Einsicht vorlegen zu lassen, um mir einen vorläufigen Begriff von den Zusätzen, die es erhalten, bilden zu können.

[...]

Das von Ihnen verheißene Kapitel über das alte Testament, welches Sie zu diesem Behufe eigens durchstudirt haben, vermißte ich mit Bedauern unter den Zusätzen der neuesten Auflage zum zweiten Bande Ihres Hauptwerkes. Dagegen scheint *Semitisches* Wesen überhaupt in letztrer Zeit ungemein scharf u. treffend von dem französischen Gelehrten Ernest Renan kritisirt u. charakterisirt worden zu sein in der im Journal Asiatique veröffentlichten Schrift:

»Nouvelles considérations sur le caractère général des peuples sémitiques et en particulier sur leur tendance au monotheisme«. Wenn Sie auch nur im Ausland, 32ster Jahrgang, 1859, N° 50 p. 1187-1191 den Artikel: Ernest Renan über den monotheistischen Instinkt der Semiten gelesen haben sollten, so wird Ihnen das wichtige Facit der ausgebreiteten Forschungen dieses Gelehrten, von deßen großem Werk über die allgemeine Geschichte u. das vergleichende System der semitischen Sprachen unlängst der 2te Bd. erschienen ist, wegen der überraschenden Bestätigung, welche Ihre Ansichten über das Judenthum u. den Islam hiedurch finden, große Freude gemacht haben. Der Monotheismus gehört hienach zu den semitischen Raceneigenthümlichkeiten, liegt gleichsam nur im Blute der semitischen Völker. Der Monotheismus verräth einen Mangel an religiösem Bedürfniß. Als Minimum von Religion sowohl in Bezug auf Dogmen als auf äußerliche Dienste ist der Monotheismus geschaffen für nomadische Völker. Der Dienst, welchen die Semiten den andern Racen erwiesen haben, war nur ein negativer u. läßt sich nicht vergleichen mit den hohen sittlichen Gütern, welche die Welt den Indoeuropäern verdankt u. welche die Grundlage für jede Civilisation bilden. Bei den arischen Völkern war jedes Wort gottschwanger u. enthielt die Keime eines Mythus. Der Geist der Semiten dagegen ist eng u. ohne Zartheit, wie denn das Gefühl des Maaßes ihnen abgeht. Der frömmste Jude (?) oder Moslim macht sich kein Gewißen daraus, seine Zwecke durch Verbrechen zu erreichen. Der Reiz des Empfindsamen fehlt den semitischen Poesieen (mit wenigen Ausnahmen unter den arabischen Dichtern der Heiden-Zeit) u. wo sie von Liebe sprechen, meinen sie nur die heiße Wollust. Selbstsucht, Falschheit u. Gewalt, welche die Geschichte des Orients beflecken, sind der Verbreitung des Islams zuzuschreiben u. s. w. – Fast Alles vortrefflich! –

Wie hier Ihre religionsphilosophischen Ansichten über

den Hebräergott durch die neuesten Forschungen eines französischen Philologen eine bedeutende Stütze erhalten, so scheint der von Ihnen in dem Kapitel zur Philosophie u. Wißenschaft der Natur (Parerga Bd II § 91) ausgeführte Gedanke einer *generatio aequivoca in utero heterogeneo* durch die von dem englischen Naturforscher Charles Darwin in seinem unlängst erschienenen Werke »*on the Origin of Species by Means of Natural Selection, or the Preservation of Favoured Races in the Struggle of Life. London. Murray.*« aufgestellte Theorie eine nicht weniger hoch anzuschlagende Bestätigung gefunden zu haben. So viel ich aus einem Artikel im Magazin für die Litteratur des Auslandes entnehmen kann, sind nach der Darwin'schen Theorie *alle* Thierformen von höchstens vier oder fünf Voreltern (*progenitores*) entstanden, Pflanzen von einer geringern oder gleichen Zahl. Analogie jedoch dränge einen Schritt weiter u. mache es wahrscheinlich, daß alle Pflanzen u. Thiere sich aus einem einzigen ersten Prototypus entwickelt haben. Alle organischen Wesen führen nach Darwin analog auf eine erste Urform (*some one primordial form*) zurück, in welche zum ersten Male »Leben« gehaucht ward. Arten, Gattungen, Varietäten, Species entstanden später im Kampfe mit der Natur, deren Klima, Futter, Hitze, Wärme, Ueberfluß u. u. Mangel pp. Wie ich soeben aus einem Aufsatze im Auslande 1860 N° 5 u. 6 entnehme, herrscht in den kritischen Berichten der englischen Blätter bisher nur die Eine Stimme, daß Darwin's Buch wahrscheinlich eine so ungeheure Umwälzung in den naturgeschichtlichen Wißenschaften zur Folge haben wird, wie Sir Charles Lyell's Auftreten für die Geologie hatte. Ganz merkwürdig ist es auch, daß der Zoolog Wallace von den Philippinen eine Arbeit eingeschickt hat, die mit Darwin's Anschauungen strict übereinstimmt, obgleich beide Gelehrte unabhängig von einander zu ihren Sätzen gelangt sind. Vielleicht wird man, meint der Verfaßer des Aufsatzes im »Ausland«, bald von einem Darwin'schen Naturgesetz reden, wie man es in Bezug auf die Lehrsätze Newton's, Kepler's u.a. gethan hat. Vielleicht, setze ich hinzu, wird man in nicht zu ferner Zeit auch von Ihrer philosophischen Welttheorie dasselbe halten, was nun endlich, trotz alles anfänglichen Widerstrebens, von dem astronomischen System des Copernikus gilt! –

So hätte ich denn wieder über das Hauptsächlichste von dem, was mir im vergangenen Jahr als im mittelbaren oder unmittelbaren Zusammenhange mit Ihrer Philosophie stehend vorgekommen ist, Musterung gehalten u. ich freue mich recht sehr auf die Andeutungen, welche ich durch Ihre Güte über so Manches, was mir bei meinen vielen Berufs-Geschäften u. häuslichen Abhaltungen entgangen ist, wie gewöhnlich zu erhalten hoffe. Denn *so viel* Zeit, um beachtenswerthe Monographien, Journalartikel u. dgl. nicht zu umfangreiche u. langwieriges Studium erfordernde Schriften zu lesen, breche ich mir, bei dem unabläßig regen Eifer für Alles, was auf Ihre Philosophie Bezug hat, gern an meinen wenigen Erholungsstunden ab. Müßte ich nur nicht, meiner Gesundheit wegen, mit der ich seit einigen Jahren nicht mehr recht zufrieden bin, allzu große geistige Anstrengung vermeiden, so wollte ich in meinen vergleichenden philosophischen Studien, bei allem durch die Verhältnisse gebotenen Dilettantismus, schon weiter vorwärts kommen u. meine Rechenschaftsberichte nicht immer nur vor dem wohlwollenden Meister, sondern auch einmal vor dem kritischen Publicum ablegen. Vielleicht hätten selbst diese jährlichen Sendschreiben, natürlich unter Hinweglaßung des rein Persönlichen, trotz ihrer subjektiven Haltung, oder gerade durch dieselbe, auf strebsame junge Gemüther anregend wirken können.

Wegen eines tiefer, als ich lange geglaubt habe, sitzenden Unterleibleidens (infolge deßen ich besonders an häufiger Schlaflosigkeit leide, die mir ihrerseits wieder alle intellektuellen Arbeiten *ungemein* erschwert) hieß mich der Arzt die Kur in Kißingen wiederholen. Gar zu gern hätte ich wieder auf der Heimreise den Umweg über Frankfurt gemacht; allein mein Urlaub war schon zu sehr auf der Neige u. die politische Lage nicht darnach, um die Börse weiter, als unumgänglich nothwendig, zu öffnen. Da ich kaum zum letzten Mal in Kißingen war, so hoffe ich das unlieb Versäumte in einigen Jahren nachholen zu können.

Von ein paar Verehrern, die ich für Ihre Philosophie gewonnen, wurde ich gefragt, ob Ihr Portrait von Göbel bereits im Kupferstich erschienen ist? Wenn es gelungen ist, würden sie sich dasselbe durch eine der hiesigen Kunsthandlungen verschreiben laßen.

Bitte mich den Herrn Becker, Kilzer u. Lunteschütz bei Gelegenheit zu empfehlen.

In der Hoffnung, daß Sie dieser Brief bei guter Gesundheit treffen u. mit dem Wunsche, daß dieselbe noch auf Jahre hinaus von gleicher Beschaffenheit bleiben möge, verbleibe ich

Ihr treu ergebener
Adam v. Doß

Schopenhauer an Adam von Doß

Frankfurt d. 1. März 1860

Herzlichen Dank, mein lieber Herr v Doß für Ihre abermalige Theilname an meinem Geburtstage, wie auch für die Berichte über Ihre Lesefrüchte und endl für das Blatt der Münchener Abendzeitung. Dieses hatte mir schon im Januar Lindner aus Berlin gesandt. Doch werden Sie mich stets verbinden, wenn Sie was Ihnen der Art vorkommt, mir ohne Weiteres unter Kreuzkouvert schicken wollen. Ich kriege ja nicht die Hälfte zu sehn von dem was über mich gedruckt wird. Das am Schluß jener abgeschmackten Recension (in der mich bloß seine Klage über meine wachsende

Popularität freut) erwähnte Rudel Hunde besteht aus den Hundekupferstichen ringsum in meinem Zimmer: diese hat irgend ein Fremder bemerkt, und in der Tradition haben sie sich allmälig belebt.

[...]

Renan's Aufsatz habe im *Ausland* gelesen: ist wie Sie sagen. Vor einiger Zeit habe von ihm in der *revue des 2 mondes* ein Stück gelesen, welches mir keine sonderliche Meinung von ihm giebt: ihm fehlt es an Entschiedenheit und Bestimmtheit: es ist hin- und her-Gerede. – Aus Darwin's Buch habe einen ausführlichen Auszug in den *Times* gelesen: darnach ist es keineswegs meiner Theorie verwandt, sondern platter Empirismus, der in dieser Sache nicht ausreicht: ist eine Variation der Theorie *de la Mark's*.

Die Symptome meiner Celebrität mehren sich auffallend. Von seltsamen Briefen und Besuchen nicht zu reden, – in der »Novellen-Zeitung« v. 14. Septr steht eine mißliebige Beschreib^g meiner Person an der *table d'hôte*, von Mad: Bölte, die erbost war, weil ich nicht mit ihr konversiren gewollt, 8 Tage lang, da sie neben mir gesessen, zu solchem Zweck, od: vielmehr zu dem der Bezahlung ihrer Hotel-Rechn^g durch die Protokolle unsrer projektirten geistreichen Gespräche! *Brava!* – In der »Konstitutionellen Zeitung« v. 1 Octr hingegen steht das l a n g e Protokoll von Allem, was ich zu einem mir vorgestellten Dresdner Advokaten und Baron Eberstein, der ihn mitgebracht, ins Gelag hinein geredet habe: ohne *malice*, aber *welche Indiskretion*! und welches Gedächtniß! Der Advokat hat's gemacht: meistens richtig, aber manches verballhornt.

Im *October* kam die Bildhauerin Elisabeth Ney, Großnichte des Marschalls, aus Berlin, hieher, um meine Büste zu machen. Sie ist 24 J. alt, sehr hübsch und *unbeschreiblich liebens*würdig. Sie arbeitete in einem abgesonderten Zimmer meines jetzigen (viel größeren und schöneren) *Logi's*, Tag vor Tag, fast 4 Wochen lang, ließ sich Mittagsessen aus der Restauration, über mir im Hause, holen, und kam Nachmittags bei mir Kaffee trinken, wenn ich heim kam. Hat mich auch ein Paar Mal auf meinem Spaziergang am Main, über Stock und Stein, begleitet. Wir harmonirten wundervoll. Die Büste ist 14 Tage lang ausgestellt gewesen und von Allen *höchst ähnlich* befunden worden, und sehr schön gearbeitet. Sie sollte nun nach Berlin, um dort vervielfältigt und so verkauft zu werden: Weihnachten wollte die Ney in Berlin seyn: nachdem sie zuvor in Hannover gewesen, den König in Marmorbüste zu machen. Da hat sie die Büste nach Hannover nachkommen lassen, und seitd[em] habe nichts von ihr gehört! man [hat] sie jedoch in *Münster* gesehn, wo ihr [Vater] wohnt. Wird zu Tage kommen, die Büste. Göbels Kupferstich wird, wie er mir sagte, sehr bald erscheinen.

Sie *avanciren, bravo!* vorwärts! – Aber daß Ihre Gesundheit leidet, bedauere ich sehr: Schlaflosigk^t ist ein bedenkliches Symptom. Glauben Sie mir, und gehn Sie *täglich 2 Stunden allein und rasch* spatzieren: das wird helfen, mehr, als alle Bäder und kostet nichts. Ohne meine *promenaden* wäre ich nicht mit 72 Jahren so vollkommen gesund und rüstig, wie ich bin und wie ich verbleibe

Ihr alter Freund
Arthur Schopenhauer
verte

P. S. von meiner Ethik wird dies Jahr die 2te Aufl erscheinen. Sind erst Verleger-Diffikultäten zu beseitigen.

Frankfurt a. M., den 17. Aug. 1855

Werther Freund!

Dieses Mal hat es mit der Rechtfertigung, die Ihr Brief enthält, wirklich seine Richtigkeit und glaube ich Ihnen darin vollkommen. Sehe ich doch, wie nicht nur die Professoren, sondern auch ihre sämmtlichen Vetter und Gevatter gegen mich verschworen sind, und dazu haben sie 3 Gründe: 1) Die Schande, meine Philosophie 35 Jahre hindurch tief ignorirt zu haben, möchten sie dadurch abwälzen, daß sie nachwiesen und erhärteten, sie sei wirklich keiner Beachtung werth. – 2) Dieselbe darf nicht vom Katheder gelehrt werden: *ergo* soll sie auch nicht im Publiko gelten. – 3) Die Alltagsköpfigkeit der Herren steht ihr gegenüber da »in ihres Nichts durchbohrendem Gefühl« und der Neid nagt an ihrer Leber. Daher also ihre zahllosen Ränke: Repertorium und Centralblatt recensiren nichts, was zu meinen Gunsten spricht und nehmen Alles wider mich auf, was es sei: ja sie gehn in ihrer Niederträchtigkeit so weit, daß sie dem edlen Dorguth seinen ihm zuständigen Platz im Nekrolog nicht gönnen, sondern ihn unterschlagen; weil sie mich dabei nennen müßten. – Aber das ganze saubere Treiben wird ihnen nichts helfen: es ist mit der Verbreitung meiner Lehre schon zu weit gekommen: ein Abyssinisches Sprichwort lautet: »wenn der Nil erst in Kahira ist, wird es keiner Dembea (einströmender Fluß) mehr gelingen, ihn zu fesseln.« – Das sollen sie sehn, die … … Die langsame, aber stetig wachsende Theilnahme des Publikums und der gränzenlose Enthusiasmus der Einzelnen, die jetzt schon Viele sind, bürgt uns dafür.

Von Herzen danke ich Ihnen, für alle litterarischen Mittheilungen Ihres Briefes. Die Kavillationen des *Wirth* werden Sie sich genugsam selbst widerlegt haben; aber bei den Professoren & Comp. sind alle Gründe gut, wenn sie nur gegen mich gerichtet sind. Nun, mögen die Herren sich verlustiren in ihrer finstern Winkelboutique: sie werden zeitig genug hören, was draußen vorgeht, wo der Tumult wächst und, *nisi fallor*, nach einigen Jahren eine seltene Höhe erreichen wird.

Den Artikel in der *Revue d. 2 mondes* hatte ich schon gelesen, und bin der Ansicht, daß dieser Reynaud mir sehr ähnlich denkt, nur daß er ohne K a n t und ohne Transscendentalphilosophie naturalisirt: aber er beruft sich auf die faktische Misère der Welt, auf das Angeborenseyn des moralischen Charakters, sagt, wir müssen vor der Geburt existirt haben, und legt Brahmanische und Buddhaistische Denkungsart an den Tag. Sehr brav! –

Sein Recensent ist ein pflichtschuldiger Cagot, argumentirt gegen ihn aus dem Pater Malebranche und überhaupt aus *Dieu* und wieder *Dieu* und *Dieu*. Wo der alte Jude sich sehn läßt, verdirbt er freilich Alles: man schließe ihm die Thüre zu. – Das Licht aus Osten wirkt auch schon in Frankreich. Der *Dieu* hat sich in Acht zu nehmen. Die Welt wird bald kein Machwerk mehr seyn wollen.

Mein Bild ist fertig und verkauft. Wiesike hat sich zu rechter Zeit eingefunden und hat es von der Staffelei weggekauft für 250 fl. – Das Unerhörteste aber ist, daß er mir und dem Maler sehr ernsthaft gesagt hat, er wolle für dieses Bild ein eigenes Haus bauen, darin es hängen soll! – Das wäre dann die erste mir errichtete Kapelle. *Recitativo*: »Ja, ja! Sarastro herrschet hier.« – Und A^{no} 2100? –

Einliegend Huldigungsschreiben und Distichen vom Pfarrer Grimm – *Remittenda!*

Gestern besuchte mich ein Kreisrichter Voigtel aus Magdeburg, durch Dorguth proselytirt, erst 28 Jahre alt, voll Eifer für den Herrn und sein Evangelium.

Leben Sie wohl und gesund.

Arthur Schopenhauer

VI. CHRISTENTUM, MYSTIK, BUDDHISMUS

> Die ganze große Absurdität des Christli-
> chen Dogmas verschwindet, wenn man
> das Alte Testament mit seinem gesamm-
> ten Inhalt (Theismus und Optimismus)
> von Grund aus wegnimmt und nur das
> Neue Testament bestehen läßt, mit Aus-
> nahme dessen, worin es das Alte Testa-
> ment bestätigt. Dann ist der Christus ein
> Buddha, der die Erlösung von der Welt
> durch Selbstverleugnung lehrt.[1]

In Schopenhauers Philosophie präludiert ein Übereinstim-
mungsgedanke: Christentum, Mystik und Buddhismus
sind, über die Unterschiede von Raum und Zeit hinweg, we-
sensverwandt und decken sich in ihrem Grundbestand mit
seiner Philosophie. Dabei kommt dem Buddhismus eine be-
sondere Stellung zu: »Nie hat ein Mythos«, so heißt es, »und
nie wird einer sich der so Wenigen zugänglichen, philosophi-
schen Wahrheit enger anschließen als diese uralte Lehre des
edelsten und ältesten Volkes . . .«.[2]

Die Wesenseinheit tritt hervor, wenn die genannten reli-
giösen und geistigen Strömungen, insbesondere das Chri-
stentum, philosophisch geläutert werden. Man muß den
Wahrheitsgehalt in der allegorischen Gestalt, im Gewande
der Lüge, wie Schopenhauer prononciert sagt, sichtbar ma-
chen, den Kern von der Schale befreien. Das philosophisch
verstandene »ächte Christentum«, wie es in dem Brief an
Pfarrer Grimm 23. Juli 1855 heißt, »seine tiefste Wahrheit,
sein hoher Wert und sein erhabener Charakter«[3] ist ihm so

1 HN IV 1, S. 166ff.
2 WI, 421
3 WII, 707

nahe, daß er von seinem eigenen Werke als der »eigentlich Christlichen Philosophie« spricht.[1]

Schopenhauer ist daran gelegen, das Christentum vom Optimismus zu entschlacken. Der alttestamentliche Theismus und eine die Erbsünde leugnende Theologie der neueren Zeit, die den Sinn des Neuen Testamentes durch Optimismus und Historismus verwässern[2], werden von ihm verworfen. Der Brief an Frauenstädt vom Januar 1848, in dem sich Schopenhauer auf Frauenstädts Schrift »Über das wahre Verhältnis der Vernunft zur Offenbarung« bezieht, dokumentiert dies. »Mittelpunkt und Herz« des Christentums hingegen will Schopenhauer beibehalten. Gemeint ist »die Lehre vom Sündenfall, von der Erbsünde, von der Heillosigkeit unseres natürlichen Zustandes und der Verderbtheit des natürlichen Menschen, verbunden mit der Vertretung und Versöhnung durch den Erlöser, deren man theilhaft wird durch den Glauben an ihn«.[3]

Schopenhauer hatte als Heranwachsender in England die Bigotterie der anglikanischen Kirche kennengelernt, in der die Pfarrstellen, »livings« (Lebensunterhalt, Pfründe), gekauft oder an Freunde vergeben wurden. Schon von daher rührt sein voltairescher Spott, der im Brief an Frauenstädt vom Oktober 1856 sichtbar wird. Auch die Unredlichkeit der Priester erboste ihn, die darin besteht, »Unglauben und Immoralität für Eins und das Selbe auszugeben. Hierauf beruht es, daß dem Gläubigen der Ungläubige für identisch mit dem moralisch schlechten gilt, wie wir schon daran sehen, daß Ausdrücke wie Gottlos, Atheistisch, Unchristlich, Ketzer u. dgl. als synonym mit moralisch Schlecht gebraucht werden«.[4] Möglicherweise resultierte aus solchen Erfahrun-

---

1 PII, 334
2 Alfred Schmidt, Die Wahrheit im Gewande der Lüge. Schopenhauers Religionsphilosophie. München-Zürich 1986, S. 54
3 PII, 412
4 N, 262

gen auch eine persönliche Erbitterung gegen das Christentum, von welcher in einem Brief an Anthime Grégoire, den
Spielgefährten und Freund seiner Kindheit, die Rede ist.
»Gewisse Umtriebe in Deutschland, die der Grund dafür
sind, daß meine Philosophie nicht durchdringen konnte, haben mich gegen das Christentum erbittert«.[1] Schopenhauer
gibt hier ein persönliches Ressentiment kund, in merkwürdig
unphilosophischem Ton, der seinem Werk völlig fremd ist.

Die Verwerflichkeit der Welt und der Weg zur Befreiung
aus ihr sind auch die großen Themen der christlichen Mysti-
ker, die in Schopenhauers Philosophie eine Rolle spielen und
in seiner Korrespondenz erwähnt werden. Mit der Mystik
war Schopenhauer über den Pietismus, eine Form der deutschen Mystik[2], in Berührung gekommen. Im Geiste des Pietismus war er im Privatinstitut Dr. Runges in Hamburg erzogen worden. In das Jahr 1817 fällt seine Beschäftigung mit
der »Theologia deutsch«, in der die Welt mit dem Teufel
identifiziert und ihre Verneinung beschrieben wird. 1851
wurde Schopenhauer mit der Pfeifferschen Ausgabe dieser
mystischen Schrift bekannt, der ersten, die er für akzeptabel
hielt. Mit Freude registrierte er, daß der unbekannte Verfasser der »Theologia deutsch«, der »Frankforter«, im Deutsch-
ordenshaus in Frankfurt, seiner eigenen Wohnung gegenüber auf der Sachsenhauser Mainseite, gelebt hatte. Auch
1817, im Mai, entlieh Schopenhauer aus der öffentlichen Bibliothek in Dresden die Selbstbiographie der Mystikerin
Madame Guyon, die der Stellmacher Jürgens in dem Brief
an Schopenhauer vom Oktober 1856 erwähnt. Hier fand er
das Nichts veranschaulicht, in das die Überwindung des
Willens einmündet, die Gleichgültigkeit des Freigeworde-
nen gegenüber der Welt. Erst in seinen letzten Lebensjahren
wurde Schopenhauer mit den Schriften des Meisters Eckhart
bekannt, dessen Werk er zum Kennenlernen des Quietismus

1 Gbr, 674, 17. Juni 1838
2 Arthur Hübscher, Denker gegen den Strom. 4. Auflage Bonn 1988, S. 9ff.

besonders empfahl, wenngleich er ihn stark in den Banden christlicher Mythologie befangen sah. In den Briefen fällt auch der Name Zacharias Werner, des Dramatikers, der später Priester wurde. Schopenhauer hat ihn in Weimar während der Unterhaltungsabende im Hause der Mutter kennengelernt. Seine christlichen Trauerspiele handeln unter anderem vom egozentrisch-gefangenen Ich und der Rückkehr in die göttliche All-Einheit, die auf den Pietismus zurückweist. Werners Stück »Wanda«, das von Goethe 1808 zur Aufführung gebracht worden war, erinnerte Schopenhauers Freund Becker an die Willensverneinung. Die Mystik Jakob Böhmes wie auch die der islamischen Gnostiker, der Sufis, für sein Werk ebenfalls von Bedeutung, werden in der Korrespondenz von Schopenhauer selbst nicht erwähnt.

In den Werken der Mystik tritt klarer hervor, was im theistischen Christentum nur durch einen Schleier sichtbar wird. Im Gegensatz nämlich zum Theismus, der den »Urquell des Daseyns außer uns, als ein Objekt« setzt, »zieht ihn« alle Mystik »auf den verschiedenen Stufen ihrer Weihe, allmälig wieder ein, in uns, als das Subjekt, und der Adept erkennt zuletzt, mit Verwunderung und Freude, daß er es selbst ist«.[1] Die Mystik, die sich durch die Verinnerlichung der Gottesidee und die damit verbundene Schwächung der Funktion der Kirche meist außerhalb der Orthodoxie befand, behält in der betont atheistischen Aneignung durch Schopenhauer ihre Außenseiterrolle bei. In Schopenhauers Augen ist sie das vollendete Christentum. Dabei spricht sie positiv aus, was seine Philosophie, die die Grenzen der Erfahrung nicht überschreiten darf, nur andeuten kann. Bei allem »Fortschritt« gegenüber dem theistischen Christentum gibt sie jedoch gewisse mythologische Elemente desselben nicht auf. So nennt sie das Nirwana, den

1 WII, 703

Höhepunkt angestrebter Willensverneinung, Gott[1] und bezeugt dadurch ihre Verwandtschaft mit dem Theismus.

Brahmanismus und Buddhismus kommen der atheistischen Weltsicht und der Moralphilosophie Schopenhauers am nächsten. Sie werden nicht entstellt durch den Mythos eines ursächlichen Absoluten.[2] In den Upanischaden und der Bhagavadgita findet Schopenhauer die wesenhafte Einheit alles Lebendigen, die Universalität des Leidens, den phantasmagorischen Charakter der Wirklichkeit und die moralisch begründete Möglichkeit des Menschen gegenüber der schuldhaften Verstrickung ins Sein. Schopenhauer ist davon überzeugt, daß die indischen Lehren die historische Grundlage des Christentums und seiner Mystik bilden. Aus indologischer und auch aus religionsgeschichtlicher Sicht ist eine solche These jedoch als phantasievoll und deshalb äußerst strittig bewertet worden.[3]

Schopenhauer wurde mit den indischen Lehren durch den Orientalisten Friedrich Majer bekannt. Während seines Aufenthaltes in Weimar im Winter 1813/14 traf er Majer im Kreis um Goethe. Majer empfahl ihm die Lektüre des Oupnekhat, den der Stellmacher Jürgens in seinem Brief erwähnt. Hierbei handelt es sich um eine unzureichende lateinische Übersetzung einer persischen Übertragung der Upanischaden durch einen des Sanskrit unkundigen Franzosen namens Anquetil-Duperron, die 1801/02 in Straßburg erschienen war. Majer starb im Jahr 1808 in Gera, im selben Jahr, in dem sein Buch: »Die Religion der Indier« in Leipzig publiziert wurde. Die Liebe zur indischen Philosophie verband Schopenhauer während seines Aufenthaltes in Dresden von 1814-1818 mit Karl Christian Friedrich Krause, der später durch seine Idee der Reform der Freimaurerei im Sinn ihrer Erhebung zu ei-

---

1 PII, 108
2 WI, 574
3 Siehe z.B. Helmuth von Glasenapp, Die Weisheit Indiens bei Schopenhauer und in der neueren Forschung. In: 42. Jb. 1961, S. 52ff.

nem Menschheitsbunde als »Völkerbund-Krause« bekannt wurde. Schopenhauer vertiefte sich immer mehr in ihr Studium, so daß er in einer Notiz aus dem Jahre 1816 feststellte: »Ich gestehe übrigens, daß ich nicht glaube, daß meine Lehre je hätte entstehn können, ehe die Upanischaden, Plato und Kant ihre Strahlen zugleich in eines Menschen Geist werfen konnten«.[1] Wenn Schopenhauer in dem Brief an Doß vom Februar 1856 schreibt, daß er 1814 von einer Übereinstimmung seiner Lehre mit der indischen Philosophie nichts gewußt habe, so ist diese Äußerung in dieser Form unhaltbar. Möglicherweise jedoch hat Schopenhauer, der sich von 1835 an erneut mit den orientalischen Studien befaßte und in den Upanischaden allabendlich seine Andacht verrichtete[2], erst im Laufe der Zeit ein vollständiges Bewußtsein der Übereinstimmung seiner anti-optimistischen Leseart indischer Weisheit mit seiner Philosophie gewonnen, wie sie aus folgenden Zeilen klingt: »Wie wird doch Der, dem, durch fleißiges Lesen das Persisch-Latein dieses unvergleichlichen Buches geläufig geworden, von jenem Geist im Innersten ergriffen! Wie ist doch jede Zeile so voll fester, bestimmter und durchgängig zusammenstimmender Bedeutung! Und aus jeder Seite treten uns tiefe, ursprüngliche, erhabene Gedanken entgegen, während ein hoher und heiliger Ernst über dem Ganzen schwebt. Alles athmet hier Indische Luft und ursprüngliches, naturverwandtes Daseyn. Und o, wie wird hier der Geist reingewaschen von allem ihm früh eingeimpften jüdischen Aberglauben und aller diesem fröhnenden Philosophie! Es ist die belohnendeste und erhebendeste Lektüre, die (den Urtext ausgenommen) auf der Welt möglich ist: sie ist der Trost meines Lebens gewesen und wird der meines Sterbens seyn«.[3] Daß Schopenhauer all dies aus einer

1 HN I, 120
2 Wilhelm Gwinner, Arthur Schopenhauer, aus persönlichem Umgang dargestellt. Leipzig 1862, S. 215.
3 PII, 422

so mangelhaften Ausgabe erfühlte, ist erstaunlich. Grund hierfür mag sein, daß seine eigenen Vorstellungen dem uneingeschränkten Atheismus und Monismus der Upanischaden, der frühen Lehrschriften des Brahmanismus, entsprachen und er deshalb dort fand, was er suchte.

Für Schopenhauer ist die philosophische Übereinstimmung von Christentum, Mystik, indischer Weisheit und seiner Philosophie unproblematisch. Weder unterscheidet er zwischen den verschiedenen inhaltlichen und historischen Varianten von Brahmanismus und Buddhismus, über die er in seiner Zeit nur ungenügend unterrichtet war, noch zweifelt er an der Gültigkeit seines Nachvollzugs der indischen Weisheitslehre. Hinzu kommt, daß man ihm Eurozentrismus vorwerfen könnte, d. h. eine Vereinnahmung und Angleichung außereuropäischer Gedanken an einen philosophischen Kontext im Deutschland seiner Zeit. Solche Sichtweisen greifen jedoch zu kurz. Schopenhauer will, auf dem von Herder, dem Lehrer Majers, eingeschlagenen Weg eine Grundveränderung im europäischen Wissen und Denken hervorbringen. Das »philosophisch gereinigte« Christentum mitsamt seiner Mystik ist dabei Hilfsmittel, mit dem wir auf dem näheren Weg unserer eigenen Tradition zu dieser Umwandlung gelangen können.

Schopenhauer an Julius Frauenstädt

Frankfurt a. M. den 5. Jan. 1848

Werthester *Dr.* Frauenstädt!

So sehr ich auch bedaure, Sie um Weihnachten nicht hier gesehn zu haben, da wir uns hätten über beiderseitige Produktionen expektoriren können, so ist es mir doch lieb, daß Sie nach Paris gegangen sind, wegen der fruchtbaren Folgen der Eindrücke, die Sie dort erhalten haben werden: das wirkt auf Lebenszeit nach! Auch hoffe ich, daß Sie daselbst den *Dr.* Sichel, berühmten Ophthalmologen, werden konsultirt haben: Gesundheit über Alles!

Sie haben alles Recht, eine schriftliche Darlegung meiner Meinung über Ihre mir dedicirte Arbeit zu verlangen, da Sie mich durch dieselbe zu Dank verpflichtet haben. Wenn Sie auch, bei der öffentlichen Verherrlichung, die Sie mir haben zu Theil werden lassen, nur zur Steuer der Wahrheit, ja theils auch um Ihre eigene Urtheilskraft als erster richtiger Schätzer des Werthvollen an den Tag zu legen, gesprochen haben sollten; so ist doch, um einem Andern in diesem Grade die Ehre zu geben, eine über die gewöhnliche Sinnesweise weit erhabene Denkungsart, ja eine Art von Selbstverleugnung erfordert, die ich mit vollem Bewußtseyn anerkenne.

Für mich hat nun Ihre Schrift 2 Gesichtspunkte, einen subjektiven und einen objektiven, die ich mich bestreben muß, aus einander zu halten. Aus dem subjektiven gereicht es mir zur größten Freude und Befriedigung, zu sehn, wie meine Gedanken in einem a n d e r n Geiste so tiefe und feste Wurzeln geschlagen haben, als welches beweist, daß Leben in ihnen ist, und mir verheißt, daß das Gleiche einst in vielen Geistern geschehn wird. Sie, Becker, Dorguth und einige mündliche Urtheiler sind mir die Repräsentanten zukünftiger Schaaren. Außerdem freut mich die Voraussicht, daß Ihre Schrift das Studium der meinigen befördern und meiner Philosophie einen Impuls geben wird, dessen Stärke sich, wegen der zufälligen Elemente, nicht berechnen läßt, der aber bedeutend werden kann, sofern Sie die Wichtigkeit derselben hinsichtlich der gegenwärtigen Zerwürfnisse in Sachen der Religion hervorgehoben haben.

Jetzt will ich vom objektiven Gesichtspunkte aus über Ihre Schrift reden, wobei ich voraussetze, daß Sie nicht Komplimente sondern Wahrheit wollen. Ihre Schrift ist, im Ganzen, eine Applikation meiner Philosophie auf die gegenwärtige Krisis in Religionssachen und die heillosen Irrthümer, in die man sich allseitig verloren hat. Diese Applikation ist durchaus richtig und sehr glücklich gewählt. Sie zeigen die Abwege, auf welchen die Gläubigen, wie die Ungläubigen sich befinden und dadurch im Begriff stehen, das Christenthum untergehen zu lassen. Sie haben gezeigt, was der alleinige Kern desselben sei, während Jene um die Schaale streiten. Sie haben dadurch die letzte und richtige Anstrengung zur Rettung des Christenthums aufgerufen; – die aber nur eine solche seyn könnte, wie die eines Schiffs, von welchem man Kanonen und Waaren über Bord wirft, das Leben der Leute zu retten. In der Sache selbst haben Sie vollkommen Recht und die Kraft der Wahrheit ist unendlich groß, zumal wenn sie ausspricht, was man nur dunkel fühlte. Sie haben daher guten Erfolg zu hoffen, ja Ihre Schrift könnte in dem Streit Epoche machen: allein Ihnen stehen die Meinungen aller Parteien entgegen; Sie werden den Theisten und Atheisten, den Rationalisten und Orthodoxen gleich anstößig erscheinen, zudem ist Ihre Entscheidung dem Protestantismus ungünstiger, als dem Katholicismus. Indessen ist die Wahrheit am *Ende* und *zuletzt* immer siegreich. Den nächsten Erfolg aber können wir nie vorhersagen, sondern

>»den Saamen legen wir in ihre Hände:
>ob Glück, ob Unglück aufgeht, lehrt das Ende.«

Im Ganzen und in der Hauptsache halte ich Ihre Schrift für gelungen und für einen sehr wichtigen und glücklichen Eingriff in den Lauf der religiösen Bewegungen: auch ist eine zweite Auflage derselben recht wohl möglich. Um so mehr muß ich Ihnen bemerken, was ich im Einzelnen daran auszusetzen finde. – Zunächst also finde ich, daß Sie im zweiten Abschnitt Religion und Theologie zu scharf trennen: Theologie ist am Ende doch nur die gründliche Kenntniß und das deutliche Verständniß der Religion. Daß hingegen die Theologie die Glaubenslehre durch V e r n u n f t begrün-

den wolle (S. 16.), gilt, meines Erachtens, nur von der ratio-
nalistischen Theologie, die eben in Philosophie übergeht.
Wesentlich hingegen ist der Grund und Boden, auf dem die
Theologie steht, die gegebene und als solche genommene
Offenbarung, mithin der Glaube. Dieser aber geht allerdings (was Sie S. 19. leugnen) vom Gegebenen aus, nämlich
von dem in der Offenbarung Gegebenen. Von dieser hat er
Gott, Unsterblichkeit u. s. f. ganz fertig übernommen. Die
Theologie hat blos die Offenbarung rein zu erhalten und
richtig auszulegen, zum Behuf ihrer Erhaltung und Verbreitung mittelst der Kirche: sie hat also nicht (wie Sie *p.* 20.
meinen) ihre Gegenstände erst zu beweisen. Die Philosophie ist es, die ihre Gegenstände zu beweisen hat, oder aber
sie empirisch nachzuweisen. Hingegen muß ich behaupten
was Sie S. 18 leugnen, nämlich, daß die Mathematik ihre
Gegenstände allerdings m a c h t, z. B. Linien, Triangel,
Winkel, Kreise: gerade zum Behuf dieses Machens schickt
sie ihre *Postulate* voran, wie »eine gerade Linie ziehn, – ein
Perpendikel fällen, einen Kreis beschreiben.« Sogar die Logik macht die Schlüsse und Figuren, deren Gesetze sie lehrt.

Ferner kann ich Ihnen nicht ganz darin beistimmen, daß
(S. 21) der *Wille* die Quelle der Objekte der Religion sei: ist
doch das metaphysische Bedürfniß zunächst ein theoretisches, also intellektuelles. Daß der Wille die vom Intellekt
erzeugten Glaubenssätze modifizirt und stillen Einfluß darauf ausübt, ist wahr, sofern *intellectus luminis sicci non est,
sed recipit infusionem a voluntate et affectibus.* Aber Sie
gehn zu weit im Zurückführen aller Glaubensartikel auf den
Willen

[...]

Zu S. 42., 43. aber muß ich abermals erinnern, daß die
Theologie keine Wissenschaft *a priori* ist, sondern *a posteriori*, d. h. den Glauben und seine Artikel voraussetzt. Sonst
wird sie Philosophie; was dem Rationalismus widerfährt,
der *extra oleas* geht und dann übel fährt.

[...]

Erstaunt bin ich über die Kühnheit, mit der Sie gegen den Theismus sich aussprechen. Was ich nur angedeutet, allenfalls die Prämissen dazu gegeben habe, sprechen Sie geradezu aus. An und für sich habe ich nichts dawider: aber ich fürchte, daß es Ihnen bei den Leuten schaden kann. Ich halte es gern mit dem *fortiter in re suaviter in modo.* Und

> *Sed quid opus teneras mordaci radere vero*
> *auriculas? –*

Indessen ist wahr, daß man von allen Seiten jetzt täglich dreister wird und mit dem lieben Gott immer weniger Umstände macht.

[...]

Ihr herzlich ergebener
Arthur Schopenhauer

Schopenhauer an Julius Frauenstädt
[*Auszug*]

11. März 1852

Ich wünsche sehr, daß Sie die jetzt in Stuttgart erschienene »Theologia, deutsch« 1851, in 256 Exemplaren gedruckt, lesen wollten. Sie ist die erste authentische Ausgabe der in schon 60 Auflagen, die aber *alle verballhornt* sind, erschienenen »Deutschen Theologie«, *nach einem Manuskript von 1496,* diplomatisch genau, im Alten Deutsch. Daraus habe ich allererst dieses berühmte Werk eigentlich kennen gelernt. Die Uebereinstimmung mit meiner Philosophie ist wundervoll. Er wohnte 1350, mir gegenüber, im Deutschen Hause, in Sachsenhausen. Lesen Sie es ja: es kostet nur 24 Sgr.

Johann August Becker an Schopenhauer

Mainz, 29. Okt. 1853

Hochgeehrtester Herr Doctor!

[...] so bin auch ich zufällig dieser Tage durch eine Lectüre an das Thema unsrer früheren Corespondenz erinnert worden, nämlich durch Zacharias Werner's Wanda, Königin der Sarmaten, deren fünfter Act als eine dramatische Darstellung ex profeßo gelten kann der durch den δευτερος πλους herbeigeführten Wendung des Willens, u zwar nicht bloß der Resignation u Ruhe sondern auch ihrer Heiterkeit, also mehr noch als Sie W. a. W. II pag 436 von der Norma sagen.

Ueberhaupt scheinen der, freilich ziemlich barocken Mystik Zacharias Werner's Anschauungen zu Grunde zu liegen, welche den Ihrigen nahe verwandt sind. – Manche Stellen im Attila deuten auf das Metaphysische des Willens, und in den *Söhnen des* Thals zweiter Theil V Act III Sc. findet sich ein langer didactischer Dialog voll räthselhafter Aussprüche u Bilder, zu welchen vielleicht der transcendente Theil Ihrer Philosophie (über den Primat und die Magie des Willens, über die Unzerstörbarkeit ohne Fortdauer, über die Negation des Willens als Zweck des Lebens – über das Nihil privativum u deßen relative Herrlichkeit) – als Schlüßel dienen könnte.

Was halten Sie überhaupt von diesem in mehr als einer Hinsicht merkwürdigen Kauze?

Hochachtungsvoll

Ihr ergebenster Becker

Schopenhauer an Johann August Becker
[Auszug]

3. November 1853

Daß Sie den Werner lesen und also seine Werke noch leben freuet mich sehr. Er war ein Freund meiner Jugend und hat gewiß Einfluß und zwar günstigen, auf mich gehabt. Im frühen Jünglingsalter schwärmte ich für seine Werke, und als ich, im 20sten Jahre, seinen Umgang vollauf genießen konnte, im Hause meiner Mutter in Weimar, fand ich mich hochbeglückt. Er war mir gewogen und sprach oft mir mir, sogar ernsthaft und philosophisch. Sein Andenken ist mir noch immer werth und hat sich eingeprägt. Mündlich könnte ich Ihnen viel von ihm erzählen. Die Wanda schrieb er damals und sie wurde am Geburtstage der Großfürstin zum ersten Mal gegeben. Ich habe sie öfter gesehn, aber nie gelesen, weiß jedoch den Gesang der Jungfrauen nebelgrau noch ganz auswendig. Seine Dramen, trotz der subjektiven Färbung, sind doch noch unvergleichlich besser, als Alles was seitdem in der Art geleistet worden. Vorigen Winter habe ich noch den Luther gelesen.

David Asher über seinen Besuch vom August 1854[1]

Als ich eintrat, erhob sich der Philosoph vom Pulte, an welchem er gerade mit der Abfassung einer Vorrede zur neuen Auflage eines seiner Werke (ich glaube über »das Sehn und die Farben«) beschäftigt war, und frug mich in ziemlich schroffem Tone nach meinem Begehren. Wenn sich das mir zu Ohr gekommene Gerücht von muthwilligen Späßen, die man sich gegen ihn erlaubt hatte, bestätigt, so war diese erste Begrüßung seinerseits allerdings sehr zu entschuldigen. Als ich ihm jedoch meinen Namen genannt, der ihm aus

---

1 Aus: Gespräche, hrsg. von Arthur Hübscher. Stuttgart 1971, S. 182-184

einem Briefe, den ich einige Zeit vorher an ihn gerichtet, bekannt war, verwandelte sich sein Wesen in ein freundliches, und endlich hatte ich auf dem Sopha neben ihm sitzend Gelegenheit, den Mann, dessen Geist so mächtig auf mich gewirkt, von Angesicht zu Angesicht zu betrachten. Seine Kleidung bestand aus einem gelbleinenen Morgenanzug, recht nach altväterischer Weise, auch fehlte die Dose in der Hand nicht. Er ist von mittler Statur, silberweißes Haar bedeckt sein Haupt, dessen größte Zierde die hohe freie Stirn ist. Da ich gerade an der Wand hinter uns das bekränzte Porträt des jugendlichen Goethe bemerkte, so leitete ich das Gespräch bald auf sein Verhältniß zu demselben.

Es kam nun die Rede zwischen uns auf seine damaligen Zeitgenossen, Jean Paul und Byron. Schopenhauer drückte sein Bedauern darüber aus, diese beiden Männer, besonders aber den ihm geistesverwandten englischen Dichter, dem er, mit mir übereinstimmend, eine sehr hohe Stelle einräumt, nie kennen gelernt zu haben.

Trotzdem Schopenhauer christliche Askese lehrt und mir besonders, wie schon in seinem größern Werke, die »deutsche Theologie«, die soeben, von Susanna Winkworth ins Englische übersetzt, erschienen, dringend empfahl, so ließ er sich doch in sehr bittern Ausdrücken gegen die puritanische Geistlichkeit Englands aus. Nicht minder ungünstig, wie auch in seinen Schriften, waren seine Aeußerungen über das Judenthum und dessen Quelle, das Alte Testament. Als ich das Wort für dasselbe nahm, konnte er nicht umhin, heftig zu werden. Er meinte, das Judenthum sei eine verweichlichende Lehre. Glücklich gelebt und selig gestorben, das sei seine Maxime. Von allen Helden des Alten Testaments konnte er sich nur mit Saul befreunden, er tadelte ihn nur, daß er nicht schärfer gegen Samuel verfahren sei. In zwei Punkten schien es mir, entweder als widerspreche er sich selbst, oder als hätte ich ihn in seinem Werke nicht recht verstanden, nämlich in Bezug auf den Selbstmord und die Unsterblichkeit. Er lobt

nämlich an der Bibel, daß sie, wie er meint, den erstern nicht
misbillige (er führte eben das Beispiel Saul's an), und rügte an
ihr, daß sie nichts von der Unsterblichkeit lehre, während er
doch in seinen Schriften einerseits den Selbstmord verwirft
und andrerseits das buddhaistische Nirvana, die denkende
Ruhe, als Zielpunkt seiner ganzen Lehre aufstellt. Nach dieser letztern Auffassung wird allerdings eine Unsterblichkeit
angenommen, aber freilich in einem ganz andern Sinne, als
man im Allgemeinen darunter versteht. Auch über den eigentlichen Kern seiner Lehre, über die Bezeichnung des Dinges an sich als *Wille*, konnte ich keinen genügenden Aufschluß von ihm erlangen. Die Zeit drängte und ich berührte
zu viele Punkte, als daß er sich über irgend einen hätte des
Breitern auslassen können. Als ich ihm sagte, ich hätte anfangs beabsichtigt, ihn vor meiner Reise nach London zu
besuchen, bedauerte er sehr, daß ich meinen Plan geändert,
da er mir in dem Falle den Auftrag hätte geben können, zu
ermitteln, wer der Verfasser des ... in der Voß'schen Zeitung
übersetzten Aufsatzes in der Westminster Review sei, um
den Leumund zu stopfen, welcher gern die Welt glauben
machen möchte, derselbe sei wie gewöhnlich in Deutschland
fabricirt worden. Auch darüber, daß man ihn beschuldigt, er
hätte Schelling einen Unsinnschmierer genannt, war er unge-
halten. Sein *Talent* habe er nie verkannt.

Schopenhauer an Julius Frauenstädt

                    Frankfurt a. M., den 8. Octbr. 1856
Alter Freund und treuer Apostel!
    Danke herzlich für gegebene Berichte, besonders aus dem
Hengstenberg. Das wäre Schade, wenn die Pfaffen nicht auf
uns schimpften. Schon längst übrigens amüsirt mich die
Freiheit mit Schlauheit gepaart, die in dem von denselben
eingeführten Ausdruck »*objektive Wahrheit*« für die »Kir-

chendogmen« liegt, – während dies gerade die allersubjekti-
veste ist, die Glaubenssachen. Ich glaube nicht, daß irgend
Jemand viel auf das Geschwätz dieser Paffen giebt, als eben
sie selbst unter einander, ein Paar alte Weiber und wohl be-
zahlte Tartüffes. Aber das Görres-Blatt müssen Sie doch
lesen.

Während alle wohl geschmierten Recensenten mit Re-
spekt von der Korrespondenz des Fichte und Schelling
reden, hat schon vor circa 2 Monat Menzel in seinem Litteraturblatt ehrlich dargethan, wie die Lumperei und Scharla-
tanerie der Kerle darin an den Tag kommt. Ebenso hat er
Fichte's Anthropologie analysirt und ihre ganze Albernheit
dargethan. Das Blatt Menzels enthält überhaupt viel Gutes,
Gescheutes und ist wohl geschrieben. Nur muß man die
häufigen Anfälle von *Monomanie,* nämlich *religiöser,* hin-
nehmen. Dabei zweifelt man immer, ob's nicht bloß Tartüffianismus ist: aber ganz toll, zum Lachen. – Freilich sind die
litterarischen Blätter sehr schlecht geworden.

[...] »Schreibe damit Dir geschrieben werde,« – sagt die
Bibel. Und somit wünsche ich Ihnen klare Augen und klaren Geist und verharre

der Alte

Arthur Schopenhauer

Heinrich Jürgens an Schopenhauer

Hameln an der Weser im Königreich
Hannover, den 12ten October 1856
Hochwohlgeborner Hochzuverehrender Herr!

Wenn ich es wage, Ew. Hochwohlgeboren durch die
nachfolgenden Zeilen beschwerlich zu werden, so bitte ich
solches Hochgeneigtest zu entschuldigen, da mir ein anderer Weg, zum Ziele zu gelangen, nicht bekannt ist.

Nachdem ich seit langer Zeit Kant, Schakspaere, Byron,

Schiller und einige alte Classiker, deren Schriften ich zum Theil besitze, so viel meine Verhältnisse es gestatteten, studirt, ward ich vor einigen Jahren durch eine Schrift »Buch der Weltweisheit. Leipig 1851« auf Ihre Schriften geleitet. Ich ahnte aus dem Wenigen, was dies Buch über Ihre Philosophie anführt, den Geist Ihrer Werke, raffte alle mir zu Gebote stehenden Geldmittel zusammen und kaufte:

1. Ueber die vierfache Wurzel u.s.w. 1847.

2. Ueber den Willen in der Natur 1836.

3. Ueber das Sehen und die Farben 1816.

4. Grundprobleme der Ethik nebst Grundlage der Moral 1840.

5. Welt als Wille und Vorstellung nebst Ergänzungen, 2. Auflage 1844.

6. Parerga und Paralipomena 1851.

Ob noch andere Schriften von Ihnen herausgegeben sind, weiß ich nicht.

In wieweit ich in den Geist Ihrer Werke eingedrungen und mit deren Resultate einverstanden bin, kann ich hier nicht wohl erörtern. Wenngleich nun Einwendungen und Tadel, wie sie Rosenkranz im 22. Heft der Gödeke'schen Wochenschrift in der »Characteristik Schopenhauers« giebt, eine Beachtung nicht weiter verdienen, so hätte ich dennoch wohl einige Bedenklichkeiten vorzubringen, deren Aufklärung ich mir von Ihnen, nicht aber von Auslegern, wünschen möchte; indeß werde ich, wie bisher, so auch ferner mich begnügen müssen, im Stillen meinen Weg allein zu gehen.

Daß ich aber Ihre Philosophie in mich aufgenommen und den Faden Ihrer Forschungen verfolgt habe, bezeuge ich gern auch dadurch, daß ich jetzt vor Allem (Seite 609 & 610. W. als W. u. V. 2.B. [W II, 700 701]) zu der negativen Erkenntniß, bis zu welcher allein die Philosophie leiten kann, die positive Ergänzung, und deshalb in der nächsten Zeit nichts zu lesen wünsche, als

1. *Oupnekhat, Vedas, Upanischaden:*
2. *Guion*, Autobiographie, les torrens;
3. *Pascals* Leben von Reuchlin. Geschichte von Port royal.

Diese Schriften habe ich, trotz vieler Mühe, sowenig durch die hiesige Buchhandlung, wie aus Hannover erhalten können. Dieserhalb nun geht meine ganz ergebenste Bitte dahin:

ob Ew. Hochwohlgeboren mich wohl in den Besitz dieser Werke, wenigstens der unter 1 und 2., verhelfen möchten, sei es geliehen oder käuflich, neu oder antiquarisch. Da ich jedoch fremde Sprachen nicht verstehe, so muß ich selbige in deutscher Uebersetzung erbitten.

Schliesslich erlaube ich mir, einige Worte über meine Person hinzuzufügen.

Ich heiße Heinrich Jürgens, bin in *Hameln* 1823 geboren und daselbst seit 1849 als Stellmachermeister wohnhaft. Da ich indeß vor 2½ Jahr das linke Bein mir habe amputiren lassen, so betreibe ich mein Geschäft nicht, sondern arbeite als Schreiber. Als Geselle bin ich viel gereist, Paris, Wien, Warschau, Berlin, Achen u.a. Städte sind mir bekannt, auch in Frankfurt a.M. habe ich zur Zeit des deutschen Vorparlaments 1848 bei dem Stellmacher Enters gearbeitet und bei dem Schauspieler Hartig daselbst Redeübungen genommen.

Nun bin ich verheirathet und habe 3 liebe Kinder. Obgleich nicht arm, besitze ich doch wenig Vermögen und habe als Schreiber geringen Verdienst (schrieb doch auch Rousseau Noten ab, Spinoza schliff Brillen und Kleanthes trug ja Wasser bei der Nacht). Ich lebe übrigens, wenn auch ungeachtet und wenig gekannt, in einem engen Kreise ruhig und zufrieden. –

Indem ich noch bemerke, daß Sie mich zum innigsten Danke verpflichten würden, wenn ich die in Ihren Schriften aus fremden Sprachen citirten Stellen in deutscher Uebersetzung erhalten könnte, schließe ich mein längst zu gedehntes Schreiben mit der innigsten Bitte um Entschuldigung und unterzeichne mit vollkommenster Hochachtung als

Euer Hochwohlgeboren

ganz ergebenster

H. Jürgens

Schopenhauer an Adam von Doß
[Auszug]

27. Februar 1856

Das aber muß ich bewundern, daß Sie, bei Ihren Amtsgeschäften und den Abhaltungen einer Familie, noch so ernstliche Bud[d]haistische Studien treiben und dazu noch gar das Englische bemeistern. Sie haben sehr Recht, den 1sten Band der Tamulischen Schriften v Graul zu loben: ich habe ihn wiederholt mit Freude und Erbauung gelesen: dagegen hätten Sie nicht so viel Zeit an seine Reise verwenden sollen: wiewohl ich sie nicht kenne. Das praktische Wirken des Buddhaismus und das Klosterleben schildert Samuel Turner in seiner »Reise an den Hof des Teschu Lama«, deutsche Uebersetz^{g} 1801. Das sind Engländer und Civilbeamte, lügen nicht, haben stets, als Gesandte, in den Klöstern gewohnt und Alles in der Nähe gesehn: Audienz beim Tesheo Lama, als 2jährigem Kinde, wundervoll. Sie haben sehr richtig das Wichtigste im Sp. Hardy herausgefunden: *Upadana* ist der »Wille zum Leben«, *Carma* ist der individuelle Wille, ohne den Intellekt, ist Das, was als empirischer Chrktr erscheint: in Bd: 9, p. 256 der *Asiatic Researches* steht: »*The origine [sic!] of Karma is inconceivable.*« Ueberhaupt ist die Uebereinstimmung mit meiner Lehre wundervoll; zumal ich 1814-1818 den 1sten Bd schrieb, und von dem Allen noch nichts wußte, noch wissen konnte. [...]

Studiren Sie lieber fleißig im *Oupnekhat*, welcher der uralte Grundbaß der Weisheit und Wahrheit ist: – dazu im *Bhagwat Gita* v. Schlegel, latein.

[*Auszug*]

14. März 1858

Habe kürzlich *les lettres de l'abbé Rancé*, die 1846 zu Paris erschienen sind, gelesen: freilich steht viel Uninteressantes darin, aber auch einige Stellen, welche Einsicht geben in das innere Wesen der ernstlichen Askese. Ich lese jetzt den M e i s t e r   E c k h a r d, herausg: v. Pfeiffer 1857. Höchst interessant und ein rechter Beleg zu meiner Phil. Aber die »Theologia Deutsch« ziehe ich doch vor.

VII. DAS MYSTERIUM DER ETHIK

> Das Mitleid bezieht sich auf alles was Leben hat
> und nimmt deshalb auch
> die Thiere in seinen Schutz ...[1]

Schopenhauers Korrespondenz ist durchzogen von der Diskussion über die Moralphilosophie und endet mit ihr, wie der letzte Briefwechsel des vorliegenden Bandes dokumentiert. Schon in einem der ersten Briefe aus dem Jahre 1800, die an Schopenhauer geschrieben wurden, ist das ethische Motiv präsent. Madame Grégoire in Le Havre, in deren Haus Schopenhauer einige Jahre seiner Kindheit verbracht hat, schreibt an ihren Schützling folgende Worte: »Du wirst bald ein interessanter Mann werden; bewahre auch Dein Feingefühl, das ich Dich bei vielen Gelegenheiten beweisen sah. Es ist eine gute Eigenschaft, durch die man jedermann gefällt, weil sie befähigt, das Leid und die Freuden anderer zu teilen«.[2]

Der Briefwechsel mit Becker aus dem Jahre 1844 übertrifft in seiner Ausführlichkeit und Tiefe den gesamten übrigen brieflichen Austausch Schopenhauers und seiner Briefpartner. Es ist der einzige, den Schopenhauer für philosophisch ergiebig hielt, auch wenn er sich gegen eine Veröffentlichung ausgesprochen hat.[3] In seinem ersten Brief rühmt Becker die Anschaulichkeit der Philosophie Schopenhauers. Zu ihrem Verständnis sei nicht der sechste Sinn der Fledermäuse notwendig, wie er in Anspielung auf ein Gleichnis schreibt, das Schopenhauer bei seiner Kritik an der im Deutschen Idealismus absolut gesetzten Vernunft verwen-

1 E, 238f., 253
2 Briefbiographie, S. 102
3 GBr, 22. 12. 1856, an Julius Bahnsen

det. *In den folgenden Briefen an den Philosophen bringt Becker jedoch seine eigenen Zweifel am mystischen Charakter der Schopenhauerischen Moralphilosophie zum Ausdruck. Hiermit verfolgt er eine Tendenz, die den Rahmen des Schopenhauerschen Werkes überschreitet und die philosophiegeschichtlich in der späteren Kritik Nietzsches wirksam werden sollte.*

Der Disput, der sich zwischen Schopenhauer und Becker entspinnt, ist vor dem Hintergrund der nach-kantischen Ethikdiskussion zu sehen. Schopenhauer wie auch Hegel richteten sich gegen Kants Pflichtethik, d. h. gegen die Annahme eines moralischen Sollens. Die Voraussetzung eines absoluten Gottes, auf die sich ihrer Ansicht nach die Kantische Moralphilosophie stützte, galt ihnen als unhaltbar. Zudem gingen sie davon aus, daß ein moralisches Sollen an der Natur des Menschen abprallt, ohne eine Wirkung zu zeitigen. Moralpredigen ist leicht, Moralbegründen schwer, heißt es bei Schopenhauer mit dem Blick auf die Ethik Kants.[1] Während Hegel eine eigene Moralbegründung unterläßt und stattdessen Moral in der höheren Sphäre der Sittlichkeit aufgehoben sieht, hält Schopenhauer an der Notwendigkeit einer Ethik fest. Diese muß jedoch in der leibhaftigen Wirklichkeit der Menschen angelegt sein, soll sie nicht haltlos sein und auf bloße Appelle an den guten Willen hinauslaufen. Als Becker Schopenhauer deshalb nach dem Mittelpunkt der hunderttorigen Stadt seiner Philosophie fragt, nach seiner Ethik, empfiehlt dieser die Lektüre der Schrift »Ueber den Willen in der Natur«. Die Moral, die eines wirklichen Grundes nicht ermangelt, wurzelt im »allein Realen« in der Welt, im Ding an sich. »Eben jenes uns so Vertraute und doch so Geheimnisvolle, was wir in unserem Selbstbewußtsein als den Willen finden und welches vom Intellekt gänzlich verschieden ist« (Brief an Becker vom 3. August 1844).

1 N, 140

Hier sind die Grundvoraussetzungen für Schopenhauers Moralphilosophie benannt: die Bedingungen für moralisches Handeln müssen im Kern des Menschen und nicht in transzendenten Hypothesen verankert sein. Dieser Kern ist nicht rational, womit angedeutet wird, daß Moral nicht länger, wie bei Kant, primär auf vernünftiger Überlegung basiert, sondern daß die moralische Qualität einer Handlung von einer Änderung des metaphysischen Wesens des Menschen abhängt. Das Geheimnisvolle dieses Wesens, des Willens, ist angesprochen. Vernunft kann eine solche Änderung letztlich nicht ergründen. Die Wendung des Willens zum Guten ist ein Mysterium, der Boden, aus welchem die seltene Pflanze moralischen Handelns erwächst: der Mensch wird ein anderer – auch angesichts seines unveränderlichen Charakters. Das heißt: Der Intellekt liefert dem Willen keine Motive mehr, agiert also nicht mehr mit dem Ziel der Selbsterhaltung und in der Form egozentrischer Beschränkung, sondern ist davon frei geworden. Selbst der Tod flößt keine Furcht mehr ein und wird freudig begrüßt. Das alte Motiv aus dem Korintherbrief: »Der Tod ist verschlungen in den Sieg. Tod, wo ist dein Stachel, Hölle, wo ist dein Sieg?« taucht inmitten der Schopenhauerischen atheistischen Moralbegründung auf. Die Bejahung des Leids in Nietzsches Philosophie des Übermenschen klingt an, der dieses Element der Moralphilosophie Schopenhauers aufgreift, ohne daß er jedoch dem Triumph über den Tod die Willensverneinung vorausgehen läßt.

Die Willensverneinung, ein metaphysisch-mysteriöser Vorgang, bleibt nicht im Verborgenen; sie tritt empirisch zutage. Schopenhauer bezieht sich gerne auf das Leben und Wirken von Heiligen, die in der Lage waren, ihre Subjektivität zu entgrenzen und sich mit dem Leiden anderer zu identifizieren, um es tätig zu beheben. Heilige werden, so Schopenhauer, durch den bloßen Anblick des Leids zur mitleidsvollen Tat bewegt; der Normalmensch hingegen kann auf andere Weise, dem δεύτερος πλοῦς folgend, durch persönliche Leiderfahrung zur Identifikation mit dem Leid der anderen angeregt werden.

Becker versucht, scharfsinnig und spitzfindig zugleich, Schopenhauers Position zu durchbrechen: wenn sich der menschliche Charakter nicht ändert, wie kann dann der Mensch in der mitleidigen Tat ein anderer, ein Heiliger, sein? Wenn unsere Erfahrung immer am Leidfaden der Kausalität verläuft: wie können dann moralisch wertvolle Handlungen, bei denen dieser Faden abgerissen ist (Der Intellekt agiert nicht mehr als Motiv-Sucher für den Willen!), überhaupt wahrgenommen werden? Das Mysteriöse dieses Vorganges, an dem später Nietzsche sich stieß, als er dazu aufforderte, das Unbekannte nicht zu vergöttern, war dem Juristen Becker ein Dorn im Auge.

Becker erkannte die Problematik, die entsteht, wenn angesichts eines radikalen Atheismus und einer bloß instrumentell gedachten Vernunft Handlungen moralischer Wert beigemessen wird. Für wen haben sie Wert, wenn es keinen Gott mehr gibt, der solchen verbürgt, und wenn die Vernunft ihre Rolle als Hüterin der Moral verloren hat? Was kann dann noch als Maßstab dienen? Schopenhauers Antwort auf Beckers Fragen, die moralische Handlung habe nur für den moralisch Handelnden Wert, der Maßstab liege also beim Menschen selbst, verrät die Angreifbarkeit und Zerbrechlichkeit seiner moralischen Begründung und des mit ihr verknüpften Wahrheitsanspruchs: ist doch der Mensch gemäß der Schopenhauerischen Willensmetaphysik eher dem Teufel ähnlich als dem Heiligen.

Dennoch hält Schopenhauer an seiner Ethik fest, die, wie er sagt, »am bewölkten Himmel unseres Daseyns und seines Spiegels, meiner Philosophie, der einzig lichte Fleck ist« (Brief an Becker vom 10. Dezember 1844). Obwohl die Moral weder an Gott, noch an der Vernunft länger eine Stütze findet, will er sie nicht preisgeben. Er insistiert auf der Negation des Willens durch den Menschen. Nur so wird die allge-

genwärtige, dem Zweck der Selbstbehauptung dienende Macht in der eigenen Person überwunden und der Mensch in die Lage versetzt, für andere mitzuleiden und fremdem Leid tätig Abhilfe zu schaffen. Egozentrismus und subjektiv beliebiger Pragmatismus behalten dann nicht das letzte Wort. Der rein philosophische Briefwechsel mit Becker bricht mit Beckers Brief vom 16. Dezember 1844 ab. Grund hierfür war Schopenhauers Überdruß am beharrlichen Widerspruch Beckers, der dazu neigte, um des Disputes willen zu disputieren.

Die Erörterung der ethischen Fragen bleibt in Schopenhauers Briefwechsel nicht auf Becker beschränkt. Auch Frauenstädt, Doß und andere, unbekanntere Briefpartner, wie z. B. der Student Bötticher, befassen sich in ihren Briefen mit Schopenhauers Moralphilosophie. Doß und Becker korrespondieren ebenfalls untereinander ausführlich über dieses Thema, wobei Becker im Einvernehmen mit Schopenhauer dem späteren Jünger seinen Briefwechsel mit Schopenhauer aus dem Jahre 1844 zur Verfügung stellt. Schopenhauer ist, wie im Brief an Frauenstädt vom Mai 1854, auf die Richtigstellung von Einzelheiten seiner Moralphilosophie bedacht. Während der junge Julius Bahnsen den Nutzen beschreibt, den er persönlich aus der Philosophie der Willensverneinung gezogen hat, räumt Dr. Franz Bizonfy aus Zürich dem eigenen Vernehmen nach Schopenhauers Willen zum Leben den Vorrang ein (Brief von Bizonfy vom 4. Dezember 1854). Die moralische Botschaft der Willensverneinung kam nicht bei allen Briefpartnern Schopenhauers an. Einige Ehemänner versetzte sie auch in Verlegenheit. Schopenhauers humorvolle Bemerkung: »praxis et multiplex«[1] hat ihnen sicherlich hieraus geholfen. Daß Dr. Perner, der »berühmte Vorsteher aller Thierschutzgesellschaften« (Schopenhauer an Frauenstädt, 16. September 1850) Schopenhauer zur Un-

1 GBr, 406

terstützung seiner Gesellschaft zu gewinnen suchte, ist kein Zufall: Schopenhauer, der dem Frankfurter Tierschutzverein gleich nach seiner Gründung beigetreten war, hatte im Jahre 1850 dem jungen Doß, der mit Perner und seinen Bestrebungen vertraut war, ein Exemplar seiner 1841 erschienenen Ethik-Schrift für Perner mitgegeben. Anhand der Schrift wußte Perner, daß die Schopenhauerische Ethik den Bereich des Zwischenmenschlichen überschreitet und die gesamte Natur umfaßt, mit ihr die Tiere.

Johann August Becker an Schopenhauer

Wiesbaden, 31. Juli, 1844

P.P.

Ich nehme mir die Freiheit, Ihnen unbekannter Weise eine Bitte vorzutragen, auf die Gefahr hin, daß Sie dieselbe, als eine unbescheidene, keiner Berücksichtigung würdigen.

Ich bin seit einiger Zeit gewissermaßen Ihr Schüler u Ihnen zu vielem Dank verpflichtet.

Ich hatte mich früher mit Kant beschäftigt, war aber später an meinem Berufe zum Philosophiren überhaupt völlig irre geworden, als ich versuchen wollte, mich auch mit der Weisheit bekannt zu machen, welche die nach ihm aufgetretenen »summi philosophi« zu Markte brachten, u als ich da fand, daß ich hier fast alles was ich von Kant gelernt zu haben glaubte, nicht brauchen konnte, dagegen aber die Auffassung der neuen Lehre ein geistiges Organ voraussetze, ganz anders beschaffen als die von Kant kritisirten Vermögen, u von welchem ich zu meinem Leidwesen in meinem Innern nichts gewahr werden konnte. – Ich hatte daher demüthiglich resignirend seit geraumer Zeit in philosophicis »meine Sach' auf Nichts gestellt« – als mir rein zufällig Ihre »Grundprobleme der Ethik« – in die Hände fielen.

Dieser Bekanntschaft verdanke ich vor allem ein wieder-erwachtes Vertrauen zu der Totalität meiner Geisteskräfte, – da ich hier eine Behandlung philosophischer Fragen fand, der ich, zwar nicht ohne Anstrengung, aber doch ohne einen »sechsten Sinn der Fledermäuse« zu folgen vermochte.

(Vorher war mir höchstens dann u wann u undeutlich ein Bedenken aufgestoßen, ob nicht die lauten Verehrer der Identitätsphilosophie etc. die mir doch in andern Beziehungen nicht wie besondere Genies vorkamen, sich in ähnlicher Lage befunden haben mögen, wie die Hofleute vor Tyll Eulenspiegels Vexirbild, das nach seiner Versicherung nur Ehrlich geborne sollten sehn können) –

Ich wurde nunmehr begierig, Ihre ganze Weltanschauung kennen zu lernen, und habe einstweilen Ihren »Satz vom Grunde« – Ihre »Welt als Wille etc« in der ersten Auflage, – sodann den jüngst erschienenen 2ten Band durchgelesen.

Schon jetzt hat mir diese Lectüre vielfachen Genuß gewährt, wenn ich mich auch nur an dem wunderbaren Reichthum der einzelnen Partien ergötzt habe, u noch nicht zum Verständnisse des Ganzen durchgedrungen bin. – Dieses Verständniß wünsche ich mir nun durch ein reiflicheres Studium zu erwerben, u die Bitte, welche ich Ihnen vorzutragen habe, betrifft einige Beihilfe von Ihrer Seite zu diesem Zwecke.

Gerade der Mittelpunkt der »hundertthorigen Stadt« (die Lehre von der Bejahung u Verneinung des Willens) ist es nämlich, deren Zusammenhang mit den Lehren des ersten u zweiten Buchs ich mir noch nicht klar machen konnte. Ich bin hier auf Widersprüche gestoßen, die wie mir eine Art Instinct sagt, gewiß nur scheinbar sind, die ich mir aber im Augenblicke nicht zu lösen vermag. –

Meine Bitte wäre nun die: daß Sie mir erlauben möchten, Ihnen diese meine dubia vorzutragen, u daß Sie, wenn es Ihre Zeit erlaubt, durch einige Fingerzeige mich aufmerksam machen möchten, welchen Theil Ihrer Lehre ich mißverstanden habe, damit ich bei meinem zweiten Studium auf ihn meine hauptsächliche Aufmerksamkeit verwende. –

Die Bitte ist freilich etwas unbescheiden u sieht so ziemlich der um ein Almosen von Seiten eines völlig Unbekannten ähnlich. Denn für die Belehrung welche ich zu empfangen wünsche, vermag ich meinerseits nichts zu bieten; ich wäre bei einem solchen Verkehre der allein gewinnende Theil, u Sie hätten davon nichts, als etwa eine Notiz darüber, auf welche Weise Sie von gewöhnlichen Menschenkindern, die Ihnen nachzudenken versuchen, miß verstanden werden, eine Erfahrung die Ihnen wohl nichts Neues seyn wird. –

Zur Unterstützung meiner Bitte weiß ich daher in der That nichts weiter vorzubringen, als die Versicherung, daß Ihr Almosen wirklich zur Befriedigung eines »metaphysischen Bedürfnisses« dienen werde, u nicht von vorn herein als weggeworfen zu betrachten sey, indem Sie bei mir nur den ernsten Wunsch nach Wahrheit ohne alle Nebenzwecke finden, und keinerlei Vorurtheil, welches dem gesuchten × schon im Voraus seinen Werth bestimmt hätte, u darum jeden Calcul zu verwerfen geneigt wäre, der ein anderes Resultat geben sollte. –

Ob nun das hinreiche, um als Motiv zu wirken, das wird mir Ihre kurze Antwort, oder Ihr Schweigen, welches auch eine Antwort wäre, – beweisen. –

Mit der ausgezeichnetsten Hochachtung

Ihr ergebenster

Becker

Advokat

Frankfurt d. 3ten August 1844.

Geehrtester Herr!

Ihre Theilnahme an meiner Philosophie ist mir durchaus erfreulich und sehr schätzbar. An der Wirkung auf Einzelne und wirklich Unbefangene hat man einen Maaßstab der künftigen Wirkung auf einen weiten Kreis, welche so gar vieler Zeit bedarf, daß man sie nicht immer erlebt, – aus Gründen, die ich in der Vorrede zur 2ten Aufl. ausgesprochen habe. – Ich werde mich daher gern herbeilassen, Ihre Skrupel, so weit es geht, zu lösen. Nur wollen Sie erwägen, daß briefliche Erörterungen, in Dingen dieser Art, nur von beschränktem Umfang seyn können, daher man, von beiden Seiten, sich der Präcision und Koncision zu befleißigen hat. Demnach wünschte ich, daß Sie zuvor versuchten, ob nicht bei genauerm Studium des 2ten Bandes Ihre Skrupel von selbst verschwänden: jedenfalls werden solche dabei sich deutlicher gestalten und eben dadurch leichter zu lösen seyn. Zu diesem Zweck bin ich so frei Ihnen ein Exemplar meiner Schrift »über den Willen in der Natur« beizulegen, welches ich Sie bitte als ein Zeichen meiner Freude über Ihre Theilnahme anzunehmen. In dieser kleinen Schrift ist der eigentliche Kern meiner Metaphysik deutlicher, als irgendwo, dargelegt, und sie ist besonders geeignet, die so nöthige Ueberzeugung hervorzubringen, daß das innere Wesen aller Dinge, mithin das allein Reale in der Welt, also das Ding an sich, eben jenes uns so Vertraute und doch so Geheimnißvolle ist, was wir in unserm Selbstbewußtseyn als den Willen finden und welches vom Intellekt gänzlich verschieden ist, wie ich besonders Kap: 19 des 2ten Bds gezeigt habe. Diese Ueberzeugung, nebst der von der völligen Idealität der Körperwelt, als welche, (wie auch K a n t in der allein ächten e r s t e n Ausgabe der Kr: d. rein: V. eben so entschieden wie ich ausspricht) bloß in unserer Vorstellung existirt, sind die Grundlagen meiner Lehre, von welchen ausgehend man das Uebrige leicht fassen, und die Kraft der Wahrheit in sich spüren wird. Inzwischen zu praktikabler Nachhülfe gern bereit bin ich hochachtungsvoll

Ihr ergebener Diener

Arthur Schopenhauer

Johann August Becker an Schopenhauer

Wiesbaden 12. August 1844

Hochgeehrtester Herr Doctor!

Vor allem meinen wärmsten Dank für Ihre freundliche Zuschrift vom 3ᵗ d. u das damit verbundene, so unerwartete als schätzbare Geschenk. – Sie haben mir damit auch praktisch bewießen, daß *Ihre* Quelle des ethischen Handelns reichlicher fließt, als Kants kategorischer Imperativ, der (nach seiner »Tugendlehre« wenn ich nicht irre) nur eigne Vollkommenheit u fremdes Wohl als Zweck gelten läßt, nicht aber fremde Vollkommenheit, als für welche jeder selbst zu sorgen habe.

Zugleich bin ich so frei, von Ihrer eventuellen Erlaubniß Gebrauch zu machen, u Ihnen einen meiner hauptsächlichsten Skrupel – so kurz als es eben gehen wollte, vorzulegen, mit dem Wunsche, daß Sie mir gelegentlich die gütig versprochne practicable Nachhilfe zu Theil werden lassen – wenn auch nur mit einigen Andeutungen u Verweisungen auf die einschläglichen Stellen Ihrer Werke. –

Wenn ich hiebei etwas voreilig verfahren und Ihren sehr guten Rath, vorerst die Resultate gründlicheren Studiums abzuwarten, außer Augen gelassen habe, so geschah das freilich aus etwas egoistischen Gründen: – Grade mein hiesiger Aufenthalt gibt mir die Muße zu solchen Meditationen u später würden meine Berufsgeschäfte manchfache Stöhrungen mit sich bringen. – Ich wollte daher diese Zeit benutzen, was freilich die Inconvenienz mit sich führt, daß ich hier auch in Hinsicht auf geistige Beschäftigung gewisse Diät beobachten muß. – Indeß der verzeihliche Wunsch eine so interessante Bekanntschaft nicht gleich wieder abzubrechen u ihre Ausbeute nicht auf längre Zeit hinauszuschieben, so wie die Hoffnung auf Ihre gütige Nachsicht haben als Motiv das abstracte Gegenmotiv überwogen, welches mir anrieth, Ihnen nicht mit unreifen Gedanken zu Last zu fallen. –

Da ich nun einmal in eine zudringliche Melodie gerathen bin, so wage ich, da es in einem hingeht, noch die weitere Bitte um einige Notizen über Ihre Stellung in dieser Erscheinungswelt. – Ich habe zu meinem Erstaunen Ihren Namen weder im alten Conversationslexicon noch in dem der Gegenwart obgleich Brockhaus Ihr Verleger ist, gefunden, u es ist mir von Ihren Verhältnissen gar nichts bekannt; selbst Ihren Aufenthaltsort habe ich nur aus dem Datum Ihrer letzten Vorrede entnommen, u darauf hin auf Gut Glück meine Epistel gewagt. Es wäre mir aber natürlich sehr interessant etwas näheres zu erfahren, über einen Mann, der mir wahre Hochachtung und Verehrung abgenöthigt hat, durch seine Denkkraft u sein Wissen, u die in unsrer Zeit der Rücksichten fast beispiellose Offenheit, mit welcher er die Resultate seiner Forschungen redlich darlegt. Daß Jean Paul Sie beurtheilt hat – habe ich aus Ihrem zweiten Theile ersehen, u werde das sobald ich nach Hause komme nachlesen. –

Mit der ausgezeichnetsten Hochachtung
Ihr dankbar ergebenster
Becker

Dubia.
»Die Freiheit des Willens kann bei dem individuellen Menschen auch in der Erscheinung eintreten I. p. 143. 567. [W I,

340.467] – unmittelbar in der Erscheinung sichtbar werden (I p. 577 [W I, 476]) – in sie eingreifen (I p 578 [WI, 477]); jedoch nur in einem einzigen Ausnahmefalle (durch Negation alles Wollens) –«

Ist dieser Satz vereinbarlich mit der Lehre von der Unveränderlichkeit der Karaktere? –

Die Frage ist pag I 577. aufgeworfen. – Die Antwort scheint mit aber nicht genügend, vielmehr 1.) die Gründe für die Möglichkeit eines völligen Aufhebens des Karakters – auch für die Möglichkeit einer Modification desselben – u umgekehrt 2.) die Gründe für die Unmöglichkeit einer Aenderung des Karakters auch für die Unmöglichkeit einer Aufhebung desselben zu sprechen. –

ad 1. Ist ein *neuer* allgemeiner Willensakt *inmitten der Erscheinung* des ursprünglichen *darum* möglich weil die Erkenntnißweise des Individuums sich geändert hat (I p 578 [W I, 477]) warum sollte ein solcher neuer Willensact nicht ebensogut bei theilweiser – als bei gänzlich veränderter Erkenntnißweise möglich seyn?

Wenn der Wille in seiner Erscheinung der Macht der Motive ganz entzogen werden kann, *dadurch* daß der Schleier der Maja im höchsten Grade durchsichtig geworden, warum sollte er dieser Macht nicht auch *theilweise* entzogen werden können dadurch daß dieser Schleier in *minderem* Grade durchsichtig geworden? daß seine Erkenntniß dem Satz vom Grunde nicht mehr schlechthin nachgeht, sondern *anfängt* das principium individuationis zu durchschauen, nicht mehr gänzlich in ihm befangen ist? –

Kann er, nach erlangter Erkenntniß eine *neue Maxime frei* ergreifen (I p 443 [f.] [W I, 363]) – warum sollte er diese neue Maxime nicht – nach jedesmaliger Veränderung seiner Erkenntnißweise u der jedesmaligen Beschaffenheit derselben gemäß wählen können?

Wenn der Wille als Ding an sich *in einem u dem nämlichen Individuum* die beiden Extreme seiner Richtung (esse u non esse) kund geben kann, warum sollte er nicht auch seine ursprüngliche Freiheit ebenso *durch Modification* des esse kund geben können (womit immer noch keine Freiheit des operari gesetzt wäre, sondern nur eine neue *allgemeine* nicht einzelne Willensäußerung, wie sie p 443 – als denkbar angeführt wird, sofern sie als Aufheben alles Wollens erscheint).

Warum soll der Wille, wenn er im einzelnen *Individuum* »davon fliegen« kann, nicht auch in ihm »die Flügel schlagen« können II p 603 [W II, 695] – oder (ohne Bild) – warum soll aus einem bösen Menschen zwar unmittelbar ein Heiliger aber nicht ein Gerechter – oder Edler werden können?

Daß das letzte nicht möglich sey, wurde ad II. wesentlich daraus deducirt, daß der Mensch – wie jede andere Erscheinung (= Vorstellung I p. 165 [W I, 134] – dem Satz vom Grunde unterworfen ist, daß der Individualkarakter als ein untheilbarer außerzeitlicher Willensakt zu betrachten (I p. 166. 167. 410. 412. 415. II p. 319. [W I, 135 f., 337 ff, 341; W II, 362 f.])

Wo wäre nun aber in der zeitlich auseinandergezogenen Erscheinung dieser Einheit – die Lücke, in die irgend ein *neuer* Willensakt »eingreifen« könnte? Wenn die Handlungsweise, welche Negation des Willens genannt wird – doch immer Erscheinung, Phänomen, bleibt (I p. 433. 559. 572 [W I, 354 f., 460, 471]) – also Vorstellung für ein Subject – wie ist auch nur *eine einzige* Ausnahme von den Formen *alles* Vorstellungsseyns denkbar?

Ist nicht die veränderte Erkenntnißweise, der die veränderte Handlungsweise *folgt* – a) Wirkung einer Ursache – u b) selbst Ursache dieses neuen Phänomens mit aller Nothwendigkeit des Causalnexus? –

Es wird das I p 567 [W I, 466 f.] geläugnet – allein wie mir scheint aus einem Grunde in abstracto, der für den concreten Fall nichts bedeutet

228

»es läßt sich immer ein an Heftigkeit überlegener Wille denken.«

Das sagt wohl nicht mehr, als daß das *nämliche* Leiden nicht *jeden* Willen bezwinge – daraus scheint aber nicht zu folgen, daß der concrete Wille, welcher wirklich *bezwungen wurde*, nicht mit Nothwendigkeit bezwungen wurde, – so wenig als geschlossen werden kann, die Motive wirkten nicht nothwendig, weil nicht das *nämliche* Motiv auf *jeden* Karakter wirkt. –

Schon die Ausdrücke: den Willen bezwingen (567 [W I, 467 »unbezwungen«]), brechen (564 [W I, 464]), verbrennen, in den Hafen der Resignation treiben (II, 625 [W II, 725], Reaction auf den Willen (I [= II,] 608 [W II, 701]) u. deuten auf eine Nothwendigkeit hin.

Wäre demnach nicht zu sagen: daß das Quietiv ebensogut eine Ursache i w. S. sey wie das Motiv – das *Motiv* die Gelegenheitsursache für das Hervortreten des positiven, das *Quietiv* Gelegenheitsursache für das Hervortreten des negativen Willens? und wäre der Wille, welcher umkehrt, nachdem er sich die Hörner abgelaufen, nicht etwa zu vergleichen der Billardkugel, welche senkrecht ans Band schlagend die entgegengesetzte Richtung ergreift?

Dann könnte aber nicht gesagt werden, »daß nicht bloß der Wille an sich sondern *auch der Mensch frei sey*«, zu bejahen oder zu verneinen (I, 413 [W I, 340]).

Schopenhauer an Johann August Becker

Frankfurt d 23 Aug 1844
Werthester Herr Becker!

Empfangen Sie meine Erwiderung auf Ihre sehr scharfsinnigen Einwendungen, bei welcher ich voraussetzte, daß Sie solche selbst im Koncept vor sich haben. –

Sie haben Ihre Skepsis auf einen sehr hohen und zugleich

dunkeln Gegenstand gerichtet, auf das Formelle und Theoretische des Vorgangs, den die Kirche unter dem Namen der Wiedergeburt durch Gnadenwirkung kennt, und welcher selbst, als das Verhältniß des Reiches der Natur zum Reiche der Gnade, das Thema vieler theologischer Kontroversen gewesen ist. –

Ihre Argumentation gegen meine Theorie der Sache geht dahin, daß Veränderlichkeit des Charakters eines individuellen Willens unzertrennlich sei von der Möglichkeit der gänzlichen Aufhebung (Verneinung) eines solchen Willens; und ebenfalls die Unmöglichkeit jener, von der Unmöglichkeit dieser; so daß beide mit einander stehn und fallen. – Dies Argument hat nun zunächst nicht die Analogie der anschaulichen oder Körper-Welt (welche doch das Schema ist, woran wir unsre Vorstellungen und Gedanken prüfen) für sich: vielmehr finden wir in dieser die Möglichkeit der Aufhebung und die der Veränderlichkeit einer Sache als verschieden und trennbar. Denken Sie sich z. B. ein durch Uhrwerk getriebenes mechanisches Theater, auf welchem mancherlei Figuren successiv auftreten und agiren; so hat dies Schauspiel seinen unabänderlichen Verlauf: hemmen Sie jedoch das *primum mobile*; so stockt es und hört ganz auf. Im Allgemeinen aber: daß Etwas seyn, oder auch nicht seyn könne, schließt nicht nothwendig ein, daß es auch sein Wesen verändern und fortan als ein Anderes daseyn könne: sondern in vielen Fällen steht es so: entweder es ist, oder es ist nicht: ist es aber, so ist es wie es ist und nicht anders. Die *Existentia* eines Wesens läßt sich aufheben, und mit ihr fällt dann auch seine *Essentia* weg: aber daraus folgt nicht, daß wir ihm die *Existentia* lassen, jedoch seine *Essentia* verändern können. Sondern, soll die *Essentia* nicht mehr seyn wie sie ist; so muß sie mit der *Existentia* aufgehoben werden. – Eben so nun also: bejaht sich der Wille zum Leben in einem Individuo; dann hat und behält es seinen individuellen Charakter; weil jener Wille sich in diesem Charakter und als dieses Individuum bejaht: oder aber er verneint sich, und dann hört er ganz auf zu wollen, wodurch der ganze Charakter des Individuums aufgehoben ist.

Sie wissen aus Kants von mir so oft angezogener Darstellung, daß der *empirische* Charakter eines gegebenen Menschen bloß die in der Form der Zeit auseinandergezogene Erscheinung seines *intelligibeln* Charakters ist: dieser letztere, als Ding an sich, hat nicht die Form der Zeit an sich und liegt daher außerhalb der Möglichkeit aller Veränderung, hat demnach die Einheit eines einzigen Willensakts. Woher sollte denn nun in jenen *empirischen* Charakter die theilweise Veränderung hineinkommen? Wohl aber kann der ganze Willensakt, welcher der *intelligibele* Charakter ist, wie er an sich und außerzeitlich w i l l, auch eben so *nicht* w o l l e n, – statt eines *Velle*, auch ein *Nolle* seyn; – wodurch dann auf Ein Mal die Erscheinung in der Zeit, – der *empirische* Charakter, – das Gegentheil der bisherigen wird, d. h. Alles, was er bisher wollte, nicht mehr will; weil die ganze Position sich in Negation verkehrt hat.

Sie meinen aber, durch das Mehr oder Minder der Durchschauung des *principii individuationis* könne, so gut wie eine totale Unwirksamkeit, auch eine veränderte oder verminderte Wirksmkt der Motive entstehn. Allein diese Durchschauung, sei sie in stärkerem oder schwächerem Grade vorhanden, leistet zunächst und an sich bloß Dies, daß sie den Menschen für die Motive des Mitleids empfänglich macht, nach Maaßgabe seines Charakters, als welcher bald mehr, bald minder bestrebt ist, diese Erkenntniß nicht aufkommen zu lassen. Durch solche Durchschauung wird nun zwar die Verneinung des Willens vorbereitet, aber nicht herbeigeführt, also auch nicht gradweise. Sondern erst nachdem jene Durchschauung den höchsten Grad erreicht hat (der dem Siedepunkt des Wassers verglichen werden mag,), kann, als ein ganz neues Phänomen, die Verneinung des Willens eintreten, indem der Mensch, mit Einem Male, das Leiden der ganzen Welt als sein eigenes, – oder aber, beim δεύτεϱος πλοῦς, sein eigenes als das der ganzen Welt, – auffaßt. Hiedurch entsteht, in seltenen Fällen, bei ihm jene plötzliche und totale Veränderung, welche seinem Wesen so fremd ist, daß man sie einem von diesem verschiedenen (dem heiligen Geist) zugeschrieben und daher Gnadenwirkung und Wiedergeburt genannt hat, unter dem Bilde, daß jetzt der alte Adam in ihm abgestorben sei und er selbst einen neuen Menschen angezogen habe, in Christo wiedergeboren sei, nachdem er der Welt abgestorben. – Darum also kann aus einem bösen Menschen unmittelbar ein Heiliger, nicht aber ein Gerechter und Guter werden. Diese Theorie wird durch die Erfahrung bestätigt: sehn Sie nur z. B. Bd. II, p. 626 [W II, 726], die erste Galgenpredigt: dieser ruchlose Mörder ist ganz gleichgültig gegen sein eigenes bevorstehendes Schicksal, welches die Andern zitternd ansehn: sein ganzer Antheil ist der am Seelenheil der Andern. – Das ist 1000 Mal dagewesen, und ist keine Komödie.

So viel als Antwort auf Ihr *ad I*; jetzt zum *ad II*.

Hier stellen Sie 3 Fragen, worauf ich jetzt 3 Antworten, *sub a. b. c.* gebe.

a). Der neue Willensakt greift nicht in eine Lücke ein, sondern reißt den ganzen Faden ab: daher sieht, von Dem an, der Mensch auf seinen frühern Lebenslauf zurück, wie auf ein Fremdes. Der ganze außerzeitliche und daher untheilbare Willensakt, der sich als sein Charakter darstellte, ist aufgehoben: er will daher *gar nichts* mehr. Sehn Sie z. B. die Worte der Guion, von mir angeführt 1ste Aufl. *p.* 561 [W I, 462].

b) Auch findet eine solche Ausnahme nicht Statt; sondern es ist das *Erscheinende* selbst, was sich geändert hat, sofern es, statt ein *Velle*, jetzt ein *Nolle* ist, demgemäß auch das Phänomen in der Zeit ein umgekehrtes geworden ist. Dies noch zu erläutern: Könnte z. B. die chemische Qualität eines gegebenen Körpers, von innen aus, sich gänzlich ändern, also etwan Blei sich in Gold verwandeln; so würden, von dem Augenblick an, die Wirkungen desselben ganz andere seyn, ohne daß hiebei das Gesetz der Kausalität eine Ausnahme erlitten hätte: sondern das Wirkende, die Grundlage aller Wirkungen, hätte sich geändert, indem jetzt Gold als Gold wirkte, wie vorher Blei als Blei. Eine solche innere Umwandelung ist bei keinem Wesen, als nur beim Menschen, möglich; weil in ihm allein der Wille zum vollen Selbstbewußtseyn gelangt und hierauf wieder kraft seiner urspünglichen Freiheit sich entscheidet, entweder zum abermaligen, jetzt bewußten Wollen des bis dahin bewußtlos Gewollten; – oder aber umgekehrt. Daher also kann hier möglicherweise die ursprüngliche Freiheit des Willens die Erscheinung plötzlich umkehren. Diesem Hergang entspricht es, daß die Kirche eine solche Aenderung als nicht auf natürlichem, sondern auf übernatürlichem Wege, – durch Gnadenwirkung, – geschehend ansieht. Allerdings ist der Vorgang eigentl. ein übernatürlicher und dem Wunder zu Kana zu vergleichen. Man muß bei demselben sich auf die darüber vorhandene Erfahrung berufen und solche richtig auslegen.

c.) Hier ist Ihre Argumentation am stärksten und schwer zu widerlegen. Indessen ist dagegen Folgendes geltend zu machen.

Ihr Argument erhält seine Stärke daher, daß das Gesetz der Kausalität die Form unsers Verstandes ist, weshalb wir nicht umhin können, jede Veränderung als Wirkung einer Ursache aufzufassen. Darum ist die Freiheit ein Gedanke, den wir wohl andeuten und ihm seine Stelle anweisen, nicht aber ihn deutlich denken können. Allein hier ist nun an Das zu erinnern, was ich an vielen Stellen (z. B. 1ste Afl. *p.* 189, 190, 204 [W I, 154 f., 166]; – Bd. 2, *p.* 16, 48, 301, 302 [W II, 17, 52, 339 f.]) dargethan habe, daß nämlich das Gesetz der Kausalität, wo es in der Natur auftritt, nicht eine *vorausset-*

zungslose Gültigkeit habe, sondern seine *Voraussetzung* die Naturkräfte sind, welche jeder Ursache die Kausalität ertheilen und höher hinauf als Lebenskraft, endlich als bewußtes Wollen sich darstellen; daß also die Kausalität bloß der Leitfaden ist, an dem die Erscheinungen jener Kräfte ihre Stellen in der Zeit einnehmen. Alle diese Kräfte aber erkennen wir als an sich selbst identisch mit dem W i l l e n in unserm Selbstbewußtseyn: daher sind sämmtliche Wirkungen in der Natur eigentlich Aeußerungen des Willens, auf den verschiedenen Stufen seiner Objektivation. Folglich ist der *Wille, im Proceß seiner Bejahung* auf allen Stufen, die *Voraussetzung* der Gültigkeit des Kausalitätsgesetzes. Hingegen da, wo die Aufhebung, die V e r n e i n u n g dieses Willens eintritt, hört auch die Gültigkeit jenes Gesetzes auf; daher dasselbe hier nicht mehr Anwendung findet.

Außerdem ist noch zu sagen, daß Ihr Einwand eigentlich bloß beim δευτερος πλους geltend gemacht werden kann, als wo wirklich die innere Veränderung in Folge einer äußern (großes Unglück) eintritt. Hingegen bei der Wendung und Verneinung des Willens in Folge bloßer, immer klärer werdender Erkenntniß und nachdem diese den höchsten Grad erreicht, hat sich in der objektiven Außenwelt nichts geändert, sondern bloß die richtige und klare Erkenntniß ihres Wesens ist plötzlich aufgegangen. –

Jetzt aber g e s e t z t, diese Argumente reichten nicht aus, und Sie behielten in Ihrem letzten Artikel und dadurch mittelbar in den vorhergegangenen Recht; so würde dadurch freilich der große, terminale Vorgang, um den unser Kontrovers sich dreht, mit an die alles Andere umschließende Kette der Nothwendigkt gelegt seyn. Allein hiedurch würde mein System doch noch nicht eigentl. fatalistisch werden, ja, in der Hauptsache würde nicht eine Grundveränderung herbeigeführt seyn, – weil nämlich die ganze Welt der Vorstellung doch nur die Objektivation des *Willens* ist, zu dieser aber auch ihre Formen und was ihnen anhängt, also der Satz vom Grunde, welcher allein alle Nothwendigkt einführt, gehört: was immer daher an diesem Leitfaden eintreten mag, gehört in letzter Instanz doch zur Objektivation des *Willens*, ist also von diesem ausgegangen. Folglich würde der entstehende Unterschied, bei Ihrem oder meinem Rechtbehalten, bloß dieser seyn, ob jene finale Katastrophe des Willens durch die Formen seiner Ojektivation und den dadurch entstehenden regelmäßigen und unausbleiblichen Verlauf herbeigeführt würde; oder aber durch einen außerordentlichen, ursprünglichen, alle Formen beseitigenden Akt, dem wir deshalb eigentliche Freiheit beilegten. Im ersteren Fall wäre die Welt ein mit Nothwendgkt sich vollziehender Läuterungsproceß des Willens.

Es soll mich freuen, wenn ich Ihnen genug gethan habe: jedenfalls werden Sie erkennen, daß ich Ihrer Skepsis die Aufmerksamkeit gewidmet habe, welche der Scharfsinn derselben und Ihr gründliches Studium meines Systems verdient. Mit wahrer Hochachtung

Ihr ergebener Diener

Arthur Schopenhauer

Johann August Becker an Schopenhauer

Alzey 10 Spt.ʳ 1844

Hochgeehrtester Herr Doctor!

Ich habe Ihnen noch den Empfang Ihres Werthen vom 23ᵗ v. M. anzuzeigen und meinen Dank zu sagen für die freundliche Beachtung, welche Sie meinen skeptischen Einfällen haben zu Theil werden lassen.

[...]

Was nun das Thema unsrer bisherigen Unterhaltung betrifft, so waren mir Ihre Bemerkungen ad I größtentheils einleuchtend, – nicht aber die Bemerkungen ad II, die vielmehr wieder neue Zweifel in mir rege machten, namentlich Ihr Satz: »daß der Wille im *Prozeß seiner Bejahung* die Voraussetzung der Giltigkeit des Causalgesetzes sey.«

Dieser Satz führte, nach meinem Gedankengange zu einem, dem Ihrigen gradezu entgegengesetzten Resultate.

I. Um zu sehen, ob dieser mein Gedankengang ein unrichtiger sey, habe ich damit eine von Kant (Krit d.r.V. p. 636, 2^t Aufl) – empfohlne Probe angestellt, nämlich ihn auf einen schulgerechten Syllogismus zurückzuführen gesucht, allein bis jetzt den Sitz des Fehlers nicht auffinden können. Ohne Zweifel wird Ihnen das besser gelingen. Ich theile deßhalb meinen Schluß *in barbara* mit:

Major. Wer A setzt, setzt damit auch die Voraussetzung dieses A.

Minor. Unser Verstand setzt seiner Natur nach, bei jeder Veränderung die er wahrnimmt die Giltigkeit des Causalitäts Gesetzes voraus, und diese Giltigkeit des Causalitäts Gesetzes hat den Willen im *Prozesse seiner Bejahung* zur Voraussetzung.

Conclusio: Unser Verstand muß also auch voraussetzen, daß bei jeder Veränderung die er wahrnimmt, der Wille im *Prozeß seiner Bejahung* erscheine.

Folglich wäre Alles was da erscheint (Phänomen ist) Phänomen des *das Leben bejahenden* Willens; wir wären nicht berechtigt, dem metaphysischen *Nolle* irgend eine Stelle in der Reihe der Phänomene anzuweisen, – irgend eine Veränderung als Erscheinung dieses Nolle anzusprechen – also auch nicht eine Galgenpredigt oder das Buch eines Quietisten; das Nolle könnte nimmer mehr Gegenstand einer *Erfahrung* seyn u Alles was sich dafür ausgibt müßte von uns dennoch als die Wirkung irgend eines unbekannten *Motivs* angesehen werden.

Zwar wer selbst ein Heiliger wäre, der könnte durch Induction u Vergleichung mit früheren Vorgängen merken, daß in seinem Innern sich das Ding nicht mehr rege, welches früher durch Motive sollicitirt wurde, – allein wir andern Heiden und Weltkinder müßten ihm das aufs Wort glauben, u seine Erklärungen über eine vorgebliche Negation des Willens wären so wenig Philosophie als die Offenbarungen eines Mystikers über das Positive seiner Verzückungen u intellectuellen Anschauungen, die Sie doch selbst nicht dafür wollen gelten lassen.

Gesetzt nun ich hätte Recht, – so scheint es mir nicht klar, daß dann darum Ihr System doch nicht eigentlich fatalistisch werde u die Welt immer noch als ein (mit Nothwendigkeit sich vollziehender) *Läuterungsprozeß* des Willens erscheine.

Mir scheint es, daß es in dieser Voraussetzung, keine befriedigende Antwort gebe auf die Frage:

>>Gibts denn gar kein Weg,
gibts denn gar kein Steg
aus dieser Welt?<<

daß der Möglichkeit einer Erlösung von der Welt nicht so leicht ihre Stelle anzudeuten sey: Nämlich:

Einen *außerzeitlichen* Willensact kann ich mir zwar, wenn auch nicht anschaulich machen, doch (undeutlich) *denken*. Allein einen >>neuen<< >>abermaligen<< Willensact, (ein *Nolle*) der den aus dem *Velle* gesponnenen >>Faden abrisse<< u dessen Stelle einnähme? – Ich meine daß sich das *gar nicht* denken lasse, weil es eine contradictio in adjecto enthält:

>>neuer<< – abermaliger – erster[,] zweiter – >>bis dahin<< – Anfang – Ende – das sind doch offenbar Zeitbegriffe. Wir hätten demnach einen zweiten – also *zeitlichen* Willensact, der zugleich *außerzeitlich* seyn soll. a – a = o.

Ist aber ein zweiter außerzeitlicher Willensact nicht denkbar, so ist es auch nicht denkbar, daß der Wille als Ding an sich, *nachdem* er (bewußtlos) das Leben bejaht, es *nach-*

her (mit Bewußtsein) wieder verneine – u somit wäre der Wille als Ding an sich, der sich dem Leben zugewendet, diesem Leben ohne Möglichkeit einer Erlösung verfallen für endlose Zeit, da nur in dieser Form die Erscheinungen des Dings an sich von unserm Intellect aufgefaßt werden können.

Wenn Sie einmal eine müßige Stunde haben, in der Sie nichts besseres zu thun finden, so sind Sie vielleicht so gütig, mir den Faden der Ariadne aus diesem Labyrinth, in das ich mich verirrt habe, zu reichen. Ich kann ehrlich versichern, daß meine Skepsis, wie Sie es nennen, keine absichtliche u chikanöse ist, daß es nicht an meinem Willen, sondern nur an der Beschaffenheit meines Intellectes liegt, wenn ich mich nicht zurecht finden kann, u daß Niemand geneigter ist als ich, sich eines bessern belehren zu lassen.

Mit bekannter Hochachtung
Ihr ergbster
Becker

Schopenhauer an Johann August Becker

Frankfurt a. M. d. 21. Sept. 1844

Mein werther Herr Becker!

Ihren sehr durchdachten, scharfsinnigen und überaus deutlich vorgetragenen abermaligen Einwendungen suche ich durch Folgendes zu begegnen:

Ad argumentum I.

Ihr Syllogismus ist ganz richtig und die Konklusion wahr. Allerdings setzt unser Verstand bei jeder wahrgenommenen Veränderung den Willen in seiner Bejahung, als letzte Grundlage, voraus. Auch wird diese Voraussetzung jedesmal bestätigt; nur in Einem Falle nicht, wo denn auch sogleich die Anwendung des Kausalitätsgesetzes schwankt und stockt: und das ist der in Rede stehende Fall. Nicht, daß der Verstand dabei auf eine Wirkung ohne Ursache stieße: wohl aber bleiben hier Ursachen ohne ihre Wirkung; – weil der Kausalität ihr letztes Substrat, ihre Voraussetzung, die sich an ihrem Leitfaden äußernde Naturkraft, entzogen ist. Nämlich Motive, die bis dahin auf den gegebenen Charakter sicher und nothwendig gewirkt haben, wirken nicht mehr. Das Angenehme, das Reizende, erweckt nicht mehr seine Lust; die Beleidigung nicht mehr seinen Zorn; der Tod, der schrecklichste der Schrecken, ist willkommen, ist erwünscht, wird freudig entgegengenommen. – Eben dieses Verhältnisses der Sache wegen ist auch Ihr Verstand genöthigt, sich zunächst nach unbekannten Gegenmotiven umzusehn. Ich aber sage, daß es einen Punkt giebt, wo die Erkenntniß des Ganzen des Lebens die Wirkung der Erkenntniß der einzelnen Dinge, welche sonst Motive abgäbe, aufhebt. Der Wille hört auf das Ganze des Lebens zu wollen: daher will er, vorkommenden Falls, das Einzelne nicht mehr. Der Vorgang ist ganz Dem analog, daß, auf einer niedrigen Stufe, ein Körper seine chemischen Eigenschaften plötzlich verloren hätte, daher die Reagenzien jetzt ohne Wirkung blieben; dieser Verlust jedoch nicht Folge äußerer Einwirkung wäre, sondern sich von innen aus, von der geheimen Quelle der Qualitäten aus, eingestellt hätte. Das ist freilich auf solcher Stufe unmöglich; weil es nur geschehn kann auf der höchsten, wo die deutlichste Erkenntniß den Willen beleuchtet und *eventualiter* zur Besinnung bringt. Aber weil der Verstand nur Veränderungen von a u ß e n versteht, hier aber eine von i n n e n eingetreten ist; so erscheint auch in diesem Fall, vom Standpunkte der Natur aus, die Sache allerdings als eine Art Wunder: daher hat man sie als Wiedergeburt durch Gnadenwirkung bezeichnet und für ein Mysterium erklärt; wobei man das Reich der Natur dem Reiche der Gnade entgegensetzte. Ich aber, der ich keinen gnädigen Herrn kenne, habe in letzterem das einzige faktische Hervortreten der Freiheit des Willens, die ihm als dem Dinge an sich zusteht, erkannt (erste Aufl. S. 579 [W I, 478]), und *Malebranche* hat gesagt *la liberté est un mystère*. In diesem Mysterio der theologischen Gnade, oder philosophischen Freiheit, liegt die Lösung des Weltknotens. Hier ist der Weg und der Steg, die Thüre, die aus der Welt führt: ich aber kann sie nur zeigen, nicht Ihnen öffnen, noch auch sagen, was dahinter ist, oder vorgeht und wie etwan was in der Zeit sich als Veränderung darstellt außer der Zeit und an sich beschaffen sei. Dies nämlich ist der Gegenstand Ihres

II^ten Argumentes.

Daß der intelligible Charakter eines Menschen ein außerzeitlicher Willensakt sei, habe ich nicht als objektive Wahrheit, oder als adäquaten Begriff des Verhältnisses zwischen Ding an sich und Erscheinung dargestellt; vielmehr bloß als Bild und Gleichniß, als figürlichen Ausdruck der Sache, indem ich sagte, man könne, um sich die Sache faßlich zu machen, sie so denken. Wir bedürfen nämlich, für alle unsre Erkenntnisse, so abstrakt sie auch seyn mögen, der Grundlage eines anschaulichen Schema's: ein solches aber hat stets Raum und Zeit zur Form. Hingegen wirkliche Vorgänge im Dinge an sich zu beschreiben, wäre transscendent: ich aber bleibe überall immanent. So nehme ich denn auch die Verneinung des Willens zum Leben, wie sie sich in den Bekehrten und Asketen darstellt, als eine empirische Thatsache, einen objektiven Vorgang: als solche war die Sache von jeher bekannt, und bloß mein Ausdruck derselben, »Verneinung des Wil: z. Leb.«, ist neu; weil ich die Sache scharf bezeichnen mußte, um den Vorgang zu analysiren und dann mit den übrigen Erscheinungen der Welt zu kombiniren; wie dies durchgängig meine Methode ist. Daß in einem solchen Menschen der Wille sich verneint, das Wollen aufhört, ist, sage ich, Thatsache, – und habe ich es S. 1 dieses Briefes erläutert. Aber im ganzen Bereich der Natur ist kein derselben analoger Vorgang zu finden: überall sehn wir (den problematischen Fall der Magie ausgenommen, *e. g. imaginibus cereis* u. dgl.) die Veränderungen allein nach Maaßgabe der äußern Einwirkung entstehn, das Innere der Körper jeder Art aber stets ihrem Charakter gemäß reagiren. Hier hingegen hat das Innere selbst sich umgekehrt und sein bisheriges Wesen aufgehoben. Diese Veränderung selbst fällt noch in das Gebiet der Erfahrung, mithin der Erscheinung und der Zeit. Wenn ich nun sage: in diesem Menschen erscheint der Wille nur noch in der Fortführung des organischen Getriebes seines Leibes: stirbt er, so ist der erscheinende Wille hiermit aufgehoben und für ihn hat dann die Welt ein Ende; – so ist Dies nichts mehr als ein Schluß aus meiner ganzen Lehre, daß das Ganze der Welt und jedes Einzelnen in ihr die Erscheinung, Objektivation des Willens zum Leben sei: es ist die durch eine negative Prämisse herbeigeführte negative Konklusion. Ich habe nie die Geschichte des Dinges an sich, wie es außer der Zeit seyn mag, geschrieben; sondern nur die des in der Zeit sich objektivirenden Dinges an sich, wo es als Wille zum Leben auftritt. Ich habe das Phänomen der Bejahung und der (in der Zeit eintretenden) Verneinung desselben nachgewiesen. Ich habe gezeigt, daß das Daseyn der Welt die Erscheinung seiner Bejahung sei; also ist es nicht die seiner Verneinung. »Kein Wille, keine Vorstellung, keine Welt, – für uns Nichts.« – Weiter als diese negative Wahrheit bin ich nicht gegangen: sonst hätte ich transscendent werden müssen. Daher habe ich nur die Erscheinung ausgelegt und sie in Beziehung auf das Erscheinende, das Ding an sich, gesetzt. Hingegen Vorgänge im Ding an sich zu konstruiren habe ich mich nie vermessen: das eben unterscheidet mich von den 3 berühmten Sophisten, deren ganze Philosophie ein Konstruiren des sogenannten Absolutums ist. Lesen Sie gefälligst von Kap. 50 des 2ᵗ Bdes den ersten Absatz. – Wollen Sie nun aber behaupten, die Verneinung des Willens sei Täuschung, es lägen unbekannte Motive zum Grunde; so ist das eine Hypothese, die Sie zu beweisen haben, welches aber schwer halten wird, indem in der wirklichen Welt objektive Motive gewiß nicht da sind, Sie also zu imaginären Motiven Ihre Zuflucht nehmen müssen, welches, unter diesen Umständen, nicht ohne die Annahme einer gewissen Verrücktheit angeht; worüber ich mich berufe auf Bd. 2, S. 612 [W II, 707]. –

Unsre Korrespondenz erinnert mich an die des Spinoza mit dem Oldenburg und dem Blyenberg. Es kommt immer Alles wieder. Ihnen könnte sie den großen Vorzug des schriftlichen Kontroverses (also auch des gerichtlichen) vor dem mündlichen exemplificiren.

Mit den besten Wünschen für die Nachwirkung der Badekur Sie freundlichst grüßend

Arthur Schopenhauer

Johann August Becker an Schopenhauer

> »Mögen Ihre Begriffe wahr seyn, so darf ich ihnen doch nicht beistimmen, so lange noch einige Gründe zum Zweifel in mir vorhanden sind, wenn diese Zweifel auch nicht aus den aufgestellten Sätzen, sondern aus der Unvollkommenheit meiner Erkenntniß entstehen. Sie dürfen also nicht übel nehmen, wenn ich wieder einige Einwendungen mache.«
> v. Blyenbergh an Spinoza Brief 35.

Alzey 20. Novr 1844. –

Werthester Herr Doctor!

Ihr letztes Schreiben vom 21 Spt^r wofür ich meinen schönsten Dank sage, war mir in hohem Grade belehrend, u hat mich namentlich wieder auf den von Ihnen so deutlich aufgesteckten Gränzpfahl zwischen immanenter Philosophie und transcendenten contes bleus aufmerksam gemacht, den ich im Eifer etwas aus den Augen verlohren hatte. Es ließe sich zwar darüber noch streiten, ob Sie Recht haben, wenn Sie meine Einwürfe gegen Ihre Erklärung eines mysteriösen Vorgangs als eine mir eigne »Hypothese« bezeichnen, bezüglich welcher mir die Beweislast obliege. (Ich weiß nicht ob es bloß ein mir von meiner Juristerei her anklebendes Vorurtheil ist, wenn ich meine, daß nicht *der* beweisen müsse, welcher die *Regel* für sich hat, sondern *der*, welcher eine *Ausnahme* behauptet; daß ich also im Fragefalle nicht verbunden sey, objective oder imaginäre Motive nachzuweisen, sondern der Regel zufolge die Existenz von Motiven – kann ich sie auch, wie das ja auch sonst vorkommt, nicht mit Gewißheit bezeichnen, – doch *supponiren* dürfe, solange mir nicht wenigstens die *Unmöglichkeit* nachgewiesen ist, daß auch hier, wie sonst immer, Motive wirksam sind.)

Indeß hoffe ich, daß wir uns auch hierüber besser verständigen werden, wenn ich einmal wieder das Vergnügen habe, Sie persönlich zu sehen. Auch will ich vorerst noch einige hier einschlägliche Capitel Ihres Hauptwerkes nachlesen, das ich grade nicht bei der Hand habe, indem ich es einem Bekannten geliehen.

Wir können also die Acten *über dieses Thema* als geschlossen ansehen, und will ich, wenn Ihnen nicht überhaupt meine Correspondenz lästig fällt, zur Abwechslung ein andres aufs Tapet bringen.

Ich habe dieser Tage Ihr »Fundament der Moral« wiederholt durchgangen, u es ist mir dabei Folgendes aufgefallen:

Sie rügen an Kant, daß er seinen Imperativ »unbesehens und stillschweigend« der theologischen Moral entlehnt u in philosophische Gesellschaft eingeführt habe, ohne ihm eine andre Legitimation mitzugeben, als ein völlig unberechtigtes »Daher«. –

Es kommt mir nun vor, als ob Sie Ihrerseits einen, gleich-

falls in der theologischen Moral wohl beglaubigten, allein
darum in der Philosophie nicht ohne weiters zutrittsfähigen Gast, auf ganz ähnliche Weise in Ihre Ethik eingeführt
hätten, wo er sich denn, wie jener Imperativ, keineswegs
sehr bescheiden, sondern ziemlich anspruchsvoll aufführt:
Ich meine den Begriff von Handlungen, die e i n e n *moralischen Werth haben*.

Ethik p. 198. 207. 209. 211 [E, 195, 203 ff., 209 f.] u a.
O.

Ich will nun keineswegs behaupten, daß dieser Begriff so
wenig legitim sey wie jener Kant'sche Imperativ, sondern
nur bemerken, daß er sich bis jetzt nicht genügend ausgewiesen habe, sogar etwas verdächtig u wie ein verkappter
Theologe aussehe, mithin in der Freimaurerloge vorerst
strenge nach Wort u Zeichen ins Verhör genommen werden müsse, ehe er passiren darf. Sie aber, als Ceremonienmeister, haben, wie mir scheint, keinen genügenden
Bericht über dieses Verhör erstattet, sondern ihn nur beglaubigt pag 207 mit einem *also*, das vielleicht so wenig an
richtiger Stelle steht, als das Kantische »Daher« – u pag 264
[265] mit einem »unleugbar« – was kein philosophisches
Paßwort ist.

Den Grund, aus welchem ich diesen Gesellen für verdächtig halte, schöpfe ich aus Ihrer Ethik p. 163. 169 [E,
161, 166], wo Sie den Begriff *Werth* analysiren u finden,
daß darin eine doppelte Relation steckt. Ich frage nach dieser Ihrer Anleitung:

1.) *Für Wen* hat die Triebfeder, welche Sie »allein moralisch« nennen, einen besondern Werth?

Die Theologie wird um die Antwort nicht verlegen seyn:
»gut« u »gottgefällig« sind ihr Wechselbegriffe. Aber was
sagt die Philosophie? –

2.) Was ist der eigenthümliche *Maaßstab*, der hier zur
Comparation dienen soll?

Der Theologe u Kantianer vergleicht was *geschieht* mit

dem was (angeblich) *geschehen soll*, u wenn er von moralischem Werthe spricht, so heißt das: »es entspricht mehr
oder weniger diesem Soll.«

Was aber heißt *moralischer Werth* bei einer Weltanschauung, die weder einen anthropomorphistischen *Gott* noch
ein *Soll* kennt?

a) Mit dem Pantheismus alter und neuer Schule – so viel
ich ihn kenne – scheint mir (u meines Wissens sind Sie gleicher Ansicht) die Frage nach einem *moralischen* Werthe
nicht zu vereinbaren. Ist die Welt eine Theophanie, so ist
das Urtheil, »daß der Gerechte vollkommener sey als der
Egoist« – nicht specifisch verschieden von dem Urtheile
»daß der Sehende vollkommner sey als der Blinde« – beide
Urtheile sind vielmehr gleicher Art, u sagen nicht mehr, als
daß der Mensch, welcher von seinem beschränkten Standpunkte aus, Dinge oder Zustände vergleicht, in dem Einen
mehr Realität finde als in dem Andern – und in dem dictum
»für einen Bucklichen bist du grade genug gewachsen« –
würde für Spinoza nichts lächerliches enthalten seyn. –

b) Die einfache Annahme eines εν καὶ παν (ohne das
Prädicat θεος) u die Ableitung der moralischen Triebfeder
aus demselben gibt ebenfalls noch keinen Grund, moralische Handlungen für werthvoller (lobenswerther) zu erklären, als die egoistischen.

Beruht die moralische Triebfeder (das Mitleid) auf der
Einsicht, daß der A n d r e eigentlich mein »*Ich noch einmal*«
ist, – so ist zuletzt mein Interesse für den *Andern* eben auch
ein Interesse für *das Ich*, also wieder Egoismus u folglich
dem letzten Grunde nach, doch nicht specifisch verschieden.

–/: Wollte man aber – in parenthesi bemerkt – den specifi-
schen Vorzug etwa *darin* finden, daß dort mein physisches
hier mein metaphysisches Ich – wenn auch wieder in physi-
scher Form – ins Auge gefaßt wird, so müßte, nach meiner
Meinung die Gränzlinie zwischen Handlungen die morali-

schen Werth haben u solchen die ihn nicht haben, an einer andern Stelle gezogen werden, als da wo Sie ihn ziehen, zwischen der Maxime des Egoismus u der der Gerechtigkeit, u das Gebiet der moralischen Handlungen wäre weiter als Sie annehmen. Ich kann auch mein *eignes* Ich aus einem doppelten Gesichtspunkt betrachten, als φαινομενον oder als νουμενον, als Ding das der Welt der Vorstellung angehört, oder als Ding in welchem das εν και παν *erscheint*, u es sind wohl Motive denkbar, die mich bestimmen zu handeln oder zu unterlassen – nicht im Intresse meines physischen vergänglichen Ichs, aber auch nicht im Intresse andrer vergänglichen Individuen, sondern gewissermaßen im Interesse des *ganzen* Willens zum Leben, oder im Intresse der (platonischen), Idee deren Reflex ich in mir wie in den andern Individuen erkenne, und das wäre denn (wenn das Credo an eine Metaphysik den Ausschlag geben soll über den Werth menschlichen Thuns) ebenfalls eine Handlung von *moralischem* Werthe. Sie selbst führen im ersten Band Ihres Hauptwerks (das ich nicht zur Hand habe) [W I, 423 f.] eine Handlung an, die mir hieher zu gehören scheint – (Rache an einem Ungerechten mit Aufopferung des eignen Lebens [)] – aber auch die, der Niederträchtigkeit, Kriecherei u Speichelleckerei entgegengesetzte Handlungsweise möchte hieher zu rechnen seyn, u nicht zu den egoistischen Handlungen die Sie (pag 210 [E, 206 ff.] u. f. der Ethik) aufzählen, als motivirt durch die eigne hohe Meinung des Handelnden von sich selbst, seinem Werthe oder seiner Würde. Die hohe Meinung von der eignen vergänglichen Person möchte doch wohl nicht in *eine* Kathegorie [sic!] zu setzen seyn, mit der Achtung vor der Würde (sit venia verbo) der Gattung. item in Ihrer Metaphysik der Geschlechtsliebe scheinen mir Ansichten vorzukommen an die sich hier anknüpfen ließe. Wahl einer Gattin mit Rücksicht auf mein persönliches Intresse – Aussteuer etc – wäre eine Maxime, die moralisch niedriger steht, – als eine Wahl bei der nur der Genius der Gattung mich leitet. u dgl. Ich schließe hier die Parenthesis und fahre im Context weiter:)

c) Ihre *gesamte* Weltanschauung wird dagegen in der That einen Maaßstab zu *moralischer* Schätzung abgeben. Ist alles Velle Wahn und Irrthum, u nur im Nolle die Wahrheit, – u ist das nichtegoistische Wollen mit diesem Nolle verwandt, eine theilweise u momentane Rückkehr zu demselben, so habe ich in der That etwas eigenthümliches, womit ich messen und vergleichen kann. Allein, damit wäre meine Behauptung noch nicht beseitigt, daß auch bei Ihnen der Begriff vom *moralischen* Werthe als petitio principii auftrete.

Denn dieser Begriff beschränkt sich bei Ihnen nicht auf die bescheidne Rolle eines Corrolarium's [sic!] aus Ihren Sätzen, sondern er macht eine viel vornehmere Miene und will sich gleichsam als Protector geriren. Sie pochen in Ihrem zweiten Bande sehr auf dieses Resultat u wollen damit Ihr System auch a posteriori beglaubigen, dem Spinozismus aber grade darum den Stab brechen, weil er ein solches Resultat nicht liefern könne. Folglich muß, wenn man nicht einen circulus annehmen will, dieser Begriff, der einen Prüfstein für die Aechtheit der verschiedenen philosophischen Systeme abgeben soll – auch noch auf eine andre von Ihrem System unabhängige u zwar leichter begreifliche Weise beglaubigt werden. Welches ist aber diese Legitimation, wenn ich von der Theologie und andern Vorurtheilen abstrahire?

Mit bekannter Hochachtung
Ihr ergebenster
Becker

Frankfurt d 10. Decr 1844

Mein werther Herr Becker!

Es freut mich, daß, hinsichtlich unsrer bisherigen Kontroverse, meine letzten Argumente Ihnen doch im Wesentlichen genugthuend gewesen sind: denn es würde zu bedauern seyn, wenn Sie, im Eifer Recht zu behalten, eine Wahrheit aufgegeben hätten, die am bewölkten Himmel unsers Daseyns und seines Spiegels, meiner Philosophie, der einzige lichte Fleck ist; daher man, ohne die entschiedensten Gegengründe, sich der Erkenntniß derselben nicht verschließen sollte. – Uebrigens haben Sie Recht in Dem, was Sie, hinsichtlich der zu präsumirenden Motivation, über Regel und Ausnahme erinnern: nur will ich andrerseits über diesen Punkt nachträglich beibringen, daß hinsichtl. der asketischen Handlungen eben Das gilt, was ich von den moralischen (Ethik S. 205), über Irrthum hinsichtl. der eigenen Motive, gesagt habe.

Ihre nunmehr aufgeworfenen Bedenken sind viel leichter zu beseitigen, als die früheren. Allerdings haben sie einige Scheinbarkeit: allein, beim Lichte betrachtet, tasten sie bloß das Formelle, nicht das Materielle meiner Darstellung an. Es ist freilich wahr, daß in meiner Ethik der Begriff der »Handlungen von moralischem Werth« als eine Voraussetzung auftritt. Jedoch ist diese eine bloße Spielmarke, mit der ich einstweilen antrete, um sie nachher einzulösen. Mit dem kateg: Imperativ ist solche durchaus nicht zu vergleichen, da sie keineswegs, wie dieser, ein *Deus ex machina* ist und auch nicht von ferne die Prätension macht, s e l b s t ein Letztes und ein Erklärungsgrund zu seyn. Es verhält sich damit nämlich so: Von irgend etwas muß man ausgehn, an etwas anknüpfen, sein Gewebe anzetteln: denn aus nichts wird nichts. Wenn ich einen Kranz flechte, steht ein Stengel heraus, bis ich herumgekommen bin. Diesen Anknüpfungspunkt gab mir schon die Preisfrage an die Hand, indem sie sagte: »es giebt eine Moralwissenschaft, es giebt eine Beurtheilung der eigenen und der fremden Handlungen in moralischer Hinsicht: was bedeutet Das alles und worauf beruht es?« – Da nahm ich nun den Begriff vom moralischen Werth überhaupt vorläufig als ein Gegebenes, und die allgemeine Geltung, in der er steht, so vielerlei Auslegungen sie auch erhalten hat, als das erste Symptom der Existenz des Stoffes der Moral; welcher dieser auch immer seyn möge. – Darauf frage ich, welche Handlungen es denn sind, denen man einen moralischen Werth beilegt? – Da findet sich daß es die Handlungen der Gerechtigkeit und der Menschenliebe sind; sodann daß das Kriterium ihrer Aechtheit die Uneigennützigkeit derselben ist; ferner daß ihr Kennzeichen die eigene Zufriedenheit mit sich und der Beifall der unbetheiligten Zeugen ist. (*p.* 207, 8. [E, 207 ff.]). Das heißt nicht eine *petitio principii* machen, sondern den vorhandenen Thatbestand, der den Stoff zur Moral enthält, analysiren, um nachzuweisen, daß er Dasjenige ist, was unter den Begriffen gedacht wird, deren Zeichen die in der Frage gebrauchten Worte sind. Nun ist überall meine Methode, vom thatsächlich, innerlich oder äußerlich, Gegebenen auszugehn, um es sodann auszulegen, durch Zurückführung auf seinen Zusammenhang mit andern Phänomenen, oder auf ein relativ Letztes. Dieser Methode gemäß wird hierauf der gemeinsamen Quelle aller solcher Handlungen nachgespürt, und nachgewiesen, daß diese das Mitleid sei. Endlich wird dieses wieder zum Problem gemacht und auf seinen Ursprung, der sich als ein metaphysischer ergiebt, zurückgeführt; wobei, daß es ein solcher seyn müsse, vorläufig erhärtet wird, durch ein sich täglich an Sterbenden bestätigendes thatsächliches Phänomen, welches daher mit Recht *p.* 264 ein u n l e u g b a r e s genannt und durch ein Paar Beispiele, zu welchen Jedem die eigene Erfahrung ähnliche an die Hand giebt, erläutert und befestigt wird. Warum ein

Philosoph nicht thatsächliche Dinge unleugbar nennen sollte, sehe ich nicht ab.

Diesen ganzen Gedankengang hätte ich nun auch darlegen können, ohne von dem Begriff »Moralischer Werth« Gebrauch zu machen. Dann hätte ich aber, statt analytisch, synthetisch verfahren müssen und zwar so, daß ich ausgegangen wäre von den 3 Grundtriebfedern aller Handlungen (*p*, 213, 14) [E, 209 f.]); dann gezeigt hätte, daß aus der letzten derselben allein Handlungen der freien Gerechtigkeit und ächten Menschenliebe entspringen; und nun endlich hinzugefügt hätte, daß diese 2 Eigenschaften es sind, die man unter dem Namen der moralischen Tugenden begreift und worauf die der Preisfrage zum Grunde gelegten Phänomene sich beziehn.

Sie fragen: 1°) *für wen* die moralichen Handlungen Werth haben? – Für *Den*, der sie vollbringt. Daher seine *p.* 207 erwähnte Zufriedenheit mit sich und der Beifall der unbetheiligten Zeugen, der sogar von einem gewissen Neide, der hier die Form der Beschämung annimmt, begleitet seyn kann. – und 2°) *im Vergleich womit?* – Mit allen seinen übrigen Handlungen, als welche aus den 2 ersten Triebfedern entspringen.

Worauf nun aber im letzten Grunde dieser Werth der moralischen Handlung beruhe, – Dies anzugeben, wird in der Ethik (*p.* 277) ausdrücklich verweigert, nachdem schon in der Einleitung (*p.* 107) gesagt worden war, daß und warum hier kein absolut letzter Abschluß der Sache zu geben möglich sei; sodann auch in der Vorrede *p. VI,* daß diese Ethik als Ergänzung zum 4ten Buch meines Hauptwerks zu betrachten sei. In diesem allein also sind die letzten Aufschlüsse zu suchen: und daselbst wird überdies, Bd. 2, *p.* 461 [W II, 527], eingeschärft, daß, um mich zu verstehn, man jede Zeile von mir zu lesen habe. Ich handle bloß *en gros*, nicht *en détail*. Aus meinem 4ten Buche also ist zu ersehn, daß der Werth, den jene Handlungen für den Vollbringer selbst haben, ein transscendenter sei, indem er darin liegt, daß sie ihn auf den alleinigen Weg des Heils, d. i. der Erlösung aus dieser Welt des Geborenwerdens, Leidens und Sterbens, hinführen. Wie sie nun, näher, Dies leisten, also die specielle Nachweisung des nothwendigen Uebergangs von der vollendeten moralischen Tugend zur Verneinung des Willens z. L., das eigentliche Bindeglied zwischen Moral und gänzlicher Resignation, – dieser höchst wichtige Punkt ist 2 Mal klar und nachdrücklich dargelegt, nämlich zuerst vom theoretischen Standpunkt aus, Bd. 1, *p.* 428, 29 [WI, 447 f.], welche sehr wichtige Stelle den letzten Aufschluß giebt über den Werth moralischen Handelns und Wandels; und dann wieder Bd. 2, *p.* 603, 4 [W II, 695 f.], mehr vom praktischen Standpunkt aus, aber ganz im selben Sinn. Hierin also ist der eigentlich *letzte Aufschluß* über den Werth der Moralität enthalten, der demnach nicht selbst ein absolut Letztes ist, sondern eine Stufe zu diesem.

Nun aber könnten Sie sogar gegen alles Dieses noch Ihr aufgestelltes Argument geltend machen wollen, daß auch das Mitleid, nebst allen aus ihm fließenden Tugenden, *egoistisch* sei, *scilicet* weil es auf dem Erkennen meines eigenen Wesens im Andern beruhe. Dies Argument beruht aber nur darauf, daß Sie den Ausdruck »Ich noch ein Mal« buchstäblich nehmen wollen, während er eigentlich doch nur eine tropische Wendung ist. Denn mit *Ich* wird im *eigentlichen* Sinn stets nur das *Individuum* bezeichnet, nicht aber das metaphysische Ding an sich, welches, direkt unerkennbar, in den Individuen *erscheint*, also über diese hinaus liegt, hinsichtlich auf welches daher die Ichheit aufhört; und unter *Egoismus* versteht man den exklusiven Antheil am eigenen Individuo, als in welchem allein der Wille z. L. sich zunächst und unmittelbar erkennt. Dieserhalb also ist unter dem Begriff des *Egoismus* weder das Wiedererkennen des eigenen Grundwesens an sich auch in den fremden, in der Erscheinung sich darstellenden Individuen, noch auch das

Verfolgen und Ergreifen des eigenen ewigen Heils, da es in der Verneinung des Willens z. L. und eben damit im Aufgeben der eigenen Individualität besteht, zu subsumiren, und der Werth, den die moralischen Handlungen in dieser Hinsicht für ihren Vollbringer haben, macht sie nicht zu egoistischen. Ein Gefühl hievon verräth auch Ihre Parenthese. Diese ergeht sich übrigens in Unbestimmtheiten, auf die ich nur sagen kann: probiren Sie ein Mal jene Gränzlinie anders zu ziehn: da werden wir sehn: Ich bleibe inzwischen bei meinen 3 Grundtriebfedern (E. 213, 14 [E, 209 f.]), neben der 4ten esoterischen (Bd: 2. *p.* 604 [W II, 697] Anmerk^g), und dem Satz, daß nur die von der dritten ausgehenden Handlungen moralischen Werth haben. (Die von der 4ten haben asketischen.)

Was Sie von Handlungen im Interesse der Idee der Menschheit u. s. f. sagen, beruht denn doch wohl nur auf der Stelle Bd. 1. *p.* 404 [W I, 423 f.], wo es seine Erledigung erhalten hat. Eigentlichen moralischen Werth kann man solchen Handlungen uneigennütziger Rache nicht zuschreiben: ihnen liegt, wie dort gezeigt, ein Mißverstand zum Grunde. Aber *groß* kann man sie nennen, nach Bd. 2 *p.* 385 [W II, 440]. –

»Handlungen, die der Niederträchtigkeit u. s. w. entgegengesetzt wären«, ist eine bloß negative Bezeichnung, läßt sich also nichts darüber sagen, als allenfalls Dies: Handlungen der Niederträchtigk^t u. s. w. sind es einzig und allein dadurch, daß sie ein *egoistisches Motiv* haben. Ohne ein solches wären sie Handlungen der Demuth, einer mehr als moralischen, einer asketischen Tugend, welcher daher, wie der Buddhaismus, so auch das Christentum einen hohen Werth zuerkennt. Diesen bezeugen z. B. die 2 Anekdoten v. S. Filippo Neri, die Göthe erzählt: als die in den Ruf der Heiligkeit kommende Nonne es unter ihrer Würde fand, dem eben vom Pferde gestiegenen S. Filippo die kothigen Stiefel abzuziehn, saß er gleich wieder auf, dem Papst zu berichten, mit der Heiligk' wäre es nichts. Eben so, als der junge vornehme Römer, der unter die Auserwählten Frommen aufgenommen werden wollte, unter seiner Würde fand, was S. Filippo ihm zumuthete, mit einem Fuchsschwanz am Hintern durch ganz Rom zu spatzieren. – Fast fange ich an, in Ihnen einen stillen Anhänger der Würde des Menschen zu wittern! – Calderon's auf dem Misthaufen sterbender standhafter Prinz, dem sein treuer Grande das letzte erbettelte Brod bringt und dabei klagt, er sei dafür von den Mauren geprügelt worden, antwortet: »schon Recht! *esa es la herencia de Adan!* Das ist die Verlassenschaft vom Adam! Das verdienen wir Alle!« – Freilich sind das keine optimistische, protestantische Pastoren-Grundsätze von der Würde des Menschen. Hingegen Papst und Kaiser waschen den Armen die Füße: protestantische Fürsten nicht. Und auch der »Siegreich Vollendete« hat in den 500 menschlichen Geburten, die er durchleben mußte, ehe er zur Buddha-Würde gelangte, vielfache Proben der tiefsten Demuth abgelegt, wovon Jeder, der sich fleißig im *Dsang-Lün* erbaut, die Nachrichten kennt, die so authentisch sind, wie die Evangelien.

Heirathen nach der *passion*, gegen die *raison*, habe ich keinen moralischen Werth beigelegt. Finden Sie einen solchen in der Mariage des Prinzen v. Capua? oder in der der beiden letzten Herrscher vom Kurhessischen Hause? Vielmehr könnte man alle morganatischen Ehen regierender Herren unmoralisch nennen; da sie den Keim zu möglichen Bürgerkriegen enthalten. – *Größer* freilich ist schon wer sich mehr in der Gattung als im Individuo erkennt. Sie können sich das Übrige hievon selbst zurechtlegen.

Überhaupt, hinsichtlich aller dieser und ähnlicher kasuistischen Fälle, wo wir das Thun der Menschen tadeln oder loben, ohne sie jedoch in ganz eigentlich moralischen oder unmoralischen Handlungen begriffen zu sehn, ist zu sagen: dergleichen kommt in Betracht als *bedeutsame Charakter-*

züge, aus welchen die eigentliche Moralität dieser Leute, welche in den eigentlich moralischen Fällen hervortreten wird, sich prägnosticiren läßt. Danach haben sehr viele Handlungen zwar nicht geradezu moralischen Werth oder Unwerth, jedoch *indirekte* moralische Bedeutsamkeit.

Es verdrießt mich, daß ein so gründlicher Kenner meiner Schriften, wie Sie, den ersten Band bloß in der alten Ausgabe haben sollte; wiewohl es ganz natürlich ist, daß Sie denselben nicht noch ein Mal haben anschaffen wollen. Daher bitte ich Sie, als ein zwar keineswegs brillantes, aber wohlgemeintes Geschenk die beifolgenden Aushängebogen desselben anzunehmen. Planirt und gebunden werden sie ein Exemplar wie ein anderes geben.

Mit den besten Wünschen zum neuen Jahr

Ihr ergebener Diener

Arthur Schopenhauer

Johann August Becker an Schopenhauer

Alzey, 16. Decr. 1844

Hochgeehrtester Herr Doctor!

Sie haben mich wiederum zu Ihrem Schuldner gemacht, theils durch Ihr freundliches Geschenk (das mich nun in den Stand setzt, mich ungetrübt an Ihrem Werke zu erfreuen, während mich früher bei der Lectüre der ersten Auflage jedesmal einiger Aerger über das abscheuliche Papier störte) – u nicht minder dadurch, daß Sie zu meinen Gunsten ausnahmsweise sich mit etwas Detail-Handel befassen und mir bei der Berichtigung meiner Begriffe so sehr behilflich sind.

Ihre Erläuterung war mir, was meine Frage nach dem Begriffe von *moralischem Werthe* betrifft, sehr einleuchtend, u habe ich mich überzeugt, daß meine Einwürfe in e i n e m Punkte auf Mißverständniß beruhten, daß in allen andern

Punkten aber eigentlich gar keine Meinungsverschiedenheit zwischen uns obgewaltet hatte.

Nur was den Gegenstand meiner Parenthese anbelangt, bin ich noch nicht ganz ins Reine gekommen. Es war das allerdings nur ein nicht vollständig durchdachter Einfall der mir während des Schreibens gekommen war; indeß lag doch der Gedanke zu Grunde, daß Ihre Classification der Motive *nicht vollständig sey*. Ich habe nunmehr diese präjudicielle Frage etwas näher ins Auge gefaßt, u kann mich immer noch nicht überzeugen, daß sich hier keine Lücke finde.

Auf beiliegendem Zettel habe ich meinen Ideengang etwas bestimmter zu fixiren gesucht, u kann das allenfalls als ein Versuch gelten, zu ermitteln, was die kgl. Dänische Akademie (absprechenden Angedenkens) bei ihrem »neque reapse hoc fundamentum sufficere evicit« gedacht haben mag?

Ich bitte Sie, mir gelegentlich zu sagen, ob ich mich auf falscher Fährte befinde, u wo ich die richtige zu suchen habe?

Aus dem Aufsatze werden Sie zugleich entnehmen, wie weit meine »stille Anhänglichkeit« an die *Würde* reicht, u in wie fern ich der Meinung bin, daß dieser armen Verstoßenen auch *innerhalb Ihres Systems* ohne Inconsequenz ein Plätzchen zu gönnen sey.

Mit bekannter Hochachtung u den besten Wünschen zum neuen Jahr

Ihr ergbster

Becker

[Beilage.]

D^r. Sch^r. will alle irgend möglichen Motive auf 2 Paar Grund-Triebfedern zurückführen

1. $\begin{cases} \text{a Egoismus} \\ \text{b Bosheit} \end{cases}$

2. $\begin{cases} \text{a Mitleid} \\ \text{b Askese.} \end{cases}$

Ist diese Tabelle vollständig? Gibt es nicht Motive die in keiner jener 4 Grundtriebfedern wurzeln?

Ich will § 1. die Thatsachen andeuten, die meinen Zweifel hervorrufen u § 2., die Gründe angeben, welche mir gegen die von Sch. gegebne *Deduction* seiner Tabelle zu sprechen scheinen.

§. 1.

Die gemeinschaftliche Maxime des Egoismus u der Bosheit ist:

pereat mundus dum ego salvus sim (Ethik. pag 208 [E, 266]).

Unter dem ego ist hier zu verstehen: das eigne Individuum. (Schreiben vom 10.Decr. 1844 u Hauptwerk I. p. 369 [W I, 385 f.].) Dem der diesen beiden Triebfedern folgt ist also das eigne Individuum, also gewiß auch das eigne Leben, ohne das keine Individualität denkbar – »der Güter höchstes«. Er wird sich auch zu dem Grundsatze bekennen: après moi le deluge – post mortem nulla voluptas. Aus diesen Triebfedern können also keine Motive stammen, deren Wirksamkeit mitunter so weit geht, daß ihnen zu lieb das eigne individuelle ego nicht nur in Gefahr gesetzt, sondern unbedingt aufgeopfert wird, die demnach in die Kategorie bloßer »Klugheitsregeln« oder diätetischer Vorschriften (Ethik p. 128) gehören können.

Nun finden wir aber thatsächlich Motive dieser Art vor, die sich weder aus dem Mitleid noch aus dem Quietismus ableiten lassen, die also ein eignes 5tes genus bilden müssen.

Sie lassen sich etwa unter den Begriff »Begeisterung für ein Ideal (das mitunter auch ein Idol seyn mag) bringen. Ich will sie (ohne Anspruch auf Vollständigkeit) aufzählen u zwar in aufsteigender Ordnung nach dem Range, den sie als wenigstens »ethisch-bedeutsame« einzunehmen scheinen. Bei jedem will ich zugleich andeuten, wann u wie sie bis zur Aufopferung des Lebens führen. –

Also? Begeisterung für die Idee

a.) der *Ehre*/Duelle – Selbstmord wegen erlittener Beschimpfung:

> »Waschen werd' ich sie mit Blut,
> nur mit Blut aus dieser Brust.«
>
> Calderon, Don Gutiere. Act III Sc. 1.

b.) des Nachruhms. – (militärische Bravour)
c.) der Würde.

> »Männerstolz vor Königsthronen« – – –
> »justum et tenacem propositi virum« etc.
>
> Horat. Od. III, 3.
> summum crede nefas animum praeferre pudori
> et propter vitam vivendi perdere causas
>
> Juvenal.

d.) der Wahrheit. (2 Buch Maccab. 7, 37. – St. Stephanus Ap. Gesch. cap. 7. Huß etc. Calderon's Magus. – Abba Glosk Lezeka in Chamisso's Gedichten. – Ronge (?.) –

/: In vielen dieser Fälle mag es wohl schwer zu unterscheiden seyn, ob nicht asketische Motive wirkten, oder auch nur mitleidige, im Falle nämlich der Martyrer von der Verbreitung der Wahrheit für die er zeugte ein Heil für die Menschen erwartete. In allen Fällen ist es aber schwerlich so. – Ich könnte allenfalls auch D^r. Sch^r. selbst anführen u fragen: welche Motive konnten ihn bestimmen, ein ganzes Menschenalter, ohne Hoffnung auf Lohn u Anerkennung während seines Lebens, der Wahrheit nachzuforschen, u die Resultate niederzulegen für etwaige unbekannte Finder.

egoistische? – er will nicht Philosophieprofessor werden;

mitleidige? Velle non discitur lehrt er selbst, also will er nicht »die Menschen bessern und bekehren« und *glücklicher* würden sie durch die bloß abstracte nicht anschauliche Erkenntniß seines Pessimismus schwerlich werden.

asketische? ich wüßte nicht wie?

Dagegen spricht er selbst (im 2ten Band Kapitel vom metaphysischen Bedürfniß) von einer *Pflicht* der Metaphysik – der Wahrheit. –

§. 2.

Die Tabelle aller irgend möglichen Motive soll Ethik § 16 deducirt werden, u wir finden pag 209 praem. 4 & 5 den Satz jede Handlung bezieht sich auf ein für Wohl u Wehe empfängliches Wesen, das entweder der Handelnde selbst *oder ein Andrer* seyn müsse –

u pr. 6 den Satz:

jede Handlung deren letzter Zweck Wohl und Wehe des Handelnden selbst ist, sey eine *egoistische.*

Sind diese Sätze richtig, so bleibt freilich für mein 5tes genus von Motiven kein Raum. Sie scheinen mir indeß nicht, wenigstens nicht ganz richtig, u keineswegs gehörig deducirt. Der Satz 4 & 5 ist zwar mit den praem. 1-3 durch ein »folglich« verbunden, u schon im Satze 3 begegnen wir einem »also«. Allein ich kann den Schluß nicht finden, u bin vielmehr der Ansicht, daß diese Deduction einigermaßen zur Gattung derjenigen gehöre, wovon im Hauptwerk I. p. 56 [W I, 45 f.] gehandelt u ein sinnbildliches Schema gegeben wird. Die verglichenen Begriffssphären decken sich keinesweges so, wie stillschweigend vorausgesetzt wird, u es ist von den Relationen, die in den Begriffen stecken, nicht gehörig Rechnung gehalten. Nämlich:

Wenn man die Bedeutung festhält, die Wohl und Wehe im Satz 3 hat (einem (gewissen) Willen gemäß oder entgegen) so wird man schwerlich so ohne weiteres, durch bloße

Combination der Begriffe zu der Supposition im Satz 5 gelangen, daß auch Wohl u Wehe eines *Andern* – meinen Willen bewegen könne.

Der Satz 3 in fine sagt dann nicht mehr als:

meinen Willen kann nur das bewegen, was eine Beziehung hat zu dem, was *meinem* Willen gemäß oder entgegen.

Folglich: Das was dem Willen *eines Andern* gemäß ist, kann *meinen* Willen nur dann bewegen, wenn es a u c h *meinem* Willen gemäß oder entgegen (mein Wohl oder Wehe) ist. Jeder will also, wenn ich diese Begriffe so nehme, nur *sein* Wohl d. h. er will was *seinem* Willen gemäß – er will, was er will u will nicht, was er nicht will.

Damit komme ich nun aber keinen Schritt weiter u gewinne kein Princip zur Eintheilung der Motive, worauf es doch abgesehen ist.

Um ein solches Princip zu erhalten, muß ich also das was jeder will, *sein Wohl* näher betrachten, u muß fragen:

Kann einer auch etwas Andres wollen, als das salvum esse seines Individuums, kann er sein Wohl in etwas Anderm suchen, kann er etwas wollen, was über die Existenz seiner Individualität (über seine Haut) hinausgeht?

a priori ist das, scheint mir, gar nicht auszumachen, sondern nur durch die Erfahrung. Ich habe also, ehe ich die Erfahrung gefragt, keinen Grund zu sagen, daß ein solches Hinausgehen über die Individualität n u r möglich sey, insofern ich Rücksicht nehme auf den Willen – (auf das Wohl und Wehe) *andrer Individuen. –*

Demnach wäre auch Satz 6 zu beschränken, (wie ich es § 1. gethan habe), und es müßte heißen:

Jede Handlung, deren letzter Zweck sich bezieht auf das salvum esse des handelnden Individuums, ist eine egoistische.

Ein Motiv, was dieses salvum esse unberücksichtigt läßt, ja, wenn in hohem Grade wirksam, zur Aufopferung des individuellen ego führt – ist *kein* egoistisches.

Die 4gliedrige Tabelle wäre also nicht a priori gerechtfertigt u ich hätte wenigstens einen Raum gewonnen in
welchem allenfalls ein 5tes genus untergebracht werden
könnte. Es fragt sich also jetzt

ob dergleichen Motive thatsächlich vorkommen?

ob die §. 1 angedeuteten bloß auf einem Mißverständniß
der eignen Motive beruhen (Ethik p. 203 [E, 258] u Hptw.
I p. 417 [W I, 436]) – so daß das wahre Motiv dennoch sich
auf eine der 4 Sch^rschen Grund Triebfedern zurückführen
lasse? –

Das wäre dann zu beweisen.

Kann aber der Beweis nicht geführt werden, bilden sie
ein 5tes genus, so wäre zu untersuchen, in welcher Verwandtschaft dasselbe zu den 4 andern stehe, u ob es nicht
mit einem oder dem andern eine gemeinschaftliche Wurzel
habe?

Mir scheint eine Verwandtschaft zu den Motiven des
Mitleides vorhanden, mit welchen sie in folgenden Punkten übereinstimmen

1.) daß sie ein Gegengewicht bilden gegen die Motive
des Egoismus im engern Sinne des §. 1.

2.) daß derjenige, welchen solche Motive leiten, nur bis
zu einem gewissen Grade, nur gleichsam bedingungsweise
das Leben bejaht u dabei in einer optimistischen Weltansicht befangen ist. Er will die Welt, aber nicht wie er sie
eben findet, sondern wie er meint, daß sie *seyn solle*, u zu
seyn bestimmt sey, er sieht noch nicht ein daß der Optimismus mit der Welt der Vorstellung unvereinbar ist, er
greift noch zu Palliativmitteln, wo nur ein Radicalmittel
(der Verzicht auf *alles* Wollen) helfen kann. –

3.) Daraus ließe sich denn vielleicht folgern, daß die von
mir angedeuteten Motive mehr oder weniger einen ähnlichen Werth haben, wie die von Sch^r. allein *moralisch* ge-

nannten, daß nämlich die ihnen zu Grundliegende Ansicht die wahre Einsicht vorbereite u zu ihr überleite.

Es bedarf nur einer Enttäuschung, einer Einsicht in die Unzulänglichkeit der Palliativmittel, um den so gestimmten Willen zu bestimmen, daß er sich von der Welt, die er nicht so unbedingt will wie der Egoist im o. S. – *ganz* abkehre. (Saulus – Paulus) Schillers Gedicht die Ideale.

Becker an Schopenhauer

Mainz, 28. Novr. 1850

Hochgeehrtester Herr Doctor!

Da es Ihnen nicht völlig gleichgültig ist, wenn u wie Ihre Werke öffentlich besprochen werden, Sie jedoch, aus guten Gründen, den neuen Erzeugnissen der philosophirenden Epigonen wenig Aufmerksamkeit schenken, so wird es Sie vielleicht interessiren, wenn ich Ihnen eine Entdeckung mittheile, die ich dieser Tage zufällig gemacht habe.

Von dem Buchhändler wurde mir als novum überschickt »Die philosophischen Lehren von Recht, Staat u Sitte – von Imanuel Herman Fichte Leipzig bei Dyk 1850. –

Aus dem Inhaltsverzeichniß ersah ich, daß darin auch Ihnen ein Capitel gewidmet ist, das ich denn auch gleich nachgelesen habe.

Es enthält nun keineswegs eine gerechte Würdigung (u die war auch wohl nicht zu erwarten, wenn, wie ich glaube, der Verfasser ein Sohn von H I G Fichte ist, welchen Sie nicht eben glimpflich behandelt haben, als πιϑηϰος).

Zwar werden Ihre Grundprobleme als »bedeutende Erscheinung« qualificirt; es wird Ihnen »ein kühnes Talent u »ein treffender Blick für das Wahre u Bedeutende der Erscheinungen« zu erkannt; es wird von den Vorzügen Ihrer »Darstellung« gesprochen, »die das Gepräge einer kräftigen ungebrochenen Individualität« trage u »überall aus dem

Born selbsterlebter Ueberzeugung und eigenthümlichen Urtheils schöpft« – dem »zur Seite stehe eine Frische des Lebens, deren unsre philosophische Bildung gar sehr bedarf in ihren nur vermittelten, im Umkreise überlieferter Begriffe sich abgränzenden Philosophien« –

Jedoch wird neben dieser Anerkennung viel gemäkelt, um ihr Abbruch zu thun und Herr I. H F. will Ihnen nicht erlauben, mit Ihrem »fragmentarischen Versuche« (es ist von den Grundproblemen die Rede) in eine Reihe mit den großen Denkern u ihren ethischen Systemen zu treten, vielmehr höchstens den Rang nach oder neben Schleiermacher u Herbart einräumen.

Es ist indeß immerhin erfreulich, daß die Herren von Profession endlich anfangen, das bisher gegen Sie beobachtete Secretiersystem aufzugeben, u wenn man einmal veranlaßt ist, Sie selbst zu lesen und mit den Andern zu vergleichen, so wird die Polemik jener Herren Ihnen und der heranwachsenden Generation, die von Ihnen zu lernen hat, wenig schaden. Mir wenigstens kommt das was H. F. gegen Ihre Lehren vorbringt, großentheils gar seicht vor; zum Theil beruht es auf offenbarem Mißverständniß, und zeugt wenigstens von mangelhaftem Studium Ihres Hauptwerkes:

So will er in Ihrer Lehre vom Gewissen (pag 260 der Gr. Probl. [E, 256 f.]) einen innern Widerspruch entdeckt haben, indem Sie einmal dasselbe nur als ein »immer mehr sich füllendes *Protocoll* der Thaten« erklären, u gleich darauf es ansprächen als »Maaßstab zur Beurtheilung unseres Willens« (während bei Ihnen loco cit. als solcher Maaßstab nicht das Gewissen, sondern die Größe des Unterschiedes, den wir zwischen unsrer Person und den übrigen machen, bezeichnet wird). –

So hält er es für »oberflächlich« und für eine »arge Verwechslung des factisch Gegebnen mit dem Ursprünglichen und Ersten«, wenn Sie pag. 221 ib. [E, 216] den Begriff des

Unrechts »für einen positiven, dem des *Rechts* vorgängigen erklären«. Er ignorirt also völlig die ausführliche Begründung dieses Satzes in Welt a. W. I p. 377 seq., 382 [W I, 394 f., 400] – und hat Ihren Begriff von Recht gar nicht capirt.

So vermißt er in Ihrem §. 22 der Grundlage der Moral die Antwort auf allerhand transscendente Fragen, meint[,] die seyen Ihnen gar nicht eingefallen, also hier eine Lücke. Er hat also nicht gelesen oder vergessen, was Sie Welt a. W. II, p. 635 [W II, 737] über derlei weitere Fragen, namentlich nach den Wurzeln der Individualität im Wesen an sich der Welt, gesagt haben. – U. dergl. m.

Wie wäre es, wenn Sie Herrn Dr. Frauenstädt veranlaßten, dieses Fichte'sche Opus in einem Literaturblatt zu besprechen, und dabei das Publikum an die rechte Quelle zu verweisen?

Freundlichst und hochachtungsvoll

Ihr ergebenster
Becker

Schopenhauer an Johann August Becker
[Auszug]

17. Januar 1851
Ad philosophica! wobei mir leichter wird. Habe das Kapitel vom Fichte gelesen und Alles, was Sie darüber sagen, vollkommen bestätigt und richtig gefunden. So sehr er auch die Dinge entstellt, verdreht und möglichst schlecht macht, ist mir das Alles noch lieber, als das tückisch verstockte Ignoriren. Amüsant ist die Professoren-Malice, daß er, scheinbar ohne Absicht, gerade solche Stellen anführt, die so recht gegen die Rockenphilosophie und Kinderschulenmoral verstoßen, also erzketzerisch sind. Mir aber ist das ganz Recht.

Johann August Becker an Schopenhauer
[Auszug]

Mainz, 2t^e Mai 1852

Ich werde Herrn v. D[oß] die gewünschte Abschrift Ihrer Briefe bald möglichst besorgen. Dieselben haben allerdings, wenn auch nur indirecten, Bezug auf seine »Hamlethsfragen« [sic!] über

> »Das qualvoll uralte Räthsel,
> Worüber schon manche Häupter gegrübelt,
> Häupter in Hieroglyphenmützen,
> Häupter in Turban und schwarzem Barett,
> Perückenhäupter und tausend andre
> Arme, schwitzende Menschenhäupter«

Er wird 1.) aus Ihren Briefen entnehmen, daß Sie wohl die Antwort ablehnen werden, wenn er genaure Nachrichten über die Geschichte des »Dings an sich« verlangt u über die eigentliche Beschaffenheit des »erkenntnißlosen Bewußtseyns«, das den außerzeitlichen Willensact, in welchem die Individualität wurzelt, begleiten mag.

Er wird sich aber 2.) auch überzeugen, daß er Unrecht hat, wenn er eine »harte *Dißonanz Ihres* Systems darin zu finden glaubt, daß a) das Individuum seinen erkenntnißlos ergriffnen intelligiblen Karakter nach erlangter Erkenntniß sich als Schuld anzurechnen, [...] u daß es b) dafür zu büßen habe.

Ihr System gibt ja grade die *Auflösung der Dißonanz:*
(– Die Schuld liegt im beharrlichen Bejahen nach aufgegangner Erkenntniß, u das »Büßen« (Leiden) erscheint als δευτερος πλους zum Heile, nicht als Strafe oder Vergeltung nach dem Begriffe menschlicher Gerechtigkeit. –)

Die tröstende Möglichkeit einer Erlösung ist aber eben das Thema Ihrer mir gewordenen Erläuterungen, – sie werden also auch Herrn v Doß beruhigen, wenn er auch die desiderirte transcendente Ergänzung Ihres Systems nicht erhalten kann. –

Adam von Doß an Johann August Becker

14. Juli 1852
[Anliegend die Correspondenz zurück.]
　　Ich fand in diesen Briefen, was ich suchte und hoffte. Von Ihrer Seite die scharfsinnigste Anfechtung einiger von den wichtigsten, aber dunkelsten Thesen der Schopenhauer'schen Ethik; eine Kritik derselben, wie sie, meines Bedünkens, nicht klarer und eindringender geschrieben sein könnte. Von des Meisters Hand dagegen Antworten, welche den erwünschtesten Commentar zu seinem schwerwiegenden, aber, der Natur seiner beiden Preisschriften gemäß, oft sehr concisen Vortrage bilden. Die beiderseitigen Controversschriften sind übrigens in so meisterlich consequenter Form gehalten, daß es Schade gewesen wäre, dieselbe durch Auszüge zu zerstückeln, weßhalb ich mich nur durch getreue Copie des Gesammtbildes befriedigt fühlen konnte. Der nunmehrige Besitz dieser Abschrift Ihrer Correspondenz ist mir um so willkommener, da ich durch dieselbe vollständigen Ersatz für längst projectirte Anfragen bei Schopenhauer über die nämlichen Themata, welche Sie berührt haben, gewann; Anfragen, die ich aus Bedenklichkeit über ihre allenfallsige Aufnahme immer wieder verschob. Freilich würde ich selbe nicht in so durchdachter und reifer Ausarbeitung, wie Sie, sondern lediglich als aphoristische Einfälle vorgebracht haben.
　　[…]
　　Ich klagte nur über den schrillsten aller Mißtöne, über die größte Lücke im *Leben selbst* (die Erbsünde), welche durch die tiefdringende Sonde der Schopenhauer'schen Philosophie nur um so fühlbarer wird, da die Untersuchung mit

Recht ganz nüchtern und ohne Anodyna geschieht. Selbst Ihre schöne Bemerkung: »Schopenhauer's System gebe ja grade die *Auflösung der Dissonanz*: die Schuld liege in dem beharrlichen Bejahen bei aufgegangener Erkenntniß, und das Büßen (Leiden) erscheine als δευτερος πλους zum Heile, nicht als Vergeltung oder Strafe, nach dem Begriffe menschlicher Gerechtigkeit« kann ich im Grunde für keine hinreichende Beruhigung halten, sondern erlaube mir, zur Entgegnung auf die *Fatalität* hinzuweisen, daß dem Charakter des Individuums durch das transscendente fait accompli, welches die Speculation wohl vorauszusetzen, jedoch nicht zu ergründen vermag, eben schon eine solche Beharrlichkeit in der einmal genommenen Richtung *eingeimpft* ist, daß es ihm in saecula saeculorum geradezu unmöglich gemacht ist, jene Richtung zu verlassen, trotz aller Vorhalte des Intellekts, dessen Beschaffenheit noch obendrein von der durch den nämlichen Willensakt bedingten Korporisation abhängt; wonach man sich immer wieder darauf zurückgeworfen sieht: daß die Schuld der unbußfertigen Verstockung nie am empirischen Dasein haftet, sondern über alles Zeitliche hinaus- resp. zurückfällt. Wir tragiren hier ein Stück Leben, das hinter den Coulissen des Welttheaters einstudirt und vorbereitet ist. Die Rollen sind unwiderruflich und unabänderlich ausgetheilt; aber mit Ausnahme höchst weniger Auserlesener, welche sich daran dunkel und zusammenhangslos erinnern, haben es die Spieler rein vergessen und geriren sich als selbständige Erfinder, als Improvisatori.

Kurz: der empirische Charakter eines Menschen ist und bleibt die sich selbst nicht verstehende Marionette des intelligibeln Charakters, und wenn es endlich zur Willensverneinung kommt, so ist dieß nichts weiter, als ein Coup, eine Katastrophe, welche durch die intelligible, das empirische Dasein des Menschen prädeterminirende Urentscheidung gewissermaßen mit bedingt sein muß, wenn man nicht den höchsten Akt der Freiheit der Zeitlichkeit anheimgeben will. Jene intelligible That, durch welche sich der Wille dem Leben (dem Bösen) zuwandte, wird man also nicht als eine totale, sondern nur als eine begrenzte Hingebung an das Leben aufzufassen haben, oder gleichnißweise gesprochen: das geheime Triebwerk, welches die Marionette in Bewegung setzt, ist kein perpetuum mobile im eigentlichen Sinne, sondern einmal aufgezogen (intelligibler Akt der Lebensbejahung) muß es auch einmal ablaufen (intelligibler Akt der Lebensverneinung). Es ist sonach ersichtlich, daß beide miteinander so contrastirende Willensakte, in gewissem Sinne, nur *einer* sind, eine tieferliegende einheitliche Wurzel haben müssen. Freilich, von dieser einen deutlichen Begriff zu erlangen, ist gerade so unmöglich, wie von der letzten Einheit der Nothwendigkeit und Zufälligkeit. (Parerga I, S. 199 [P I, 223]). Ich weiß wohl, daß Schopenhauer die Willensverneinung als einen *ganz neuen, zweiten* Akt der außerzeitlichen Willensfreiheit, durch den der ganze untheilbare, außerzeitliche Akt der Willensbejahung zurückgenommen wird, betrachtet. Allein es geht mir, wie Ihnen in Ihrem Briefe vom 10ten September: »einen neuen, abermaligen, also zeitlichen Willensakt, der doch zugleich außerzeitlich sein soll«, vermag ich nicht zu denken, und da ich anderseits keinen Grund finde, an der Wahrheit (Möglichkeit) aufrichtiger Bekehrung einzelner Individuen zu zweifeln, so sehe ich, aufrichtig gesagt, zur Zeit keinen andern Ausweg, als den Keim zur finalen Willensverneinung durch die intelligible Urentscheidung uno eodemque actu dem individuellen Charakter eingepflanzt zu denken, so daß es nur des weckenden Sonnenstrahls bedarf, damit jener im Menschen schlummernde Keim des Guten zur Entwicklung kommt. Ich wage es, zu größerer Deutlichkeit dieser Anschauung mich auf die nämliche Stelle zu berufen, welche Schopenhauer (Parerga I, S. 201 [P I, 225]) in anderer Absicht aus Plutarch angeführt hat; indem sich jedes Individuum, vermittelst der intelligiblen Urentscheidung, deren nächste Folge das Herabsinken ins empirische Dasein mit seinem Sündenelend war, zugleich einen über demselben schwebenden, reineren Genius geschaffen haben könnte, dessen Walten am sichtbarsten in der Katastrophe der Wiedergeburt hervorträte.

[...]

Es wäre ganz gegen den Geist des Schopenhauer'schen Systems, wenn eingewendet werden wollte, dieß komme daher, daß durch die von einem Menschen auch noch so vollkommen durchgeführte Willensertödtung doch nur seine *Individualität* getroffen und aufgehoben werde, hingegen der Wille als Ding an sich unberührt bleibe. Worin bestünde dann der so enorme Unterschied zwischen dem Ende eines gewöhnlichen Menschen, eines Sünders, und dem Tode eines Heiligen? Gewiß ist es im Geiste der Schopenhauer'schen Philosophie gesprochen, wenn behauptet wird, daß der *wirkliche* Büßer das Ding an sich in seinem Herzen an der Wurzel gepackt hat und ausjätet; daß mit seinem Sterben einer jener, W. a. W. II, S. 506, 529 [W II, 575 f., 605], dargestellten Stammbäume eingegangen ist. Also der Wille in seiner Außerzeitlichkeit, seinem intelligibeln Sein nach, und wie er das Substrat jeglicher Erscheinung bildet, wird durch den Todesstreich der Selbstverneinung bis aufs Mark getroffen (daher erschüttert, mythisch ausgedrückt, der indische Heilige, welcher Nirwana erreicht, Himmel und Erde), und dennoch fährt derselbe Wille, als wäre nichts geschehen, fort, sich in zahllosen Welten des Geborenwerdens, Leidens und Sterbens zu objectiviren? Führt nun der Asket die S. 145, Bd. I des Hauptwerks [W I, 153] aufgestellte Thesis an sich nicht praktisch aus, und dennoch, obwohl er zunichte wird, »muß Gott von Noth nicht den Geist aufgeben?« Welche Hoffnung bleibt da, daß es jemals, auch wenn es noch so viele Heilige gäbe, zur wirklichen Erlösung der Welt kommen könnte? Ich weiß, es sind dies metaphysische Grübeleien, für die es keine radicale Abhilfe gibt. Für eine gewisse Classe von Menschen vermehren sie die anderweitigen, allerdings realeren Uebel und Chikanen unseres allenthalben umdüsterten Lebens, finden jedoch ihre beste Entschuldigung in des Meisters ewig wahren Worten: »wenn irgend etwas auf der Welt wünschenswerth ist, so wünschenswerth, daß selbst der rohe und dumpfe Haufen, in seinen besonneneren Augenblicken, es höher schätzen würde, als Silber und Gold; so ist es, daß ein Lichtstrahl fiele auf das Dunkel unsers Daseyns und irgend ein Aufschluß uns würde über diese räthselhafte Existenz, an der nichts klar ist, als ihr Elend und ihre Nichtigkeit«.

Johann August Becker an Adam von Doß

26. Juli 1852
Daß meine flüchtige Bemerkung über Ihre Hamletsfragen Ihnen nicht genügen konnte, finde ich sehr natürlich, und war es mir auch nicht eingefallen, Ihre tief durchdachten und aus tiefem Gefühle hervorgegangenen Bedenken mit einer kurzen Phrase erledigen zu wollen.

Ich wollte nur andeuten, und zwar zweierlei

1) eimal, daß der Meister selbst (W. a. W. II. 634/35 [W II, 736f., S. 736/37]) die Klage »nach der Fatalität, welche den Willen in eine so mißliche Alternative versetzt hat« und manche ähnliche, als solche bezeichnet, die sein System nicht beantworte, die er aber für unlösbar hält.

2) sodann, daß er sich nicht darauf beschränkt, die Dissonanz, welche diese Erscheinungswelt hören läßt, in seiner Nachbildung recht grell wiedertönen zu lassen, sondern auch bemüht ist, »einen lichten Fleck am umwölkten Himmel unsers Daseyns« zu erspähen (s. Brief von 10. Decbr. 1844 [GBr, 219]) und »die Thüre zu suchen, welche aus dieser Welt führt«, sich bescheidend, nicht berichten zu kön-

nen, was dahinter vorgeht (s. Brief v. 21. Sptbr. 1844, [GBr 217] aus *der* Welt).

Sollte ihm das gelungen seyn, so wäre das freilich noch immer keine »Auflösung der Dissonanz«, wie sie in der edlen Musika mit den vorhergehenden Mißklängen versöhnt und dafür schadlos hält durch erhöhte Schönheit, sondern es wäre nur ein Trost in der Aussicht, daß der Jammer einmal ein Ende nehme.

Zudem ergibt sich

1) noch die Frage: ob der »lichte Fleck« wirklich gefunden sei? oder ob wir ewiglich, wie Leporello, zu sagen haben:

>   »ach zur Strafe meiner Sünden
>   ist die Thüre nicht zu finden«?

Die Antwort des Meisters scheint mir ein Beleg zu Dem zu seyn, was er selbst Parerga II, S. 10 [P II, 11] sagt:

»Inzwischen mag oft genug dem Rationalismus ein versteckter Illuminismus zu Grunde liegen, auf welchen dann der Philosoph, wie auf einen versteckten Kompaß, hinsieht, während er eingeständlich seinen Weg nur nach den Sternen, d. h. nach den äußerlich klar vorliegenden Objecten, richtet und nur diese in Rechnung bringt.«

2) wäre der Trost jedenfalls ein unzureichender für Den, welcher, nach des Meisters schönem Gleichnisse (W. a. W. I, S. 429 [W I, 448] »in der Welt eine Kreisbahn aus glühenden Kohlen mit einigen kühlen Stellen, sich selbst aber auf allen Stellen zugleich sieht« und darum »heraustritt«, um der ganzen tragicomoedia ein Ende zu machen.

Hier tritt das Bedenken ein, welches Sie dem meinigen angereiht haben, und das mir ebenfalls nicht entgangen war, wenn Sie es auch in meinen Briefen nicht erwähnt finden. Ich hatte mir beim ersten Studium der »Welt als Wille« eine Reihe von Fragen notirt, die ich dem Meister nach und nach vorzulegen gedachte, was ich aber später, um nicht lästig zu fallen und seine Gefälligkeit nicht zu mißbrauchen, unterließ. Ich finde unter diesen Notizen eine, die mit Ihrem dubium wesentlich übereinstimmt, und will sie Ihnen mittheilen, um Ihnen wenigstens den Trost zu geben: socios habuisse – scrupulorum.

ad pag. 431 (Bd. I [W I, 452] mit dem Tode dessen, der den Willen negirt hat, endigt nicht bloß die *Erscheinung. Das Wesen selbst ist aufgehoben* = p 429 [W I, 449] sieht sich an allen Stellen zugleich und »*tritt heraus*«. –

Wer ist der *er*, welcher so endet, *was* hat hier aufgehört und ist herausgetreten?

Das Individuum?

Der intelligible Charakter des Individuums?

Der ganze einheitliche Wille selbst?

Ueber die eigentliche Meinung des Meisters bin ich auch jetzt noch keineswegs im Klaren. Doch halte ich Ihre Auffassung für die richtige, nach welcher er bloß für das Individuum Erlösung hofft, natürlich nicht für das physische, erscheinende, sondern für das metaphysische Substrat, den intelligibeln Charakter oder die platonische Idee und demzufolge für den dieser Idee correspondirenden von Ihnen erwähnten »Stammbaum« der Erscheinungswelt, wobei man im Auge behalten muß, daß er besonders im zweiten Theile mehrmals davon spricht (z. B. pag. 607, 635 [W II, 700, 737]), wie bei dem Menschen die Individualität, sofern der Charakter individuell ist, auch dem Dinge an sich, dem Willen inhärire und nicht lediglich in der Erscheinungswelt durch das principium individuationis hervorgerufen werde, wie im ersten Theile gelehrt wird.

Wie tief nun aber die Wurzeln der Individualität im Wesen an sich der Welt gehen? Wie tief also die durch Verneinung herbeigeführte Erschütterung fortfibrire, das gehört eben wieder in das Gebiet des Illuminismus, dessen Erkenntnisse nicht mittheilbar sind, über die daher der Philosoph, wenn er versucht quadam prodire tenus, nur allenfalls in Gleichnissen und Symbolen sich äußern kann, – die sich dann jeder nach Maaßgabe seiner Disposition zur »intellectuellen Anschauung« zurecht legen muß. [...]

Schopenhauer an Adam von Doß

Frankfurt a.M. d. 22 Juli, 1852

Mein lieber Herr *von* Doß,

Mit wirklicher Rührung habe ich Ihr schönes Geschenk empfangen; da es mir beweist, wie sehr ich Ihren Gedanken gegenwärtig bin, indem, beim Anblick dieser Lithographie, Ihnen sogleich eingefallen ist, daß Hundedarstellungen die Hauptzierde meines Zimmers sind. Da hängt schon der Mentor in Glas und Rahmen da, und gehört zu den besten in der ganzen Sammlung, die jetzt 16 Stücke begreift. Für Hunde, die sich in solcher Art ausgezeichnet haben, sollte es, von Staatswegen, eine Ehrenmedaille geben, mit »Menschenretter« darauf, die sie vorn am Halsband trügen, um sie vor unwürdiger Behandlung zu schützen. Empfangen Sie meinen herzlichen Dank für das artige Bild, welches mir bis jetzt noch nicht vorgekommen war.

Die philosophischen Fragen und Bedenken, die Sie beunruhigen, sind solche, wie sie jedem denkenden Menschen, der sich in meine Philosophie hineinstudirt hat, aufsteigen müssen. Glauben Sie, daß wenn ich Antworten darauf hätte, ich solche zurückhalten würde? Leider kann ich nichts, als mich berufen auf Bd. 2, *p.* 187 [W II, 206] meines Hauptwerks, wo ich gesagt habe: »welche Fackel wir auch anzünden, und welchen Raum sie erleuchten mag; stets wird unser Horizont von tiefer Nacht umgränzt bleiben«. Wenn es mir gelungen ist, unsere nächste Umgebung ein wenig aufzuhellen; so hab' ich viel gethan: ja, ich bezweifele sehr, daß man jemals über mich wird hinauskommen können, d.h. in der Länge; in der Breite wird manches zu thun seyn, an Erläuterungen, Bestätigungen, Verknüpfungen,

Ausführungen u. s. w. Sie müssen nie aus den Augen verlieren, was unser Intellekt eigentl ist: ein bloßes Werkzeug zu den armsäligen Zwecken individueller Willenserscheinungen: was er außerdem leistet, ist schon bloß *abusive*. Und der sollte die Urverhältnisse alles Daseyns ergründen, verstehn und erschöpfen?! Dazu ist er so unfähig, daß wenn uns eine wirkliche Offenbarung jener Probleme würde, wir gar nichts davon verstehn würden und so klug bleiben wie vorher. Kant und ich gehn eine ganze Strecke einig zusammen: er subjektiv, ich objektiv das Selbe sagend. Beckers Wort, »daß Sie genauere Nachrichten über die Geschichte des Dinges an sich haben möchten«, ist zwar etwas schalkhaft gewendet, aber nicht ohne Wahrheit.

Im Einzelnen will ich Ihnen jedoch bemerken, daß Sie sprechen vom »erkenntnißlosen, also scheinbar unfreien Zustande des Willens«: gerade dann ist er im freien Zustande: denn die Erkenntniß ist das Medium der Motive, und diese wirken mit Nothwdgkt. Was er aber in jenem Zustande vermag, bezeugt die ganze organische Natur, deren überkünstliches Getriebe er erkenntnißlos hervorbringt. Im Tode, wo er das Gehirn zurückläßt, tritt er in diesen Zustand zurück (Parerga I, 212 [P I, 236 f.]) und geht f r e i seinen Weg. Keiner Kalpas bedarf er zur finalen Erlösung, wie überhaupt keiner Zeit: diese, wie alle Gestalten des Satzes vom Grunde zu eliminiren, wenn vom Ding an sich die Rede ist, ist freilich schwer und doch erforderlich: ebendeshalb ist uns dort alles Verständniß abgesperrt: und freilich ist uns Alles, was außerhalb jener Formen geschieht, ein Wunder. Warum aber die Erlösung eines Einzigen nicht die Aller ist, werden wir beantworten können, wann wir wissen, wie tief die Wurzel der Individualität geht; wie Sie einst selbst gefragt haben. – In meinem letzten Briefe an Sie habe ich vergessen, Ihnen auf ihren Skrupel hinsichtl des, Parerga II, *p.* 234 [P II, 292] vom erkenntnißlosen Bewußtseyn Gesagten, zu erwidern, daß eine wenigstens indirekte Erläuterung dazu sich findet in meinem Hauptwerk II, *p.* 273 [W II, 310].

Auf das Land versetzt zu werden sollten Sie nicht so sehr fürchten. Was Sie dort an Kunde von allem Neuen verlieren, gewinnen Sie an Muße und Geistesruhe; vorausgesetzt, daß Sie dann Ihre Dulcinea geheirathet haben. Mit wenigen, aber sehr ausgewählten Büchern und allenfalls Einem Journal kann man weit kommen. Das Neue ist meistens eine unnütze Störung.

[…]

Lassen Sie sich bei der hiesigen Gesandschaft anstellen: da können wir Eins philosophiren: aber jedenfalls leben Sie gesund und denken fleißig an

Ihren alten Freund
Arthur Schopenhauer

Schopenhauer an Julius Frauenstädt

Frankfurt a. M. den 24. August 1852
Meinem vor drei Tagen an Sie, mein werther Freund, abgeschickten Briefe füge ich noch nachstehende kurze und bündige Darstellung des in Rede stehenden Problems bei, die, wegen ihrer Einfachheit und Klarheit, sehr geeignet ist, Sie von dem Irrwege zurückzubringen, auf welchen bloß die Kavillation des Fortlage Sie geführt hat, wie solche denn auch zur Widerlegung dieser Ihnen wird dienen können; nachdem bei Ihnen selbst das *Resipiscere* eingetreten seyn wird.

Die Bejahung und Verneinung des Willens zum Leben ist ein bloßes *Velle* und *Nolle*. Das Subjekt dieser Beiden ist Eines und Dasselbe. – Als solches wird es durch seine *actus* nicht aufgehoben und vernichtet. – Es ist uns bloß durch seine beiden *actus* bekannt. – Sein *Velle* stellt sich dar in dieser anschaulichen Welt, die eben deshalb die Erscheinung ihres Dinges an sich ist. – Vom *Nolle* hingegen erkennen wir bloß die Erscheinung seines Eintritts, welcher nur im Individuo vorgehen kann: dieses aber gehört schon zuvor der Erscheinung des *Velle* an. – Daher sehn wir das *Nolle* stets noch im Kampfe mit dem *Velle* auftreten, so lange das Individuum dauert. – Hat in ihm das *Nolle* gesiegt, und hat das Individuum geendet; so ist dies eine reine Kundgebung des Eintritts des *Nolle* gewesen. – Von diesem selbst aber können wir nichts weiter sagen, als daß seine Erscheinung nicht die des *Velle* seyn kann (die Welt ist aufgehoben), wissen aber nicht, ob es überhaupt erscheine, d. h. ein sekundäres Daseyn für einen Intellekt erhalte, den es erst hervorzubringen hätte (und *à propos de quoi?*), und können vom Subjekt dieses *Nolle* auch nichts aussagen; da wir in seinem entgegengesetzten *actus*, dem *Velle*, als welcher auch einen Intellekt hervorbringt, positive Erkenntniß von ihm erhalten, eben als dem Dinge an sich seiner Erscheinung.

Ueberhaupt stehn diese Erkenntnisse (mit welchen Sie und die Andern sich vorzugsweise immer viel zu thun machen) an der äußersten Grenze des menschlich Wißbaren, am Horizont, wo der Tag sich in die Nacht verliert und es heißt

᾿Εγγυς γαρ νυκτος τε και ἡματος εἰσι κελευθοι.

Daher man hier nicht mit der Deutlichkeit des hellen Mittags sieht.

Sie freundlichst grüßend
Arthur Schopenhauer

14 May 54

»Geschichte der neuen Philosophie – in populären Vorlesungen – von G. Weigelt. Hamburg Otto Meißner 1854 1 Heft –S.

Das Werkchen des H Weigelt beeile ich mich hiebei zurückzuschicken, da ich es nicht verantworten könnte, wenn ein sehr tüchtiger u eifriger Schüler längere Zeit auf das Vergnügen warten müßte, eine Antwort von dem Meister zu erhalten. –

Aus meiner Recension wird ohne dies wohl schwerlich etwas werden. Ermüdende Berufsarbeiten rauben mir gar häufig die dazu nöthige Stimmung, u sie würde daher viel zu spät kommen. Ich habe bis jetzt nur die Abschnitte über Kant u über *Sie* gelesen, – u würde darüber mich vielfach lobend auszusprechen haben. – H Weigelt scheint indeß, seines Standpunktes als Theologe wegen, – zu manchen Accommodationen genöthigt, die übrigens den nicht beirren werden, der zwischen den Zeilen lesen kann. –

In seiner Citation ist er nicht immer ganz glücklich. – In dem Zusammenhange z. B., in welchem er pag 120 – die Stelle aus Parerga I. 107 [P I, 119] anführt, verliert Ihr dictum sein ganzes Salz. –

Wo wäre der Witz, wenn Sie bloß bemerkten, daß der liebe Gott die Philosophieprofeßoren (als Kostgeber) wie die Raben *speißt*« – während bei Ihnen das tertium comparationis, ein ganz andres ist, wenn Sie sagen, daß er sie *ernähre*, nämlich wie

>»den Gärtner nährt sein Spaten
>den Bettler sein lahmes Bein
>den Wechsler seine Dukaten –
>den H e i n e – die Liebespein
>er singt bei nächtlicher Lampe

den Jammer der ihn traf,
u gibt ihn dann bei Campe
heraus in klein Octav. –«

Auch hat er sehr Unrecht, wenn er pag 154 – Sie einer Inconsequenz – oder wenigstens eines Mangels an Consequenz beschuldigt, u Ihnen pag 186 nachredet, daß Sie, den
Leuten *zu muthen*, den Willen früher zu verneinen, als bis
er – gesättigt ist. –

Er hat nicht bedacht, daß Sie W. a W. I 433 [ab 2. A.! = W
I, 453] sagen »es ist eben so wenig nöthig, daß der Heilige –
ein Philosoph, als daß der Philosoph ein Heiliger sey«.

daß Sie überhaupt, eingedenk des Satzes velle (also auch
nolle) non discitur niemandem etwas zumuthen, sondern
nur bemüht sind, die verschiedenen Erscheinungen der
Welt zu deuten u auszulegen, ihr Wesen in abstracten Begriffen zu wiederholen u zu fixiren (I. pag 439 [W I, 460])
anerkennend, daß diese *abstracte* Erkenntniß nicht diejeni-
ge sey, aus welcher die Verneinung des W. z. L. hervorgehen könne, – daß hier nur eine *intuitive* Erkenntniß, wirken
könne, die nicht durch Begriffe mittheilbar ist, sondern
ihren Ausdruck allein in der That, dem Wandel findet
(I. 433) –

Daß Sie also die Askese nicht *empfehlen*, sondern sie
ebenfalls nur deuten, u daß Sie solche nicht einmal selbst als
die Verneinung des Willens ansprechen, sondern nur als
Symptom derselben, als einen Kampf um die Erhaltung des
gewonnenen Quietivs und die eingetretene negative Richtung des Willens, – welcher immer noch *wirkt* (I. 441
[462])–

daß Sie aus diesem harten Kampfe auf den Werth des
*Kampf*preises schließen, obgleich dieser dem noch positiv
wollenden – nur als ein *Nichts* erscheint, welches aber nur
ein nihil privativum seyn möge.

u daß dies der *Trost* ist, welchen Ihre Philosophie ge-

währt, den Leiden dieser Welt gegenüber, – die als δευτερος πλους zu demselben Heile führen [696 f.]).

Daß Sie endlich (II pag 604) die eigentliche Askese sogar
für überflüßig halten, weil schon die Gerechtigkeit u die
Menschenliebe demjenigen der ihnen vollständig genügt das
härne Hemd sind – u immerwährendes Fasten.

(H Weyg. dagg scheint noch etwas zu dem alten Studen-
tenspruche hinzuneigen

> lustig gelebt u seelig gestorben
> heißt dem Teufel die Rechnung verdorben.)

Es findet sich also (ad pag 154) bei Ihnen mit Nichten der
Mangel an Consequenz daß nicht statt der langsam tödten-
den Askese der Selbstmord »aus philosophischer Erkenntniß« in Vorschlag gebracht wird. –

Die *philosophische Erkenntniß* als eine bloß abstracte – ist
nach Ihrer Lehre überhaupt nicht geeignet einen Einfluß auf
das Handeln zu äußern (velle – et nolle non discitur) bei
demjenigen welchem die intuitive Erkenntniß fehlt; Askese
ist auch nicht der Weg zu dieser intuitiven Erkenntniß zu
gelangen, (nur ein indicium daß diese intuitive Erkenntniß
da ist) – u darum findet sich in Ihrer theoretischen Lehre
kein Vorschlag zur praktischen Anwendung also auch kein
Mangel an Consequenz in dieser gar nicht vorhandenen
(praktischen) Richtung. –

Schopenhauer an Johann August Becker

Frankfurt d. 20 Mai 1854

Werther Herr und Freund!

Ihr letzter Brief hat in mir von Neuem die Ueberzeugung
befestigt, daß Sie unter allen Lebenden der gründlichste
Kenner meiner Philosophie sind, solche verstehn wie ich
selbst, und noch dazu die Paragraphen inne haben, wie die

Ihres *corp: juris*, so daß Sie bei Allem gleich die entscheidende Stelle beibringen können. Alles was Sie über Weigelts Buch sagen ist so überaus treffend, daß ich mich nicht habe entbrechen können, ihm den Brief, zu seiner Belehrung, zu überschicken: jedoch habe ich Ihren Namen und Mainz weggeschnitten; so daß er nicht herausbringen kann, wer das geschrieben hat. Seinen sehr interessanten Brief lege ich Ihnen bei, bitte jedoch, mir solchen *nach 2 Tagen zurückzusenden*, indem derselbe sogleich nach Berlin soll, an Frauenstädt. Das jetzt abermals Ihnen hiebei übersendete Buch Weigelts bitte ich Sie, (wie es leider beschaffen ist!) anzunehmen und ganz zu behalten. Ich hege die Hoffnung, daß Sie doch noch zu der Recension sich entschließen werden; da kein Mensch so kompetent ist, über meine Phil zu schreiben, wie Sie. Eile hat ja eine solche Recension gar nicht. – Zugleich offenbare ich Ihnen, daß Weigelt mir mit dem Briefe sein Buch nochmals und noch 4 Bändchen deutschkatholische Vorträge geschickt hat, die entschiedenes Talent verrathen. Das an Sie jetzt zurückgehende Exemplar hatte ich von Ihnen eigentl bloß verlangt, weil ich glaubte, mehr darin *angestrichen* zu haben, als der Fall ist, und dies zu meiner Antwort an ihn benutzen wollte. Auch wollte ich die Exemplare vergleichen, wegen seiner Angabe, das mir gesandte sei ein frischer Druck. Ich bemerke keinen Unterschied. In den Druckfehlern kann einer seyn.

Dr Lindner schreibt mir soeben Vieles, von der zunehmenden Wirkung meiner Schriften, ja, ganz unglaubliche Dinge. Auch schickt er mir das Berl: Wochenblatt »Echo, eine musikalische Zeitschrift« v. 7 und 14 *Mai*, worin mit Stellen über Musik in meinen Schriften gegen die Opern des Rich: Wagner polemisirt wird, als wären es heilige Orakelsprüche. Die Professoren, höre ich, geifern in ihrer Winkelboutique, dem Journal von und für Philosophieprofessoren, (weil es kein Andrer liest) gegen mich, – hab' es bestellt, werde sehn.

Es läßt sich jetzt mit mir gut an, ist auch Zeit. Ihrer Theilnahme gewiß, verbleibe

Ihr ergebener Freund
Arthur Schopenhauer

Schopenhauer an Julius Frauenstädt

Frankfurt a. M., d. 31. Mai 1854

Werthester Freund!

Beckers Brief habe ich dem Weigelt nicht nur geschickt, sondern auch geschenkt, und weiß ihn nicht auswendig, so wenig wie was ich Alles dem Weigelt darüber geschrieben habe. Ich erinnere mich, daß Becker ihm vorrückt, S. 120, meinen Witz mit den Raben völlig mißverstanden und vernichtet zu haben; wobei Becker den Witz durch ein Couplet von Heine erläuterte: darüber habe auch ich den Weigelt zurechtgewiesen, zumal es herauskommt, als beneidete ich die Professoren um ihre Gehalte, die ich nicht brauche, und habe ihn ermahnt, meine *Worte* allemal ganz und unverkürzt zu geben. Die Einreden S. 153.ff. hat Bekker ihm sehr schön widerlegt, unter Anderm ihm vorrükkend, daß er sagt, ich *muthete* den Menschen die Askese, Verneinung des Willens zum Leben u. s. w. zu, während ich, sagt Becker richtig, Niemanden irgend etwas *zumuthe*, sondern bloß die Welt abspiegle, zeige, was Jegliches sei und wie es zusammenhänge, Jedem sein Thun anheimgebend.

Weigelts Korrektur meines Endresultats persifflirt Bekker mit

Lustig gelebt und seelig gestorben
Heißt dem Teufel sein Spiel verdorben.

Ich habe dem Weigelt gesagt, ihm sei die Askese, in Folge seiner Vorgänger und frühern Philosophie, noch zu fremd:

er solle asketische Schriften lesen, zunächst »Theologia deutsch« 1851. – Er kommt vom deutschkatholischen, perfiden, dem Christenthum, welches es vorgiebt, erzfeindlichen Wesen, vom Junghegelianismus, Feuerbach u. s. w. u. s. w. Auch ist er in meiner Philosophie ein Anfänger, verdient also *durchaus Nachsicht.* Zudem sagt er ja in seinem Briefe, daß er Manches wegwünscht was in seinem Buche steht und Vieles ändern möchte. –

Hinsichtlich der Askese verweist Becker den Weigelt, mit großem Recht, auch auf die entscheidende und wichtige Stelle im *zweiten* Bande meines Hauptwerks, S. 603 u n d 4, anhebend *p.* 603 »Nächstdem aber sind« u. s. w., schließend mit »Die Gerechtigkeit ist das härene Hemd« u. s. w.: die ganze 1 ½ Seite ist zur Sache [= W II 696 f.]. – Schon bei einer frühern Controverse habe ich Ihnen gesagt, daß ich mich nicht dazu verstehe, Alles, was ich mit größter Besinnung und Concentration in meinen Schriften gesagt habe, flüchtig und zerstückelt in Briefen wiederzukauen. In meinen Schriften finden Sie Alles, was ich zu sagen habe.

[…]

Ich bin fleißig am Willen in der Natur – und wünsche Ihnen von Herzen Gesundheit und Wohlergehn.

Arthur Schopenhauer

Franz Bizonfy an Schopenhauer

Zürich, Seefeldstraße, Neuhof. Den 4. 12. 54
Geehrter Herr!

Meine Tante, die Frau Wüstenfeld, hat sich bey ihrer Durchreise durch Frankfurt das Vergnügen gemacht, Sie aufzusuchen und zu sprechen und hat Ihnen, so viel ich weiß, bey dieser Gelegenheit erzählt, mit welch lebhaftem Interesse ich mich seit längere Zeit dem Studium Ihrer Philosophie hingegeben. – Ergo, Sie wissen, daß ich existire

und werden meinen von Zürich datirten Brief nicht als vom
Himmel gefallen betrachten. Der Zweck meines Schreibens? Lange schon hege ich den Wunsch, Ihre persönliche
Bekanntschaft zu machen u würde gewiß nicht gesäumt haben zu diesem Ende nach Frankfurt zu reisen, wären meine
Verhältnisse nicht leider derart, daß ich es nicht gut riskiren
kann, Deutschlands Boden zu betreten. Es bleibt mir also
nur übrig, Sie, geehrt[er] Herr, recht herzlich zu bitten, zu
uns nach Zürich für einige Tage oder Wochen herzukom-
men. Ich sage zu uns, denn nicht ich allein bin es, der Sie
kennen zu lernen und sprechen zu können wünscht. Herr
Jörg Herwegh, der von Vielen gelästerte von Wenigen ge-
kannte cidevant Poêt (dem es, entre nous, an Adel der Gesinnung sicher nicht fehlt und der mehr Licht im Kopfe hat
als eine ganze deutsche Universität), der berühmte Musi-
kant resp. Componist Wagner, ebenfalls ein ganz intelligen-
tes Haus und noch andere Leute, an denen Sie mehr Freude
haben werden, als an allen Professoren zweyer Jahrhunderte, vereinigen ihre Bitte mit der meinen und leben in der
Erwartung, Sie nächstens in Zürich zu sehen. – Ich hoffe,
daß Sie mir die Freude nicht versagen werden, für die Dauer
Ihres Aufenthalts dahier, mit meiner bescheidnen Wohnung vorlieb zu nehmen. Wer ich eigentlich bin in Hinsicht
auf meinen bürgerlichen Charakter? Gar Nichts, Ihnen zu
dienen.

Hab Jura studirt, dann Medicin und fand beyde Wissenschaften dumm und – unverschämt. – Mit Liebe hab ich
mich dann in letzterer Zeit mit Philologie beschäftigt, natürlich nicht mit klassischer. Der indoeuropäische Sprach-
stamm hat meine besondere Aufmerksamkeit erregt und
meinem Geist mehr Nahrung geboten, als er auf irgend einem andern Gebiet des Forschens hätte finden können. Um
in die Originalwerke der budhaistischen Religion eindringen zu können, warf ich mich auch auf das Studium der
Tibetischen und Mongolischen Sprache, die uns in neuerer

Zeit beyde durch Schmidt in Petersburg zugänglich geworden sind. Das britische Museum ist im Besitz von einer ungeheuern Menge von Sanskrit-, Zend-, Parsi-, tibetischen – etc etc Manuscripten, dort wollte ich mich unter den Folianten begraben. Lust und Liebe zu aller Wissenschaft ist mir nun aber durch ein trauriges Ereigniß für immer vergangen. Nur par usage, par depit, & par ennui beschäftige ich mich noch manchmal mit all dem dummen Zeug. – Doch lassen wir dies dahingestellt; ich könnte auf Dinge zu sprechen kommen auf die ich schriftlich – das foltert mich zu lange – nicht zu sprechen kommen will.

Das Eine muß ich Ihnen noch sagen, wie ich mit Ihrer Philosophie bekannt geworden. – Eines Tages, es mag vor einem Jahre gewesen seyn, kam mir auf der Stadtbibliothek zufällig Ihr Hauptwerk W. als W. & V. in die Hand. Ich blätterte darin und fand im zweyten Theil den Artikel Metaph. der Geschlechtsliebe. Ich las und las meinen Artikel und konnte nicht aufhören bis ich ihn zu Ende gelesen hatte. Es wurde mir ganz unheimlich; ich hatte mich selber gelesen. Ich sah nach, *wann* das Buch gedruckt worden: es stand darin 1844 und mein Manuscript »Geschichte der Geschlechtsliebe« war höchstens zwey Jahr alt. Wäre mein Manuscript gedruckt worden, Sie hätten mich für den unverschämtesten Plagiator der Welt erklärt und mit Unrecht. Aus denselben Prinzipien alles hergeleitet; meine Lebewuth war Ihr Wille zum Leben. Abgesehen davon, daß ich meinen Gegenstand nicht allein von metaphysischer Seite betrachtete, war in den beyden Schriften nicht nur ganz dasselbe, sondern theilweise sogar mit denselben Worten gesagt. – Ich ging zu meinem Freund Herwegh, dem einzigen Menschen, der mein Manuscript kannte und theilte dem mein Erstaunen mit. Was ich gar nicht begreifen konnte, war daß ich, der ich von den Veden, den Kings etc bis zur Tageslitteratur unserer Zeit herab, alles Namhafte zu kennen glaubte, von Ihnen und Ihren Schriften nie was gehört hatte. Was Einem doch in der Welt alles passiren kann! – Sie werden verstehn, daß ich nun Grund genug hatte, mich für Ihre Schriften zu intressiren. In Ihren Schriften hab ich mich zum erstenmal in meinem Lebens selbst gefunden. Soll ich offen seyn, ich habe Thränen der Freude geweint beym Lesen. Dafür kam ich aber auch in eine ordentliche Wuth bey solchen Stellen, wo ich mich auf einmal von Ihnen verlassen sah. Daß der Donner den alten Kant, daß er es nicht wagte ganz ehrlich sich selbst und andern zu seyn, daß er dem Staat und dem Altherkömmlichen zu Lieb jene grandiose Sophisterei erfunden, durch die er die moralische Freyheit neben der Nothwendigkeit bestehn lassen kann. Und o, mit welch eminenten Scharfsinn, mit welch bewundernswerther Logik haben erst Sie diesen Nonsens begründet. Man möchte beynahe meinen, daß Sie wirklich recht hätten. Diese verdammte Thatsache des Bewußtseyns, dieses Bedlam, wo man alles hineinstecken kann, was man eben darin braucht, diese sichere Schutzmauer gegen alles noch so trifftige Raisonement, wie eckelt sie mich an! Wir haben ja das Gefühl der Verantwortlichkeit. Ja wohl, wenn es uns nur nicht angewöhnt und angelernt wäre! Mein Hund hat es auch, wenn er nicht folgsam gewesen; aber nur darum, weil er weiß, daß er Prügel bekommt. Köstlicher Witz das mit der transcendentalen Freyheit, die außer dem Raum und der Zeit (liegt? steht? sitzt? ist – also meinetwegen) *ist*, und doch wieder in Raum und Zeit und in der Erscheinung sich als Thatsache des Bewußtseyns, als Gefühl der Verantwortlichkeit geltend macht. Es ist doch zum crepiren!

O anbethungswerthe transcendentale Freyheit! Wie schön sagt uns Herr Schopenhauer in seiner vf Wurzel vom Satz des zureichenden Grundes, daß die Formen von Zeit, Raum und Kausalität die Bedingungen alles Vorstellens und alles Denkens sind. Ich will noch hinzufügen, daß derjenige im vollsten Ernste ins Narrenhaus gehört, der da behaupten wollte, daß ohne diese Formen oder über dieselben hinaus, es ein Denken und Erkennen geben könne. Wie klar sagt H. Schopenhauer in seinem W. a. W. u. V. B. 2. K. 50: Die allgemeinste Form unseres Intellects ist, der Satz vom Grunde, der aber eben deshalb, nur auf die Erscheinung Anwendung findet. Ebendaselbst ferner: Die Erkennbarkeit mit ihrer wesentlichsten, *daher stets nothwendigen Form* von Subiect und Obiect gehört blos der Erscheinung an, nicht dem Wesen an sich der Dinge. Wo Erkenntniß, mithin Vorstellung ist, da ist auch nur Erscheinung und wir stehen daselbst schon auf dem Gebiete der Erscheinung. Sehr richtig, Herr Schopenhauer, man müßte aus Bedlam entsprungen seyn, um daran zu zweifeln. Aber, aber – mit welchem Instrument hat man sie denn entdeckt, die Freyheit, die transcendentale, d. h. nicht in die Erscheinung tretende, sondern nur in sofern vorhandene, als wir von der Erscheinung und all ihren Formen abstrahiren (sic!), um zu dem zu gelangen, was außer aller Zeit, als das innere Wesen des Menschen an sich selbst zu denken (sic!) ist? Ethik p. 95 [E 96] Da, wo die »Schuld liegt, muß auch die Verantwortlichkeit liegen und da diese das alleinige Datum ist, welches auf moralische Freyheit zu schließen berechtigt, so muß auch die Freyheit ebendaselbst liegen, also im Character des Menschen«. Bon! Zuerst möchte ich wissen, was denn die absolute Schuld sey, wenn ich mir bey alledem was denken soll können. Ist das etwa die absolute Schuld, wenn Hinz sagt: »er ist ein Spitzbube«? Zur selben Zeit derselben That wegen verehrt mich Kunz und nennt mich einen edlen Menschen. Und wenn mich der Eine schuldig und der Andere unschuldig nennt, so haben die Herren beyde recht: die Welt ist meine Vorstellung. Wie könnt ich mir im Ernste anmaßen, einen Menschen anders als in seiner Beziehung zu mir beurtheilen, verehren oder verdammen zu wollen?! Eben weil die Welt meine Vorstellung ist und somit über den Werth oder Unwerth, über die Schuld oder Unschuld einen Menschen fast Jeder anders denken wird, eben darum kann und darf ich über den Andern ein Urtheil fällen, könnte und dürfte es aber von dem Moment an nicht mehr, wenn ich dies Absolute, diesen Deus ex machina, dies undenkbare Unding, das Sie mit Kant da aufstellen, für Etwas Anderes als ein hohles Wort nähme. Zudem könnte ja nach diesem intelligiblem Charakter und dieser transcendentalen Freyheit die Schuld erst anfangen, wo – die Erscheinung aufhört. Natürlich ist die Welt mit Individuen und somit Varietäten angefüllt, da Sie mir aber nicht sagen können, wie tief, im Wesen der Welt an sich, die Wurzeln der Individualität gehn (W. als W. u. V. B 2. p. 635 [W II, 737]), so ist Ihr Deus ex machina eben ein solcher. – Schieben wir, Madam Freyheit, vom Transcendental, sonst bekomme ich noch Krämpfe! Ethik p. 90 [E, 92] wird mir ohnehin gesagt, daß mein roher Verstand hier incompetent ist. Danke schön!

Nun, ich schmeichle mir, daß ich nächstens das Vergnügen haben werde über dies und noch manch Anderes von Ihnen mündliche Belehrung u Aufklärung zu erhalten. Mit einer Hochschätzung, wie sie dem größten Denker des Jahrhunderts gebührt

bin ich Ihr Diener Bizonfy

Julius Bahnsen an Schopenhauer

Altona, den 14ᵗ Dec. 1856
Hochverehrter Herr Doctor!

Das unverlöschliche Andenken an die freundliche Güte, mit welcher Sie am 8ᵗ Aug. d. J. mir den Vorzug Ihrer persönlichen Bekanntschaft gewährten, läßt mich hoffen, Sie werden auch jetzt nicht, als einen Zudringlichen, mich abweisen, wenn, mit diesen Zeilen, Ihnen mich in's Gedächtniß zu rufen, ich mir erlaube.

Seit jenem Tage wurde das Erinnerungsbild von den bei

Ihnen verlebten Stunden für mich wie zu einem belebenden Commentar aller Ihrer Werke: das Lesen dieser ward mir wie zu einem beständigen unmittelbaren Verkehr mit Ihnen: es war den Buchstaben seitdem etwas von der Macht der vox viva eingehaucht. – So bin ich inzwischen, aus einem bewundernden Verehrer, mehr und mehr ein begeisterter Anhänger Ihrer Philosophie geworden. Wie in einem Bade der Wiedergeburt, glaube ich, durch die Vertiefung in Ihre Lehre, nach gerade alles abgestreift zu haben, was meinem Denken, vom Studium der Universitätsphilosophie her und als Niederschlag des sog. Zeitgeistes, an Schlaken noch anhaften mochte. Wie sollte es mich da nicht innerlich drängen, Ihnen auf's neue den Dank und das Bekenntniß meiner vollkommenen Hingebung darzubringen, gehörte doch, was ich in Mußestunden einem vielbeschäftigten Lehrerleben an ungeschwächter Kraft abgewinnen konnte, dem erneuerten Studium Ihrer und der Kant'schen Werke. Und wo nur immer der so eng begränzte Umfang meiner freieren Wirksamkeit es mir gestattete, und wo ich nur irgend eine Empfänglichkeit dafür voraussetzen durfte: dahin suchte ich Samenkörner Ihrer Lehre zu tragen; nur durch die Ermahnung Matth. 7,6 ließ ich mir hierin Schranken setzen. Der Anknüpfungspuncte gab es dabei freilich verschiedene. Der langjährigen Secretirungsmethode sind ja ihre Absichten zu wohl gelungen, als daß es nicht noch polyhistorisch gelehrte Bibliotheken geben sollte, bei denen ich, wie in Hamburg, nicht einmal die Bekanntschaft mit den Titeln Ihrer Werke fand, geschweige, daß sie mir eins derselben aus der sonst so reichen Stadtbibliothek hätten liefern können. Dafür aber zeigt sich allerdings der eigenthümliche Zug in der Ausbreitung Ihrer Lehre, vorzugsweise im Norden zur endlichen Anerkennung zu gelangen, in dem Factum, daß ein mir bekannter, an Bildung und geistigem Intereße seinen Standesgenoßen weit überlegener, Kaufmann bereits vor längerer Zeit Ihr Hauptwerk für die isländische

Bibliothek zu Reikiawik besorgt hat: so wird Ihr System zu einem Bande, welches des Ganges' und Hekla's Anwohner, die Enden des Südostens und Nordwestens, in gleicher Grundweisheit verknüpft. Auf dem weiten Blachfelde dazwischen haben dann vorläufig vereinzelte Mißionsstationen hier und da ein Plätzchen zum Anbau überwiesen bekommen, bis einst in dichteren und dichteren Reihen die befruchteten Ähren auch hier sich drängen werden. Vielleicht ist es eine Folge meiner Thätigkeit als Lehrer der erst heranwachsenden Jugend, daß ich auch da nicht versäumen mag, Keime auszustreuen, wo ich deren volle, ungestörte Entfaltung nicht erwarten darf, wo aber doch einige Aussicht auf Sproßen und Grünen, obzwar nicht auf Reifen, gegeben ist. Da kann ich denn auch nicht die Handhaben ganz verschmähen, welche den Menschen und sein metaphysisches Bedürfniß zunächst in seiner sinnlichen Natur ergreifen. Wenn darum Einer zu mir kam, der auch noch nicht einmal Ihren Namen kannte, und ich sah, wie der Anblick Ihres Bildes über meinem Pulte das erste Verlangen in ihm erregte, kennen zu lernen, was dieses, auch Stumpfsinnigere zur Bewunderung aufrufende, Haupt der Welt an Gedanken geschenkt habe: so stand ich nicht an, mit methodischer Auswahl von Ihren Werken die erste Bekanntschaft zu vermitteln; und ich darf mich des Erfolges freuen, nicht leicht ganz vergeblich mich bemüht zu haben, zunächst wenigstens ein Intereße zu wecken. – Sicherer schien freilich eine nachhaltige Wirkung in den Fällen garantirt zu sein, wo ein tiefer Schmerz des Lebens die Empfänglichkeit für die Wahrheit Ihrer Lehre von der Negativität des Glücks vorbereitet hatte: doch eben dann pflegt sich Ihr Satz zu bestätigen: der protestantische Norden ist der Einsicht in Wesen und Werth der Askese am meisten abgewandt; – man liebt es da noch immer, sich zurückzuziehen hinter die Illusionen, welche Sie als die specifisch germanischen zu bezeichnen pflegen: das Glück der Ehe gilt dem trauernden Witwer für eine Realität, und die Pietät der Erinnerung läßt nicht zu, an der Vortrefflichkeit der Weiber und ihrem vermeintlichen höhern sittlichen Werthe zu zweifeln. Da sucht man sich den Consequenzen der Verneinung des Wollens zu entziehen, indem man wähnt, dafür eine Stütze zu haben an solchen abortiven Ablegern der Universitätsphilosophie, wie der Cornill'schen Abhandlung über Ihre Philosophie, obgleich der Titel dieser sich so nennenden Kritik schon so naiv ihre »geschichtsphilosophischen« Reminiscenzen in dem geologischen Terminus der »Übergangsformation« zur Schau trägt. – Angesichts solcher Versuche, der vollen Wahrheit auszuweichen, setze ich daher meine Aufgabe wesentlich darein, die aus einem halben Studium und Verständniß Ihrer Werke entspringenden oberflächlichen Einwürfe dawider abzuwehren.

Zugleich aber scheint die jüngste Gestaltung meines Schicksals mir Gelegenheit bieten zu wollen, auch durch praktische Bewährung, Ihrer Philosophie weitere Achtung zu erzwingen. Es hat nämlich der Staat, welchen ich als mein Vaterland ansehen soll, durch seine dänischen Behörden eine Ordnungsstrafe für Verspätung der, nicht einmal im Gesetz ausdrücklich verlangten, Anmeldung zum Militärdienst über mich verhängt, der zufolge ich vier Jahre lang als Militairarbeiter, i.e. als Militairlazarethbedienter, resp. als Offiziersbursche in Dienst bleiben soll; – eine Situation, in welcher Sie bisher vermuthlich noch keinen Ihrer Schüler gezählt haben; sie mag Ihnen aber einen Beitrag zur Charakterisirung der traurigen Lage liefern, unter welcher das arme Herzogthum Schleswig leidet, seitdem es den verunglückten Versuch machte, sich seines Rechts zu wehren gegen den Fanatismus einer Nation, welcher [sic!], selbst das Erbgut der Muttersprache uns zu entreißen, die gewaltthätigsten Anstrengungen macht. In dieser Noth klammert sich das Volk in Schleswig an Hoffnungen, welche es vorzugsweise aus wunderbar übereinstimmenden Visionen

schöpft; die unter ihm weitverbreitete Gabe der Deutero-
skopie sieht in den verschiedensten Theilen des Landes die
gehofften Retter siegreich kämpfen in weißen Uniformen –
die Erfüllung ϑεῶν ἐν γούνασι κεῖται.

Ob inzwischen meine, gegen die mir zuerkannte Strafe
gerichtete, Eingabe beim Ministerium in Kopenhagen Berücksichtigung finden wird, ist sehr zweifelhaft, hat man
doch damit einen Anlaß, mich nachträglich, trotz ausge-
sprochener »Amnestie« für frühere, in freiwilligem Kriegs-
dienst kundgegebene »Insurgenten«-Gelüste zu züchtigen.
Wenn es nun durch Ihre Philosophie mir erleichtert wird,
die Askese auch in solcher Form auf mich zu nehmen, so
wird es mir ja vielleicht auch gelingen, durch eine derartige
paßive Propaganda Ihnen weitere Proselyten zuzuführen. –
Was mir in solcher Stellung an freier Muße übrig bleibt,
werde ich natürlich philosophischen Studien widmen; und
so war, als ich den harten Spruch vernommen hatte, mein
erster Gedanke, daß ich mich Ihrer Aeußerung erinnerte,
wie u. A. Hr. Prof. Frauenstädt im Besitz der Abschrift
eines einst von Ihnen geführten philosophischen Briefwechsels sei; und ich nahm mir vor, von Ihrer Güte die Erlaubniß
mir zu erbitten, mir auch eine Copie davon nehmen zu dürfen; erst wenn ich Ihre Einwilligung dazu eingeholt hätte,
wollte ich mich nach Berlin mit der Bitte wenden, das Manuscript auf kurze Zeit für diesen Zweck mir zu leihen.
Habe ich also Ihr unschätzbares Vertrauen so weit gewonnen, daß Sie eines Mißbrauchs Ihrer geneigten Zustimmung
mich nicht für fähig halten, und verschmähen Sie es nicht,
nach dem geringen Maaße der Zeit und Kräfte, welche mir
für philosophische Studien zu Gebote stehen, auch mich als
Ihren Apostel Einen anzuerkennen, so darf ich hoffen, Sie
werden durch gütige Gewährung erfreuen, und Ihnen noch
inniger verpflichten Ihren

in dankbarster Verehrung sich Ihnen widmenden
Julius Bahnsen

O. Bötticher an Schopenhauer

Göttingen am 25. Januar 1857

Geehrter Herr!

Als mir durch Zufall vor längerer Zeit Ihr Werk »Die Welt als W. u. V.« in die Hände kam, und ich aus Neugierde darin zu blättern begann, reizten mich einige mir auffallende geniale Paradoxa, Ihr ganzes System kennen zu lernen, und so warf ich mich denn mit wahrer Vehemenz auf das Studium der organischen Gesammtheit Ihrer Werke.

Mein Durst nach Wahrheit, welcher einerseits von einem Heer vorgefaßter Meinungen belagert, anderntheils von voraussichtlicher Resultatlosigkeit entmuthigt war, war eben in Begriff in behaglichen Eudämonismus umzuschlagen, als die Strahlen Ihrer Philosophie in meinen Geist fielen. – Das, was seit lange in dämmernder Ahnung in meiner Brust schlummerte, ohne daß ich es mir entweder durch peripatetisches Alleingrübeln oder durch Vermittelung academischer Anleitung klar objectiviren konnte, – dieses trat mir in Ihren Worten lichtvoll entgegen. Meine innere Freude stieg, je mehr und mehr sich die Isis vor meinen Blicken entschleierte. So sehr auch mein Ich durch das Endresultat Ihrer Lehre von einem gewissen *horror* erfüllt wurde, so mußte ich es doch nicht allein als die eiserne Consequenz, die *conclusio inevitabilis* der als wahr befundenen Prämissen anerkennen, sondern ich erkannte bald auch darin den klaren Ausdruck dessen, was der innere Dämon mich schon längst dunkel hatte ahnen lassen. – Nichtsdestoweniger sind mir gerade in Betreff dieser letzten Consequenz einige Zweifel angewandelt, welche ich nicht zum Schweigen bringen kann, und sie deshalb Ihnen, geehrter Herr, mitzutheilen wage, mit der Bitte, in einem Augenblick, wo Sie nichts besseres zu thun haben, mich darüber aufzuklären, wenn auch nur dadurch, daß Sie mich auf ge-

291

wisse Stellen in Ihren Werken verweisen, wo ich eine etwanige Aufklärung über diesen Gegenstand übersehen haben kann.

I

Wenn der Intellect dem Willen nicht gebieten, sondern ihm nur verschiedene Motive zur Auswahl vorhalten kann; wenn ferner der Wille, dessen Wesen in der Erscheinung Bejahung des Lebens ist, als erscheinender mit Nothwendigkeit das Motiv erwählen wird, welches ihm homogen ist; so kann dieser Wille in der Erscheinung, gesetzt sein Intellect stellte ihm die Alternative Bejahung oder Verneinung des Lebens vor, nothwendigerweise nur die erstere wählen; demnach wäre Verneinung des Willens zum Leben für den erscheinenden Willen, also für den Menschen, ein Ding der Unmöglichkeit. –

II

Wenn die Bejahung des Willens zum Leben sich äußert in Betreff des Individuums als Hunger, in Betreff der Gattung als Geschlechtstrieb, so müßte die Verneinung des Willens zum Leben sich äussern 1. in Bezug auf die Gattung als Negation des Geschlechtstriebes; 2. in Bezug auf das Individuum als Nichtbefriedigung des Hungers; demnach wäre freiwilliger Hungertod, nach vorhergegangener freiwilliger Enthaltung des Geschlechtstriebes Ziel der Menschheit! – – –

Sollten Sie, geehrter Herr, diese Scrupel für *nullius momenti* und für gar zu absurd halten, so bitte ich einem fast noch embryonischen Jünger der Weisheit zu verzeihen, daß er so kühn war, Ihrem Leben einige Augenblicke zu stehlen, welche Sie zum Heil der Menschheit besser hätten verwerthen können. –

In aufrichtiger Hochachtung (und nicht ganz ohne Hoffnung einer gütigen Erwiderung)

O. Bötticher, stud. philos. et theol.

Ignaz Perner an Schopenhauer

München den 9ten Juni 1850

Hochverehrter Herr Doctor!

Heute brachte mir Herr von Doß Ihr Geschenk, Ihre
»Ethik«. Ich bekenne, daß ich schwer daran gieng, das Buch
zu lesen, da ich einerseits an Zeitmangel gewaltig leide und
mir unzählige Bücher zugesandt werden, und da ich anderseits im Punkte der philosophischen und speciell der moralischen Lebens- und Menschen-Anschauung, so definitiv
schon längst mit mir im Reinen bin, daß ich – aus Grundsatz
– gelehrte Werke dieses Betreffs *in der Regel* als ein un-
praktisches theoretisches Geschwätz und als verlorene Zeit
und Mühe betrachte, wodurch dem armen Menschenge-
schlechte so wenig genützt wird, als durch die theologischen, Bibliotheken füllenden, Schwätzereien. Dennoch
blätterte ich in dem Buche herum, wurde aufmerksam, und
nun – lese ich es, und jetzt schon ehe ich noch ganz zu Ende
bin |: ich lese heute einen großen Theil des Tages daran :|
drängt es mich, Ihnen die Versicherung zu geben, daß ich
nicht mehr aufhören kann |: es ist Nachts 11 Uhr :| und daß
es *weitaus* das Beste ist, was ich über *Moral*-Philosophie je
noch gelesen habe. Sie haben, – merkwürdig im nämlichen
Jahre 1841, in dem ich den hiesigen Verein gegen Thierquä-
lerei begründete – die *im tiefsten Grunde meiner Seele* lie-
gende, mit meinem *Gefühle* ganz identische *Ansicht* |: denn
nach meiner Überzeugung treffen *wahrer Verstand* und
wahres Gefühl haarscharf in uno eodemque puncto zusam-
men:| in einer *wißenschaftlichen* Ausführung umfaßend
dargestellt, während ich selbst sie *praktisch* auszuführen

versuchte und in meinen Schriftchen sie nur so weit, als die praktische Durchführung der Sache es nothwendig machte, sohin nur in größern hingeworfenen Zügen, anschaulich machte. Genehmigen Sie meinen herzlichen aufrichtigen Dank für die Zusendung; ich bedaure, daß meine Lebensverhältniße und Zeitmangel mir nicht gestatten, Alles niederzuschreiben, was ich bey Durchgehung Ihrer herrlichen Ausführung denke und fühle. Ich lese sie mit dem Bleistifte in der Hand und nur selten habe ich bisher ein Fragezeichen ad marginem gesetzt, nur selten nämlich wich meine Anschauungsweise von der Ihrigen ab, und auch da nur in unbedeutenden, bloß die logische Reihenfolge und Aufstellung betreffenden, also im *Wesentlichen* nichts bedeutenden Punkten. Sehr oft dagegen schrieb ich ad marginem: »sehr gut«. Sie werden die Bestätigung des so eben unter dem unmittelbaren Eindrucke Ihres Werkes Niedergeschriebenen in meinen Schriftchen finden, wenn Sie es über Sich und wenn Sie Zeit gewinnen, sie durchzusehen. Da ich nicht weiß, *was* Sie davon schon zu Gesicht bekamen, so bemerke ich, daß diese Schriftchen hauptsächlich bestehen aus den *Jahresberichten* des Münchener-Vereins gegen Thierquälerei von 1841/42 bis 1848/49, aus einzelnen in öffentlichen Blättern erschienenen kleinern, größtentheils in jene Jahresberichte wieder aufgenommenen *Aufsätzen*, einem Schriftchen über *Kälbertransport*, einem Schriftchen über *Pferdfleisch-Genuß* und einigen von Andern verfaßten und von mir bloß revidirten und corrigirten *Kinderschriften* [...]. Alle diese Piècen werden Sie, wenn Sie es wünschen, beym Frankfurter-Verein gegen Thierquälerei finden, von dem ich sie abzuverlangen bitte. Sollte etwas fehlen und Sie es zu erhalten der Mühe werth finden, so bitte ich, es mich wißen zu laßen; auch bitte ich, unsern hiesigen Verein theils durch Ihre schriftstellerischen Talente und Verbreitung unserer Aufsätze, theils |: wegen Armuth unserer Vereinskaße :| durch Erwirkung von *Geldbeyträgen* wo immer, freund-

lichst zu unterstützen. Wir sind derselben besonders deß-
wegen bedürftig, weil wir unsere |: und wie ich jetzt sagen
kann, auch Ihre :| Grundsätze möglichst in der Welt zu ver-
breiten in einer fortwährenden Agitation begriffen sind.
Daher laßen wir unsere Schriften stets in einer großen An-
zahl von Exemplaren, meistens in 100,000 Ex:, drucken,
und unsere Jahresberichte zeigen Ihnen, *wie weit in Europa,
und über Europa hinaus*, unsere Grundsätze zu verbreiten
uns trotz aller Schwierigkeiten doch schon gelungen ist. Ich
lege beyspielsweise einige unserer kleinen Aufsätze bey, die
wir fortwährend weit auseinander versenden, und bitte, zur
Vertheilung auch dieser mitzuwirken. Und nun grüße ich
Sie freundlichst als einen höchst wichtigen Mitarbeiter an
dem Werke, das wir, von deßen hoher Wichtigkeit tief
überzeugt, zu unserer Aufgabe gemacht haben und gehe
|: Nachts 11 ¼ Uhr :| wieder an die Fortsetzung der Lecture
in Ihrem Werke.

                          Fortsetzung den 11ten Juni 1850.
Ich habe Ihr Werk ganz durchgelesen und es würde mir großes Vergnügen gewähren, einmal *persönlich* mit Ihnen darüber sprechen zu können, da, wie ich schon erwähnte, Zeitmangel mir eine *Correspondenz* über so ein umfaßendes
Thema unmöglich macht. Sollte ich einmal nach Frankfurt
kommen, so wird mein erster Gang zu Ihnen seyn und
ebenso bitte ich um Ihren Besuch, wenn Sie einmal hieher
kommen sollten.

    Se. Hoheit der Prinz Eduard von Sachsen Altenburg, der
erlauchte Vorstand unsers Vereins, hat mit Freude die Zusendung Ihres Werkes an mich vernommen und mich be-
auftragt, Ihnen dieses auszudrücken und *auch in Seinem
Namen* Sie als einen Mitarbeiter an unserm Werke freundlichst zu begrüßen. Ich wiederhole die Bitte um Ihre wirk-
same Unterstützung und bin mit ausgezeichneter Hochachtung

                        Ihr ergebenster
                            Dr. Perner

VIII. WILLE IN DER NATUR

> Wir müssen die Natur verstehn lernen aus
> uns selbst, nicht umgekehrt uns selbst aus
> der Natur.[1]

Im Jahre 1836 verfaßte Schopenhauer eine Schrift »Ueber den Willen in der Natur. Ein Erörterung der Bestätigungen, welche die Philosophie des Verfassers, seit ihrem Auftreten, durch die empirischen Wissenschaften erhalten hat«. Zu dieser Arbeit, in der Grundgedanken seiner Philosophie in nuce enthalten sind, schreibt er an seine Schwester Adele: »Sollte Dir die Schrift ein Mal zu Gesicht kommen, so kannst Du durch Blättern daraus abnehmen, was mein Leben, Streben und Leiden eigentlich ist«.[2]

In den naturphilosophischen Überlegungen dieses Werkes setzt sich Schopenhauer kritisch mit einem zeitgenössischen Verständnis der Natur auseinander, demzufolge sie nur Ausdruck mechanischer, chemischer oder physikalischer Gesetzmäßigkeiten ist.[3] Die Natur als natura naturans, ihre schöpferische Potenz, auf die Schelling hingewiesen hatte, wird hier der Vorstellung einer bloß gesetzmäßigen Abfolge natürlichen Geschehens geopfert. Schopenhauer, der Schelling immerhin als den begabtesten der drei Sophisten Hegel, Fichte und Schelling bezeichnet, sieht in der Naturkraft den Willen am Werke, der die gesamte Natur durchzieht, in ihren anorganischen und organischen, physischen und intellektuellen Gestalten. Der Wille zeigt sich in Liebe und Haß und lenkt die Vernunft. Als Objektivation des Willens schießt das Kristall zusammen, das der junge Schopenhauer auf Wanderungen im Jura fand, wo er sich dem »Ungeheu-

1 W II, 219
2 GBr, S. 152, 1. 12. 35
3 N, 92

ren der Natur«, mit ihren »Eismassen«, »brausenden Bächen« und »schallenden Schlägen« näher fühlte als sonst.[1] Durch die Lektüre der zweiten Auflage des »Willens in der Natur« angeregt, verwundert sich Schopenhauers alter Freund Quandt über die Kraft rankenden Efeus; auch die Krankheit seiner Frau begreift er als Äußerung der Naturkraft. Wie Schopenhauer will er die Aufmerksamkeit der Naturwissenschaft auf die regenerative Fähigkeit der Natur und auf die chemischen Wahlverwandtschaften gerichtet sehen.

Bei aller Bewunderung des Willens in der Natur hat Schopenhauer vor spekulativen, unbeweisbaren Annahmen gewarnt. Der Briefaustausch mit Asher über Gebirol, einen jüdischen Dichter, Moralisten und Philosophen aus dem 11. Jahrhundert, der auch unter dem Namen Avicebron bekannt ist und in Schopenhauers philosophischem Werk nicht erwähnt wird, zeugt von seinem Bemühen, Metaphysik und Empirie miteinander zu verbinden. Im Gegensatz zur romantischen Naturphilosophie Schellings, in welcher die empirisch experimentelle Überprüfung aufgegeben und jeder skeptische Vorbehalt verabschiedet wird, beharrt Schopenhauer darauf, »der Wirklichkeit ... zu ihrem philosophischen Recht zu verhelfen«.[2] Metaphysik und empirische Betrachtung sollen sich wechselseitig durchdringen und ergänzen.

Dieser methodologisch relevante Anspruch bei der Beschreibung natürlicher Vorgänge wird von Schopenhauer in einem Punkte außer Betracht gelassen. Im Kapitel »Animalischer Magnetismus und Magie« aus der Abhandlung »Ueber den Willen in der Natur« wie auch in mehreren Briefen nimmt Schopenhauer es als gegeben an, daß sich der Wille an den Naturgesetzen gleichsam vorbeischmuggeln und bei Ti-

1 Arthur Schopenhauer, Reisetagebücher aus den Jahren 1803 und 1804. Hrsg. von Charlotte Gwinner, Leipzig 1923, S. 184
2 Alfred Schmidt, Idee und Weltwille. Schopenhauer als Kritiker Hegels. München–Wien 1988, S. 41

scherücken, Hellsehen und Wunderheilen seine Wirkung unmittelbar entfalten kann. Die *actio in distans*, die praktische Metaphysik Bacons – in der Magie tritt sie zutage und beweist einmal mehr, daß die a priori bekannten Gesetze keine schlechthin unbedingten sind, keine *veritates aeternae*, wie es in den *Parerga* heißt.[1] Ja, Schopenhauer sieht in der Annahme der »schmalen Basis des Wenigen«, was an der Magie Wahres gewesen sein mag, sogar den faktischen Hintergrund der Verbrechen von Inquisition und Hexenverfolgung, wobei er im selben Atemzug auch die Empfänglichkeit der menschlichen Vernunft für den unglaublichsten Unsinn anprangert sowie die Bereitwilligkeit des menschlichen Herzens, die »blutigsten Grausamkeiten auszuüben«.[2]

Angesichts der geschilderten Phänomene beharrt Schopenhauer auf empirischer Überprüfung. So soll mit dem *experimentum crucis*, dem Bestreichen der Tischplatte und der Hände der Tischerückerinnen mit Öl, wovon ihm Doß berichtet, bewiesen sein, daß der gewöhnliche Kausalnexus beim Heben der Tische außer Kraft gesetzt ist und sich die *natura naturans*, die Kraft des Willens von innen her, ohne äußere Einwirkungen auf den Tisch überträgt. Jedoch ist dieses Insistieren den eigenen erkenntnistheoretischen Voraussetzungen Schopenhauers zufolge verfänglich. Der Verstand kann nämlich empirische Vorgänge nur anhand des Leitfadens der Kausalität begreifen, und nicht-kausales Geschehen muß sich ihm demzufolge entziehen. Unterwirft man es jedoch einem empirisch-experimentellen Beweis, dann verwickelt man sich in unauflösbare Widersprüche. Ohne die Möglichkeit der für Schopenhauer als unabweisbar geltenden Wirkungen nicht-kausaler Willenstätigkeit grundsätzlich in Abrede zu stellen, liegt es angesichts des oben geschilderten äußerst brüchigen Fundamentes des Beweises doch näher, nach bisher noch unbekannt gebliebenen

1 P I, 302
2 N, 108 ff.

Ursachen derartiger Phänomene zu suchen, als in direktem Zugriff den Willen als Lückenbüßer der Erklärung heranzuziehen. Schopenhauer sieht jedoch diese geheimnisvolle Wirkungsmacht des Willens als positiv belegt an. Die Briefe insbesondere der Jahre 1853 und 1854 machen auf ein philosophiegeschichtliches Kuriosum aufmerksam: Das aus Amerika nach Europa eingewanderte Interesse an okkulten Erscheinungen stand in voller Blüte, und Schopenhauers Philosophie, die mit ihrem Pessimismus und Atheismus nur bei wenigen Zeitgenossen Anklang fand, geriet unversehens in Übereinstimmung mit dieser Modeerscheinung. Schopenhauer war sich dessen wohl bewußt und suchte, wie der Briefwechsel mit Lindner zeigt, die Gunst des Augenblicks für seine Philosophie zu nutzen.

Im Brief an Frauenstädt, der übrigens mit Schopenhauer nicht übereinstimmte, spielt er auf ein Ereignis der Frankfurter Stadtgeschichte an, auf die Vorstellungen des damals berühmten »Magnetiseurs« Antonio Regazzoni im Jahre 1854, an denen Schopenhauer teilgenommen hatte. Eine öffentliche Parteinahme hat sich der Philosoph in diesem Falle versagt, obwohl er in der Kontroverse zwischen Regazzoni und den seinen magischen Einfluß bestreitenden Frankfurter Ärzten auf der Seite des ersteren stand. Für derartige Niederungen der Lokalstreitigkeiten wollte er seine »Feder nicht profaniren«, wie es in dem Brief an Frauenstädt vom 30. November 1854 heißt.

Johann Gottlob v. Quandt an Schopenhauer

Dittersbach bei Dresden den 12 Januar 1857
Wer sich in Gedanken unabläßig mit einem Freunde beschäftigt, wird an ihn selten schreiben, weil er mit dem Entfernten immerwährend in geistigem Verkehr steht u sich ihm nahefühlt. In diesem Falle befinde ich mich mit Ihnen

und daß auch Sie meiner oft gedenken, beweisen die Grüße, welche mir Reisende überbrachten. Daß der Architekt welchen Sie mit Grüßen beauftragten mich nicht in Dresden antraf bedaure ich sehr, allein mein eigentlicher Wohnort ist jetzt Dittersbach. Kaum hätte ich sonst geglaubt, daß es mir jemals u selbst im Winter, so auf dem Lande gefallen würde, denn mannigfaltige gesellige Berührungen gehörten vormals zu meinen Lebensbedürfnißen, jedoch bin ich im Umgang mit Menschen nicht mehr so genügsam u duldsam wie vormals.

[...] ... jeder einsame Spaziergang in meinen tiefen Thälern und Wäldern führt mich zu Beweisen Ihres Systems hin, denn an den Bäumen ist Instinct, also Wille zu seyn und zu leben, unverkennbar, wenn es auch bei diesen schlummernden Wesen nicht zum Wißen des Zwecks kommt, warum die Pflanze etwas thut. Ist dies doch auch sogar bei den Menschen der Fall, welche im höchsten Moment der Befriedigung ihrer Triebe sich nicht bewußt sind, daß sie den Zweck des Naturwillens erfüllen. Nach meiner Ansicht ist Bewußtseyn ein Modus des Seyns u das Wirklichseyn ein Modus des Wißens und Vorstellens, wodurch sich der Gedankenkreis wieder an den Willen an u abschließt, von welchem die Reflexion ausging.

Ich habe recht merkwürdige Beobachtungen z.B. am Epheu gemacht, der im Zimmer erzogen war, von mir aber ins Freie gebracht u an eine Mauer von unbehauenen Steinen gepflanzt wurde. Die Ranken waren nun nicht mehr an ein hölzernes Gerüst gebunden, nur einzelne Klammern hielten sie aufrecht. Es währte nicht acht Tage, so trieb das Epheu aus seinen Ranken in deren ganzer Länge u zwar nur auf der einen Seite, welche der Mauer zugewendet ist, kleine zarte Wurzeln hervor, die sich bestrebten in jene Wand einzudringen, um Nahrung zu saugen, aber auch um sich anzuklammern u immer höher an der Wand emporzuwachsen. An dem hölzernen Gerüste hatte das Epheu sich nicht bestrebt kleine wurzelartige Fasern aus seinen Ranken hervorzutreiben, weil dieser Kraftaufwand überflüßig gewesen wäre.

Auf eine merkwürdige Weise geben die Fichten, welche man die Fürsten des Waldes nennen kann, Willen und Verstand zu erkennen. Wo ihr Saame auf das bemooste Haupt eines Felsenblocks gefallen ist, entsteht in diesem weichen Bette ein Bäumchen. Die kleinen Wurzeln ziehen sich unter dem Moose in verschiedenen Richtungen fort, bis sie senkrechte Seiten des Steins erreichen, an welchen sie nun herunter wachsen u so den Block umklammern. Wenn sie lockres Geröll gefunden, dringen sie in Spalten ein, es fehlt ihnen nicht mehr an Nahrung nach der sie verlangten und nun erhebt sich der Stamm auf dem Felsenhaupte mit verdoppelter Kraft und Schnelligkeit. Dies alles setzt ein Wollen und Vorstellen voraus. Daß die Wurzeln dort unten, oft über 15 Fuß tiefer als der Geburtsort des Baums, Nahrung suchen, beweist einen Willen und ein Wißen, wenn ich letzteres auch nur ein Ahnen nennen möchte. Alles dies läßt sich weder aus Mechanik noch Chemie erklären, denn ohne leben zu wollen u ohne Vorstellung von Nahrung würde das Saamenkorn nicht keimen.

Wie es fast unmöglich ist den Willen zu unterdrücken, erfahren wir Landwirthe, welche so lange als möglich die Kartoffeln vom Keimen abzuhalten suchen, weil solche durch das Hervortreiben von Sproßen an Nahrungsstoff verlieren. Aber selbst in finstern und trocknen Kellern keimen die Kartoffeln, obwohl später u unerachtet sie keine rankenden Gewächse sind, sproßen oft Reben von 12 bis 15 Fuß Länge hervor, die aus den Luftlöchern des Kellers herauswachsen.

Wenn die Herren Naturforscher nicht blos Photographieapparate sondern auch denkende Wesen seyn wollten, so müßte[n] sie in den chemischen Wahlverwandschaften und in allem was ist, den Willen erkennen, der das Substrat alles Seyende[n] ist.

Sie mögen aus diesen wenigen Betrachtungen schließen, mit welchem großen Vergnügen ich Ihr treffliches Buch »über den Willen in der Natur« gelesen habe.

Meiner Frau, der ich sagte, daß ich Ihnen in den Tagen dieser Woche von hier aus schreiben würde, hat mir viele Grüße an Sie aufgetragen. Meine Frau befindet sich sehr wohl u leidet nur von Zeit zu Zeit an Brustschmerz u Blutspucken, worüber uns der Artzt getrostet hat, der es für eine veränderte Richtung der Natur hält, aber für kein eigentliches Brustübel. Wir haben in diesen Tagen unsern trefflichen Artzt den Hofrath Wolff verloren, der meine Frau von einem funfzehnjährigen Leiden befreit hat u ein wahrer Freund von uns allen war. Er litt einige Tage an Gicht im Fuß u wollte dies Übel bald los werden, wozu er Umschläge von kaltem Waßer anwendete. Da er aber viele Kranke zu besuchen hatte, so fuhr er mit den naßen Strümpfen aus und starb in drei Tagen an Brustkrämpfen.

Wir müßen uns nun um so mehr in Acht nehmen nicht krank zu werden, da wir keinen Artzt haben.

Ich wünsche Ihnen von Herzen wohl zu leben und verbleibe mit wahrer Hochachtung Ihr treuer Freund

v. Quandt

David Asher an Schopenhauer
[Auszug]

Sommer 1857

Das Wichtigste und Interessanteste aber, was ich Ihnen mitzutheilen habe, ist die Entdeckung, die ich gemacht, daß Sie in dem berühmten Dichter und Philosophen Salomon Ibn Gebirol, dessen »fons vitae« der Orientalist S. Munk soeben in Auszügen (in seinen »Melanges de Philosophie Juive et Arabe«. Première Livraison. Paris, A. Frank, 1857) veröffentlicht hat (auch ein Dr. Seyerlen thut jetzt dasselbe nach einem andern Manuscript in Bauer und Zelter's

»Theologischen Jahrbüchern«, wie Ihnen wahrscheinlich bekannt) einen Vorgänger gefunden haben. Schon 1846 hatte Munk diesen Gebirol mit Avicebron identificirt, und es ist nun ausgemacht, daß jene Schrift »de materia universali« von ihm herrührt und mit der »fons vitae« betitelten identisch ist.

Schopenhauer an David Asher

Frankfurt d. 22. Octr. 1857

Werthgeschätzter Herr Doctor!

So gern ich auch Ihnen gefällig seyn möchte, kann ich mich doch nicht dazu verstehn, ein langes *M.S.* zu lesen und zu begutachten, als welches eine *Corvée* ist und ich im 70sten Jahre, also in dem Alter bin, in welchem man von allen *Corvéen* sogar gesetzlich dispensirt ist. Ich habe des Gedruckten, sogar auch des Eingesandten, mehr vor mir, als ich bewältigen kann, – und nun gar Geschriebenes! – Das *M.S.* bleibt also zu Ihrer Disposition. – Ueber die Verlegernoth trösten sie sich mit mir, der ich das *M.S.* der P a r e r g a dreien Verlegern u m s o n s t angeboten habe und abgeschlagen wurde; – worauf Frauenstädt es dem Hain übergab, und *gratis.*

Auf den Kredit Ihres Artikels in den Blättern für litt: Unt: habe ich den Gebirol kommen lassen und gelesen: es ist ein grausam langweiliges Buch, – welches hauptsächl daher kommt, daß man nie recht weiß, wovon er eigentl redet, da er es immer mit seinen eigenen *entia rationis* vorhat. Allerdings kann er als mein Vorgänger angesehn werden, da er lehrt, daß der Wille Alles in Allem ist, thut und macht: damit ist aber auch seine ganze Weisheit zu Ende: denn er lehrt es nur so in *abstracto* und wiederholt es 1000 Mal. Zu mir verhält er sich wie ein Nachts unter dickem Nebel leuchtender Glühwurm zur Sonne. Nichtsdestoweniger hat er doch die richtige Einsicht gefaßt, sogar *p.* 7 auch das Daseyn der objectiven Welt bloß in der Erkenntniß des Subjekts: nur daß er in der Dumpfheit und Armuth bleibt. Freilich ist es seiner Zeit und Lage anzurechnen: – und dann die zweifache Uebersetzung schwächt's ab.

Schelling's Mythologien zu lesen fällt mir nicht ein. – Seyerlens?? Aufsätze? *qu'est que c'est?* –

Meine Phil: greift um sich: Prof: Knoodt in Bonn, und Dr. Körber in Breslau haben im Sommer eigene Kollegia darüber gelesen. Viel Besuche sind mir den Sommer über gekommen, darunter 2 Russen aus Moskau und aus Petersburg, 2 Schweden, davon einer aus *Upsala*, ein Königl. Gesandter und Reichsgraf, 2 Damen und allerhand. Aus den Briefen und Besuchen, viel mehr, als aus dem Gedruckten, davon mir wohl kaum die Hälfte bekannt wird, kann ich die Verbreitung meiner Philosophie beurtheilen.

Im vorletzten Centralblatt ist dann die letzte Mine gesprungen, deren Reihe angelegt war vom Zorn des Prof: Weiß über seinen abgewiesenen Besuch: Bautz! nun bin ich todt.

– Die guten Leipziger Magister wissen nicht, daß sie durch solches Gewäsch sich selber schaden: *the engineer blown up by his own petard. Shkspr.* Ich habe neulich wieder den Besuch eines Skriblers abgewiesen und hoffe, daß auch er Minen graben wird *à la* Weiß: der Knall kommt mir zu gut, der Schaden fällt auf sie. Also *Courage!* meine Herren Skribler.

Da Sie so *thoroughly* angläsirt sind, wären Sie gut qualifizirt zum Uebersetzen meiner Werke; indem Sie vom gründlichen Verständniß derselben Probe abgelegt haben, im Eingang Ihres Aufsatzes in den »Anregungen«. Ich glaube, daß Sie damit mehr Eingang finden würden, als mit Ihrem Roman. Als Muster und Vorbild dazu würde ich Ihnen die wenigen Seiten empfehlen, welche Oxenford, in *Westminster Review, April 1853*, so übersetzt hat, daß ich *quite amazed* war: nicht bloß den Sinn, sondern den Stil, meine Manieren und Gesten, zum Erstaunen: wie im Spiegel! – Ich würde sogar recht gern Ihre Uebersetzung vor der Absendung durchsehn, *to prevent all possibility of a mistake, & to see that all be right.* Denn ich verstehe Englisch, wie Deutsch: in der Regel hält jeder Engländer, in der ersten Viertelstunde, mich für seinen Landsmann. *Think of it.*

Ich bedauere, daß das Karlsbad nicht eingeschlagen hat, und obwohl ich Ihre Krankheit nicht kenne, wünsche ich von Herzen Ihre Herstellung und dauernde Gesundheit,

sincerely yours
Arthur Schopenhauer

Ernst Otto Lindner an Schopenhauer

Berlin, 11. April 1853

Hochverehrter Herr,

[...] Der Trompetenstoß in der Zeitung über Ihre Schriften, hat die Folge gehabt daß mehrere Personen von mir nähere Auskunft verlangten die ich denn nach Kräften gegeben habe. So wenig Werth ein solcher Zeitungsartikel an sich hat, so bedeutend ist er doch durch seine Wirkung. Die besten Artikel gelehrter Zeitschriften gehen viel spurloser vorüber, weil sie theils zu wenig verbreitet werden, theils auch nur in die Hand von »weisen« Leuten kommen, die principiell fertig sind, ganz abgesehen davon daß längere kritische Artikel meist nur dazu da sind, als eine günstige Gelegenheit angesehen zu werden des Lesens der besprochenen Schrift glücklich überhoben zu sein.

Ich bin gegenwärtig mit einer historischen Schrift (die älteste deutsche Oper) beschäftigt. Der Gegenstand ist noch völlig unbearbeitet, und dies giebt der mühsamen Arbeit wenigstens den Werth einer Quellenschrift. Zugleich ist dies Vertiefen in die Specialitäten einer bestimmten Periode durchaus nicht ohne Werth für die philosophische Erkenntniß. Ist das Werk vollendet, werde ich mich speciell der durchgreifenden Untersuchung der Musik als solcher zu wenden, und mir erlauben Ihnen darüber das Nähere vorzulegen. Mit dieser Arbeit, wenn sie gelingt, würde etwas Wesentliches gethan sein.

Schließlich noch ein bescheidener Vorschlag. Das große Publikum muß mehr als einmal gestoßen und gerüttelt werden um dauernd an etwas Interesse zu nehmen. Ich möchte daher öfter auf Ihre Schriften in der Zeitung zurückkommen, dies würde am besten bei kurzen Besprechungen anderer sogenannter philos. Werke geschehen. Vielleicht machen Sie mich auf eine oder die andere Erscheinung aufmerksam, die hierzu Gelegenheit gäbe, da ich für gewöhnlich der pilzartig aufschießenden derartigen Litteratur keine ununterbrochene Aufmerksamkeit mehr zuwende.

Mit besonderer Hochachtung
Ihr ganz ergebenster
O. Lindner

Schopenhauer an Ernst Otto Lindner

Frankfurt a. M. d. 17 April 1853.

Werther Herr Doctor Lindner,

[...]

Was Sie über die geringe Wirkung der Artikel in gelehrten Zeitungen sagen ist überaus treffend und richtig. Ich hatte es mir nie so deutlich gemacht. Auch daß die Artikel in polit: Zeitungen, so wenig sie tief eingehn können, im Grunde mehr wirken kann sehr seyn.

Wenn Sie über Musik schreiben, hoffe ich, daß Sie meine Metaphysik der Musik berücksichtigen werden, auf die ich viel Werth lege. Noack ist der Erste, der, in seinem eben erschienenen Handb. d. Gesch. d. Philosophie sie, wenn auch sehr kurz, dargestellt hat.

Wenn es Ihnen aber Ernst damit ist, in Ihren Artikeln auf meine Philosophie zurückzukommen, wie sie ja vermelden; nun, so ist eben jetzt dazu eine Gelegenheit ohne Gleichen: nämlich das Tischrücken, an welchem meine Philosophie einen rechten Triumph erleben wird. Ich bin nämlich überzeugt, daß die hierin wirkende Kraft keineswegs Elektricität, sondern der Wille ist, der sich hier in seiner magischen Eigenschaft, d. h. ganz unmittelbar auf fremde Körper, wie sonst nur auf den eigenen Leib, wirkend erzeigt. Dies erhellt besonders aus einem Schreiben aus Bonn vom 9. April, welches aus der Kölnischen Zeitung im hiesigen Konversationsblatt der Postzeitung vom 12. April abgedruckt ist: »der Tisch bewegte sich nach dem einmüthigen Willen seiner Berührer: er marschirte, wie der pünktlichste Soldat, auf Kommando, gerade aus, rechts, links, rückwärts, und stieg sogar, so gut er konnte, aufwärts« usw. Der Artikel ist höchst lesenswerth. Auch hier habe ich schon mündliche Bestätigungen vernommen, daß der Tisch durch das innere Wollen der Berührer gelenkt wird. Es wird sich überall so herausstellen, und dann ist die Sache ein starker und augenfälliger Beleg zu dem, was ich im »Willen in der Natur« und zwar im Kap. »Animalischer Magnetismus und Magie« gesagt habe, wie auch zu meiner Metaphysik überhaupt. Ich wünschte, daß Sie jenes Kapitel aufmerksam durchlesen wollten: dahin gehört auch in Parerga Bd. I. S. 295 [P I, 327]. – Im Tischrücken zeigt sich der Wille in seiner ursprünglichen Allmacht: lenkt er die Bewegung, so ist er auch der Beweger. Daß man sogleich an Elektricität gedacht hat, ist bloß, weil man gewohnt ist, Alles, was man nicht zu erklären weiß, auf die Elektricität zu schieben, weil sie selbst unerklärlich und ein offnes Geheimniß ist. Bloß accidentell kann dabei ein Mal Elektricität frei werden, besonders wenn man, wie in Kassel, den Tisch in einen

Harzkuchen verwandelt, mit Staniol umklebt und die Hände in Salzwasser taucht: da wird freilich, wie geistig, so auch physisch, die Elektricität an den Haaren herbeigezogen. – Das auf erwähnter *p. 295.* berichtete Ablenken der Boußolen-Nadel ist seitdem auch in *London* öffentlich geleistet worden, von Prudence Bernard, vor vielen Gelehrten, *who acted as jurors*, darunter Brewster, der Sohn: berichtet *Galignany's messenger, Octr. 23, 1851:* ebenfalls in Deutschland von der Somnamb. Kachler, worüber Ennemoser, Anleit^g zur Mesm. Praxis, und daraus Menzel, Litteraturblatt vom 23. Juni 1852.

Die Sache also Ihrer gefälligen Beachtung und mich Ihrem gütigen Andenken empfehlend mit den herzlichsten Wünschen

Arthur Schopenhauer

Schopenhauer an Johann August Becker

Frankfurt, d. 13. Juni 1853

Werther Herr und Freund,

Ihre Theilnahme an meiner neuesten *gloriola* ist mir sehr erfreulich, wiewohl nicht unerwartet. – Dr Lindner ist ein sehr junger Mann, der sich als Privatdocent der Phil in Breslau habilitirt hatte, aber dem sein *jus legendi* sogleich wieder entzogen wurde, wegen seines Mangels an christlich religioser Gesinnung: darauf ist er Mitredakteur der Voßischen Zeitung geworden. Nachdem er mich vor einem Jahr besucht hat, ist er nicht nur ein eifriger Apostel, sondern auch ein thätiger Evangelist meiner Lehre geworden, indem er sie bereits in mehreren Aufsätzen in seiner Zeitung celebrirt hat. Den vorletzten von diesen lege ich bei, indem er die beste Antwort auf Ihre Anfrage wegen des Tischrückens enthält, welches ich als ein starkes Wasser auf meine Mühle ansehe. Dieses Zeitungsblatt bitte ich jedoch mir ja zurückzuschicken, weil ich kein anderes Exemplar desselben habe. Die Uebersetzung aus der *Westminster Rev*: hingegen hat er mir in 25 Exemplaren übersandt, von denen noch die Hälfte daliegt, so daß, wenn Sie noch einige davon zu haben wünschen, Sie es nur zu sagen brauchen. Diese Uebersetzung hat Lindner's Frau gemacht, welche eine Engländerin ist, und er hat solche nachgehobelt. Im Ganzen ist die Uebersetz^g gut und richtig: – bis auf ein Paar Stellen. Er hatte sie im *Mai* in 8 Zeitungen, also dosenweise, seinem Publiko, *nolenti volenti*, eingegeben, dann den Satz stehn lassen und ihn so zusammengedruckt. Die Zeitung hat 11000 Abonnenten: ich habe ihm jedoch gerathen, die Uebersetz^g jetzt einem Buchhändler zu übergeben, der sie besser druckte, und als Pamphleth verkaufte: wir werden sehn. Aber ist es nicht rührend, daß so ein junges Ehepaar in Berlin, mir bis dahin ganz fremd, seine Stunden und seine Mühe opfert, um an meinem Ruhme zu arbeiten? – Wenn ein wichtiger Gedanke in die Welt kommt, nimmt ihn die Welt kalt und ungünstig auf. Aber allmälig tritt ein Häuflein höchst verschiedenartiger Menschen, die aber in Einer Tendenz übereinstimmen, darum herum, als dessen erste Verfechter und Beschützer. Sie diesen, wenn auch nur im weitern Sinne, beizählend wünsche ich Ihnen von Herzen Glück, Heil und Gesundheit.

Arthur Schopenhauer

Adam von Doß an Schopenhauer
[*Auszug*]

2. September 1853

Daß Sie den in meinem letzten Schreiben ausgesprochenen Ansichten in allen Punkten beistimmen, ist mir sehr angenehm, u. insbesondere auch, daß die flüchtige Bemerkung über das Tischrücken im Stande war Ihr Interesse zu erregen. Mich leitete von Anfang an in dieser seltsamen Sache die Rücksicht auf die handgreifliche Bestätigung, welche für die Kernfrage Ihrer Philosophie möglicher Weise daraus zu ziehen war, u. Angesichts der wirklich frappanten Thatsachen, die ich oftmals zu beobachten Gelegenheit hatte, wundert es mich um so weniger, daß Dr Lindner in einem mir übrigens unbekannt gebliebenen Aufsatze das Tischrücken mit Ihrer Lehre in Zusammenhang brachte, als, wie bereits erwähnt, selbst Laien die magische Rolle, welche der *Wille* bei diesem Phänomen spielt, nicht entging. Ohne Zweifel werden auch Sie bei der neuen Auflage Ihrer Abhandlung über den Willen in der Natur, welche, nach Herrn Kilzers Mittheilung, in nicht gar ferner Zeit ans Licht treten soll, von diesen Thatsachen Gebrauch machen, u. dürfte Ihnen daher ein ausführlicherer Rapport von verläßiger Seite nicht unerwünscht kommen.

Die ersten Versuche, denen ich beiwohnte, bewegten sich noch ganz in dem engen Zirkel, wie ihn Dr Andree zuerst in der Augsb. allg. Zeitung beschrieben hatte. Allein bald spannte ein Bericht aus Bonn in der Kölnischen Zeitung meine wissenschaftliche Neugierde noch viel höher, indem dort eine Gesellschaft den Tisch durch den bloßen festen Vorsatz nach jeder beliebigen Richtung dirigirt haben wollte. Das schien mir nun, wenn es sich bewahrheiten würde, ein überraschender u. höchst willkommener Beitrag zu der von Ihnen Bd. 1 S. 295 der Parerga [P I, 327] aufgestellten Hypothese. Doch überließ ich mich der Freude nicht zu voreilig; denn obwohl ich aller Erscheinungen im Leben, welche auf die Richtigkeit Ihrer philosophischen Principien auch nur im entferntesten hindeuten, mit Eifer auszubeuten pflege, so muß ich doch gestehen, daß ich, bei der mir zugleich eigenen kühlen Besonnenheit, gerade die anfänglichen, oft so ungesalzenen Erörterungen über das Tischrücken mit großem Mißtrauen u. Mißbehagen verfolgte. Aber was ich sah u. immer wieder unter der Lupe aufs Kleinste gerichteter Aufmerksamkeit sah, ohne mich durch die Einförmigkeit häufiger Experimente abschrecken zu lassen, brachte mich endlich zu der Ueberzeugung, daß hier, wie so häufig im Leben, die Wahrheit nicht bei denen, die damit en détail, sondern bei denen, die damit en gros handeln, wie Sie sich einmal gegen Becker als solchen Groß-händler bezeichnen, zu finden sei. Meine Untersuchungen des verfänglichen Naturspiels waren durch zwei sehr er-wünschte Umstände begünstigt. Einmal hatte ich ganz ehr-liche u. unbefangene, sodann kräftig u. entschieden wir-kende Media zur Disposition. Ein Paar meiner Cousinen, auch meine Braut, besonders aber deren jüngere Schwester, ein brünettes Mädchen von 15-16 Jahren, ließen Tische, Sessel, Bänke, Steinplatten, Geschirre von Metall u. Por-zellan, große Roßhaarpolster, kurz Alles was ihnen unter die Hände kam, nach Commando vor mir tanzen, u. zwar je öfter die Experimente angestellt wurden, von Woche zu Woche, in kürzerer Frist, so daß zuletzt Minuten, ja Secun-den dazu ausreichten was früher nur in ebensovielen Vier-telstunden gelungen war. Daß weder aus Muthwillen, noch Unachtsamkeit u. Läßigkeit ein mechanischer Vorschub ge-leistet u. die Reinheit der Experimente getrübt wurde, dafür kann ich gutstehen. Was sich nun bei diesen Versuchen mit Sicherheit herausstellte, läßt sich ungefähr in folgendem zu-sammenfaßen.

Je zerstreuter die Gesellschaft derjenigen war, welche den Versuch machten, desto langsamer u. matter war der Er-folg, während energische Willensconcentration rasch u. lebhaft wirkte u. die Richtung des rutschenden Gegenstan-des bestimmte wie das Uhrwerk den Zeiger. Körperlicher Zwang durch Bildung der bekannten Kette, Vermeidung, daß sich die Personen unter einander berührten, u. andere vermeintlich nothwendige Subtilitäten erwiesen sich als ganz u. gar überflüßig. Leichtes, bequemes Händeauflegen im Stehen oder Sitzen genügt. Die Zahl der Personen ent-scheidet nichts oder doch wenig; das meiste die körperliche

Constitution der einzelnen. Nervöser Habitus, besonders bei Weibern, scheint vorzüglich zu wirken. Ich beobachtete eine Tafelrunde von 8 Personen, lauter Mägde u. Handwerker von überwiegend muskulöser Körperbeschaffenheit. Die Bemitleidenswürdigen harrten über 4 Stunden aus, die Arme wollten ihnen vor Ermüdung vom Tische sinken, doch dieser machte nicht einen einzigen Ruck. Ein schöner Beleg für die Hypothese der großen Physiker, daß die Bewegung durch nichts anderes verursacht werde als durch den unbewußt u. unwillkürlich von den Muskeln, in Folge ihrer Ermüdung, ausgehenden Impuls. Um jedes noch so leise u. unvermerkt eintretende Anstemmen u. Schieben zu beseitigen, bestrich ich sowohl die polirte Tischplatte als auch das Innere der Hände reichlich mit Oel: der Tisch bewegte sich, wenn die rechten Personen experimentirten, trotz der äußersten Schlüpfrigkeit seiner Oberfläche. Beachtenswerth ist, daß Wärme u. Dunkelheit den Erfolg begünstigen.

[...]

Während des Experimentes hatte ich mich durch fleißige Betastung der Hände u. Arme der Tischrückerinnen von deren vollkommener Neutralität überzeugt. Auch hatte ich sie von vornherein darauf aufmerksam gemacht, daß die Versuche eines wissenschaftlichen Zweckes halber angestellt würden, u. konnte überhaupt ihres besten Willens versichert sein. Solche Beweise a posteriori thun gründlichst dar, daß gewisse Gelehrte sehr Unrecht hatten, das fragliche Phänomen a priori vornehm zu ignoriren oder als unschuldige mechanische Spielerei zu belächeln. Aber es mußte dazu kommen, daß wie der Erbauer des prachtvollen, durch einen Felsen gehauenen neuen Thores in Salzburg durch die lakonische Inschrift: »te saxa loquuntur« verherrlicht ist, – so die Bänke, auf welchen die Studenten sitzen u. ihre Hefte liegen haben, geeigneter sind, Ihre Philosophie zu verkündigen als die Herrn Profeßoren auf ihren Kathedern.

Frankfurt a. M. d. 11ᵗ Septʳ 1853

Ich muß Ihnen, werther Herr v Doß, meinen Dank ausdrücken, für Ihren sehr interessanten, belehrenden und noch dazu auffallend wohlgeschriebenen Brief. Sie würden dem Publiko einen Dienst erweisen, wenn Sie den Inhalt desselben, mit Weglassung der *Personalia*, in irgend einem Journal, etwan die Allg: Zeitᵍ, veröffentlichen wollten; zumal Manches wohl Allen so neu seyn wird, wie es mir ist, namentlich das *experimentum crucis* mit dem Oel, gegen die mechanische Erklärᵍ, und der Einfluß der Dunkelheit. Dadurch würde zunächst ein heilsames Gegengewicht gegeben zu der Superklugheit und Arroganz des Faraday und Konsorten, welche ein höchst einfältiges Echo in vielen Deutschen und Französischen Blättern gefunden hat; sodann ist die ganze Angelegenheit ein plötzlicher Hemmungsstein gegen den chemischen Materialismus, welcher, von einer unglaublichen Ignoranz aller Philosophie unterstützt, sich zum reinen Unsinn gesteigert hat. Menschen, die nichts als ihre Retorten, galvanischen Batterien und Froschkeulen kennen, unternehmen damit die Welt und den Menschen zu erklären.

Sie gehören zu den seltenen Leuten, die von sich selbst zu gering denken. Frauenstädt, dem ich Ihren vorletzten Brief mitgetheilt hatte, schreibt darüber Folgendes: »der Brief von Doß ist stellenweise klassisch und hat mich sehr erbaut. Ein solcher Schüler verdient alle Achtung und gereicht Ihnen zur Ehre. Aus den Schülern läßt sich überhaupt ein Rückschluß auf den Meister machen. Die Hegelianer und Schellingianer entsprechen ganz ihren Meistern: dagegen die Kantianer und Schopenhauerianer, – welch ein Unterschied!« – *Voyez vous?* – *Quocirca vivite fortes, fortiaque adversis opponite pectora rebus!* –

Frauenstädt hat einen Band »Briefe über die Grundwahrheiten der Schopenhauerschen Philosophie« geschrieben, und dem soll die verbesserte Uebersetzung der Englischen Recension vorgedruckt werden. Der Druck hat noch nicht angefangen. –

[...]

Vorgestern war ein Dr Kriegskotte aus Kleve-Berg bei mir, um mich zu sehn und mir seinen Enthusiasmus auszudrücken. Nun ja, die Zeichen meiner Wirksamkeit mehren sich; aber es geht langsam und ich muß das Ital: Sprichwort repetiren:

> Bel cavallo non morire,
> Ch' erba deve venire.

Der Himmel segne und behüte Sie!

[...]   Arthur Schopenhauer

Unter den Physikern manifestirt sich eine wirkliche Angst vor dem Tischrücken.

Schopenhauer an Julius Frauenstädt

Frankfurt a. M. den 2. Nov. 1853

Werther Freund!

Ich freue mich, zu ersehn, daß Ihr Buch noch diesen Monat fertig wird, da ich sehr begierig darauf bin. Es ist bewunderungswürdig, wie unermüdlich Sie als Vorkämpfer meiner Lehre dastehn; aber es wirkt und wird Ihnen einst eine Siegerkrone verschaffen.

Hinsichtlich der Anmerkung *p*. 21. der Uebersetzung der *Review* steht es eigentlich so: der Englische Evangelist trägt hier ausdrücklich nicht *meine*, sondern Kants Lehre vor, ganz in dem Sinne, wie ich sie, Parerga I. *p*. 86., 87 [P I, 96 ff.] dargelegt habe, – und hat also so weit Recht; obschon *p*. 87 unten alsdann m e i n e Argumentation dagegen erfolgt:

diese eben hat Lindner in der Anmerkung geltend gemacht: aber dazu war kein Anlaß. Der Engländer referirt hier Kanten. – Ich meinerseits lehre: nicht in den Eigenschaften, weder den apriorischen, noch den empirischen, stellt das Wesen des Dinges an sich sich dar; wohl aber müssen die speciellen und individuellen *Unterschiede* dieser Eigenschaften, die *Unterschiede in abstracto* genommen, irgendwie ein Ausdruck des Dinges an sich seyn: z.B. weder die Gestalt, noch die Farbe der Rose; wohl aber Dies, daß die Eine sich in rother, die andere in gelber Farbe darstellt: oder, nicht die Form, noch die Farbe des Menschengesichts; aber, daß der Eine diese, der Andre jene Physiognomie hat.

Ueber Erdmanns Darstellung ist meine Meinung folgende! Die ersten 10 Seiten sind recht gut, weil er daselbst bloß meine 4fache Wurzel referirt, die er deutlich übersieht: aber danach hätte er dem Uebrigen meiner Philosophie 4 Mal so viel Raum widmen müssen, als er thut. Nun aber ist seine folgende Darstellung ein konfuses Gewirre, das Keinem einen rechten Begriff davon geben kann. Er vermeidet meine Phrasen, ersetzt sie aber schlecht; hat die Grundlehren und das Eigenthümliche nicht hervorgehoben und kein Wort darüber gesagt, daß ich von den Andern specifisch verschieden bin, sondern da stehe ich, wie eben noch ein Schächer unter den Schächern. Wohl aber hat er, mit versteckter Malice, alle die anstößigen Sätze meiner Philosophie isolirt und außer dem Zusammenhang hingeschrieben; um abzuschrecken. Eigentliche *Lügen* habe nur 2 gefunden. 1) Ich hätte gesagt, Leibnitz wäre gar kein Philosoph, sondern bloßer Mathematiker und Polyhistor; – während ich wirklich gesagt habe, Leibnitz sei m e h r Mathematikus und Polyhistor; als Philosoph gewesen. Ein großer Unterschied! – Sie werden die Stelle kennen, ich weiß nicht, wo sie steht. – 2) Daß ich Hegeln »einen Pinsel unserer Zeit« genannt hätte, während ich in der That bloß die *Hegelianer* so benenne, indem ich sage: »daran haben die Pinsel unserer Zeit 20 Jahre lang ihr Genüge gehabt.«

[…]

Ueber Tischrücken bemerke ich, daß, nach ganz zuverlässigen übereinstimmenden Berichten, die sogannte K e t t e der Hände völlig überflüssig, sogar hinderlich ist, weil diese *gène* die Kräfte und die Aufmerksamkeit der Personen ablenkt. Man soll die Hände bloß lose auflegen und fest wollen. Auch Berührung der Beine und Kleider schadet gar nichts. Das Alles sind Electricitätspossen, die gar nicht hingehören. Hier ist Magie, metaphysische Kraft des Willens. Die ganze Sache ist für meine Philosophie höchst wichtig.

Ich grüße Sie von Herzen!

Arthur Schopenhauer

Schopenhauer an Julius Frauenstädt

Frankfurt a. M. d. 6. Nov. 1854

Werther Freund!

Endlich habe ich das verbesserte Exemplar der Farbenlehre abgeschickt und bleibt mir nur noch die Vorrede zu machen; – daher ich jetzt dazu kommen kann, Ihnen zu schreiben. Vor Allem bedaure ich, daß Sie noch immer vom Fieber heimgesucht werden: leider vermag ich nicht, es zu besprechen:

> Der Teufel hat sie's zwar gelehrt:
> Allein der Teufel kann's nicht machen.

Aber in Berlin wird es nicht an Leuten fehlen, die es können: fragen Sie nur unter den Weibern nach, jungen oder alten. Die wissen immer Dergleichen. In Lowtzow's Fall, der schlagend war, war es ein Sattler, der es ungern und durchaus nur gratis that. Solche Leute fürchten, die Bezahlung sei des Teufels Handgeld. – Wundervolle Beispiele der magischen Kraft des Willens habe kürzlich gesehn, vom Italiäner Regazzoni, 3 Mal öffentlich und 2 Mal privatim. Auch vom Psychographen habe Dinge gesehn, bei denen man nur die Wahl hatte zwischen abscheulichem Betruge und einem Mirakel: aber gegen den Betrug sprach viel – – 3 Kinder, ein stumpf aussehendes 18jähriges Mädchen und Kilzers 14jährige Tochter mit dem ehrlichsten Gesichte, waren die *agentia* und die Antworten theils verschmitzt, mitunter sackgrob.

Das philosophische Journal hatte ich schon, vor Ihrem Briefe, gesehn. Ihr Aufsatz ist sehr gut und vollkommen wahr. Materialismus und Spiritualismus treten erst unter Voraussetzung des Realismus auf: aber dieser wird zuvor vom Idealismus todtgeschlagen. Des Ulrici Philosophiren scheint bloß in der Anlegung als Maaßstab des Satzes vom Widerspruch zu bestehn: und da er bei Kant, wie bei mir, lauter Widersprüche erblickt, wird wohl Jeder begreifen, daß es daran liegt, daß er nicht zum Verständniß der Sache gelangt ist. Er schwätzt erbärmliches Zeug. Am meisten gefallen hat mir, daß Sie mich den gründlichsten Kantianer, und die Professoren Antikantianer nennen: das ist's! und das ganze Ding von Journal (auch am Schluß, hinten die Liebäugelei mit dem Leibnitz) ist ein Beleg, wie bestellt, zu meiner Vorrede. Ein kürzerer Ditto ist die Recension des Weigeltschen Buchs im Repertorium. Wenn die Herren, wie dort geschieht, von mir mit Geringschätzung und Spott reden; so vernichten sie sich selbst: denn damit ist's jetzt zu spät: man liest mich. Im ersten Kapitel der Farbenlehre werden Sie noch einen Blut ziehenden Peitschenhieb auf jene Antikantianer finden. Ich gehe damit um, den Herren von philosophischen Gewerbe das Gewerbe zu legen. Und zugleich im selben Stück des Repertoriums die übrigen philosophischen Recensionen exemplifiziren »wie sich die Herren gegenseitig mit Bücklingen bedienen.« Bei Allem, was diese sämmtlichen Lumpe gegen mich thun, Jeder auf seine Manier, erkennt man, als ihr Hauptstreben, das Publikum vom Lesen meiner Schriften abzuhalten: denn liest man mich, so sind sie verloren. Ich glaube, daß sie über mein Emporkommen in wirklicher Desperation sind.

[...]

Seit 8 Tagen habe einen Rheumatismus im Fuß, der mich von meinen Spazier-Läufen abhält, – worüber höchst indignirt bin, obwohl ich es durch eine Unvorsichtigkeit verschuldet habe. – Wenn nur Sie wieder ganz hergestellt wären! Es ist der herzliche Wunsch

Ihres Freundes
Arthur Schopenhauer

Schopenhauer an Julius Frauenstädt

Frankfurt a. M. den 30. Nov. 1854

Werthester Freund.

An Ihrem Briefe freut mich bloß, daß Sie das Fieber los sind: ich war darüber nicht ohne Besorgniß. Merken Sie sich was Aristoteles sagt ὁ βίος ἐν τη κινησει ἐστι und gehn Sie täglich möglichst viel, weit und rasch, als ob ich mit Ihnen gienge. Ohne Bewegung kann kein Mensch gesund bleiben. Meinen Rheumatismus habe ich wegkurirt, mit dem jetzt sehr beliebten Universal-Mittel, Branntwein mit Salz, welches ich Ihnen für dieses und 20 andere Uebel empfehle, nach Anleitung von Wm. Lee, »der Selbstarzt, aus dem Englischen«, 4. Aufl. 1850, 38 S. Sehr praktisch! –

Ueber Hinrichs stimme Ihnen vollkommen bei. Beläufig: alle solche Bücher wie »Leben in der Natur«, »Geist in der Natur«, »Geist des Menschen in der Natur« – haben den Titel von meinem gestohlen, was stets ein sicheres Zeichen des Mangels an aller Originalität ist.

Das »Sehn und die Farben« muß nächste Woche erscheinen; werde sogleich Ihnen und Lindnern ein Exemplar einsenden. Lindners Geschichte der Oper habe soeben erhalten: bitte ihm vorläufig meinen Dank zu bestellen.

Mit der Pfäfferei auf Bestellung hat es keine Noth: sie befördert den Unglauben. Hier ist in »Frankfurter katholische Kirchenzeitung«, herausgegeben von Beda Weber, vor etwan 14 Tagen eine lange Kapuzinerpredigt gegen mich erschienen, die mir so wenig schaden kann, wie dem Wallenstein die im Lager: ist ganz kraß.

Recht geärgert habe ich mich über Das, was Sie vom Regazzoni sagen, und muß mir jetzt vergegenwärtigen, wie viel Geduld man einem alten, bewährten, und hochverdienten Freunde, wie Sie sind, schuldig ist. Aber, mein Bester, halten Sie mich etwan für einen alten Narren, der nicht weiß was er sieht? Wie sonst könnten Sie, ohne alle Zweifel und Bedenken und Rückhalt, mich des Irrthums zeihen, auf Autorität, wessen? – eines anonymen Aufsatzes im nichtswürdigen Gränzboten?! – Ich muß Ihnen schon ein Licht aufstecken. Diesen Aufsatz können Sie um dieselbe Zeit, in der Deutschen Allgemeinen Zeitung, und wahrscheinlich in 10 anderen Zeitschriften lesen. Denn er ist der Desperationsstreich einer Rotte von 14 hiesigen Medikastern, die dadurch für ihre Ehre und Leben (Fressen) kämpfen. Diese Elenden haben nämlich gleich nach der zweiten Sitzung des Regazzoni, aus Bosheit, Brodneid, Dummheit und Unwissenheit, ein Manifest in der Didaskalia mit ihren Unterschriften geliefert, »es wäre Alles Betrug und Regazzoni ein Scharlatan.« (Emden weiß Einen von ihnen, der gar nicht dagewesen ist, und einen Andern, der unterschrieben zu haben bereut.) Tags darauf war ich mit im Kriegsrath, der bei Regazzoni gehalten wurde: ich konnte nicht, wie man wünschte, meine Feder zu Lokalstreitigkeiten profaniren. Alle Einsichtigen waren indignirt; aber hier fürchtet jeder Arzt zitternd die Clique der ärztlichen Gemeinschaft. Der bessere Theil des Publikums mußte einsehn, daß Aerzte, die einen *augenfällig kataleptischen Zustand*, eine Art *Starrkrampf*, fast *Scheintod*, mit Komödienspielen zu verwechseln fähig sind, zu jeder Diagnose und Semiotik unfähig seyn und bleiben müssen. Und nun stand der ärztliche Kredit und das Fressen der Herren auf dem Spiel. Denn in hiesigen Blättern entstand ein lebhafter Federkrieg. Die 14 griffen zum Mittel des Ueberschreiens und haben Verläumdungsaufsätze an alle Bätter eingesandt: das ist I h r Evangelium! – *Magna est vis veritatis et praevalebit.* Regazzoni's Aechtheit und Ehrlichkeit wird schon irgendwo zu Tage kommen: und dann wird Jeder es machen, wie ich, der ich das Didaskaliablatt gekauft habe, der 14 Namen wegen, damit nicht, bei einem plötzlichen Vorfall, weder für mich, noch meine Magd, noch meinen Hund, noch meine Katze, einer der 14 geholt werde. – Mich freut, daß ich dem Regazzoni mein Zeugniß in sein Album geschrieben habe, klar und französisch.

[...]

Leben Sie wohl und gesund, und glauben ein ander Mal mehr *implicite*

Ihrem Freunde
Arthur Schopenhauer

Julius Bahnsen an Schopenhauer

Altona, d. 20. Febr. 1857

Hochverehrter Herr Doctor!

Der dankbaren Erinnerung Ihrer Anhänger ist es ein Bedürfniß der Pietät, den Anlaß ihres nahen Geburtstages nicht vorübergehen zu laßen, ohne Ihnen beim Eintritt in Ihr siebenzigstes Jahr ein Zeichen freier Huldigung zu widmen; und so bitte ich Sie, auch von mir einen solchen Ausdruck aufrichtigsten Gefühls freundlich aufnehmen zu wollen.

Vor dem glückverneinenden Ernste Ihres erhabenen Peßimismus verstummt freilich die Trivialität gewöhnlicher Beglückwünschung; aber uns bleibt doch der sehnsüchtige Wunsch, Sie noch lange Ihrem welterleuchtenden Wirken erhalten zu sehen; und ein Feiertag, geweiht dem Rückblick auf das Vergangene, bleibt ja der Geburtstag auch da, wo der Wahn gewichen ist, der ihn als Festtag begehen läßt. Wer darum in hingebender Bewunderung emporblickt zu einem großen Lehrer, der mag wohl die Gelegenheit ergreifen, daß er sein Scherflein dazu beitrage, solchen Rückblick für den innigverehrten Mann zu einem erquickenden Hinblick auf das Erreichte werden zu laßen.

[...]

Wie der botanisirende Dilettant dem systematisirenden Forscher wol zuweilen einen glücklichen Fund wird bringen dürfen, der deßen Schema um eine Rubrik bereichern kann, so möchte ich Ihnen ein paar kleine Notizen zur Einordnung in Ihr Ganzes mittheilen, die mir in der linguistischen Journalistik aufgestoßen sind; die etwaige Verwendbarkeit ganz Ihnen anheimgebend: Pott hat in den »Beiträgen« von Kuhn und Schleicher (Berlin, Dümmler 1856) in mehreren Sprachen einen Imperativ I pers. singul. nachgewiesen, und nach »Zeitschrift f. vergl. Sprachk. von A. Kuhn, 1855. B. 5. Hft. 1.« fällt der Begriff des Heilens in vielen Sprachen etymologisch mit dem des Zauberns zusammen. Wenn ich nicht schon so oft Anlaß gehabt hätte, zu beklagen, daß den Leitenden in der Wißenschaft durch einen Zufall für sie Beachtenswerthes entgehen kann, und daß noch immer nicht ein System gegenseitiger Handreichung zwischen den Forschern und Entdeckern auf den verschiedenen Feldern des Wißens organisirt ist, so hätte ich Bedenken tragen können, derartiges hier einfließen zu laßen; nun aber darf ich Ihrem Wohlwollen vertrauen, das keiner beschämenden Mißdeutung des Motivs zugänglich ist. Ob mir noch einige Muße für philosophische Studien soll vergönnt bleiben, steht noch dahin: bis zur Stunde ist mir noch keine Entscheidung vom Ministerium mitgetheilt, so daß die lange Verzögerung – die an sich schon als Strafe könnte betrachtet werden – anfängt, die anderweitig mir eingeflößte Hoffnung auf einigermaßen günstigen Ausgang zu erschüttern. Ihrer neulich für mich ausgesprochenen Wünsche eingedenk, bleibe ich auch für diese

Ihr auf's dankbarste Ihnen hingegebener
Julius Bahnsen

IX. MATERIALISMUS

> Der *moderne Materialismus* ist der Mist
> den Boden zu düngen für die Philosophie.[1]

Die Briefe Schopenhauers, hier unter dem Stichwort Mate-
rialismus zusammengestellt, nehmen weitgehend auf den
sog. Materialismusstreit Bezug: ein geistesgeschichtliches
Ereignis der 50er Jahre des 19. Jahrhunderts, das großes
Aufsehen erregte. Beinahe habe sich das große Schauspiel
der Religionsdispute der Reformationszeit wiederholt, heißt
es hierzu in der »Geschichte des Materialismus« des Neu-
kantianers und Philosophiehistorikers Friedrich Albert
Lange.[2] Viele mit dem Streit verbundene Namen werden in
Schopenhauers Werk und Nachlaß nicht erwähnt. Die
Briefe an Frauenstädt jedoch zeugen von dem äußerst star-
ken Interesse, mit dem Schopenhauer das Für und Wider
dieser Auseinandersetzung verfolgte. Da hier die Schwach-
punkte des Materialismus, der seit geraumer Zeit die Natur-
wissenschaften und den linken Flügel der Schule Hegels be-
herrschte, offen zutage traten, sah er die Stunde für seine
Philosophie gekommen, die er sowohl in erkenntnistheoreti-
scher als auch in ethischer Hinsicht für überlegen erachtete.
Die Briefe bilden somit eine wichtige Quelle zur Rekon-
struktion dieser philosophiegeschichtlichen Konstellation.
Schopenhauers Urteil über den Materialismus und die Na-
turwissenschaften werden in knappen Kommentaren zu den
Kontrahenten des Streites wie auch in Lob und Tadel der
Schriften Frauenstädts sichtbar, seinem wichtigsten Brief-
partner in diesen Fragen.

1 HN IV 2, S. 25
2 Friedrich Albert Lange, Geschichte des Materialismus, Bd. II, Frankfurt 1974,
herausgegeben und eingeleitet von Alfred Schmidt, S. 536.

Als Reaktion gegen die vorausgegangene idealistische Epoche war in den Naturwissenschaften eine universell mechanistische Wirklichkeitsauffassung auf den Plan getreten, derzufolge sich Abläufe der Natur – ohne die Annahme einer Lebenskraft – rein aus physikalischen und chemischen Gesetzmäßigkeiten erklären lassen sollten. Auch geistige Prozesse wurden so umstandslos auf physische reduziert. Ihren krassen Ausdruck fand diese Sichtweise in der berühmtberüchtigten Formel des Zoologen Carl Vogt, eines der Hauptakteure dieses Streites: Die Gedanken verhalten sich zum Gehirn wie die Galle zur Leber oder der Urin zu den Nieren.[1] Gegen einen solchen physiologischen Reduktionismus, der den Unterschied zwischen physischen und psychischen Prozessen kurzerhand einebnet, mehr noch aber gegen die moralischen Konsequenzen, die aus einer solchen Auffassung folgen können, erhob sich auf der Göttinger Naturforscherversammlung im Jahre 1854 der Physiologe Rudolf Wagner. In einem Vortrag »Über Menschenschöpfung und Seelensubstanz« warnte er vor dem Vogtschen Naturalismus, der auf eine Gefährdung der sittlichen Weltordnung hinauslaufe. »Lasset uns essen und trinken, denn morgen sind wir tot«, sei Vogts Maxime.[2] Wagner sah sich zur Annahme einer unstofflichen Seelensubstanz genötigt, um der Forderung nach einer moralischen Weltordnung genüge zu tun. Er begegnete der materialistischen Einseitigkeit mit offen theologischen Argumenten. Hermann Rudolf Lotze, Mediziner und Professor für Philosophie in Göttingen, der selbst zur Ausscheidung des Begriffs der Lebenskraft aus der Biologie entscheidend beigetragen und damit der mechanistischen Ausrichtung der Naturwissenschaften Vorschub geleistet hatte, trat mit an Leibniz' Monadologie erinnernden, teleologisch-idealistischen Überlegungen auf die Seite Wag-

---

1 Friedrich Ueberweg, Grundriß der Geschichte der Philosophie, 4. Teil, Berlin 1923, S. 288 f.
2 Ibid., S. 288.

ners. Carl Vogt verspottete ihn deshalb später als »Mitfabri-
kant der echten Göttinger Seelensubstanz mit dem Titel ei-
nes spekulierenden Struwwelpeters«.[1]

Durch populärwissenschaftliche Darstellungen wie Jacob
Moleschotts »Kreislauf des Lebens« von 1852 oder Ludwig
Büchners »Kraft und Stoff« – ein Buch, das 1855, auf dem
Höhepunkt der Kontroverse erschien – wurde der Streit ei-
nem größeren Publikum zugänglich. Erfüllt vom Hochge-
fühl des Stolzes auf die Fortschritte der Naturwissenschaften
baute man eine philosophische Weltanschauung auf dem Bo-
den der Naturforschung auf. Wie Lange berichtet, war man
überzeugt davon, daß sich Ethik und Ästhetik ebensogut auf
materialistischer Basis errichten ließen wie auf jeder ande-
ren.[2] *Frauenstädt war von der Redaktion der Blätter für li-*
terarische Unterhaltung gebeten worden, Moleschotts Buch
zu besprechen. Auf diesen Aufsatz »Streit der chemisch-phy-
sikalischen und der teleologischen Schule«[3] *bezieht sich*
Schopenhauer im Brief vom 23. Januar 1853. Auch zu Büch-
ners Schrift nimmt Frauenstädt vom Schopenhauerschen
Gesichtspunkt ausgehend Stellung. Sein »opus«: »Der Mate-
rialismus. Seine Wahrheit und sein Irrthum. Eine Erwide-
rung auf Dr. Louis Büchner's Kraft und Stoff« (Leipzig
1856) wird von Schopenhauer in den Briefen vom März und
Juni 1856 erwähnt.

In seinem Werk hat Schopenhauer dem Materialismus ei-
nen wichtigen Platz eingeräumt. Er hat die Materie als
durchgeführte Kausalität mit der Vorstellung identifiziert[4]
und, in gewissem Widerspruch hierzu, sie geradezu als meta-

---

1 Lange, a.a.O., S. 552.
2 Ibid., S. 591.
3 Julius Frauenstädt, »Streit der chemisch-physikalischen und der teleologischen Schule«, in: Blätter für literarische Unterhaltung, 1853, Nr. 2. Wieder abgedruckt in: Briefe über die Schopenhauersche Philosophie, von Julius Frauenstädt, Leipzig 1854, S. 178 ff.
4 W I, 10 ff.

physisches, mit dem Willen identisches Prinzip behandelt.[1]
Wenn er im Brief an Frauenstädt vom 6. Juni 1856 seine
Genugtuung darüber äußert, daß es diesem gelungen sei,
den Materialismus in zweifacher Hinsicht, durch den Willen
und durch die Vorstellung, zu schlagen, so liegt dies an be-
stimmten erkenntnistheoretischen Vorbehalten. Erblickt der
philosophische Materialist oder auch der empirisch orien-
tierte Naturwissenschaftler in der Materie oder in den physi-
kalischen und chemischen Gesetzmäßigkeiten die Wirklich-
keit wie sie an sich ist, dann läßt er bei »seiner Rechnung das
eigene Subjekt außer Acht«.[2] *Das »plumpe Naturalisieren«*
des Materialismus weist darauf hin, daß Kant und dessen
Verbot, die erkenntniskritische Grenze zum Ding an sich zu
überschreiten, nicht beachtet werden. Schopenhauer zufolge
ist es auf dem objektiven Weg der Naturwissenschaften,
»von außen«, wie er sich im Brief vom 3. Januar 1859 gegen-
über Asher zu einem Aufsatz Büchners über seine Philoso-
phie äußert[3]*, nicht möglich, zum Ding an sich zu gelangen.*
Auch nicht mit Hilfe fortgeschrittener Analyse-Methoden,
die zwar die Erkenntnis verfeinern, doch auch durch »Tiegel
und Retorte« keinen Einblick in das Wesen der Materie, ihr
quantitativ nicht meßbares »Was«, ermöglichen. Schopen-
hauer bezichtigt die empirische Naturwissenschaft und den
Materialismus bestimmter Einseitigkeiten: den Spuren De-
mokrits folgend versuche man, eine Physik ohne Metaphysik
aufzustellen. Man mache die Erscheinung zum Ding an sich
und erkläre auch das Geistige ausschließlich physisch.[4] *Seine*
Kritik führt ihn jedoch nicht zu der Reaktion eines Rudolf
Wagner, der, wie wir gesehen haben, den genannten Einsei-

1 W II, 354.
2 Adolph Cornill, Arthur Schopenhauer als Uebergangsformation von einer
idealistischen in eine realistische Weltanschauung, Heidelberg 1856, S. 85.
3 Ludwig Büchner, »Aus und über Schopenhauer«, in: Brendels »Anregungen für
Kunst, Leben und Wissenschaft«, Jahrgang 1859, Nr. 1(-3). Wieder abgedruckt
in: Ludwig Büchner, Aus Natur und Wissenschaft, Leipzig 1869, S. 94-143.
4 W II, 193 f.

tigkeiten mit der Annahme einer Seelensubstanz begegnet war. Einen solchen Dualismus lehnt Schopenhauer ab, wie seine spöttischen Bemerkungen zu Wagner und »Lotz« zeigen (Brief vom 12. Okt. 1852). Damit Frauenstädt den beiden Letztgenannten mit begründetem Widerspruch entgegentreten kann, rät Schopenhauer ihm, die »Rapports du physique et du moral de l'homme« des Cabanis[1] zu lesen, in denen geistige Funktionen auf die Tätigkeit des Nervensystems zurückgeführt werden. Gegen die Gefahren eines physiologischen Reduktionismus à la Vogt, der sich ebenfalls auf den Sensualismus Cabanis' beruft, glaubt Schopenhauer sich jedoch gefeit, insofern nämlich bei ihm die materialistisch-physiologischen Elemente mit metaphysischen verknüpft sind. Der physiologisch bestimmte Intellekt hat bei Schopenhauer als Träger den metaphysischen Willen, das Prinzip des organischen und unorganischen Lebens. Geistige Prozesse werden weder substanzhaft begriffen, noch rein physiologisch bestimmt, da sie seiner Ansicht nach als Gehirnfunktionen zugleich materieller wie metaphysischer Natur sind. Einheit und Differenz sieht er so als gewahrt an. Neben Cabanis empfiehlt er Frauenstädt deshalb die Lektüre des von ihm 1838 entdeckten französischen Anatomen und Physiologen M. F. X. Bichat, in dessen Forschungsergebnissen er eine Bestätigung seiner Theorie gefunden zu haben meint. Bichat unterscheidet in seinem Werk »Recherches physiologiques sur la vie et la mort«[2] das geistige, in seiner Diktion »animalische« Leben vom organischen. Er hält einerseits an der Diskontinuität von Leib und Geist fest, vermeidet aber andererseits einen Dualismus, wie er z. B. bei Rudolf Wagner vorliegt. Ob sich jedoch die empirisch gewonnenen Einsichten des Naturwissenschaftlers Bichat ohne

---

1 Pierre-Jean-Georges Cabanis, Rapports du physique et du moral de l'homme, Paris 1824.
2 Marie Francois Xavier Bichat, Recherches physiologiques sur la vie et la mort, Paris 1800.

*weiteres mit Schopenhauers metaphysisch-materialistischen
decken lassen, wird heute angezweifelt.*[1]

*Schon zu Lebzeiten warfen Kritiker wie z. B. Adolph
Cornill Schopenhauer vor, daß die Art und Weise, auf die
sich bei ihm materialistische mit metaphysischen Argumenten kreuzen, widersprüchlich sei. Cornill, der Schopenhauers
Philosophie als Übergangsformation von einer idealistischen
in eine realistische Weltanschauung betrachtete (so der Titel
seines Buches), sah in ihr nur eine Zusammenstellung herr-
schender widersprüchlicher geistiger Strömungen und nicht
deren zufriedenstellende Auflösung. Seiner Ansicht nach
überschritt der Metaphysiker Schopenhauer mit den Aussagen über das Ding an sich, den Willen, die von Kant gezo-
gene erkenntniskritische Grenze. In Cornills Augen näherte
er sich dadurch dem absoluten Dogmatismus der von ihm
selbst so befehdeten spekulativen Denker Hegel, Fichte und
Schelling an.*[2] *Wie der Brief an Frauenstädt vom 11. Juli
1856 zeigt, ließ Schopenhauer derartige Vorwürfe jedoch
nicht an sich herankommen. Vehement bestand er – auch
darin seinen Gegnern nicht unähnlich – auf der systemati-
schen Widerspruchsfreiheit seines Denkens, dessen Schlüssig-
keit und Überzeugungsfähigkeit er durch den Aufweis der
in ihm enthaltenen Widersprüche gefährdet meinte.*

*Nicht nur aus erkenntnistheoretischen Gründen distan-
zierte sich Schopenhauer von einer Verabsolutierung der
materialistischen, philosophischen und naturwissenschaftlichen Sichtweise, sondern auch aus moralischen. Eine Physik
ohne Metaphysik könne nur eine »egoistische, auf Reziproci-
tät gehende« Moral hervorbringen (Brief vom 28. Juni
1856). Wie Wagner perhorresziert auch Schopenhauer die
Maxime: »Edite et bibite, post mortem nulla voluptas!«*

---

1 Alfred Schmidt, »Physiologie und Transzendentalphilosophie bei Schopenhauer.« Vortrag zum Schopenhauer-Jubiläums-Kongreß 1988 in Frankfurt am
Main.
2 Cornill, a.a.O., S. XI und S. 57.

Nach wiederholter Lektüre der Frauenstädtschen Materialismus-Schrift, in welcher ihr Autor die Möglichkeit einer streng materialistischen Moralbegründung nicht ausgeschlossen hat[1], distanziert sich Schopenhauer von den unerlaubten »Konzessionen« seines »Treufreunds«. Auf Frauenstädts erbitterte Rechtfertigung geht er nicht ein; er läßt sogar den Briefwechsel bis zum Dezember 1859 einschlafen. In der Tat hat der Materialismus Moleschotts und Büchners krass egoistische Züge. Explizit wird dies in der ersten Auflage von »Kraft und Stoff« aus dem Jahr 1855.[2] Obwohl Frauenstädt selbst in drei Artikeln über die Philosophie Ludwig Feuerbachs auf »die Halbheit und Einseitigkeit des empirischen Realismus … hingewiesen«[3] hatte, war er sich offensichtlich der Bedeutung der Metaphysik für die Ethik nicht bewußt: denn nur metaphysisch, durch das zum Schweigen-Bringen des Willens, ist es Schopenhauer zufolge möglich, sich dem Naturlauf entgegenzustemmen und moralisch wertvoll zu handeln. Schopenhauer beharrte, ohne Zuflucht zum Theismus zu nehmen, ohne den Dualismus eines Rudolf Wagner, auf einer metaphysischen Begründung. Der Verzicht auf Metaphysik mündet in einen egoistischen Eudämonismus, wie man an der sensualistischen Moral Feuerbachs sehen kann[4], oder in den ebenfalls moralisch untauglichen Relativismus Jürgen Bona Meyers.[5] Zu Schopenhauers Verdruß hatte Frauenstädt Meyer als Gewährsmann für seine im Materialismus-»opus« vorgetra-

---

1 Julius Frauenstädt, »Der Materialismus. Seine Wahrheit und sein Irrthum. Eine Erwiderung auf Louis Büchners ›Kraft und Stoff‹« Leipzig 1856, S. VI-XIII.
2 Lange, a.a.O., S. 954.
3 Julius Frauenstädt, drei Artikel: »Über Theismus und Atheismus vom theoretischen und praktischen Standpunkt, veranlaßt durch L. Feuerbachs ›Vorlesung über das Wesen der Religion‹«. In: »Blätter für litterarische Unterhaltung«, 1851, Nr. 121,126,132. Oben zitiert aus Nr. 121, S. 922.
4 Siehe: A. Schmidt, Die Wahrheit im Gewande der Lüge. München 1986, S. 41f.
5 Jürgen Bona Meyer, »Der neuere Sensualismus in Frankreich. Erster Artikel. Die Moral.« In: Zeitschrift für Philosophie und philosophische Kritik, Halle 1856, 29. Bd., 1. Heft.

genen Ansichten genannt (Brief vom 31. Oktober 1856). Meyer, den Schopenhauer in den 50er Jahren nicht empfangen hatte, weil er dem sehr jungen Mann nicht ins Gesicht sagen wollte, wie sehr er seinen Aufsatz »Über Willensfreiheit« ablehnte[1], wird nach Schopenhauers Tod, 1872, als Philosophieprofessor in Bonn, ein Pamphlet gegen Schopenhauer verfassen, in dem die Schopenhauersche Philosophie als »eigenthümlicher Mischmasch von Platonismus, Kantianismus, Naturphilosophie und Materialismus« bewertet wird[2], als »Kette von Sophistereien«.[3]

Schopenhauer sah durch die ethische Inkompetenz des verabsolutierten materialistisch-naturwissenschaftlichen Verständnisses die Gefahr der restlosen Beseitigung eines universell-ethischen Anspruchs, eines Rückfalls in barbarischen Atavismus heraufziehen. Deshalb billigte er eine Entfernung Moleschotts und Büchners vom Lehramt, wobei seine Ansicht war, sie ungehindert schreiben zu lassen, aber ihnen nicht einen verderblichen Einfluß auf die Jugend zu gestatten.[4] Dabei passen die bösen Worte im Brief vom Juli 1856 wenig zum sanften Schluß des segnenden Buddha: hier zeigt sich das Janus-Antlitz des Philosophen, der einmal selbst von der »Tollhäusler-Wuth« gesprochen hat, die ihm zu schaffen mache.

---

1 Gespräche, hrsg. von Arthur Hübscher, Stuttgart 1971, S. 261.
2 Jürgen Bona Meyer, Arthur Schopenhauer – als Mensch und Denker, Berlin 1872, S. 41.
3 Ibid., S. 37.
4 Gespräche, a.a. O., S. 207.

Schopenhauer an Julius Frauenstädt

                    Frankfurt a. M. den 28. Nov. 1851
Mein werther Freund.
   [...]
   Habe den zweiten Theil Ihrer Feuerbach'schen Kritik ge-
lesen. – Was für rohes, brutales Zeug der Mensch in die
Welt schreibt! Der plumpeste, bornirteste Materialismus.
Aber dazu wird er mit seinen Sophismen und verbosem Ge-
wäsch keine Proselyten machen. Alles Früchte der Hegelei.
   [...]
   Muß schließen. Geben Sie doch bald, bei erst welchem
geringen Anlaß, Nachricht von sich
                         Ihrem Freunde
                         Arthur Schopenhauer

Schopenhauer an Julius Frauenstädt
[*Auszug*]

                         12. September 1852
Rudolph Wagner's (der beiläufig ein Tartüffe und *cagot* ist,
den ich gemeint habe »Ethik« *p.* 245 [E, 240]) physiologi-
sches Wörterbuch war in der Buchhandlung nicht vorrä-
thig, ich kann also den Weber'schen Aufsatz nicht lesen:
auch würde es mich nicht sehr erquicken, zu sehn, daß man
meine Wahrheiten benutzt, ohne mich zu nennen. Ich bitte
Sie, schreiben Sie nur nichts über Physiologie in ihrem Verhältniß zur Psychologie, ohne den Cabanis und den Bichat
in succum et sanguinem vertirt zu haben: dagegen können
Sie hundert deutsche Schmierer ungelesen lassen. Ueberhaupt ist's mit aller Psychologie nichts, da es keine Psyche,
Seele, giebt, und man den Menschen nicht für sich allein
studieren kann, sondern nur im Verein mit der Welt, μικροκοσμος και μακροκοσμος zugleich, – wie ich es gethan.
Und prüfen Sie sich, ob Sie auch Physiologie wirklich besit-

zen und inne haben: das setzt Anatomie und Chemie voraus.

Schopenhauer an Julius Frauenstädt

Frankfurt a. M. den 12. Oct. 1852.
Mein werther Freund.

Ich beeile mich, Ihnen einliegendes Recept zu senden,
welches auch die stärksten Zahnschmerzen, in 9 Fällen unter 10, schnell und dauernd vertreibt. Die ganze Dosis wird,
n i c h t erwärmt, in ein l e i n e n e s Tuch geschlagen und so
auf die Backe gebunden. Doch dürfen Sie es nur in ernsten
Fällen gebrauchen, weil sonst die Natur sich daran gewöhnt
und dadurch seine Wirkung schwächt. Als Präventions-
mittel gegen Zahnweh dient besonders, daß man Morgens
mit eiskaltem Wasser und einem Schwamm den ganzen
Hals, hinten und vorn, langsam und anhaltend wasche, ihn
außerdem aber warm halte. Eingetretene Zahnweh kann
man kuriren dadurch, daß man eine lange wollene Binde 2
bis 3 Mal um den *Hals* (nicht Kopf) schlägt und so die Nacht
über schläft. Zähne und *Hals* sind sympathisch. Wer *gewiß*
starke Zahnweh haben will, gehe im heißen Sommer, in
Nankinghosen, *ohne Unterhosen,* in das kellerkühle Lese-
zimmer der Königl. Bibliothek: *probatum est.*

Dies war das Pathologicum: jetzt kommt das Physiologi-
cum, über welches ich einige Ihnen nöthige Eröffnungen
eben so wohlmeinend wie die obigen, Ihnen nicht vorent-
halten darf. – Physiologie ist der Gipfel gesammter Naturwissenschaft und ihr dunkelstes Gebiet. Um davon mitzu-
reden, muß man daher schon auf der Universität den ganzen
Kursus sämmtlicher Naturwissenschaften ernstlich durchgemacht und sodann sie das ganze Leben im Auge behalten
haben. Nur dann weiß man wirklich, *wovon überall die
Rede ist: sonst nicht.* So hab' ich es gemacht, habe meine

Anatomie unter Hempel und Langenbeck eifrig durchgemacht, sodann über die Anatomie des Gehirns allein ein eigenes Collegium bei Rosenthal, im anatomischen Theater der *Pépinière* in Berlin gehört, habe 3 Mal Chemie, 3 Mal Physik, 2 Mal Zoologie, vergleichende Anatomie, Mineralogie, Botanik, Physiologie, allgemeine Detto, Geographie, Astronomie u.s.w. gehört, dann mein ganzes Leben hindurch, die Fortschritte aller dieser Wissenschaften beobachtet und die Hauptwerke, besonders der Franzosen und Engländer, studirt, wie die Exemplare mit Glossen in meiner Bibliothek bezeugen. (Diesen Sommer war meine ganze Bibliothek eine *camera obscura* und stand voll optischer Instrumente.) Darum kann ich mitreden und hab's mit Ehren gethan. Im Jahre 1824 gab die Münchener Akademie eine kurze Darstellung der Fortschritte der Physiologie in diesem Jahrhundert heraus, darin sie bei den Fortschritten der Sinneswerkzeuge bloß mich und Purkinje nennt. Ueberhaupt zeugen meine Werke von gründlichem Naturstudio, wären auch sonst unmöglich. –

Wenn man aber, statt dessen, – so wie der kleine Bürger seinen Hausbedarf sechserweise aus der Krämerbude holt, – seine Naturkenntniß aus den Artikeln eines von Handlangern (ja, etwas schlimmerem) fabrizirten Diktionnairs zusammenliest; da kann es kommen, daß man, statt in die Apotheke, in die Giftmischerei und Gaunerherberge geräth. In dieser letztern begegnet man einem *quidam* Volkmann, der frech genug ist, Bichats unsterbliche Werke oberflächlich zu nennen; und auf diesen Urtheilsspruch hin hält man sich vom Lesen des Bichat, und des Cabanis in den Kauf dispensirt. Ich aber sage Ihnen, daß wenn Bichat so einem Volkmann auf den Kopf spuckte, es für diesen noch zu viel Ehre wäre. Bichat hat 30 Jahre gelebt und ist bald 60 Jahre todt und das ganze gelehrte Europa ehrt seinen Namen und liest seine Werke. Auf 50 Millionen *bipedes* kommt noch nicht Ein denkender Kopf, wie Bichat. Freilich hat seitdem, wie allezeit, die Physiologie Fortschritte gemacht, nicht durch Deutsche, sondern durch Magendie, Flourens, Ch. Bell und Marshal Hall, jedoch nicht solche, wodurch Bichat und Cabanis antiquirt würden, und alle die Genannten treten vor Bichat's Namen ins Gewehr. – Jetzt folgen Sie mir aus dieser ehrwürdigen Gesellschaft in die deutsche Gaunerherberge. Ihren finstern Hintergrund bildet die (Sie wissen woher stammende) jetzt allgemeine, in allen Schulen, Gymnasien, Universitäten, Büchern, Journälen eifrigst betriebene Cagotage und Tartüffianismus: die feilen Lumpe treiben es aber so plump absichtlich, so bärenhaft ungeschickt, treten so mastig auf, daß der Erfolg, so wahr ich lebe, der entgegengesetzte seyn wird. Als einen Erz-Cagot und Tartüffe habe ich Ihnen schon den saubern Herrn R. Wagner bekannt gemacht. Oh Fallmerayer! schläfst Du? Komme, und wie Du vor 1 ½ Jahren dem elenden Ringseis eine derbe, öffentliche, wohlverdiente Züchtigung hast angedeihen lassen, zum Troste aller Redlichen; so mache es ein Mal mit Jenem und seiner Göttinger Gesellschaft. – Nach der psychologischen Seite hin ist nun die Aufgabe dieser Herren, darzuthun, wie Leib und Seele zwei grundverschiedene Substanzen sind und letztere im Kopf bloß logirt: als unsterblich ist sie absolut-einfach und untheilbar, muß also ihre ganze *bagage* von Intellekt, Gefühl, Willen, Leidenschaften u.s.w. in Einer Nuß dort oben zusammenhaben, in Einem Punkt, als Leibnitz'sche Monade: daher also können die Begehrungen, Leidenschaften u.s.f. nicht in den anderen *partibus* des Leibes stecken, wie Bichat und Ich sagen. Merkts! Dies muß *durchgesetzt* werden, trotz Kant einerseits und den französischen Physiologen andererseits. Merken Sie was? Jetzt lesen Sie im letzten Leipziger Repertorio die höchst lobende Recension des nichtswürdigen Machwerks von Lotze (Lotz und Botz bekanntlich philosophische *lumina* Göttingens!) »Medicinische Psychologie.« Der anonyme Schuft lobt das Ding im

Vertrauen auf seine Anonymität. In dem Buch wird obige obligate Lehre aufs Weitläufigste durchgeführt und R. Wagner und Volkmann höchlich gelobt (es ist Alles Eine *clique*). Die Seele wird mit alten Weiber-Argumenten demonstrirt. Die Frechheit, mit der Kant dabei ignorirt wird, kann mich über die Frechheit trösten, mit der man mich ignorirt. Nun aber weiß der Schächer nicht, da die Seele alles Denken, Wollen u. s. w. allein vollbringt, was er mit dem so künstlich komplicirten, 3-5 Pfund schweren Gehirn anfangen soll: er erklärt es für den bloßen *Ernährungs-Apparat* der Sinneswerkzeuge!!!!!!!! Vielleicht ist nie ein frecherer Unsinn ausgesprochen worden. – Das also sind die Leute, bei denen Sie in die Schule gehn, und wo Bichat oberflächlich ist. Kant und Ich sind ein Paar Esel, auf die man gar nicht hört. Das ist deutsche Redlichkeit.

Mein Zusammentreffen mit Bichat im bekannten Resultat, nachdem wir auf so höchst verschiedenen Wegen dahin gelangt sind, ist eine der schönsten Bestätigungen meiner Wahrheit, und war mir, als ich es erst 1838 entdeckte, eine unendliche Herzstärkung. – Ihnen aber fehlt der Muth, vom Standpunkt meiner Philosophie aus zu reden, nachdem Sie solche doch anerkannt haben: und Sie leihen bald Diesem bald Jenem ein Ohr, vermeinend, Das wären doch auch Leute. Sie erkennen nicht die Aristokratie der Natur. Bichat und Ich umarmen uns in einer Wüste.

Ueber Teleologie habe kürzlich, weiß aber nicht wo, eine Recension gelesen, welche, durch Buch und Recensent, bezeugt, zu welcher unglaublichen Rohheit man in diesen Dingen zurückgesunken ist. Ich möchte, daß Sie mein Kapitel über Teleologie vom ersten bis zum letzten Wort anführten; da es, nebst der Rubrik »Vergleichende Anatomie«, im »Willen in der Natur«, vielleicht das Gründlichste und Tiefste ist, das jemals darüber geschrieben worden, und, bei dem jetzigen Stande der Dinge, selbst historisch, sehr geeignet ist, die Leute zu orientiren. – Die Barbarei nimmt Ueberhand, die Ignoranz führt überall das Wort, die Alten werden wieder zurückgelegt. Zeter! Zeter!

[...]

Mit herzlichen Wünschen für die Besserung Ihrer Gesundheit

Ihr Freund

Arthur Schopenhauer

Schopenhauer an Julius Frauenstädt

Frankfurt a. M. den 23. Jan. 1853.

Mein werther Freund!

Ich fange an, einige Besorgniß Ihretwegen zu empfinden, weil ich seit ungefähr 2 Monat nichts von Ihnen vernommen habe und doch in meinem letzten Briefe Sie gebeten hatte, mir wo möglich zu melden, wie viele Exemplare der Parerga im ersten Jahre abgegangen sind. Sie werden doch nicht etwan krank seyn? Wir wollen das Beste hoffen.

Ihr endlich erschienener Aufsatz über den chemisch-physiologischen Streit hat alle meine Erwartungen übertroffen und ist durchaus zu loben. Sie haben sich Ihres Gegenstandes durch fleißiges Studium bemeistert und ihn dann mit Ueberlegung klar dargestellt in sehr guter Schreibart, ohne Nachlässigkeiten, so daß Sie dastehn wie ein sorgfältig angekleideter Mann in sehr gemischter Gesellschaft. Die von mir gefürchteten Klippen Ihrer geringen Naturwissenschaft haben Sie glücklich vermieden und haben diesen sehr wichtigen, ein Indicium der Zeit liefernden Streit zuvörderst rein objektiv, unpartheiisch und sogar dramatisch dargestellt. Ganz vortrefflich lassen Sie zuletzt mich erscheinen, als *Deus ex machina* im Wolkenwagen, kommend, um die streitenden Partheien nicht sowohl zu versöhnen, als mit langer Nase nach Hause zu schicken. Ich gefalle mir in der Rolle. Aber wahr ist's, jene Herren vermeinen, mit ihrem Bischen Chemie, die Alles ist, was sie gelernt haben, die Welt- und Lebensprobleme lösen zu können: dann setzen sie den Feuerbach auf den Altar. Ich wollte daher, daß Sie sich noch etwas im Allgemeinen ausgelassen hätten, über die Rathlosigkeit solcher empirischer Naturforscher, sobald sie ein Mal an die Grenzen ihrer Wissenschaft stoßen, wo sich dann ihr gänzlicher Mangel an philosophischen Studien offenbart, sie völlig albern dastehn und nun die alten, seit Jahrtausenden abgethanen Absurditäten wieder zu Markte bringen. Denn, was ist denn die ganze Sache Anderes, als ein *Democritus redivivus?* Demokrit kannte bloß die mechanischen Kräfte und ließ aus diesen Alles entstehn: Mulder kennt bloß die chemischen und bedient sich dieser eben so. So einem Holländer und seinem Moleschott kommt es nicht in den Sinn, den *Antheil des Subjekts* an allen Naturerscheinungen in Rechnung zu bringen, wenn auf den Grund der Dinge gegangen wird; sondern roher, stupider Realismus umnebelt ihre Sinne. Daher ist ihnen unbedenklich der chemische Stoff das Ding an sich: er ist das Unveränderliche und Ewige: des Berzelius Aequivalenten-Tafeln übernehmen die Rolle des lieben Gottes: Thier und Mensch treten dann auf als Naturspiele, zufällige Konkremente, wie die Stalaktiten. Alles, wie gesagt, nur, weil kein philosophischer Grund gelegt worden, in ihren Studien, indem die Herren in ihrer empirischen Dummdreistigkeit glauben, das 2000jährige Denken der Weisesten des ganzen Geschlechts haben nichts zu Tage gefördert und sei Posse: nur in Tiegel, Retorte und anatomischem Theater sei die Weisheit zu suchen; welchen Glauben die liebe Faulheit unterstützt. Als Metaphysik kennen sie nur den Katechismus und wissen keine andere Alternative, als zwischen dem Gott-Schöpfer und dem Materialismus; wie die Engländer, Parerga II. *p.* 123 [P III, 164]. – Sehr lieb ist's mir, daß die Naturforscher ein Mal erfahren, daß bei mir auch für s i e etwas zu suchen sei. (Wie neulich der M. Carrière, mitten in seinem albernen Gewäsch, doch auf das *Aes-*

thetische in meinem Werke hingewiesen hat: denn Jeder sucht seine Sachen nur, wo das Aushängeschild sie ankündigt.) Zur Belehrung der chemischen Physiologen ist der §. 27, Bd. 1. meines Hauptwerks sehr geeignet und ihr ganzes Treiben darin vorhergesehn; wie überhaupt die Abwege, auf die man jetzt, an beiden Seiten, geräth, Materialismus und Tartüffianismus, – die Nothwendigkeit meiner Philosophie augenfällig machen und zeigen, wie heilbringend es sei, daß Einer der Kantischen Lehre treu geblieben ist und in der Stille den wahren Thronerben derselben aufgezogen hat, damit er jetzt, wo es zur Anarchie und Barbarei gekommen ist, – hervortrete als Retter aus diesen.

Bald zu vernehmen, daß Ihnen nichts zugestoßen ist und Sie sich wohl und gesund befinden, ist der Wunsch

Ihres Freundes

Arthur Schopenhauer

Schopenhauer an Julius Frauenstädt
[Auszug]

29. Juni 1855

Endlich habe auch etwas von Moleschott gelesen, nämlich im »Kreislauf des Lebens« 2. Aufl. 1855 das Kapitel »der Wille«, 31 Seiten stark. Hätte ich nicht gewußt, daß dies der berühmte Hr. Moleschott geschrieben hat; so würde ich es nicht einmal von einem Studenten, sondern von einem Barbiergesellen, der Anatomie und Physiologie gehört hat, herrührend glauben. So kraß, unwissend, roh, plump, ungelenk, überhaupt knotenhaft ist das Zeug. Jetzt freut es mich, daß ich diese Gesellen in die Bedientenstube gewiesen habe. Und Dem giebt, nach Versicherung des Dr. Mayer in Mainz, Brockhaus 1000 Louisd'or für seine neue Physiologie von 30 und etlichen Bogen! Er wird sehn! – Selbst das Physiologische in dem Kapitel ist seicht, abgedroschenes Zeug. Dazu ist's grob antimoralisch, und hinten hängt dem

..... noch der rothe Lappen der Gauner-Republik aus der Tasche. Sehr recht hat man gethan, solchem Gesellen das *jus legendi* zu nehmen: das war unerläßlich. – Aus der selben Schule ist ein neues Buch von Dr. Büchner, Docent in Tübingen, über »Kraft und Stoff« – und ganz im selben Geist. Ich hoffe zuversichtlich, daß diesem Burschen auch das *jus legendi* genommen werde. Diese Lumpe vergiften Kopf und Herz zugleich, und sind unwissend wie die Knoten, dumm und schlecht.

Schopenhauer an Julius Frauenstädt
[Auszug]

15. Juli 1855

In meinem Letzten schrieb ich, daß ich erwartete, der Dr. Büchner würde für sein »Kraft und Stoff« suspendirt werden. Mit hoher Befriedigung ersehe aus der gestrigen Postzeitung, daß dies schon eingeleitet ist. Ihm geschieht Recht: denn das Zeug ist nicht bloß höchst unmoralisch, sondern auch falsch, absurd und dumm: und die Wurzel ist die Unwissenheit, das Kind der Faulheit, des Cigarrenrauchens und Politisirens. So ein Mensch hat nichts gelernt, als sein Bischen Klystierspritzologie; keine Philosophie, keine Humanitätsstudien getrieben: und damit wagt er sich dummdreist und vermessen an die Natur der Dinge und der Welt. Ebenso Moleschott. Geschieht ihnen Recht: erleiden die Strafe für ihre Ignoranz.

Schopenhauer an Julius Frauenstädt

Frankfurt a. M., den 1. März 1856.
Herzlichen Dank, alter Apostel, für Ihr Gratulationsschreiben. Auf gütige Anfrage habe zu sagen, daß ich vom Blei des Saturns wenig spüre, laufe noch immer wie ein Windhund,

befinde mich vortrefflich, blase fast täglich mein Flauto, im Sommer schwimme ich im Main, welches zuletzt am 19. Septbr. geschehn, habe keine Gebrechen, und meine Augen sind noch ganz so, wie in meinen Studentenjahren. Bloß am Gehör leide ich, welcher Erbfehler mich aber schon im Jünglingsalter und allezeit belästigt hat. Vor 33 Jahren wurde, in Folge einer Krankheit, mein rechtes Ohr beinahe völlig taub, aber das linke blieb gut: nun aber nimmt, seit etwan 4 Jahren, auch dieses leise und allmälig ab. In der Konversation spürt man es nicht, so lange ich die Leute zur Linken und in der Nähe habe, und sie nicht besonders leise reden: aber im Theater ärgert es mich sehr, wenn ich auch ganz vorn im Parkett sitze: gehe nur noch in Possen, wo laut geredet wird; werde bald auf die Oper beschränkt seyn. Das ist Pech! –

Freut mich sehr, daß Brockhaus Ihr *opus* nimmt. Gewiß werden Sie in Ihrem Buch hervorgehoben haben: 1) daß dieser Materialismus eine fast nothwendige Folge des großen Aufschwungs der Naturwissenschaften ist, die, Alles verdrängend, am Ende glaubten Alles in Allem zu seyn; wodurch der schon so oft dagewesene und immer wieder explodirte Materialismus sich wieder herausmachte. Hier verweise ich auf mein Hauptwerk Bd. II. p. 173 ff. [W II, 190 f.]. –

2) Daß der Materialismus nicht besiegt werden kann vom Spiritualismus, weil dieser mit ihm auf derselben falschen Voraussetzung, dem Realismus, fußt; sondern ganz allein vom *Idealismus*, und zwar dem transscendentalen: wer von diesem nichts weiß, oder wissen will, gehört in die Bedientenstube. Seyn Sie nicht zu populär; die Sache verträgt es nicht. Ich brauche Ihnen nicht die Stellen zu citiren, wo ich alles Dies dargethan habe.

3) Ein Hauptargument der Materialisten ist das Gehirn, dessen bloße Funktion der Intellekt *unstreitig* ist: und hier unterliegt der Spiritualismus. Aber Sie wissen, daß der In-

tellekt eine bloße Funktion zum Behuf des Willens ist, ein Accidens, und daß der Kern des Menschen, der metaphysisch ist, ganz allein der Wille ist, der sich im Gehirn darstellt als der ganze Leib, und daß was im Selbstbewußtseyn als Intellekt auftritt, objektiv angeschaut, d.h. im Bewußtseyn anderer Dinge, sich als Gehirn darstellt, u.s.w. *Sapienti sat.* In meinen Werken, sammt und sonders, haben Sie ein ganzes Arsenal. – Vor einiger Zeit las ich eine Kritik dieses ganzen Materialismus (ich denke in Görres katholischen Blättern), darin Büchners Buch die »Quintessenz der ganzen Sauerei« genannt wird. – *A propos* von diesem ....: ist ein Französischer Magnetiseur, Brunet de Balan, hier: war ich gestern Abend da: er ist vortrefflich, macht im Ganzen das Selbe, wie Regazzoni, aber einfacher, nicht so theatralisch, und die Aechtheit der Sache wurde so augenfällig, daß man ganz vernagelt seyn müßte, um daran zu zweifeln. Das ist auch eine Ehrenrettung des Regazzoni: die Wahrheit kommt heraus, und die 14 unwissenden Pflasterschmierer und Verläumder erhalten eine Wunde an ihrem Kredit, »daß sie's bis an ihr Ende spüren sollen.« Habe auch mitgespielt, zu großer Belustigung des Publikums, mit einem 14jährigen Bauernjungen aus der Nähe, der mit mir in *rapport* gesetzt war, jede meiner Bewegungen (im tiefen Schlaf stehend und gehend) nachmachte, Alles was ich in 5 Sprachen laut sagte, genau nachsagte: nun setze ich mich, und da packte er mich stark, riß mich gewaltsam vom Stuhl, und setzte sich darauf. Geweckt wußte er keine Silbe davon. Bis dahin aber war er *wie mein Schatten*, nicht von mir loszukriegen. Ganz *behext!* – Jubel des Publikums! –

Im Frankfurter Museum war neulich, in einem Aufsatz gegen die Materialisten, erwähnt, daß ich sie schon derb abgefertigt hätte. Vor wenigen Tagen gab dasselbe Blatt 3 Epigramme von Grimm, das erste überschrieben »Göthe, Schopenhauer und Neuton«. Habe Ihnen unter Kreuzcouvert das Konversationsblatt mit dem Gedicht auf meinen

Geburtstag geschickt, damit Sie sehn, wie man mich verherrlicht.

Leben Sie wohl und gesund!

Arthur Schopenhauer

Schopenhauer an Julius Frauenstädt

Frankfurt a.M., den 6. Juni 1856.
Vielen Dank, in jedem Sinn, für Ihr Buch, mein werther
Freund. Es hat mich sehr befriedigt und sogar meine Erwartung übertroffen. Ich sehe mit Freuden, daß Sie an
Einsicht, Klarheit und Kenntniß noch immer zunehmen!
Die Disposition des Ganzen ist vortrefflich: erst widerfährt dem Materialismus sein Recht: dann wird er geschlagen, erstlich durch die Welt als Vorstellung, dann durch
die Welt als Wille. Meine Philosophie erscheint dabei in
höchst vortheilhaftem Licht, als die einzige Retterin von
dem Abgrund des Materialismus. Ueberhaupt sehe ich,
daß dieser meiner Sache gut thut, indem er die Menschen
aufrüttelt und das metaphysische Bedürfniß anregt. Ich
kann auch nicht bergen, daß es mich ergötzt hat, wie Sie
den alten Juden ohne Umstände traktiren, ihn gleich bei
Seite schiebend, damit er nur nicht meyne, dies Alles geschehe bloß ihm zu Ehren.

Jetzt will ich, Ihrem Wunsche gemäß, ins Einzelne gehn,
aber nur unter der Bedingung, daß Sie mir nicht mit Ge-
genargumenten kommen: ich weiß genug, daß

> »Wer Recht behalten will und hat nur eine Zunge,
> Oh, der behält 's gewiß.«

Sie können ja verwerfen was Ihnen nicht Recht scheint.

Ad p. 37. Mit großem Aerger finde ich eine mir entnom-
mene Phrase beschmutzt durch das infame Wort »Som-
mernachtstraum«, – und dies nachdem ich Ihnen weitläuf-

tig dargethan, daß dies Wort bloß der krassen Ignoranz deutscher Uebersetzer sein Daseyn verdankt.

p. 46, 47. Bravissimo! – Aber überhaupt haben Sie den dummen und unverschämten Burschen, der ein bloßes Echo seiner Vorgänger ist, durchgängig zu glimpflich behandelt. Nun, Sie wollen *sine studio et ira* schreiben. Sehn Sie nur, wie der ...., p. 124. bei Ihnen, *Fauna* und *Thierwelt* als Gegensätze aufstellt, während es Synonyme sind.

p. 55. in der Anmerkung: »nicht verschmäht« – ein höchst ungeziemender Ausdruck: sollte heißen »redlich genug gewesen wäre« – der gedankenarme ... hat mich bestohlen. Ueberhaupt ist nichts an dem Menschen und sein Schriftchen über Wechselwirkung enthält nichts über Wechselwirkung als solche, sondern abgedroschenes Zeug aus der Mechanik. Die Stelle, welche Sie *p.* 150. von ihm *in extenso* wiedergeben, ist absurdes Geschwätz.

p. 56., nach dem Gedankenstrich, ist was Sie sagen, oberflächlich und sogar falsch: das Gesetz der Kausalität verhilft uns nicht zum Ding an sich; – wie ich gezeigt habe in »Vierfache Wurzel« *p.* 76-78 [G, 81 ff.], *et alibi.*

p. 64. »Ewigkeit des Stoffs« – hier und an vielen andern Stellen, z. B. *p.* 78. Stoffgesetze *a priori*, haben Sie sich der falschen Ausdrucksweise dieser Materialisten anbequemt. Die Kerle sind so unwissend, daß sie Stoff und Materie identificiren. Aber Stoff ist schon die Verbindung der Materie mit der Form: so z. B. die 60 chemischen Grundstoffe: deren Unvergänglichkeit ist aber sehr problematisch. Bis 1808 waren die Alkalien und Erden chemische Grundstoffe und einfach. Da zersetzte sie Davy; den übrigen kann es auch so gehn. Unzerstörbar ist bloß die M a t e r i e, die o h n e F o r m, folglich bloß g e d a c h t, nicht angeschaut wird. Sie allein ist die Substanz, deren Quantum nicht vermehrt, noch vermindert, werden kann. S. mein Hauptwerk II., *c.* 24.!

p. 67. oben *et alibi. p.* 178. unten verwechseln Sie (den Göttern sei's geklagt!) Ursache und Kraft! O, Freund, lesen

Sie mein Hauptwerk Bd. I., §. 26. und die vierfache Wurzel *p.* 44, 45 [G, 45 f.].

p. 68. – Nicht Kraft, sondern Materie ist die objektiv gedachte Kausalität! *eheu*! –

p. 73. mein Satz. (nach dem Absatz) verkümmert und verballhornt.

p. 114. in der Parenthese, – eine falsche Koncession: wir wollen und können das Wort nicht missen: es muß und soll bestehn und täglich gebraucht werden. Keine Koncession an die Dummheit! –

p. 146. in der Mitte: – *Animalisch und Geistig* ist das Selbe, *functiones animales* (im Gegensatz der *naturales et vitales*) ist die Thätigkeit des Gehirns und seiner Anhänger: also Das, was die Spiritualisten *Geist* nennen.

p. 175. oben: – »nie ein Einsichtiger« – o! Kartesius, Malebranche, Leibnitz!!

ibid. unten: – »*übersinnliche* Ideen« – so nennt man nicht die apriorischen Formen des Intellekts, – sondern Gott, Seele u. dgl. m.

p. 181. 183. – »Seele, Seele, Seele,« – Ist ein Pfaffen- und Alte-Weiber-Wort, das man nicht gebrauchen soll, ein Unding, eine Fiktion der Spiritualisten. Aus Haß gegen dasselbe schreibe ich rigoristisch »Trübsälig«.

Das wären so die Hauptsachen: kleinere habe übergangen. Halten Sie nur diese Ausstellungen in Ehren.

Das aber hatte ich nicht erwartet, daß Sie ein ganzes Buch gegen diesen Büchner schreiben würden, ohne zu rügen, daß er in der Vorrede mich auf das Plumpste und Dümmste parodirt und dann Stadtklatsch über mich vorbringt, als *Pasquillant*, und nachher eine Stelle *von mir* zum Motto eines Kapitels nimmt und Kant darunter setzt, als *Falsarius*. Geringer apostolischer Eifer. – Mit einem solchen .... gehn Sie vielmehr *honorifice* um und behandeln ihn säuberlich. – *Hactenus de Evangelio; jam ad epistolas!*

Vielen Dank für successiv gegebene sehr interessante lit-

terarische Nachrichten. Ueber »Natur und Offenbarung«
sehe ich das Wo und Wie. – Der Erdmann nimmt sich meiner an gegen den Hoffmann: – seht ein Mal!

Schellings Bd. I. habe gehabt: schlug mir daraus der
Qualm der Langweiligkeit entgegen und ich das Buch zu.
»Das, was das *Seyn* ist,« – wie der Unteroffizier beim moralischen Abendunterricht in der Kaserne: »der Soldat soll
nicht nur brav *seyn;* er soll auch brav *sind.*«

Das Buch von Fichte hatte ich schon gehabt. Er macht es
wie Sie in Ihrem Buche schildern: d. i. erst macht er mich als
Karikatur zurecht, um mich in dieser Gestalt zu widerlegen
und Victoria zu schreien. Er sagt, so ungefähr, ich hätte
ertrotzt, daß sie mich nicht mehr ignoriren dürften: jetzt
würden sie mich schlecht machen, zum Lohn dafür. *Gerade
wie Fortlage* sucht er meine Hauptlehre sich dadurch anzueignen, daß er statt Wille Tri e b setzt, – und möchte mit der
Beute wegschleichen, sich so die wichtigste aller Wahrheiten aneignend, eine Wahrheit, welche vor mir kein Philosoph, in alter, mittlerer und neuer Zeit erkannt hat, nämlich
*daß das Primaire, der Kern unsers Wesens, der Wille ist, der
Intellekt sekundär und accidentell:* Alle, Alle, Alle, *per saecula saeculorum*, haben das Gegentheil gelehrt: die διά-
νοια, το γνωστικον, ἐπιστημονικον, das *penser*, ist die
Ureigenschaft ihrer angeblichen »Seele«, der Wille seine
conclusio ex praemissis. – Das also möchten die Buben stehlen, und meynen, durch das Wort *Trieb* den Diebstahl zu
verdecken. Wie d u m m ! Hier kommt es auf Erkenntniß des
Dings an sich an, die nimmer aus der *Erscheinung*, der Vorstellung, dem Bewußtseyn von andern Dingen, geschöpft
werden kann: *daher* aber stammt der Begriff *Trieb*, von *treiben*, wie eine Heerde, stets eine *vis a tergo* indicirend, bloß
für den Zuschauer von außen da. Der *Wille* offenbart sich
allein dem *Selbstbewußtseyn* und ist dessen ganzer Inhalt.
Hier lesen Sie den Willen in der Natur, *p. 83-87* [N, 90-94]
nach. Daher verwahrt sich der Fichte, er habe seine Sache

nicht *von mir: qui s'excuse s'accuse.* – Ich will lieber, daß man mich geradezu bestiehlt, wie Noack, – als jenes niederträchtige Stipitzen.

[...]

Noch habe Meldung zu thun von einer schönen Cochonnerie, die in Ihrer Nähe ergangen ist. Ein Orientalist, von denen, welche ich zu einer Anstellung bei der Affenkomödie empfohlen habe, A. Weber, hat in Berlin den 1. März in der wissenschaftlichen Vorleserei-Gesellschaft eine Vorlesung über den Buddhaismus gehalten, erbärmlich, unwissend, voll Irrthümer und ein paar Lügen dazu. Solche ist abgedruckt im Journal »das Ausland« (nicht Magazin für die Litteratur des Auslands) *No.* 13. 14. Mich erwähnt er als den Herold des Buddhaismus und als »einen immerhin geistreichen, aber jedenfalls verschrobenen Philosophen.« –

Mein Buddha wird jetzt galvanisch vergoldet und wird herrlich glänzen auf seiner Konsole in der Ecke. Die Birmanen, laut *Times*, haben soeben eine ganze Pagode vergoldet: da darf ich nicht zurückbleiben. Noch ein Buddha ist hier, im Besitz eines reichen Engländers. Habe dahin gewallfahrtet, mein Satu zu sagen. Er ist in Lebensgröße, aber nicht, wie meiner, von Bronce, sondern von einer *papier-mâché*-Masse, also ein Abguß, wahrscheinlich aus China, ganz vergoldet, und meinem in allen Stücken auf ein Haar ähnlich. Meiner ist mir lieber: ist ächt, Tibetanisch! jener unterscheidet sich ganz allein durch eine flache Nase und kurze, feistere Gliedmaaßen, – chinesisch! Meiner ist mager und langarmig: sonst *tout craché*. Das orthodoxe berühmte, sanfte Lächeln des Mundes haben Beide, exakt! Die Stellung, Kleidung, Frisur, Lotos, ganz dasselbe! Herr Pastor Kalb! sehn Sie hieher! *Hum, Mani, Padma, Oum!*

Mein zweites Bild ist weit vorgeschritten: wird gut, ganz anders, als das erste, nicht so ideal, mehr individuell.

Auf der Züricher Universität würde, gegen so vielen Ma-

terialismus, gerade meine Philosophie als stark idealisti-
sches Gegengewicht sehr passend und dienlich seyn. Geduld! *toutes les affaires sont longues* sagt Voltaire.

Becker hat mir seinen Sohn und seinen Neffen geschickt
und Professor Bähr in Dresden auch seinen Sohn. Geschieht, damit diese jungen Leute einst als alte Leute damit
renommiren können, mich im Fleisch gesehn und gesprochen zu haben. Der junge Bähr, Student, kam aus Leipzig
und erzählte, daß der Prof. Weiße wöchentlich ein philosophisches Konversatorium halte: da haben die Studenten
über meine Philosophie disputirt, und dies hat den Anlaß
zur Preisfrage gegeben.

Heil und Gesundheit

Arthur Schopenhauer

Schopenhauer an Julius Frauenstädt

Frankfurt a. M., den 28. Juni 1856.
Herzlichen Dank, werther Freund, für Ihre abermaligen litterarischen Mittheilungen, wodurch ich doch auch etwas
erfahre von den Bannflüchen über mich, da in diesem Ab-
dera so weniges zu haben ist. Die Philosophieprofessoren,
da in ihrer finstern Hinterboutique, mögen schimpfen,
nach Herzenslust: hört es kein Mensch. Die saubern Herren, nun es mit dem Ignoriren aus ist, wollen mich herun-
terschreiben, allseitig im Chorus. O, die Thoren! es ist
wie das Feuer schüren, wonach es heller auflodert. Sie meinen, sie wären eine Autorität: die –! Ihre Stärke besteht bloß
im Maul-halten, Schweigen, Ignoriren. Ein Mal aus dieser
Position endlich vertrieben, sind sie verloren: Himmel
und Erde ihnen Esel bohren. (Göthe.) Werden gesehen
haben, wie neulich der anonyme Lump im Centralblatt das
Geschimpfe des Hoffmann gegen mich als »gründlich«
herausstreicht. Habe ersehen, daß in Hengstenbergs Evan-

gelischer Kirchenzeitung Nr. 36-44 ein Aufsatz steht über das Verhältniß der jetzigen Philosophie zur Theologie. Sollte es darin nicht etwan auch über mich hergehn? welches mir sehr angenehm wäre. Sehn Sie doch ein Mal nach. Hier wird auch Das nicht gehalten.

Aus dem Briefwechsel von Fichte und Schelling wird jeder Vernünftige erkennen, daß sie das waren, als was ich sie dargestellt habe. In welche Berserkerwuth diese Kerle gegen Kant ausbrechen, als er den Fichte desavouirt hatte! wie sie auf ihn schimpfen! Ihr Philosophiren war eben Spielen mit abstrakten Begriffen.

Das Buch von Schwarz soll den totalen Bankrott der Theologie darlegen. Sehn Sie doch im letzten oder vorletzten Prutz-Museum ein Schreiben aus Paris: darin wird eine *religion naturelle* eines Franzosen kritisirt, wobei man sich unverholen über den starrsinnigen, bornirten Theismus der Franzosen lustig macht, dagegen beifällig auf den Pantheismus und »*Atheismus*« hinweisend. Hat mich sehr ergötzt. Die Aktien des alten Juden sinken.

Habe nochmals Ihr Buch durchlesen und Folgendes nachzuholen. 1) *p.* XIII. falsche Konzession! Der Materialismus ist *wesentlich unmoralisch,* d.h. bietet nicht das kleinste Fundament für Moral; es sei denn für egoistische, auf Reciprocität gehende.

2) Nochmals über die Anmerkung *p.* 55., an der ich bloß das »verschmäht« getadelt hatte. Aber *paulo graviora canamus!* Da heißt es, der Kant'sche Beweis der Apriorität des Kausalitäts-Gesetzes hätte von mir »*Berichtigungen*« erfahren. Das ist nicht wahr! Sondern schon 1813 habe ich, in der vierfachen Wurzel, im langen §. *ad hoc,* also §. 23. der 2. Auflage, den Kant'schen Beweis von Grund aus *widerlegt,* und darauf den neuen, mir gehörigen, allein richtigen und möglichen, von jenem total verschiedenen, an mehreren Ihnen bekannten Stellen aufgestellt, in besagter Abhandlung §. 21., auch in »Sehn und Farben«, u.s.w. Und da

reden Sie bescheidentlich von *Berichtigen*. Der Helmholz entnimmt von mir, ohne mich kennen zu wollen, den Beweis und legt ihn Kanten bei, der nichts davon gewußt hat (vierfache Wurzel *p.* 74 [G, 79 f.]), – aus Neid gegen den Lebenden; während er mich gelesen hat, Kanten aber *nicht*. Er ist ein .... Lump, von dem Sie nicht so honorig reden sollten, ihn nicht neben mir nennen sollten, gleichsam, wie »das ist Einer und das ist noch Einer.« – *Chi non ha sdegno, non ha ingegno!* Das habe Ihnen 1847 vorgesungen.

3) *p.* 84 in der 2. Anmerkung haben Sie nicht das Rechte citirt: dieses nämlich war: *Ethik, p.* 30-34 [E 29-33]; – vierfache Wurzel *p.* 46.; und sehn und Farben, *p.* 18. –

4) *p.* 152. heißt es: »die ursprüngliche Einheit der Seele leugnen.« Die habe ich ja gerade geleugnet, habe sie zersetzt, wie Lavoisier das Wasser: darüber im Willen in der Natur *p.* 19. – Ueberhaupt ist es mit der rationalen Psychologie, wie mit der rationalen Theologie. Also schicken Sie die *Seele* zum alten Juden, ihm Gesellschaft zu leisten, und lassen Sie sie nicht ferner bei uns spuken.

Aus Grimms einliegendem Brief ersehn Sie, wie er zum kompleten Evangelisten wird. Am besten gefällt mir, daß er sagt: »Schopenhauer hat nie eine unbedeutende Zeile geschrieben.«

Das zweite Bild ist schlecht ausgefallen, eine Art Karikatur, hab's dem Maler gesagt, und nun scheint es, daß er es nicht vollenden will. Dagegen haben Oesterreichische Offiziere, die seit Jahr und Tag mich *täglich* bei Tisch sehn, Luntschützens zweites Bild höchst ähnlich gefunden.

Im Frankfurter Museum haben wieder einige philosophische Disticha von Grimm gestanden, davon 3 an mich: nämlich sein Einfall, warum sie nicht lieber einen Preis auf meinen Kopf setzen, nebst Antwort, in Hexameter gebracht.

Vale et nos amare perge!

Arthur Schopenhauer

Frankfurt a. M., den 11. Juli 1856.

Werther Freund!

Ich habe Ihnen abermals zu danken für Ihre litterarischen Mittheilungen und für die Mühe, die Sie sich gegeben, das Geträtsche des Dr. Karsch (er l. m. i. A.) zu lesen.

Sie werden das Buch des Cornill und wohl auch seine Recension Ihres letzten Buchs im Juniheft der Heidelberger Jahrbücher, gelesen haben. Er ist nicht feindselig oder malitiös gegen mich, sondern lobt mich oft und sehr, und ist sein Buch mir lieb, weil es beiträgt, die Aufmerksamkeit auf mich zu lenken. Allein er ist ganz roh und unwissend, ohne eine Ahndung von Transscendentalphilosophie, ohne alles Studium Kants, steht auf dem Standpunkt des gemeinen, platten Karrenschieber-Realismus (was er besonders in der Recension naiv verräth; »unsere *Gedanken* über die Körperwelt, die freilich wären in uns, aber die Körperwelt stände ja doch, ohne unser Zuthun, draußen eben so da« – *sic fere;*) solche .... dociren Philosophie in Heidelberg! Von dem Karrenschieber-Standpunkt aus also beurtheilt er mich, mit einer Dreistigkeit und Superioritätsmiene, wie sie nur jetzt zu finden ist. Meine Philosophie ist eine Fortsetzung der Kantschen, diese selbst aber ist ihm *wildfremd*. Dafür wirft er mit philosophischen Kunstausdrücken um sich, die er nicht versteht, und mit andern selbst gemachten, die kein Mensch versteht (transscendenter Idealismus u. s. w.) und er selbst auch nicht. Er ist ein ....., der nichts weiß, der nichts gelernt hat, nichts versteht, ja nichts verstehn will: es ist ihm gar nicht drum zu thun: bloß schwätzen will er, um sich ein Ansehn zu geben und ein Buch zu machen. Er ist, wie Einer, der sich mit Gewalt in ein Gespräch mischt, ohne zu wissen, wovon die Rede ist, bloß auf Grund einiger aufgeschnappter Phrasen. Er ist der Sohn eines hiesigen Weinhändlers und hat sein Studium der

Philosophie mit seiner Docentschaft derselben zugleich angefangen; – welches er selbst gesteht, wie mir der junge Dr.
Kilzer: der in Heidelberg studirt hat, berichtet. – *p.* VIII.
kommt »*empirische Erfahrung*«! – Die ersten 30 Seiten sind
noch erträglich: sogar bin ich mit *p.* 12-15 ganz zufrieden:
aber das dort Behandelte ist das Einzige, was er verstanden
hat. – *p.* 19 Zeile 12 von unten, ist das »ohne ihn« als ungeheure Ironie zu nehmen. Von da an wird es immer schlechter
und geht über in das konfuseste Geschwätz: den Realismus
im Gegensatz des Idealismus verwechselt er mit dem scholastischen Realismus gegen den Nominalismus. Alles wirft er
durcheinander, schleppt das Heterogenste zusammen und
will mir überall, nicht etwan Irrthümer, sondern *Widersprüche* beweisen. Ein dummer, schlechter Kunstgriff, dessen
sich die Lumpe oft bedienen. Widerspruch in einem Autor
soll man nicht eher annehmen, als bis zwei völlig unverein-
bare Lehren nachgewiesen sind und Alles erschöpft ist, sie zu
vereinen. Ich aber hätte, nach ihm, mir auf jeder Seite wider-
sprochen: da müßte ich ein Mensch seyn, der nicht weiß was
er redet: denn *das* heißt Widerspruch. Z. B. *p.* 30 redet er von
meiner Dianoiologie, dem Erkenntnißproceß, und bringt
einen Satz bei aus Buch 3, von der Metaphysik des Schönen,
der Auffassung Platonischer Ideen. So geht es durchweg auf
seiner Jagd nach Widersprüchen, bei mir, dem konsequente-
sten und einheitlichsten aller Philosophen. – Sein ganzes be-
täubendes Gewäsch ist so konfus und sinnleer, daß schwerlich Jemand es ganz durchlesen wird: aber die Professoren in
der Hinterboutique und das Centralblatt werden darin eine
gründliche Widerlegung meiner ganzen Philosphie erkennen. – Bei solchen Büchern pflege ich mich zu trösten mit den
aus meinen Werken beigebrachten Stellen: allein hier sind
diese nicht nur meistens mit falschen Werken und Zahlen
citirt, sondern auch oft durch die gräulichsten Druckfehler
sinnlos gemacht: z. B. *p.* 57 steht statt »erkenntnißlosen Natur« bloß »erkenntnißtheoretischen«, ohne alles Substan-

tiv. – *p*. 60 statt »Genie« – Chemie. – *p*. 75 statt »Mechanik« – Materie. – *p*. 31 fortwährend statt »Objektität« – Objektivität. – *p*. 15 statt »Verstand« – Vorstand. – Statt Kanten zu studieren, hat der Mensch die sämmtlichen Schmieralien aller Philosophieprofessoren gelesen: Das ist sein philosophisches Studium, und von da aus übersieht er mich.

Moleschotts Rede habe geblättert: pretioses, affektirtes Gewäsch, seine *Roheit* zu maskiren, und bekanntes Zeug als neu aufgetischt. Studieren Sie ein Mal Kants metaphysische Anfangsgründe der Naturwissenschaft durch, und dann bedeuten Sie den hochtrabend von »Kraft und Stoff« schwätzenden Barbiergesellen, Pillendrechslern und Klystiersetzern, daß *Körper krafterfüllte Räume sind*. Können sich in Ansehn bringen, wenn Sie's gescheut anfangen. Vermessenheit ist's von jenem Ignoranten-Pack, sich, ohne alles metaphysische Studium, an die letzten Gründe der Dinge zu machen. Ihre *Unwissenheit* muß ihnen unter die Nase gerieben werden, bis sie blutet.

Das zweite Bild soll doch vollendet werden, weil der Besteller es vortrefflich findet.

Vorige Woche bin ich in Mainz gewesen, habe Becker besucht, seine Frau gesehn, die noch eine Apostolin auf die Terasse brachte.

Professor Bähr aus Dresden war gestern wieder da und voll des lobenswerthesten Fanatismus: wollte seine ächt Russische Silber-Dose gegen meine alte, abgenutzte Leder-Dose austauschen, der Reliquie wegen, welches ich abschlug. Erzählte von einem Herrn de Wilde, der, früher in Preußen angestellt, ein wüthiger Fanatiker für mich war, bis er 85 Jahre alt, mit meinem Namen auf der Zunge, gestorben ist; – und von seinem (Bährs) Sohn, der seinen Besuch bei mir in einem begeisterten Briefe beschrieben hat. –

Der neuvergoldete Buddha glänzt auf seiner Konsole und ertheilt Ihnen seinen Segen.

Arthur Schopenhauer

Schopenhauer an Julius Frauenstädt
[*Auszug*]

31. Oktober 1856

Wenn ich nicht sehr irre, so ist es Bona Meyer, der vor ein Paar Jahren ein Buch über die Zoologie des Aristoteles herausgeben hat, darin er mich wiederholt anführt, mich als zoologische Auktorität gebraucht, auch meine Sätze diskutirt. – Sie nennen ihn einen »gescheuten, jungen Mann,« – vielleicht wohl: aber ich sage Ihnen, daß er ein platter Geselle ist: dies bezeugt die von Ihnen abgeschriebene Stelle: sie läuft darauf hinaus, daß moralisch es bloß auf die physische That ankomme, gleichviel aus welchen Motiven sie geschehe; – (wobei er sich hinter das schlechte zweideutige *i.e. équivoque* Wort *lieben* versteckt): aber bei ihm steht es so: Titus hungert; ich helfe ihm: da ist's einerlei, ob ich es thue aus Mitleid und Herzensgüte, oder aus dem nobeln Princip (besonders der gescheuten jungen Leute) »eine Hand wäscht die andre:« wenn nur Titus den Bauch voll kriegt, darauf allein kommt es an, und Das ist das eigentlich R e a l e an der Sache. – Sehn Sie, dies ist der niedrige, infame Realismus, der, von dem ich rede Parerga II., §. 109. – Schämen müssen Sie sich, von einem solchen Burschen gelobt zu seyn, weil Sie mit ihm in Ein Horn gestoßen haben, bei der Entschuldigung der Moral der Materialisten. Die Moral der französischen Materialisten ist ein Gewebe plumper Sophismen. Helvétius ist vortrefflich im Intellektuellen, – *de l'esprit;* schlecht im Moralischen, – *de l'homme.* Meine Philosophie ist tief; sie ist aber auch hoch: Das sollten Sie nicht vergessen. Sie gelten jetzt als mein erster Schüler, mein Haupt-Evangelist, – und werden einst Ruhm davon erndten: aber irrlichterlieren Sie nicht hin und her!

> »Geh' er nur grad, ins Teufels Namen,
> Sonst blas' ich ihm sein Flackerleben aus.«

Ich will, daß Sie mir Ehre machen, und nicht das Gegentheil: möge es nie dahin kommen, daß ich sagen müßte was
Voltaire dem Spinoza in den Mund legt: »*j' ai de plats écoliers et de mauvais critiques.*« Also schwören Sie ab dem
Teufel, d. i. der materialistischen Moral, oder der Toleranz
gegen eine solche, und lassen Sie es bei dem Einen *lapsus*
bewenden. Toll genug, daß ich hier, gegen Sie, auf der Seite
der Görres'schen Blätter im gelben Umschlag stehn muß: –
dahin haben Sie es gebracht. – »Wohl gebrüllt, Löwe!«
Gehn wir weiter. Zuvor jedoch noch mein ernstlicher Rath,
daß Sie jetzt einmal wieder meine Preisschrift über das Fundament der Moral, wie auch das 4te Buch (der Welt als Wille
und Vorstellung) durchlesen, als eine Ihnen sehr nöthige
medicina mentis.

Schopenhauer an David Asher
[*Auszug*]

3. Jan. 1859

Die »Anregungen« mit Büchner's Aufsatz habe ich. Es war
vorherzusehn, wie so ein unwissender, platter Barbierge-
selle über meine Phil: urtheilen würde. Von Neid beseelt
will er mich herabsetzen, aber wider Willen läuft ihm bisweilen die Verwunderung übers Blatt. – Aber schönes
Zeug! z. B. *p.* 4 »über den Willen wären am meisten kompetent die – . . Physiologen! –– *scilicet* die von außen an den
Menschen Kommenden, die nicht wissen, was drinnen vorgeht! Ueber die Wirkung der Klystiere mögen sie kompetent sein. – Gegen meinen transscendentalen Idealismus beruft er sich auf meine Fabel von der Iris und Sonne! wo
zudem von einer Sonne die Rede ist, welche spricht und
zudem von der Iris gesehen und gehört wird. – Ist das ein
Schwein! Dazu lügt der Kerl: wo habe ich je gesagt, daß
über 60 oder 100 Jahre meine Philosophie herrschen würde;
– oder auch überhaupt von ihrer künftigen Wirkung gere-

det? Nirgends, er lügt's *p.* 3. – Schadet mir übrigens Alles nichts. So dumm ist das Publikum nicht: vielmehr hat Voltaire Recht: *ces gens servent a répandre votre renommée.* Er droht aber mit mehrern Fortsetzungen in nächsten Heften. Sie würden daher wohlthun, Ihren Artikel über die drei Romane einem andern Blatt zu geben. Europa ist *of very low standing.* Die Litterarischen Blätter würden, denke ich, es nehmen. Sonst veraltet's.

G. W. Körber an Schopenhauer

Breslau, den 26. September 1857
Hochzuverehrender Herr!

Gestatten Sie einem Ihnen bisher wahrscheinlich ganz unbekannt gebliebenen Manne, der neben seiner als Hauptwißenschaft betriebenen Naturwißenschaft mit besonderer Vorliebe sich dem Studium der Philosophie von jeher hingegeben hat – daß dieser, sage ich, es wagt, in einigen Zeilen seine tiefste Verehrung dem immer mehr in das Bewußtsein der Deutschen tretenden Meister zu Füßen zu legen.

Eine Freundin und Landsmännin von mir, Fräulein Marie v. Gayette, hat nicht ohne die größte Selbstbefriedigung sich Ihnen genaht – warum sollte es nicht der Mann, der seit dem Anbeginn der Weltordnung die Tiefen der Gedanken noch gründlicher zu erfaßen und noch fruchtbringender sich anzueignen bestimmt ist, als das aus seiner Sphäre tretende Weib?

Sie, ein Genius des Jahrhunderts, haben mir die Schuppen von den Augen gerissen, die der Hegelianismus ihnen aufgelegt hatte. Eingeführt durch Frauenstädt in die unsterblichen Wahrheiten Ihrer Lehre habe ich diese mit steigender Begeisterung aus ihren Quellen ganz in mich eingesogen und bin Einer der jetzt so Vielen, die für die nächste Zukunft sich die »Schopenhauersche Schule« werden nennen dürfen. Nirgends fand ich bei den sich häufenden speculativen Fragen, die das tiefere Studium der Natur mit sich bringt, klareren Anschluß und wahrere Begründung als in den Dogmen Ihrer Weltanschauung und selbst Ihre Ethik habe ich als die wahrste erkennen müßen, ohne sie jedoch, schon als Familienvater, exact befolgen zu können.

Ich maße mir das Verdienst an, der Erste (wie es scheint) in Schlesien gewesen zu sein, der offen zu Ihnen geschworen und Propaganda gemacht hat für die Ausbreitung Ihrer Lehre. Ich habe auch in diesem Sommerhalbjahr ein Collegium über Ihre Philosophie an hiesiger Universität gelesen und die Freude gehabt, daß gegen 20 Zuhörer mit gespanntestem Intereße Ihren Worten lauschten. Ich erachte es für eine meiner schönsten Lebensaufgaben, diesen Weg weiter zu verfolgen, für Ihre Sache weiter zu wirken, die gegenüber dem vielfältigen Irrwandel der Mitlebenden die rechte und sichere Leuchte der Zukunft ist. Gestatten Sie es daher, hoch zu ehrender Herr, daß ich mich Ihren Schüler nenne, den es drängte, Ihnen bekannt zu werden und von dem Meister eine geistige Mitgabe für seine weiteren Strebungen sich zu erbitten.

Doch ich schließe für heute, um nicht zu lästig zu fallen. Beehren Sie mich, hochverehrtester Herr, mit einem Antwortschreiben, so dürfte ich vielleicht der Hoffnung leben, später einmal einige wenige mir in Ihrer Philosophie noch zweifelhafte Punkte freundlichst aufgeklärt zu erhalten.

Genehmigen Sie, hochzuverehrender Herr, den Ausdruck meiner tiefsten und unauslöschlichen Verehrung und Hochachtung, womit ich die Ehre habe zu zeichnen

ganz ergebenst

Dr G. W. Körber

Schopenhauer an G. W. Körber

Frankfurt a. M. d. 3. Octr 1857.

Geehrtester Herr *Doctor*,

Sie sind mir keineswegs so unbekannt, wie Sie meynen: Ihre Rede im *März 1855*, darin Sie meiner Philosophie mit großer Ehre erwähnen, ist mir damals vom Dr Lindner in Berlin übersandt worden. – Ihr Brief hat mich herzlich erfreut: denn was könnte mir erwünschter seyn, als daß ein Mann, der die Wahrheit meiner Lehre erkannt hat, ihr die *viva vox* verleiht, um sie der neuen Generation zeitig zu empfehlen. Indessen stehn Sie auch damit nicht vereinzelt da: diesen Sommer hat in Bonn Prof. Knoodt 3 Mal wöchentl. *de philosophia Schopenhauriana publice* gelesen und hat das Publikum zum allergrößten Theil aus katholischen Studenten der Theologie bestanden (auch Knoodt ist katholisch): – dies hat mir ein sehr intelligenter Student, Neuburger, der es selbst mitgehört, berichtet. – Vor 2 Jahren kam ein Hr. Ritter aus Zürich, mir zu sagen, daß man dort den Plan habe, einen eigenen Lehrstuhl für meine Philosophie zu gründen, und mich zu fragen, ob Frauenstädt am geeignetesten sei, ihn zu bekleiden. Doch scheint es nicht zur Ausführung zu kommen, und ist der Regierungs Rath Sulzer, der es im Rath betrieb, kürzlich gestorben. Vielleicht ist auch noch auf andern Universitäten über meine Phil. gelesen: ich erfahre das Wenigste, und auch dies meist zufällig, – in dieser Handelsstadt und meiner Einsamkeit. – Der Durst nach Wahrheit übrigens scheint jetzt größer, als je: weder an der Religion, noch der Hegelei, noch dem Materialismus will man Befriedigung finden: demnach wäre, – ich kann nicht sagen meine Philosophie, sondern die Entdeckung meiner Philosophie zur rechten Zeit gekommen. Demnach fahren sie fort, für die Wahrheit zu wirken: sie wird Sie nicht zu Schanden werden lassen.

Zu Aufklärungen über Ihnen zweifelhafte Punkte könnte

ich nur insofern mich verstehn, als die Sachen in großer Kürze abzuthun wären: denn zu ausführlichen philosophischen Erörterungen in Briefen kann ich mich nicht herbeilassen. Dergleichen nämlich ist entsetzlich zeitfressend: ich aber bin im 70sten Jahre: die Zeit eilt schneller als je, und ich möchte in den wenigen Jahren, die ich noch vor mir haben kann, das Letzte zusammenbringen, was ich noch hinzuzufügen habe. Auch glaube ich nicht, Ihnen Aufklärungen geben zu können, die Sie nicht aus meinen Schriften schöpfen könnten, wenn Sie nur, wie ich im 2ten Bande meines Hauptwerks, S. 462, verlangt habe, diese sammt und sonders und mit Aufmerksmkt lesen. Die Forderung ist nicht übertrieben; da meine sämmtlichen Werke, Alles zusammengerafft, nur 5 mäßige 8° Bände betragen. Ich habe aber Manches an ganz verschiedenen Stellen, oft wo man es nicht erwartet, berühren müssen; weil der Zusammenhang es forderte, und meine Schriften in weiten Zeiträumen auseinanderliegen. Je mehr Sie sich hineinstudiren, desto mehr werden Sie die vollkommene und nicht erzwungene Uebereinstimmung aller Theile entdecken: diese ist das Stämpel der Wahrheit.

[...]

Somit seien Sie mir gegrüßt als ein neuer Apostel meiner Lehre, und wünsche ich Ihnen von Herzen Gesundheit, Freudigkeit und alles Heil!

Arthur Schopenhauer

X. DER PHILOSOPH DER JUGEND

»Daß der philosophische Geist Sie durch das ganze Leben begleiten möge« —— die letzten Worte, die Schopenhauer geschrieben hat, sind an zwei junge Menschen gerichtet, Zöglinge der Artillerie-Schule in Mährisch-Weißkirchen, »welche, dort in enger Haft gehalten, bei ihrer heimlichen Lektüre Schopenhauers zu glühenden Verehrern desselben geworden waren« ... Sie hatten sich an Schopenhauer gewandt, um Aufschluß über das Problem zu erhalten, warum ein verneinter Wille nicht die ganze Welt aufhebe (Schemann, 406). Der altgewordene Philosoph, der in letzter Zeit Erläuterungen seiner Philosophie gern den »Schülern« überläßt, dessen Briefe immer kürzer und eintöniger geworden sind, rafft sich, von der Jugend der Fragenden angesprochen, nochmals zu einem persönlichen, einem ergreifenden und ergriffenen Antwortschreiben auf. Sein philosophisches Anliegen nimmt hier noch einmal deutliche Gestalt an. Während er an der Grenze der Fassungskraft festhält, will er sich doch nicht mit der Erkenntnis der erscheinenden Wirklichkeit begnügen. Im Ringen um eine Begründung der Moral weist er auf die Möglichkeit einer Verneinung des Wollens hin, die sich positiver, rationaler Bestimmung entzieht, – auf den »einzigen lichten Fleck« seiner Philosophie (an Becker, 10. Dezember 1844).

Sikič und Schramek an Schopenhauer

[August 1860]
Die Schreiber dieser Zeilen sind zwei junge Menschen, Zöglinge einer Militairanstalt, wo sie in enger Haft gehalten werden. Die, natürlich heimliche Lesung Ihrer Schriften hat

uns mit der glühendsten Begeisterung und der innigsten und aufrichtigsten Hochachtung für Sie erfüllt. Wir lesen Ihre Bücher zu wiederholten Malen mit immer regerem Eifer und vermehrtem Genusse, je mehr sich uns der tiefe Gehalt erschließt. Die Wahrhaftigkeit und der biedere Sinn, der aus jedem Ihrer Worte spricht, haben Ihnen unsere ganze und innige Zuneigung gewonnen ...

Jeder Mensch hat den ganzen und ungetheilten Willen in sich, er selbst ist nichts als Wille. Wenn nun das Individuum den Willen verneint – der Wille sich selbst vernichtet – so muß auch alle Objectivation verschwinden – die Welt wäre erlöst und zu dieser Erlösung der ewig leidenden reichte ein einziges, den Willen verneinendes Individuum hin. Das ist der Knoten, den wir nicht zu lösen vermögen ...

Es sind dies zwar förmliche Bedingungen, die wir Ihnen da unberechtigter Weise stellen; doch wollen Sie unsere gedrückte Lage bedenken: wir begingen schon einen Unterschleif, indem wir diesen Brief uncontrolirt wegsandten und begehen einen neuen, indem wir Ihre Antwort ebenso empfangen.

Schopenhauer an Sikič und Schramek

Frankfurt a. M. d. 1 Septr 1860

Meine jungen Freunde,

Daß Sie in jugendlichem Alter, in einer aller Philosophie sehr heterogenen Lage, endlich auch noch in einer entlegenen Oesterreichischen Provinz, sich so ernstlich mit meinen Lehren beschäftigen, hat mich erstaunt und höchlich erfreut, zudem auch mir von Ihnen eine vortheilhafte Meinung gegeben. Daher ich nicht unterlaße Ihnen zu antworten.

Ihr Problem läßt sich sehr leicht zurückführen auf einen Schluß, der formell richtig ist und deßen Prämißen wahr sind. – während die Konklusion eine offenbar falsche Aussage ist. Dies entsteht daraus, daß dabei eine Amphibolie der Begriffe vorgeht, indem der Wille als individuelle Erscheinung genommen, sodann aber wieder in seiner Eigenschaft als Ding an sich gefaßt wird. In dieser letztern Beziehung wird jedoch der Gegenstand transscendent, d. h. er geht über alle Möglichkeit unsers Verständnisses hinaus: weil über die mögliche Erfahrung hinaus die Formen unsers Intellekts, Raum, Zeit, Kausalität, nicht mehr anwendbar sind. Diese Formen behält jedoch Ihre Argumentation bei, indem sie die Prädikate Ganzes und Theil, Einheit und Zahl, Ursach und Wirkung, auf den Willen als Ding an sich anwendet. Sie faßen ihn z. B. mittelst unsrer Anschauungsform Raum, indem Sie quantitativ von ihm reden und sagen; »Da der Wille in jedem Individuo g a n z vorhanden ist, muß mit seiner Aufhebung in diesem die ganze Welt aufgehoben seyn.« Wenn Sie aber die Sache so rein quantitativ auffassen, hätten Sie, konsequenterweise, höher oben anfangen und sagen sollen: »nimmermehr kann der ganze und untheilbare Wille ganz in jedem von zahllosen Individuen seyn.« Imgleichen geht Ihre Argumentation eigentlich auch auf die *Kausalität*, die der aufgehobene Wille auf die Erscheinungswelt ausübt. Ebenso nimmt sie die *Zeit* in Betrachtung, indem sie sagt: »*nach* dem Eintritt einer Verneinung des Willens muß u. s. w.« – Diese gesammte Amphibolie entsteht daraus, daß Ihre Argumentation sich auf die Gränze des unsrer Erkenntniß Zugänglichen und des ihr Unzugänglichen, Transscendenten, gestellt hat und nun die Begriffe über diese Gränze hin und her wirft.

Ich meinerseits habe mich vor aller Transscendenz gehütet und immer nur von Dem geredet, was sich in der Erfahrung nachweisen läßt: so habe ich den Willen in seiner Bejahung gezeigt, nebst der an dieser hängenden Erscheinung, dieser Welt, als ihrer Folge; sodann das ethische Phänomen seiner Verneinung: hier aber kann ich auf die Folgen nicht weiter schließen, als negativ, und da sind sie für uns – Nichts. – Ob nun die den Willen bejahenden Individuen und das ihn ausnahmsweise verneinende sich in der Zeit als vor oder nach einander darstellen, macht keinen Unterschied, so wenig wie daß sie im Raum neben einander auftreten müssen. Dies Alles geschieht bloß in der Erscheinung und vermöge ihrer Formen. Für den in der Verneinung begriffenen individuellen Willen habe ich die negative Folge ausgesprochen, Bd. 1. *p.* 452. 3te Auflage. 2te Aufl: *p.* 432 [W I, 452] und damit die äußerste Gränze, zu der unsre Fassungskraft reicht, berührt.

Alles hier Gesagte wird Ihnen um so mehr einleuchten, je mehr Sie sich mit der Kritik der reinen Vernunft bekannt gemacht haben. Hinsichtlich der unüberschreitbaren Gränze aller unsrer metaphysischen Erkenntnisse, empfehle ich Ihnen die 3 ersten Seiten des letzten Kapitels des 2ten Bandes meines Hauptwerkes aufmrksm zu lesen. Zur Aufhellung Ihres Problems ist auch zu berücksichtigen Bd: 2, *p.* 698, 3te Auflage, 2te Aufl: *p.* 607, »Die Individualität u. s. w. [W II, 700].

Vielleicht interessirt es Sie, daß in diesen Tagen die 2te vermehrte Auflage meiner Ethik bei Brockhaus erscheint: imgleichen daß meine Büste, von der Bildhauerin Ney (Großnichte des Marschalls) in Berlin, verfertigt und von Allen einstimmig sprechend ähnlich befunden, jetzt durch Abgüsse vervielfältigt, auch auf der Ausstellung in Wien zu sehn seyn wird.

Von Herzen wünsche ich Ihnen Glück und Heil in Ihrer militärischen Laufbahn, und daß der philosophische Geist Sie durch das ganze Leben begleiten möge.

Arthur Schopenhauer

DIE BRIEFPARTNER

David Asher (1818-1890)

Im Jahre 1854 wandte David Asher sich an Schopenhauer mit einer, wie er meinte, wichtigen etymologischen Entdeckung, auf die aber keine Reaktion erfolgte. Asher ließ sich nicht beirren –, er stattete Schopenhauer später einen Besuch in Frankfurt ab und fand sich wohlaufgenommen. Seither gab es einen freundschaftlichen Briefwechsel, der dem Philosophen ein wenig Ersatz für die 1856 zeitweise unterbrochene Korrespondenz mit Frauenstädt bedeutet haben mag. (David Asher: Arthur Schopenhauer. Neues von ihm und über ihn. Berlin: Duncker's Verlag 1871). Asher über diesen Briefwechsel: »... fühle ich mich hochgeehrt durch den brieflichen Verkehr mit ihm und habe diese Briefe stets als meinen höchsten Schatz, als wärmende und erheiternde Sonnenstrahlen, die in ein von schweren Prüfungen heimgesuchtes Leben fielen, betrachtet.«

Asher war trotz seines englisch klingenden Namens Deutscher; er lehrte die englische Sprache an der Leipziger Handelslehranstalt. Schopenhauer schlug ihm vor, seine Werke ins Englische zu übersetzen: »vielleicht gibt es keinen anderen Deutschen, der so vollkommen Englisch schreibt wie Sie.« Es kam nicht zur Verwirklichung seines Plans. Aber Asher war dennoch ein »schreibender Apostel«: schon 1855 veröffentlichte er ein »Offenes Sendschreiben an den hochgelehrten Herrn Dr. Arthur Schopenhauer«; 1859 brachte er »Arthur Schopenhauer als Interpret des Goethe'schen Faust« heraus, und fünfzehn Jahre nach Schopenhauers Tod veröffentlichte er die Abhandlung »Das Endergebnis der Schopenhauer'schen Philosophie in seiner Übereinstimmung mit einer der ältesten Religionen«, in der er einen Zusammenhang der Philosophie Schopenhauers mit der jüdischen Religion auszuarbeiten versucht und zudem den Philosophen gegen den Vorwurf des Antisemitismus verteidigt, den man seinen Schriften entnehmen könnte.

François-Jean-Philibert Aubert de Vitry (1765-1849)

Zu seiner Zeit war Aubert de Vitry ein bekannter Mann: Politiker, Diplomat, vielseitiger Schriftsteller und Übersetzer. In der Französischen Revolution Gegner der Jakobiner, unter dem Directoire mit wichtigen Ämtern betraut – zeitweise war er Generalsekretär des Ministerrats von Jérôme, dem König von Westfalen (daher vielleicht die Vertrautheit mit der deutschen Sprache!). Infolge der politischen Entwicklungen durch die Befreiungskriege verlor er alle seine Ämter und kehrte nach Paris zurück, wo er sich mit einer kleinen Gnadenpension und literarischen Arbeiten zu den verschiedensten Themen über Wasser hielt. Schopenhauer dürfte bald erfahren haben, daß hinter dem Pseudonym einer Madame Ernestine Pancoucke auf dem Titelblatt der 1825 erschienenen »Notice sur Goethe« der gleiche Mann stand, der zwei Jahre zuvor »Les mémoires de Goethe«, eine Übertragung von »Dichtung und Wahrheit« vorgelegt hatte: Aubert de Vitry.

Schopenhauer hat keine Antwort auf seinen Vorschlag erhalten. Die bereits in der Presse angekündigte Übersetzung der Werke Goethes durch Aubert de Vitry ist nicht zustande gekommen.

Carl Georg Bähr (1834-1893)

Als der Jurastudent Carl Georg Bähr im Jahre 1856 Schopenhauer aufsuchte, war sein Name dem Philosophen schon bekannt: im Jahr zuvor hatte der Vater, Johann Carl Bähr, Professor der Dresdner Akademie, den Langverehrten besucht. Im Laufe der Unterredung meinte der Professor, Schopenhauers Philosophie sei eigentlich »sehr bescheiden«, weil sie die Güte des Herzens höher stelle als das Genie, das ihm, Schopenhauer, doch selbst eigen sei. Darauf Schopenhauer: »Sie haben recht, *das* verfault einst, wodurch ich vor Tausenden excellire; während die Güte des Herzens unvergänglich ist.«

Der junge Carl Georg sollte manche Zeugnisse dieser von Schopenhauer als höchste menschliche Qualität gepriesenen Eigenschaft erfahren: in einem intensiven persönlichen Umgang mit dem Philosophen (1856 und 1858), über dessen Ergebnisse er jeweils sofort genaue Gedächtnisprotokolle niedergeschrieben hat – sie gehören zu den wichtigsten Grundlagen unserer Kenntnis des persönlichen wie des geistigen Spektrums Schopenhauers. Eine Probe: »Als ich in einem Tischgespräche ihm sagte, daß die Art und Weise, wie Asher für seine, Schopenhauers Philosophie Proselyten mache, mir nicht recht gefalle, antwortete er: ›Liebes Kind, lassen Sie doch jeden nach seiner Weise für mich Proselyten machen!‹« Die leise Schüler-Eifersucht war damit schnell gedämpft.

Im Jahr seines ersten Besuchs beteiligte Bähr sich an einer von der philosophischen Fakultät der Universität Leipzig ausgeschriebenen Preisaufgabe über das Thema »Darlegung und Kritik der Schopenhauerschen Philosophie« – er erhielt den 2. Preis, das »Accessit«. Als er erfuhr, daß der mit dem 1. Preis ausgezeichnete Theologie-Student Rudolf Seydel seine Arbeit drucken lassen wollte, plante auch er den Druck der seinen: »Sie sollte als erste öffentliche Kundgebung über Schopenhauers Philosophie aus der Mitte der akademischen Jugend ihm ein Zeugniß ihrer dankbaren Anerkennung sein.« Seine Schrift »Die Schopenhauer'sche Philosophie in ihren Grundzügen dargestellt und kritisch beleuchtet« erschien 1857. In ihr holte Bähr nach, was im Hinblick auf die wissenschaftliche Objektivität der Preisschrift versagt gewesen war: »dem Gefühl begeisterter Bewunderung« Ausdruck zu verleihen: er tat es in dem Vorwort des kleinen Buchs, mit dem Schopenhauer sich später viel beschäftigt und in dem er zahlreiche Randglossen angebracht hat. Vgl. a. »Gespräche und Briefwechsel mit Arthur Schopenhauer. Aus dem Nachlasse von Karl [= Carl Georg] Bähr«, hrsg. von Ludwig Schemann. Leipzig: Brockhaus 1894 [Enthält auch Bemerkungen Bährs über die Preisschrift Seydels und über seinen eigenen Vater (nicht zu verwechseln mit dem Schemann'schen Briefband (s. S. 407)). Vgl. Gespr. S. 230-270.]

Carl Georg Bähr, kränklich und verwachsen, von seinem Lebensberuf als Rechtsanwalt über seine Kräfte in Anspruch genommen, hat später nichts mehr publiziert. Immerhin gelang es ihm, den französischen Professor A. Maillard zur Übersetzung einiger ausgewählter Stücke aus dem zweiten Bande des Hauptwerks zu motivieren: die Veröffentlichung erfolgte ein Jahr nach Schopenhauers Tod in der ›Revue Germanique‹. – In der Familie Bähr wurde die Schopenhauer-Verehrung zur Tradition: Carl Georgs Tochter heiratete Franz Mockrauer, der sich als Mitarbeiter an der Ausgabe Paul Deussens, darin insbesondere mit der Edition der Berliner Vorlesungen Schopenhauers, verdient gemacht hat.

Julius Friedrich August Bahnsen (1830-1881)
Bahnsen war Lehrer am Progymnasium in Lauenburg – »die liebste [seiner Hoffnungen], bei dem wachsenden Interesse für die Schopenhauersche Philosophie einen Lehrstuhl für diese zu gewinnen, blieb unerfüllt« (Schemann, 451). Und doch hat er sich später einen Namen gemacht: als Charakterologe und Philosoph, der in seiner »Realdialektik« die Metaphysik Schopenhauers mit der Methode Hegels verknüpfte.

Es begann mit einem ersten Huldigungsschreiben im August 1856, dem sich umgehend ein erster Besuch bei Schopenhauer anschloß; ein zweiter Besuch folgte im September 1857. Von einem dieser Besuche nahm er »ein herrliches Trostwort« Schopenhauers mit: »Der ächte Wahrheitsforscher denkt zunächst für sich und nicht für Andre.« Aus den Erinnerungen Bahnsens geht eine erstaunliche Tatsache hervor: Schopenhauer, der sich seit dem Erscheinen der »Parerga und Paralipomena« unentwegt mit Gedanken zur Ausarbeitung einer zweiten Auflage trug, scheint dem Besucher einen Plan anvertraut zu haben: »mit dem Vermächtniß hervorzutreten, das Sie speciell dem Vaterland zugedacht haben: ich meine die für die zweite Auflage der Paralipomena [sic!] aufbehaltenen Gedanken über dessen künftige Gestaltung als Eines Reiches. Die erhabene Würde, womit Sie alles umgeben, was von Ihrem Denken durchläutert ist, wird ja Ihre Aussprüche auch hierüber weit genug hinausrücken über das ephemere Gezänke der verworrenen Stimmen in einer gährungsvollen Periode« (aus dem Brief Bahnsens zu Schopenhauers letztem Geburtstag 1860; es folgen noch Überlegungen zu Schopenhauers Möglichkeiten einer weitgreifenden Einflußnahme auf das öffentliche Leben).

Der erste Besuch bei Schopenhauer hatte eine Aufsatz-Serie »Arthur Schopenhauers Urtheil über den Bildungswerth der Mathematik« zur Folge. Bahnsens »Beiträge zur Charakterologie mit besonderer Berücksichtigung pädagogischer Fragen« erschienen in zwei Bänden 1867; sie enthielten reiche Bezüge auf Schopenhauer. Sein Spätwerk, kurz vor seinem Tode verfaßt: »Der Widerspruch im Wissen und Wesen der Welt« (2 Bde., 1880-81) läßt schon im Titel die philosophische Herkunft erkennen.

P. Battel, Dr., war der ausführliche Brief unterschrieben, der im August 1853 aus Hamburg zu Sch. kam. Der Schreiber ist nicht nachzuweisen, erst der Zufallskauf seines Exemplars von »Der Wille in der Natur« enthüllte seinen Vornamen. Auf Sch.s Antwortbrief (der erst 1963 ans Tageslicht gekommen und von Arthur Hübscher im Jb. wiedergegeben worden ist) scheint keine Reaktion mehr erfolgt zu sein.

Johann August Becker (1803-1881)

War die zweite Auflage des Hauptwerks von 1844 für den Verleger »ein schlechtes Geschäft« gewesen – für Schopenhauer war sie ein persönli-

cher Erfolg: Sie brachte ihm einen Anhänger ein, der bald sein »gelehr-
tester Apostel« und dazu ein wahrer Freund wurde: den Juristen Johann August Becker. Mit Becker führte Schopenhauer den einzigen
wirklich philosophischen Briefwechsel, von dem er sagte, er enthalte
das Beste, was von ihm selbst und anderen in Briefen niedergelegt sei.

Obwohl Schopenhauer den intensiven ersten Briefwechsel nach
einige Monaten einschlafen ließ, hielt er doch unbeirrt an der persönlichen Freundschaft zu dem Manne fest, der »doch unter allen meinen
Aposteln derjenige ist, der mich stets am richtigsten versteht«. Becker
selbst zu der zeitweiligen Briefpause: »Meinen letzten ... Zettel hat
Herr Dr. Schopenhauer nicht mehr schriftlich beantwortet, u nur bei
Gelegenheit eines Besuchs bemerkt, daß dabei einige Rechthaberei von
meiner Seite im Spiele gewesen sein möge, u es war dies vielleicht auch
der Fall.«

Johann August Becker war »ein Mann von freisinniger und fort-
schrittlicher politischer Gesinnung, die ihm mancherlei Hemmnisse in
seiner Karriere« einbrachte. Wie sehr er in der »geistigen Sahara
Mainz« mit Unverständnis zu kämpfen hatte, geht aus einem Brief an
Adam Ludwig von Doß hervor: »Ich lebe hier in einer Umgebung, die
einen ›Kerl der spekulirt‹ dem Mephistopheles gleich beurtheilt, u da
würde ich mich dann einem *Ridicule* aussetzen, wenn es verlautete, daß
ich mich mit derlei Dingen ernstlich beschäftige.«

Schopenhauer und Becker trafen sich immer wieder zu persönlichem
Gespräch, der Philosoph, der sich als in Frankfurt »festgewachsenen
Pilz« bezeichnete, begab sich zum Besuch nach Mainz. Becker, der die
warme persönliche Teilname Schopenhauers an seinen Mißgeschicken
dankbar und zugleich humorvoll zu verzeichnen wußte, überlebte den
Philosophen um 21 Jahre.

Johann Carl Becker (1833-1887)
der Sohn, war als Lehrer an schweizerischen und badischen höheren
Schulen tätig, zuletzt Professor am Gymnasium in Bruchsal. Er hat
mehrere mathematisch-philosophische Werke verfaßt und 1883 den
gesamten »Briefwechsel zwischen Arthur Schopenhauer und Johann
August Becker« herausgegeben.

Ferdinand Ludwig Karl Frhr. von Biedenfeld (1788-1865)
Freund Schopenhauers aus der Dresdner Zeit, ab 1817. Dem Offiziers-
sohn war die Soldaten-Laufbahn verschlossen: er verlor als Kind durch
die verirrte Kugel eines Mannes aus der väterlichen Kompanie den
rechten Arm. So studierte er Jura und wurde Ministerialbeamter, nahm
aber nach seiner Heirat mit einer Sängerin 1814 den Abschied. Der
hochgebildete und vielseitig interessierte Altersgenosse Schopenhauers
wurde später Theater-Direktor, Redakteur, Übersetzer und war zudem Schriftsteller und Romancier.

In einem seiner zahlreichen Zeitungsaufsätze findet sich die bekannte Beschreibung des jungen Schopenhauer, »mit dem er auf langen
Spaziergängen ausgiebige Gespräche über ›wissenschaftliche Gegenstände‹ hielt«. Er war es, der die Verbindung zwischen dem Philosophen und dem Verleger Friedrich Arnold Brockhaus schuf.

Vierzig Jahre später (1858) »traf ich wieder in Frankfurt mit ihm
zusammen, und er kam mir mit wahrer Freude und Liebe entgegen; er
zeigte mir die Ausschmückung seines Zimmers: ringsum Porträts von
Hunden, mit der lachenden Bemerkung: ›Sie sehen, daß sich die Zahl
der vernünftigen und guten Wesen um mich her sehr vermehrt hat . . . .‹
Er erschien . . äußerst glücklich darüber, daß er endlich mit seiner Philosophie durchgegriffen und zu europäischem Ruhm gelangt war.«

Franz Bizonfy (1828-1912)
»Hier gewesen ist Bizonfy, hat, unter falschem Namen, sich hier einen
Tag versteckt gehalten, um, im wohlverschlossenen Wagen, mit Zagen,
mich zu besuchen. Ein schöner, sehr großer junger Mann; scheint
wirklich Kenntnisse zu haben, in orientalischen Sprachen; sagt, er
wolle in Zürich meine Philosophie dociren: ist vielleicht Wind. Beim
Abschied – küßte er mir die Hand! worüber ich vor Schreck laut auf-
schrie« (an Frauenstädt, 29. Juni 55).

Franz Bizonfy war nach dem ungarischen Freiheitskampf 1848 in die
Schweiz geflüchtet, wo er in Zürich Sanskrit und die ›altarischen‹ Sprachen studierte. Er lernte dort Georg Herwegh und den Zürcher Kreis
um Richard Wagner kennen und wurde dadurch mit Schopenhauers
Philosophie vertraut. Später ging er nach Hamburg und London – erst
1867 konnte er in seine Heimat zurückkehren; in Eisenstadt leitete er
eine »Freie Schule«, in der er die Philosophie Schopenhauers vertrat.

Black, Young & Young

Im Juli 1829 erschien in der Londoner Monatsschrift »Foreign Review and Continental Miscellany« eine Rezension von Philibert Damirons »Essai sur l'histoire de la philosophie en France au XIXe siècle« (Paris 1828), in der der Wunsch nach einer englischen Übersetzung von Kants Vernunftkritik und anderen seiner wichtigeren Werke ausgesprochen wurde. Schopenhauer griff diese Bemerkung sofort auf; er wandte sich über die Zeitschrift an den nicht namentlich genannten Rezensenten mit einem langen, etwas weitschweifigen Brief, der seine eigene Haltung Kant – »my great master« – gegenüber beschreibt: »... very few have so firmly and strictly adhered to Kant as I did and have made like me his works the main point of their erudition.« Der Verlag Black, Young & Young leitete Schopenhauers Vorschlag einer Zusammenarbeit an den Rezensenten, Francis Haywood, weiter; es gab jedoch Verhandlungsschwierigkeiten, und Schopenhauer schlug nun dem Verlag selbst die Herausgabe einer von ihm zu erarbeitenden Kant-Übersetzung vor. Der Verlag aber verwies ihn an Haywood zurück – die Angelegenheit verlief im Sande.

Haywood hat dann den Übersetzungsplan allein ausgeführt – zunächst auszugsweise, als Anonymus (London 1844), vier Jahre später in einer unter seinem Namen erschienenen vollständigen Ausgabe.

1831 versuchte Schopenhauer übrigens noch einmal eine englische Kant-Übersetzung zu erreichen: er schrieb an den englischen Dichter Thomas Campbell; aber auch diese über Vermittlung eines gemeinsamen Bekannten begonnene Initiative blieb erfolglos, – es waren die beiden Jahrzehnte, in denen dem Philosophen nichts glücken wollte.

Philipp August Boeckh (1784-1867)

Schon in jungen Jahren als Philologe herausragend, wurde er bald nach ihrer Gründung an die Berliner Universität berufen, an der der nur um vier Jahre jüngere Schopenhauer studierte. Der Student hat Boeckhs berühmte Vorlesung »Ueber das Leben und die Schriften Platons« nicht regelmäßig gehört: In seinem Handschriftlichen Nachlaß finden sich, unter den Nachschriften der für ihn wichtigen Kollegs, nur zwei einzelne Blätter »Plato bei Boeck« und der kürzere Auszug eines Kollegheftes des Studienfreunds Carl Iken (1789-1849). In dem Jahr, als Schopenhauer sich um die Habilitation in Berlin bemühte (1819/20), war Boeckh Dekan der philosophischen Fakultät. Der Habilitand beging die Unklugheit, in seiner, dem Brauch der Zeit zufolge lateinisch abgefaßten vita Boeckh unter den Professoren, deren Vorlesungen er mit Gewinn gehört habe, nicht zu nennen, vielleicht betonte er auch seinen Standpunkt gegenüber der Farbenlehre Goethes zu selbstsicher –, ein Opfer an seine Grundtugend der Wahrhaftigkeit, das ihm zum Schaden gereichte: Boeckh spricht in den Universitätsakten zum Habilitations-Gesuch von der »nicht geringen Anmaßung und außerordentlichen Eitelkeit des Herrn Schopenhauer«, den er im übrigen für fachlich völlig ausgewiesen hält.

Solche Mißstimmungen scheinen sich im Lauf der Zeit verloren zu haben: Boeckh begegnet Schopenhauer im Jahr 1852 in Frankfurt, es ergibt sich ein freundliches Gespräch über Alexander von Humboldt. Boeckh hatte diesen alten Freund Schopenhauers kurz zuvor bei der Lektüre der soeben erschienenen Schrift des Schopenhauer-Schülers Friedrich Dorguth angetroffen: »Vermischte Bemerkungen über die Philosophie Schopenhauers«.

O. Boetticher, stud. philos. et theol.
Über diesen Briefpartner ist nichts bekannt, außer daß er in Göttingen studierte. Schopenhauer scheint sich über Boettichers Brief besonders gefreut zu haben, er hat auch sicherlich geantwortet. »Ein Göttinger Student, der seine Werke ausführlich studirt zu haben schiene, u der ihm die gleichen Scrupel vorgetragen habe, welche auch den Gegenstand der Ihnen bekannten Correspondenz mit mir bildete: die Freiheit des Willens, sich selbst zu verneinen«, berichtet Johann August Becker dem jungen Schopenhauer-Schüler Doß im Brief über seinen Besuch bei Schopenhauer im April 1857 (24. Jb. 1937, S. 128); dazu der Kommentar Arthur Hübschers: »Vgl. den Briefwechsel Schopenhauer-Becker, der eine gründliche Auseinandersetzung mit der von Boetticher unter I gestellten Frage bietet. Die (in Beckers Bericht an von Doß nicht erwähnte) II. Frage wäre wohl mit dem Hinweis zu beantworten, daß Boetticher hier Verneinung mit Askese identifiziert.«

Nach dem Studium mag Boetticher Pfarrer oder Lehrer geworden sein – die Nachschlagewerke seiner Zeit führen seinen Namen nicht auf; er hat auch, trotz seines offenbar lebhaften philosophischen Interesses, nichts veröffentlicht.

Friedrich Arnold Brockhaus (1772-1823)

In den 8oer Jahren des 18. Jahrhunderts arbeitete F. A. Brockhaus während der schulfreien Stunden in der elterlichen Materialwarenhandlung – es war ihm eine verhaßte Tätigkeit, denn er war erfüllt von »einem brennenden Durst nach Kenntnissen und einer wahrem Bücherwut«. Trotzdem gab es dann Ansätze zu vielversprechenden Geschäftskarrieren, später zu verlegerischen Initiativen. Es folgten ein Intermezzo in Leipzig, als Gasthörer an der Universität, dann auch schriftstellerische Bemühungen, deren Erzeugnis der unerfahrene junge Mann einem hochangesehenen Verleger anbot, indem er ihn kurzerhand in seine Wohnung bestellte: »so wird mir Ihr Besuch morgen früh von 10-12 Uhr angenehm sein«.

Dann aber gründete er selbst einen Verlag, der nach Versuchen im In- und Ausland sich 1817 in Leipzig niederließ und einer der berühmtesten Verlage des 19. Jahrhunderts wurde. Ein Jahr später bot ihm Arthur Schopenhauer, dreißigjährig, sein Werk »Die Welt als Wille und Vorstellung« an.

Immer wieder herrschte »der Unstern über Friedrich Arnold Brockhaus' wechselvollem Leben: die Gefahr häufiger persönlicher Mißhelligkeiten und Enttäuschungen, verstärkt durch sein verletzliches und erregbares Naturell«.

Hohe Sensibilität, Überempfindlichkeit, Neigung zu heftigen Ausbrüchen, zugleich strenge Rechtlichkeit, Gerechtigkeitssinn, aber auch ein gewisser Starrsinn, an dem einmal als richtig Erkannten festzuhalten, dabei immer wieder die Bemühung, Härte in Güte zu verwandeln – diese Eigenschaften zeichneten Friedrich Arnold Brockhaus aus.

Eine seltsame Parallelität der Charaktere und der Schicksale – hätten die beiden Männer einander persönlich kennengelernt, wären wohl manche Unstimmigkeiten zu vermeiden gewesen, die das Verhältnis von Autor und Verleger, selbst zu den Nachfahren des Verlegers immer wieder trübten.

Der Mißerfolg von Schopenhauers Hauptwerk ist bekannt – erst mit der dritten Auflage 1859 trat es seinen »Siegeszug« an – damals hat dann auch eine persönliche Begegnung stattgefunden: mit dem Enkel Eduard Brockhaus. »Die über eine Stunde währende Unterhaltung . . . ist dem Besucher unvergeßlich geblieben.« Schopenhauer: »Es hat mich aufrichtig gefreut, Ihre persönliche Bekanntschaft zu machen; es ist etwas ganz Anderes, wenn man weiß an wen man schreibt; zumal aber wenn es eine angenehme Persönlichkeit ist.«

Der Verlag, der den Namen des Gründers bis in die Gegenwart beibehalten hat, sollte vom späten Ruhm des einst so unbequemen erfolglosen Autors bis in die Gegenwart zehren.

Karl Debrois von Bruyck (1828-1902)
Geboren in Brünn, Schüler des berühmten Pianisten und Komponisten Sigismund Thalberg (1812-1871), bekannt mit den Dichtern Robert Hamerling, Paul Heyse und Friedrich Hebbel – dennoch ein »glückloses und bedrücktes Halbtalent« (Arthur Hübscher). Der Dreißigjährige (!!) hatte mit einem Huldigungsschreiben vom 13. Februar 1858 seine Lebensbeschreibung an Schopenhauer geschickt. Schopenhauers höflich-witzige Ablehnung: »Im 70.st Jahr fühle ich mehr als je den Werth der Zeit: mit interessanten und vielseitigen Studien beschäftigt, diese auf einige Tage bei Seite zu legen, um die Biographie eines mir unbekannten Herrn zu lesen, ist mehr, als ich über mich gewinnen kann. Geschriebenes zu lesen ist, wie auf holperigem Wege fahren; Gedrucktes, Eisenbahn« (5. März 58, GBr, 424). Debrois nahm die Rücksendung nicht übel und antwortete mit dem Bericht über die Schopenhauer-Begeisterung eines Freundes.

Friedrich Ludwig Andreas Dorguth (1767-1854)
»Ist er doch der Erste, der mit hohem Lobe und Begeisterung von mir geredet hat, und dann so unermüdlich ... Wozu diese Zurücksetzung des alten Mannes, dem Sie durch wenige Zeilen eine große Freude gemacht hätten! und ist das nicht das Laster des Ignorirens und Sekretirens? ...« Es ging um Frauenstädts Artikel »Stimmen über Arthur Schopenhauer« in den Blättern für literarische Unterhaltung 1849, in dem Dorguth nicht erwähnt war. Frauenstädt hat später, bei der Veröffentlichung von Schopenhauers Briefen an ihn, sich damit entschuldigt, daß er der Redaktion einen eigenen Artikel über Dorguth eingesandt habe, der aber nicht gedruckt worden sei.

Der Erste in der Tat: Der Oberlandes- und Geh. Justizrat Dorguth aus Magdeburg war bereits 1836 mit Schopenhauers gerade erschienener Schrift »Ueber den Willen in der Natur« bekanntgeworden; er erwähnte Schopenhauer sogleich in den »Nachträgen und Erläuterungen« (1838) zu seiner Schrift »Kritik des Idealismus und Materialien zur Grundlage des apodictischen Realrationalismus« (1837) und setzte sich mit ihm in Verbindung – der Briefwechsel der beiden wurde von den Nachkommen Dorguths vernichtet, nur einzelne Briefe und Bruchstücke sind erhalten geblieben. Mit dem Hauptwerk Schopenhauers wurde Dorguth erst in der zweiten Auflage bekannt; nach dieser Begegnung stand für ihn fest: »Doch für die Nachwelt ist das Alles, wo das Monopol sein tragisches Ende erlebt; da erst gräbt die Weltgeschichte unter Thränen der Reue den Namen des Mannes Schopenhauer in ihr eisernes Buch.« Mit offenem Visier kämpfte er nun für den Philosophen, dessen hohe Bedeutung er erkannt hatte, zunächst in seiner Schrift »Schopenhauer in seiner Wahrheit . . .« (Magdeburg, 1845).

Der berühmte Ausspruch über Schopenhauer als den »Kaspar Hauser der Philosophieprofessoren« stammt von Dorguth; Schopenhauer hat sich seiner gern bedient.

Im Alter verlor Dorguth sich in unpräzisen Ausführungen: seine zahlreichen kleinen Schriften sind in zunehmendem Maße von »Verworrenheit der Gedanken und Unklarheit des Ausdrucks« (Borch, 2. Jb. 1913) gekennzeichnet. Schopenhauer dazu: »Er ist aber doch ehrwürdig« und »Mit alten Leuten muß man, wie mit Kindern, Geduld haben.«

Adam Ludwig von Doß (1820-1873)
Die anima candida der »Schule«, »der Apostel Johannes« (Becker), von Schopenhauer selbst als »mein tiefsinnigster Apostel« bezeichnet, war Jurist im Staatsdienst wie Dorguth und Becker. In München hatte er mit David Friedrich Strauß verkehrt. Zu Schopenhauer kam er 1849 während eines Aufenthalts in Frankfurt.

Sein Verhältnis zu dem alternden Philosophen war etwas Besonderes: Keiner seiner Anhänger sprach zu ihm so kindlich-vertrauend, so unbefangen und offenherzig auch über die persönlichsten Dinge, keiner »hat die Lehre mit mehr Ernst, als irgend ein Andrer begriffen«, und keinem begegnete Schopenhauer mit soviel Einfühlung und Takt wie dem 32 Jahre Jüngeren, dem eine gefährdete Gesundheit ständig zu schaffen machte. Doß' oft überlange Briefe zeugen von der Intensität, mit der er in Schopenhauers Philosophie einzudringen suchte, sie zeigen zugleich, wie er ganz auf das jeweilige Anliegen des Philosophen einging: er übermittelt ihm praktische Erfahrungen im Tischerücken (damals das Gespräch des Tages), in dem Schopenhauer eine Bestätigung seiner Willenslehre zu erkennen glaubte. Doß ist es, dem Schopenhauer die Geistesbegegnung mit Leopardi verdankt, dem ihm im Pessimismus verwandten Dichter; Doß dringt in die Geheimnisse indischer Lehren ein: trotz beschränkter finanzieller Verhältnisse beschafft er sich die von Schopenhauer genannten Bücher, um auch über dieses für Schopenhauer zentrale Thema mitreden zu können. Doß war es, der die Anstrengung der Philosophie Schopenhauers, gewachsene Traditionen »mit möglichster Schonung, beiseite zu schieben« (Schopenhauer), nur den Kern von der harten Schale zu befreien, präzise nachzuvollziehen verstand: »Schopenhauer der einzige und erste Philosoph, der das eigentliche Mysterium des Christentums seiner Hüllen entkleidet und somit den verborgenen Heiligen Graal an das Licht gebracht hat (Doß an Becker, 13. März 1856). Bei alledem tritt er stets bescheiden gegen den verehrten ›Meister‹ zurück; Schopenhauer: »Sie gehören zu den seltenen Leuten, die von sich selbst zu gering denken« (11. September 1853).

Schopenhauer vergilt solche Zuwendung mit lebhafter persönlicher Anteilnahme an den Geschicken des jungen Freundes: seinem beruflichen Vorwärtskommen, seinen seelischen Kämpfen um den ihm gemäßen inneren Weg, seiner drei Jahre währenden Verlobungszeit (man ahnt aus den Briefen, was das in jener Epoche bedeutete!). Doß spricht von seiner endlich möglich gewordenen Ehe so harmlos unbefangen wie kaum ein Sohn zum Vater.

Sogar der kritische – und wohl auch ein wenig zu Eifersucht neigende – Frauenstädt kann sich der Wirkung dieses Schülers nicht entziehen.

An Schopenhauer, der ihm einen philosophischen Brief von Doß zur Einsicht gesandt hatte: »Der Brief von Doß ist stellenweise klassisch und hat mich sehr erbaut. Ein solcher Schüler verdient alle Achtung und gereicht Ihnen zur Ehre. Aus den Schülern läßt sich überhaupt ein Rückschluß auf den Meister machen. Die Hegelianer und Schellingianer entsprechen ganz ihren Meistern: dagegen die Kantianer und Schopenhauerianer, – welch ein Unterschied!« (Hier schließt Frauenstädt sich unauffällig mit ein!)

Der einzige Schatten über dieser von gegenseitiger Sympathie erfüllten Beziehung: »Meine besten Apostel schreiben nicht.« Doß, bald nach Schopenhauers Tod: »Nun er todt ist, fühle ich bittere Reue über meine von ihm selbst gerügte Unschlüssigkeit und Zaghaftigkeit.« Aber auch jetzt vermochte er nicht publizistisch für Schopenhauers

Philosophie zu wirken: seine Leiden zwangen ihn bereits mit 44 Jahren in einen Ruhestand, der ihn nicht mehr zum »schreibenden Evangelisten« werden ließ.

Sir Charles Lock Eastlake (1793-1865)

Der berühmte Maler, der 14 Jahre in Italien verbrachte, wurde Direktor der National Gallery, später auch Präsident der Royal Academy in London. Zugleich war er ein angesehener Kunstschriftsteller. 1840 brachte er eine Übersetzung von Goethes Farbenlehre heraus: »Goethe's Theory of Colours«. Schopenhauer erwähnte sie in der zweiten Auflage seiner eigenen Farbenschrift, deren Übertragung ins Englische er Eastlake vorschlug. Der Engländer ging nur hinhaltend, umschreibend auf die Anregung ein, obwohl Schopenhauer ihm kein Unbekannter war: die beiden hatten sich seinerzeit in Berlin kennengelernt, an der table d'hôte; Eastlake erinnert sich der hervorragenden englischen Sprachkenntnisse Schopenhauers, der sich als »a metaphysician« bezeichnet und ihm von seinem Hauptwerk berichtet habe. Die Erinnerung genügte nicht für praktische wissenschaftliche Anteilnahme: es wurde nichts aus dem Plan.

Julius Martin Christian Frauenstädt (1813-1879)

Aus jüdischer Familie stammend, in früher Kindheit getauft, Prinzenerzieher, Privatgelehrter, philosophischer Schriftsteller. Schopenhauers »Treufreund«, »lieber alter Apostel«, »unser lieber Getreuer« war bereits als Student, 1836, mit der »Welt als Wille und Vorstellung« bekanntgeworden und trat von da an unermüdlich für Schopenhauers Lehre ein: in »Studien und Kritiken zur Theologie und Philosophie« (Berlin 1840) und in einem Aufsatz in den Hallischen Jahrbüchern vom Juni 1841, wo er schreibt: »Ja, dies ist das Loos der stillen, uneigennützigen Wahrheitsforscher, die rein in die Sache vertieft, sich nicht an die Bedürfnisse des Publikums kehren, sie werden von der Mitwelt ignorirt. Ist es nicht ebenso dem genialen, tiefsinnigen Schopenhauer ergangen?...« 1846 suchte Frauenstädt Schopenhauer in Frankfurt auf; ein halbjähriger Aufenthalt in der Stadt, dann nochmals zwei dort verbrachte Monate ließen ihn zum vertrautesten Freunde, zum »Erzevangelisten« des Philosophen werden. Frauenstädt: »Diese Stunden muß ich zu den schönsten und gehaltvollsten meines Lebens rechnen. Ich wurde in ihnen mit Schopenhauer so intim befreundet, und diese

Freundschaft setzte sich später in seinen Briefen an mich und in seinem Vermächtnisse so fort, daß ich wohl ohne Übertreibung annehmen darf, keiner habe ihn so nahe kennen gelernt, als ich, keiner so tiefe Blicke in das *Wesen* seines Charakters und seines Geistes gethan als ich...« (Arthur Schopenhauer. Von ihm. Ueber ihn. Ein Wort der Vertheidigung von Ernst Otto Lindner und Memorabilien, Briefe und Nachlassstücke von Julius Frauenstädt. Berlin 1863. Hier Mem., S. 158).

Schopenhauer war, wie er einmal zu Adam Ludwig von Doß sagte, kein sonderlicher Freund des Briefschreibens, war »seinen besten Freunden gegenüber federfaul« und pflegte deshalb »seine Erwiderungen fast kaufmännisch kurz und trocken einzurichten« (Doß an Kilzer, Schemann S. 15). Frauenstädt gegenüber verwandelte er sich in einen unermüdlichen Briefschreiber. Kaum jemandem hat er sich so in aller Offenheit mitgeteilt, es sind wirklich »ohne Vorbedacht und Sorgfalt hingeworfene Mitteilungen«, ganz aus dem Impuls der jeweiligen Stimmung heraus niedergeschrieben, sie zeigen den Schreiber gleichsam hüllenlos: in seiner Härte und Grobheit, in seinem Übereifer um Erfolg – und das heißt bei Schopenhauer immer: Erfolg des Werks. Ungezwungen bringt er alles in seine Briefe ein, was ihn gerade bewegt – mitsamt seinen Sorgen um die Gesundheit des ständig von Augenleiden geplagten Freundes.

Frauenstädt hat etwas Seltsames und Widersprüchliches getan und damit weder sich selbst noch Schopenhauer noch der Schopenhauer-Forschung einen Gefallen erwiesen: er hat die Briefe Schopenhauers veröffentlicht, ohne daß je ein Dritter sie zu sehen bekommen hätte, er hat seine eigenen Briefe an den Philosophen, die doch manches hätten erschließen können, weder mit abgedruckt noch aufbewahrt – und er hat die Briefe Schopenhauers vernichtet. Es gibt keinen Brief*wechsel* Schopenhauer-Frauenstädt, die gedruckte Hälfte, die Briefe Schopenhauers, wirken als Ganzes wie im luftleeren Raum stehend.

Frauenstädt war kein leicht durchschaubarer Mensch: Neben dem eindeutigen Interesse an der Philosophie Schopenhauers ging es ihm – das wird mit der fortschreitenden Zeit immer spürbarer – durchaus auch darum, sich mit dem Namen des Größeren einen eigenen Platz in der philosophischen Welt zu verschaffen. Das ist schon früh bemerkt, und er ist deshalb lebhaft angegriffen worden. Heute würde man ihn vielleicht einen »Karrieristen« nennen, wie sie sich so oft im Gefolge großer Männer finden. Er wollte Schopenhauers Ruhm in zunehmendem Maße auch für sich selbst nutzen.

1854 schrieb er seine »Briefe über die Schopenhauersche Philosophie« – es sei »viel Vortreffliches« in dieser Schrift enthalten, meint der kluge Becker, »insofern nämlich Freund Frauenstädt Sie wörtlich abgeschrieben hat. Was er aber ex propriis beifügte, das kam mir mehrfach bedenklich vor.« Es war nicht das einzige Urteil dieser Art.

Unumstritten aber bleibt eines: Frauenstädts beharrliche publizistische Förderung der Philosophie Schopenhauers hat zu ihrem Ruhm mehr beigetragen als – von Lindner abgesehen – jeder andere von Schopenhauers Anhängern. Schopenhauer hat es ihm damit gelohnt, daß er ihm in seinem Testament seine wissenschaftlichen Papiere und die Rechte und damit die Geschicke des Werks anvertraut hat. Frauenstädt war der Herausgeber der ersten Gesamtausgabe der Werke Schopenhauers.

Carl Friedrich Ernst Frommann (1765-1837)

Er war der berühmte Jenaer Verleger der Goethezeit, »einer der Ersten, welche für eine elegante typographische Ausstattung sorgten« (Pierer). Er publizierte zunächst vor allem theologische Schriften, dann auch Werke zur klassischen Philologie, z. B. das Lehrbuch von Schopenhauers Gothaer Lateinlehrer Döring, später kamen große Namen hinzu. Minna Herzlieb, die Ottilie der »Wahlverwandtschaften«, war seine Pflegetochter. Frommann war mit Johanna Schopenhauer gut bekannt, daher die persönliche Verbindung zum Sohn; später verwickelte sie die beiden in eine unangenehme Wechselaffäre – die daraus erfolgende Korrespondenz gibt ein lebendiges Bild der Schwierigkeiten, in denen der deutsche Verlagsbuchhandel sich in der Zeit der Befreiungskriege befand. Goethe war öfters Gast im Hause Frommann. Der Nachfahre Hermann Frommann schildert (in seiner Schrift »Arthur Schopenhauer. Drei Vorlesungen«, Jena: Frommann 1872) eine wenig bekannte Begebenheit: ». . . wie ein prophetisches Wort sich erfüllte, welches im Anfang dieses Jahrhunderts in einer Gesellschaft über ihn [Schopenhauer] gesprochen worden war. Dort machten sich einige junge Damen lustig über einen jungen Doktor der Philosophie, der in mürrischer Absonderung in der Fensternische stand, anscheinend in das Thema seiner Dissertation über die vierfache Wurzel des Satzes vom Grunde oder andere, schwierigere Fragen versunken, als sie gemeiniglich am

Theetisch verhandelt zu werden pflegen. Da trat ein alter liebenswürdiger Herr mit majestätischen Augen unter die kichernden Mädchen und sagte, als er den Gegenstand ihres Spottes erfahren: ›Kinderchen, laßt mir Den dort in Ruhe, der wächst uns noch einmal allen über den Kopf.‹ Der junge Doktor war Schopenhauer, der alte Herr war Goethe.«

Johann Wolfgang von Goethe (1749-1832)

Schopenhauer war Goethe schon 1807 begegnet, als er in Weimar, im Hause des Gräzisten Passow wohnend und von ihm unterrichtet, regelmäßig an den »Theeabenden« seiner Mutter teilnahm. Goethe hatte ihn nie angesprochen, wohl auch ein Zeichen für die Zurückhaltung des späten Schülers, der sich auf Johannas Gesellschaften nicht wohlfühlte. Doch muß immerhin eine gewisse Beziehung bestanden haben – Schopenhauer bewegte sich ja ungezwungen in der jungen Weimarer Gesellschaft, die freudige Darsteller zu manchen von Goethe geleiteten Redouten und Aufführungen lieferte.

So sandte Schopenhauer im Sommer 1813 ein Exemplar seiner Dissertation an Goethe. Das Buch erregte die Aufmerksamkeit des Empfängers; er bat den »merkwürdigen und interessanten jungen Mann« zu sich, und es kam zu regelmäßigen Begegnungen im Winter 1813/14, denen Schopenhauer »großen unglaublichen Nutzen« verdankt hat (vgl. S. 28 dieses Bandes).

Die genaue Abfolge und alle Einzelheiten dieser Gespräche, auch die späteren Erinnerungen an jene reichen Monate sind nachzulesen in »Arthur Schopenhauer. Gespräche« (Hrsg. A. Hübscher, 2. Aufl. 1971), der Briefwechsel – Schopenhauer war 1814 nach Dresden übergesiedelt – findet sich, mit ausgiebigem Kommentar, in Schopenhauers »Gesammelten Briefen«, 2. Aufl. 1987 – dort auch die ergreifende Schilderung der letzten Begegnung der beiden so verschiedenen Genies.

Daß Goethe sich während der Studien über die Farbenlehre bald von Schopenhauer abwandte, hat zweifellos seinen Ursprung in einer besonderen Eigenschaft, die Frédéric Soret hervorhebt, die der junge Schopenhauer aber nicht erkannte: Soret schreibt (Zehn Jahre mit Goethe, Leipzig 1929, S. 359, 360): »Bemerkungen über seine literarischen Werke nimmt Goethe willig an. Anders aber ist er, wenn man an seine wissenschaftlichen Ansichten rührt, dann springt der Funke ins Pul-

verfaß, und man muß sich immer auf eine fürchterliche Explosion gefaßt machen.« Und doch: Hätte Schopenhauer um diese Eigentümlichkeit Goethes gewußt, er hätte, in seiner kompromißlosen Hingabe an
das einmal als »wahr« Erkannte, zweifellos nicht mehr Rücksicht darauf genommen, als er in seinen — immer von tiefer Verehrung getrage-
nen – Briefen ohnehin nahm. Daß Goethe aber sich Schopenhauer gegenüber außerordentlich zurückhielt, ist auffallend: er unterdrückte
die »Explosionen«, auch wenn ihm danach zumute gewesen sein mag.
Eine Bemerkung wie »Schreiben *Sie* doch einmal ein Werk in zwei Bänden, ohne daß irgend etwas zu berichtigen wäre«, war das Schärfste,
was er dem jungen Gesprächspartner zumuten wollte.

Wie Goethe Schopenhauer als einen »vielfach verkannten, aber auch
schwer zu kennenden« Mann schildert, so hat Schopenhauer später den
ebenso schwer zu kennenden Goethe mit nüchternerem Blick sehen
gelernt (»Goethe lobte am liebsten das Unbedeutende«!) – aber nie hat
er seine treue Anhänglichkeit an den Dichter aufgegeben: seine schärf-
sten Grobheiten gelten Leuten, die Goethes Bedeutung zu mindern
trachten.

Am Ende von Schopenhauers Leben schließt sich der Kreis: sein
letzter Brief geht an zwei junge Leute, deren einer sein Leben lang an
einem Werk arbeiten wird, das die Goethesche wie die Schopenhauersche Farbenlehre umschließen soll.

Friedrich Grävell (1813-1878)
Arzt und bekannter medizinischer Schriftsteller in Berlin. Er besuchte
Schopenhauer im Juli 1857, nachdem er ihm seine soeben erschienene
Schrift »Goethe im Recht gegen Newton« übersandt hatte, »von der
ich das erste Exemplar Ihnen zu senden mich verpflichtet hielt, weil Sie
der geistige Großvater dieses Kindes sind« (18. Juni 57). Grävell hatte
zahlreiche ausführliche Zitate aus Schopenhauers eigener Farbenschrift
(1. Aufl. 1816, 2. Aufl. 1854) als »Hilfstruppen« in die eigene Arbeit
übernommen.

Heinrich Jürgens (1823-1860)
»Einliegender Brief eines Handwerkers ist von Gewicht: er bestätigt
Weigelts Prophezeiung, daß meine Philosophie in's Volk dringen
würde; – wenn auch dieser Mann eine Ausnahme ist. Habe ihm sehr
freundlich geantwortet und gewünschte Notizen gegeben, besonders

aber ihm empfohlen die neue Auflage der ›*Theologia deutsch*‹...« (an Frauenstädt, 31. 8. 56, GBr 404).

Heinrich Jürgens war als Sohn eines Tagelöhners in Hameln geboren. Er ergriff den Beruf eines Stellmachers und kam als Geselle weit in der Welt herum. Im Revolutionsjahr 1848 arbeitete er bei einem Wagner in Frankfurt am Main – er ahnte nicht, daß der Adressat seines Briefes vom 12. Oktober 1856 dort ansässig war. Bald darauf machte er sich in seiner Heimatstadt selbständig, verlor aber, vermutlich in Ausübung seines Berufs, ein Bein und erhielt eine Anstellung als Schreiber. Der neue Beruf ließ ihm Zeit für eine seinen natürlichen Interessen entsprechende autodidaktische Beschäftigung mit literarisch-philosophischen Studien – sie führten ihn an das Werk Schopenhauers heran.

Schopenhauer sagte wenige Tage vor seinem Tode zu einem Besucher, dem Kasseler Bibliothekar Karl Altmüller: »Ich besitze gar wunderliche Verehrer, z. B. einen Stellmacher in Hameln an der Weser ... Wissen Sie, was ein Stellmacher ist? Solche Leute machen mir Freude; denen ist's um die Sache zu thun, den Schmierern aber, denen ich ihre Machwerke an den Mann bringen soll, nur um ihre eigene Person« (Gespr., 375). Schopenhauer wußte nicht, daß sein ›wunderlicher Verehrer‹ vor wenigen Monaten der Seuche des 19. Jahrhunderts, der Tuberkulose, erlegen war.

G. W. Körber (1817-1884)

Professor an der Universität in Breslau, hat im Sommersemester 1857 zuerst eine Vorlesung über die Philosophie Schopenhauers gehalten, die er bis zu seinem Tode noch achtmal wiederholte (Schemann, 457).

In seinem ersten Brief an Schopenhauer setzt Körber unter seine Unterschrift: »Privatdozent an der Universität und am Gymnasio zu St. Elisabet in Breslau, Verfasser des ›Systema Lichenum Germaniae‹, der ›Grundzüge einer allgemeinen Naturgeschichte‹, des ›Grundrisses der Cryptogamenkunde‹ usw.« (D XV, 586.)

Schopenhauer an Frauenstädt (GBr, 366): »Es scheint, daß Sie das Programm des Breslauer Gymnasiums, mit der merkwürdigen Rede des Dr. Körber nicht kennen, die mich sehr gefreut hat ... – so kurz auch die Stelle über mich ist: denn sie sagt das Rechte ...« Der Schlußpassus der Rede Körbers: »Wohl dämmert schon eine bessere Morgenröthe, welche eine Philosophie der Zukunft uns verheißt, die weder die Grundwahrheiten der Religion an sich reißt und sie dadurch ... ver-

nichtet, noch sie von vornherein von sich stößt... eine reine unverfälschte Philosophie...« (GBr, 596 f.)

Ernst Otto Timotheus Lindner (1820-1867)
»Lindners Zeitungsartikel haben vielleicht mehr als Frauenstädts Publikationen den Anlaß gegeben, daß Schopenhauer immer mehr gelesen wurde« – so der Schopenhauer-Kenner und -Sammler Robert Gruber in einer schmalen Broschüre, die den Briefwechsel Schopenhauer-
Lindner geschlossen wiedergab. Der so ehrenvoll Apostrophierte hatte
das selbst empfunden: »So wenig Werth ein solcher Zeitungsartikel an
sich hat, so bedeutend ist er doch in seiner Wirkung.«

Bereits in jungen Jahren war Lindner, nach philosophischen und
musikalischen Studien, in Breslau habilitiert worden, aber er verlor
seine Stellung bald wegen seiner atheistischen Einstellung »als gefährlicher, unchristlicher und somit unsittlicher Mensch«. Es gelang ihm,
zunächst als außenpolitischer Redakteur bei der berühmten ›Vossi-
schen Zeitung‹, »Tante Voss« genannt, unterzukommen – daß er ihr
Chefredakteur wurde, hat Schopenhauer nicht mehr erlebt.

Schopenhauer an Frauenstädt: »Dr. Lindner schickt mir sein
Schriftchen ›Meyerbeers Prophet als Kunstwerk‹ u. erzählt mir, er sei
philosophischer Dozent in Breslau gewesen, aber wegen seiner Un-
christlichkeit deshabilitiert worden, habe sich jetzt der Kantischen
Philosophie zugewendet, und durch die Parerga sei ich ihm, gerade zu
rechter Zeit, bekannt geworden, wolle jetzt meine Philosophie studieren...« (2. 1. 1852, GBr, 273). An Lindner: »Ich danke Ihnen für die
Zusendung Ihres Schriftchens, welches ich mit Vergnügen gelesen
habe, obwohl meine Abneigung gegen Meyerbeer so stark ist, daß ich
den Propheten nie habe sehn wollen, und Ihre Schrift muntert mich
auch nicht sehr dazu auf.«

Lindner war ein hochgebildeter, humanistisch geschulter Mann, der
die griechischen Klassiker in der Ursprache las, was ihn Schopenhauer
besonders nahebrachte. Auch seine Frau war von ausgezeichneter Bildung; sie hat den berühmten, Schopenhauers Ruhm einleitenden Artikel »Iconoclasm in Germany« aus der »Westminster Review« zur Veröffentlichung in der Zeitung ihres Mannes übersetzt. Schopenhauer:
Die »artige, hübsche und junge Frau« habe sich dankenswerter Weise
»einer Arbeit unterzogen, welche für eine Dame doch gewaltig abstrakt
und metaphysisch ist. Und wenn ich mir dieses junge Ehepaar denke,

das seine Stunden opfert und Mühe verwendet, um an meinem Ruhme zu arbeiten, so kann das wahrlich einen alten Kerl rühren.«

Er gab, scholastischen Brauch aufgreifend, Lindner den Ehrentitel eines *Doctor indefatigabilis*.

Albert Möser (1835-1900)

Der junge Mann, der sich am 18. November 1858 mit einem Huldigungsschreiben an Schopenhauer gewandt hatte, befand sich mitten im Studium der Philosophie und Philologie an der Universität Göttingen. Nach dem Abschluß wurde er Lehrer in Bielefeld und Dresden, später Oberlehrer und Professor am Gymnasium zu Wettin. Er war mit dem Dichter Robert Hamerling befreundet und wurde auch selbst ein formgewandter Übersetzer und Lyriker; unter seinem Namen erschienen zahlreiche Gedichtbände.

Ignaz Perner (1796-1867)

»v. Doß hat mich diesen Sommer 2Mal besucht [...] Ich gab ihm ein Exemplar Ethik an den Hofrath Perner, in München, den berühmten Vorsteher aller Thierschutz-Gesellschaften, der mir eine sehr enthusiastische Lobepistel dafür geschrieben hat und mich besuchen will« (Sch. an Frauenstädt, 16. 9. 1850).

Ignaz Perner, zunächst Anwalt, rief die ersten deutschen »Vereine gegen Tierquälerei« ins Leben: 1839 Dresden, Nürnberg, 1841 Berlin, Frankfurt, Hamburg, 1842 in München. Sch. trat dem Frankfurter Verein sofort bei. Im Jahresbericht 1850/1851 erscheint er unter den Persönlichkeiten, die sich für die Verbreitung solcher Jahresberichte und damit des Tierschutzgedankens eingesetzt haben: »der bekannte Dr. Schoppenhauer [sic!], Verfasser des Werkes »›Die beiden Grundgedanken der Ethik‹.«

»Den Hofrath Perner bitte ich auf das herzlichste von mir zu grüßen: habe seinen Brief und diverse gedruckte Zusendungen richtig erhalten, freue mich seines Beifalls und möge er ja nicht vergessen besprochenermaaßen mich zu besuchen, wenn er ein Mal herkommt. Er ist ein höchsteverdienster und verehrungswerther Mann: wer könnte das höher schätzen, als wir Buddhaisten! Sie könnten ihm aus den Parergis Bd 2, S. 310-312 [P II, 392-401] mittheilen.«

Johann Gottlob von Quandt (1787-1859)

Schopenhauer an Frauenstädt, 2. März 1849: »Ein anderer seltsamer Theilnehmer [an meiner Philosophie] ist ein urplötzlich dazu gewordener, sonst aber schon seit 32 Jahren mir sehr befreundeter Hr. v. Quandt, ein großer Kunstkenner und sehr reicher Gutsbesitzer in Dresden, der viel über die Kunst geschrieben, auch Reisen in Italien, Schweden, auch Recensionen in der Halle'schen [Litteratur Zeitung], etc., kürzlich war er in Spanien. Er pflegte, auf seinen vielen Reisen, mich alle 2-3 Jahre hier zu besuchen, machte auch wohl einen Umweg dazu. Aber stets war ihm blos an meiner Person gelegen g a r   n i c h t an meiner Philosophie, deren Erwähnung er geflissentlich zu vermeiden schien ... Denn er war ein Erz-Hegelianer und hat vor etwan 4 Jahren in Dresden Aesthetik für die Künstler vorgetragen, ganz im Hegel-schen Sinn, oder vielmehr Unsinn ... Der hat nun plötzlich blos den e r s t e n   B a n d meiner neuen Auflage ... durchstudirt und schreibt mir einen, 12 große, sehr vollgeschriebene Seiten langen Brief voll Enthusiasmus darüber: die stärkste Stelle muß ich Ihnen hinsetzen: ›Der Weg, welchen Sie vom Realen zum Idealen gefunden haben, ist eine größere Entdeckung, als die, welche von den Portugiesen gemacht wurde, daß man über das Weltmeer von Europa nach Indien gelangt.‹ Dennoch polemisiert er durchweg gegen mich vom Standpunkt des Realismus, Pantheismus und Optimismus aus. Der ästhetische Theil hat seinen ungeteilten Beifall – weil er Das versteht. Habe ihm geschrieben, er sollte nur den 2ten Band lesen, da würde sich's schon geben: – denn ein Mann wie Becker ist er nicht, mit dem ich mich in Kontroverse einließ.«

Quandt, mit Schopenhauer seit der Dresdner Zeit herzlich befreundet, auch Adele Schopenhauer zeitweise nahestehend, war Gutsbesitzer, vor allem aber Kunstkenner und Mäzen. Er hat Schopenhauer während seiner zahlreichen Reisen in Frankfurt besucht – der sonst in allem Persönlichen sehr reservierte Philosoph hat schon in Dresden viele vertraute Gespräche mit ihm geführt; Quandts Briefe an Adele und andere Freunde geben mancherlei Aufschluß über die vielschichtige Persönlichkeit Schopenhauers; in einem Brief an den Schopenhauer-Verehrer Asher stellt er dieser Freundschaft ein schönes Zeugnis aus: »Schopenhauer ist der einzige Freund, der mich auf meinem langen Lebenswege bis jetzt mit liebevoller Teilnahme begleitet hat und in allen Erinnerungen an die entscheidendsten und gehaltreichsten Augenblicke steht er, sey es als handelnde Person oder berathender Beobachter, vor mir.«

Dieses Dokument einer »lebenslangen Freundschaft« ist um so bemerkenswerter, als Quandt überzeugter Hegelianer war und sich erst 1849, und das unter manchen Vorbehalten, mit Schopenhauers Hauptwerk, von dem er nur die erste Auflage von 1818 gekannt hatte, zu beschäftigen begann.

Justus Wilhelm Martin Radius (1797-1884)

Radius, Opthalmologe, bereits mit 25 Jahren Privatdozent, später ordentlicher Professor für Pathologie an der Universität Leipzig, war auch Autor und Herausgeber allgemein-medizinischer Werke. Seit 1826 edierte er die in der internationalen Wissenschaftssprache Latein erscheinende Schriftenreihe *Scriptores ophthalmologici minores*; als das »asiatische Ungeheuer« (Goethe an Marianne, 13. Januar 1832) in Europa zu wüten begann, gab er die ›Cholera-Zeitung‹ heraus.

Seine Antwortbriefe sind verloren gegangen, die Briefe Schopenhauers aber lassen den Fortgang der – sich mühselig hinziehenden – Verhandlungen erkennen. Schopenhauer legte vor allem Wert darauf, daß »das Ganze keineswegs eine simple Uebersetzung, sondern eine stark veränderte, bereicherte u. zugleich zusammengezogene Lateinische Bearbeitung« sei (31. März 1829). Eine Verzögerung im Erscheinen benutzte er zu nochmaliger Überarbeitung der Schrift, die im Juni 1830 in den Buchhandel kam, von zahlreichen Druckfehlern verunstaltet. Schopenhauer dazu: »Ohne Druckfehler kommt so selten ein Buch in die Welt, als ein Kind ohne Makel!«

Schopenhauers Erwartungen, die Neuausgabe der Schrift in der lingua franca der Wissenschaft werde seinem Namen, und damit auch seinem Hauptwerk Bekanntheit im außerdeutschen Publikum verschaffen, erfüllten sich nicht.

Clemens Rainer

eigentlich Kreitmayer, wurde nach abgeschlossenem Jurastudium zunächst Schauspieler; von 1859-1864 trat er am Alten Theater in Oldenburg auf. Später wurde er Amtsrichter in Landsberg am Lech.

Johann Friedrich Karl Rosenkranz (1805-1879)

Rosenkranz, seit 1833 Professor der Philosophie in Königsberg, war überzeugter Hegelianer, ein Gelehrter, der zugleich sich als Vielschreiber auf historisch-literarischem, ja belletristischem Gebiet betätigte. Sein langjähriger Briefwechsel mit Varnhagen von Ense erschließt seine ambivalente Persönlichkeit und gibt ein lebendiges Bild von den Universitätsverhältnissen jener Zeit, die ihn im übrigen zu nicht weniger scharfen Epitheta verleiten, als jene sind, die man Schopenhauer anlastet. Rosenkranz, der i. J. 1837 noch freundlich auf Schopenhauers Anliegen eingeht, ja sich von ihm überzeugen läßt und seinen Namen in die Vorrede der Kant-Ausgabe aufnimmt, hat seinen Standpunkt bald gewechselt: beklagt er 1837 noch die mißliche Position des um 17 Jahre Älteren einfühlsam, weiß er auch im Briefwechsel mit Schopenhauers »Urevangelisten« Friedrich Dorguth noch viel Lobenswertes an Schopenhauers Philosophie zu nennen, – mit dem beginnenden Ruhm Schopenhauers hat er sich nur noch abschätzig und spöttisch über ihn geäußert und sich nicht davor gescheut, den berühmten, erfolgbringenden Aufsatz Oxenfords in der Westminster Review als eine hausgemachte, d. h. in Deutschland ad hoc ersonnene Fiktion hinzustellen. Und doch: sein höhnisches Wort von Schopenhauer als dem »neugewählten Kaiser der Philosophie« in Frankfurt, der Stadt der Kaiserkrönungen, ist am Ende, in seltsamer Verkehrung der ursprünglichen hämischen Bedeutung, für Schopenhauer selbst, für seine Schule und für die Nachwelt zum Symbolwort geworden.

Adele (= Louise Lavinia Adelaide) Schopenhauer (1797-1849)
Die neun Jahre jüngere Schwester hätte eine verständnisvolle Wegbegleiterin sein können, wenn dem nicht die unglückseligen Familienverhältnisse entgegengestanden hätten: Adeles Tagebücher legen ein beredtes Zeugnis ab. Die Mutter verbot ihr immer wieder den Briefwechsel mit dem Bruder. Adele, dem Brauch der Zeit gemäß völlig von ihr abhängig, zudem die weit schwächere Persönlichkeit, vermochte nicht, sich zu widersetzen, gar sich zu trennen. Es entstanden, ungewollt, Verhärtungen zwischen den Geschwistern, die sich nie mehr ganz auflösten, trotz der ursprünglich herzlichen Zuneigung zueinander.

Adele, gemütstief, klug, hochgebildet, bewegte sich mit Leichtigkeit im vielschichtigen Weimarer Kreis; im Hause Goethes, den sie Vater nannte, ging sie aus und ein, besonders nach der Heirat ihrer Herzensfreundin Ottilie von Pogwisch mit Goethes Sohn August.

»Geist, feine Bildung und ausgebreitete Kenntnisse« bezeugt ihr der sechs Jahre jüngere Louis Stromeyer, der die Heirat mit dem im Jahre 1819 verarmten Mädchen nicht wagte; »ihre Conversation war stets anregend und belehrend, ohne an den Blaustrumpf zu erinnern«.

Am 9. November 1835 fragt Adele den Bruder, inmitten der geschäftlichen Angelegenheiten über Danziger »Revenuen«, die den späteren Briefwechsel belasten: »Schreibe mir womöglich auch etwas Weniges, von Dir selbst, ob Du wohl, ob zufrieden bist, ob Du nichts wieder schreiben magst, oder ob du im Pulte schriftstellerst. Gott weiß, daß ich immer den alten Antheil an Dir fortnehme ...« Schopenhauer antwortet: »Du frägst, ob ich schriftstellere: sonderbar! 17 Jahre lang hätte ich die Frage mit ›bloß im Pult‹ beantworten müssen: gerade jetzt aber mit Ja! ... Sollte Dir die Schrift ein Mal zu Gesicht kommen, so kannst Du durch Blättern daraus *abnehmen*, was mein Leben, Streben und Leiden eigentlich ist ... (1. Dezember 1835). »Die Schrift« »Ueber den Willen in der Natur« kam 1836 heraus. Adele: »Dein Buch wird hier [in Jena, wohin Mutter und Tochter 1837 umgezogen waren] gelesen, und man spricht mit Anerkennung davon unter den Gelehrten.«

Schon vorher aber hatte sie dem Bruder, wieder inmitten geschäftlicher Angelegenheiten, Worte geschrieben, die zeigen, was aus einer ungestörten Beziehung der beiden geistesverwandten Geschwister hätte werden können:

»Dein Beruf muß nun endlich klar werden, ich kañ nicht urtheilen, bis Dein Thun ans Licht tritt mit dem Erscheinen der angekündigten Schrift! Ich achte Deinen Geist, so hoffe ich, daß er nicht irrt, Du achtest das Leben höher als ich, denn eine Wirksamkeit wie die, Welche Du andeutest, scheint mir in dieser, wie in aller Miserabilität, inclusive aller politischen, religiösen, poetischen und positiv reellen Formen und Erscheinungen, nicht vorgekommen – wir wollen also sehen was Du thun wirst, u. ob der Menschengeist das alles auffassen wird – oder ob die Welt bleiben und wechseln wird und die Menschen irren und elend seyn, nach wie vor? Um eine Stunde Deines Glaubens, gäbe ich meine ganze Existenz ...«

Adele kämpfte einen fast lebenslangen Kampf gegen Kränklichkeit, Bedürftigkeit und – trotz herzlicher Freundschaften – gegen eine Einsamkeit, der sie immer wieder durch Heiratshoffnungen abzuhelfen versuchte, immer wieder vergeblich, ja beschämend. Das Wort von der schrulligen alten Jungfer konnte nicht ausbleiben – ihre eigenen Briefe, auch an den Bruder, wie Berichte ihrer Freunde lassen diese tragische

Entwicklung einer hochbegabten, zu innerst noblen Frau erkennen. 88 dieser Briefe an Arthur Schopenhauer sind erst in neuerer Zeit zum Vorschein gekommen.

Der letzte, teilnehmende Brief des Bruders erreichte sie auf dem Sterbebett.

Johanna Schopenhauer (1766-1838)

Sie war jahrelang die gefeierte Gastgeberin der berühmten »Theeabende« in Weimar, zu denen nicht nur Goethe, sondern alle Besucher der Goethestadt aus dem In- und Ausland sich einfanden. Sie wurde dann eine jahrelang weitbekannte Schriftstellerin, deren Gesellschaftsromane sich einen ephemeren Namen als »Entsagungsliteratur« schufen, und erreichte eine Berühmtheit, die ihrem Sohn jahrzehntelang versagt blieb – bis der Glanz seines Ruhms dann in dem Verhältnis zunahm, in dem der Ihre, schon zu Lebzeiten, immer mehr erlosch. Heute sind ihre Romane kaum lesbar – ihre Jugenderinnerungen, von großer Lebendigkeit und Anschaulichkeit, haben ihren kultur- und zeitgeschichtlichen Wert behalten.

Mit dem Sohn hatte sie sich 1814 über ihren (14 Jahre jüngeren) Liebhaber entzweit – die in Weimar stadtbekannte und gern bespöttelte Beziehung mißfiel dem jungen Philosophen. Auch das gestörte Mutter-Sohn-Verhältnis wurde landauf landab bekannt. Er selbst, im Persönlichen stets reserviert, sprach kaum darüber, um so mehr sie selbst, und zumal der »Hausfreund«. In einer Zeit, die Verehrung der Eltern ohne Ansehen der Umstände als erste Pflicht forderte, war das Urteil über den Sohn, der angeblich seine Mutter haßte, schnell gefällt – das mag auch seinem zeitgenössischen wissenschaftlichen Ansehen mehr geschadet haben, als obenhin anzunehmen ist.

Erst vor kaum 20 Jahren sind spätere Briefe an den Sohn zutage gekommen, die zeigen, daß die Entzweiung sich immerhin zu einer erträglich-freundlichen Familienbeziehung gewandelt hat, soweit Johannas innere Kälte das möglich sein ließ.

Johanna Schopenhauer war gescheit, witzig, gebildet – sie hat diese intellektuellen Eigenschaften auf den Sohn vererbt; ihre Härte, ihren Egoismus, ihre Herrschsucht und Unbeherrschtheit wußte sie mit der Gabe reizend-geselligen Wesens zu verdecken – aber die Tagebücher der Tochter Adele, die Urteile mancher Zeitgenossen wissen genug davon zu berichten.

Ob Johanna die geheimnisvollen Worte, die ihr vom Stehpult des Hamburger Kaufmannslehrlings zukamen, verstanden hat? Immerhin: sie ließen sie ahnen, daß der Sohn zu anderem geschaffen sei als zu Buchhaltung und Auftragswerbung: sie hat, und das ist ihr großes Verdienst, dem Sohn zum Eintritt in die ihm gemäße Welt des Geistes verholfen.

Gottlob Ernst Schulze (1761-1833)
Schulze lehrte seit 1810 Philosophie an der Universität Göttingen, an der sich der Student der Medizin Arthur Schopenhauer 1809 eingeschrieben hatte. Die Vornamen dieses wohlbekannten Mannes gingen fast unter in der Gleichsetzung mit dem berühmten Titelnamen seines Hauptwerks: Aenesidemus Schulze wurde er allgemein benannt. Das Werk mit dem langatmigen Titel der Zeit: »Aenesidemus oder über die Fundamente der von dem Herrn Professor Reinhold in Jena gelieferten Elementar-Philosophie nebst einer Verteidigung des Skeptizismus gegen die Anmaßungen der Vernunftkritik« (Helmstädt – wo Schulze früher Prof. gewesen war – 1792). Schulze hat noch anderes veröffentlicht, aber keines seiner zahlreichen Werke ist so populär geworden – es stand sowohl bei den Zeitgenossen als auch im Deutschen Idealismus im Mittelpunkt der Diskussion um Kants Philosophie.

Schopenhauer hörte Schulzes Vorlesungen, die ihn zum Wechsel in das Studium der Philosophie bestimmten, und trat auch in persönliche Beziehungen zu ihm. Zwar fällt in der Nachschrift der Kollegs mitunter ein jugendlich-freches Wort der Kritik (»das Rindvieh Schulze«), aber er ist sich klar darüber, daß er seinem Professor viel zu danken hat: vor allem den Hinweis, er möge sich zunächst allein dem Studium Platons und Kants zuwenden; er habe dies, berichtet Schopenhauer später, strikt befolgt und habe sich wohl dabei befunden.

Michael Sikič (gest. nach 1909). *Camillo Schramek* (gest. 1880)
Sikič, der weniger bedeutende der beiden Freunde, war später »Marine-Oberingenieur in Zuteilung beim Reichskriegsministerium« in Wien. Er verkaufte den Brief Schopenhauers an den Sammler Robert Gruber, dessen gesamte, dem Schopenhauer-Archiv übermachte Sammlung im zweiten Weltkrieg verbrannte – und mit ihr der Brief an die Weißkirchener Kadetten.

Schramek, zuletzt Hauptmann der Artillerie, hat außer einigen Abhandlungen militärischen Inhalts eine Untersuchung über »Das Wärme-Spektrum der Sonne« (Wien 1873) veröffentlicht; die Schrift sollte der Vorläufer eines großen Werks über Optik sein, in dem er »von der Richtigkeit der Farbenlehren Goethes und Schopenhauers durchdrungen, es als die Aufgabe seines Lebens betrachtete, diese zur allgemeinen Anerkennung zu bringen« (Schemann), gewissermaßen miteinander zu versöhnen. Das Manuskript fand bei Fachleuten, soweit ihnen die bereits ausgearbeiteten Teile vorlagen, hohe Anerkennung. Das Werk selbst blieb unvollendet; die Anfänge zeigen seinen Stil als an dem Stil Schopenhauers gebildet, »mit klarer Ausdrucksweise, glänzender Diktion, aber auch in dem von Übertreibung nicht ganz freien polemischen Ton, den Schopenhauer in seiner Indignation über die Präponderanz des Falschen und Mittelmäßigen stellenweise anzuschlagen liebte« (Sikič an Schemann, dort S. 461).

Anhang

GLOSSAR

17 *Kanonikus:* Domherr; Chorherr; ursprüngl. kath. Geistlicher ohne Mönchsgelübde; an manchen Orten, der Pfründe wegen, auch von der prot. Kirche beibehalten.

35 *Life is a jest and all things show it: I thought so once and now I know it.:* Das Leben ist ein Possenspiel, und alle Dinge zeigen es. So kam's mir ehdem vor, und nun weiß ich es sicher. (Inschrift unter der Büste des Dichters John Gay, 1665-1732, im Poets' Corner der Westminster Abbey, wo Schopenhauer sie am 14. Juni 1803 gelesen und notiert hatte.)

38 *affirmiren:* bejahen; behaupten; bestätigen

44 *Obsignation:* gerichtliche Versiegelung

44 *Contagium:* Ansteckung

46 *obiter:* nebenbei; gelegentlich

46 *extra ordinem:* außerhalb der Reihe

46 *malörös:* malheureux; unglücklich; unselig

46 *Vive l'à peu près!:* Es lebe das Ungefähr!

48 *Schackja-Sohn:* Gautama Buddha, der dem adeligen Geschlecht der Sakjas (Schakjas) entstammte.

49 *präoccupiren:* die Unbefangenheit des Urteils rauben

50 *adminiculiren:* unterstützen; bestärken

52 *in succum et sanguinem:* in Fleisch und Blut

52 *vertiren:* umwenden; übersetzen

55 *verheerende Schloßen:* Hagelwetter

58 *air de réprobation:* Aura von Verdammnis

61 *Timidität:* Zaghaftigkeit, Schüchternheit

66 *Ubi plurima nitent non in paucis est haerendum:* Wo der größte Teil glänzend ist, soll man sich nicht an Kleinigkeiten stoßen (nach Horaz, ars poet. 351/2).

75 *succediren:* nachfolgen

75 *intimidiren:* einschüchtern

77 *Gallimathias:* sinnloses Geschwätz

78 *supprimiren:* unterdrücken; nicht zum Vorschein kommen lassen

78 *sekretiren:* verheimlichen

78 *restitutio in integrum:* Wiedereinsetzung in den vorigen Zustand

78 *Sapere audete!* Wagt es, vernünftig zu sein! (Horaz, epist. I, 240)

79 *kollationieren:* (Schriften) miteinander vergleichen

79 *Seguir li pochi e non la volgar gente:* Den wenigen folgen und nicht dem gemeinen Volke.

80 *Dixi et animam salvavi:* Ich habe es gesagt und meine Seele gerettet.

81 *iisdem verbis:* mit denselben Worten

81 *Intimidation:* Einschüchterung

81 *bona fide:* ehrlich; gewissenhaft

81 *retribuiren:* erstatten; vergelten

82 *iustitia distributiva:* ausgleichende Gerechtigkeit

83 *index locorum:* Verzeichnis der Stellen

84 *In majorem Dei gloriam:* Zum größeren Ruhme Gottes

84 *De mortuis nil nisi verum:* Über die Toten soll man nur die Wahrheit sagen!

85 *epistola exhortativa:* Mahnbrief

87 *quatenus prodire licet:* so weit vorzudringen erlaubt ist

91 *aqua haeret:* es hapert; Sie sind in Verlegenheit

94 *abusive:* mißbräuchlich

95 *Kalpa:* Weltperiode in der anfang- und endlosen Welthistorie im ind. Buddhismus

96 *in cerebro:* im Gehirn

97 *operari sequitur esse:* Was man tut, folgt aus dem was man ist.

97 *τί:* ein etwas

97 *veritates aeternae:* ewige Wahrheiten

97 *morbleu:* bekräftigendes Fluchwort (Donnerwetter! Potztausend!)

97 *aut – aut:* entweder – oder

97 *quae, qualis, quanta!:* Welche! Was für eine! Eine wie große!

98 *kontempliren:* beschauen; betrachten

98 *πoυ στω:* Wo ich stehen kann; d.h. der Archimedische Punkt

98 *Kaprice:* wunderlicher Einfall, Laune

102 *recte:* recht; richtig; gehörig

103 *ut dixi:* wie ich aufgezeigt, gesagt habe

104 *Macte virtute tua:* Heil Dir ob Deiner Tüchtigkeit!

107 *repetitio mater studiorum:* Die Wiederholung ist die Mutter der Studien.

115 *divination:* von Gott gegebene Ahnung; Wahrsagekunst

118 *et veri qui nunc ludent nostri iudices erunt:* Und die Knaben, die jetzt spielen, werden einmal unsere Richter sein.

121 *est enim verum index sui et falsi; lux se ipsam et tenebras illu-strat:das Wahre legt Zeugnis ab für sich und für das Falsche; das Licht erhellt sich selbst und die Finsternis. (Spinoza, epist. 74)*

124 *oratio pro corona:* die Rede vom Kranze (des Demosthenes)

125 ἐχθίστη δὲ ὀδύνη ἐστὶ τῶν ἐν ἀνθρώποισι αὕτη, πολλὰ φρονέοντα, μηδενὸς κρατέειν: Das schlimmste Leid unter Menschen ist, daß man so viel weiß und doch über nichts Herr ist. (Herodot, IX, 16)

125 *but break my heart: for I must hold my tongue:* Doch brich mein Herz, denn schweigen muß mein Mund. (Schlußwort Hamlets im ersten Monolog)

125 ἐχεμυθία: Verschwiegenheit

127 *Kyanometer:* Erfindung Saussures zur Messung der Farbnuancen des Himmelsblaus

127 *Skieron – σκιερόν:* schattig; das Schattige

128 *Ich trete die Kelter allein.:* Jesaja 63,3

132 *au fait:* schließlich

133 *nel bel paese, dove il Si suona:* Im schönen Land, wo das Si (Ja) ertönt. (Dante, Div. Comm. Inferno, XXXIII, 80)

134 *pour prendre congé:* um Abschied zu nehmen

135 *pater peccavimus:* Vater, wir haben gesündigt

136 *adoriren:* anbeten

139 *credere in:* glauben an

144 *Philippica:* Kampfrede

144 *adversus physicos:* gegen die Physiker

145 *exoriari aliquis meis ossibus ultor:* Es möge irgendein Rächer aus meinen Gebeinen entstehen! (Vergil, Aeneis IV)

148 *ubi rem meam invenio ibi vindico:* Auf meine Entdeckung erhebe ich Ansprüche (alter Rechtssatz)

149/50 *per fas et nefas:* mit erlaubten und unerlaubten Mitteln

150 *debitiren:* Waren vertreiben; verschleudern

164 *rhizoma:* Wurzelstock; der untere, meist in der Erde befindliche Teil des Stengels

167 *optime meritus de nobis et philosophia nostra]* höchst verdient
um uns und unsere Philosophie

167 *certo certius]* sicherer als sicher

171 ὅς εποιησε τον οὐρανον καὶ την γην, ἐν ἀρχῃ· αμην,
αμην!] Der den Himmel und die Erde erschaffen hat am Anfang,
Amen, Amen.

172 *παντα καλα λιαν]* (Und Gott sah an) alles (was er gemacht hatte
und siehe, es) war sehr gut.

172 *Mais tout cela est oublié]* Aber all das ist vergessen!

173 *ex abrupto]* urplötzlich; unvermittelt

173 *Kavillationen]* höhnende Neckerei; Trugschlüsse; verfängliche
Fragen

176 *ex propriis]* aus Eigenem

177 *toto genere]* der gesamten Gattung, Art nach

179 *Präponderanz]* Übergewicht

179 *Kabale]* Ränke; Intrigen

179 *absit]* Das sei ferne!

180 *Mortifikation]* Abtötung

189 *generatio aequivoca in utero heterogeneo]* Urzeugung in un-
gleichartigem Schoß

195 *nisi fallor]* wenn ich mich nicht täusche

195 *Remittenda]* zurückzuschicken

204 »*den Saamen legen wir in ihre Hände: ob Glück, ob Unglück
aufgeht, lehrt das Ende.*«] Schiller: Wallensteins Tod, Schluß des
1. Akts.

205 *intellectus luminis sicci non est, sed recipit infusionem a voluntate
et affectibus]* Der Intellekt ist kein Licht, das trocken brennte,
sondern er ist vom Willen und von den Leidenschaften beeinflußt. (Bacon nov.org., I)

205 *extra oleas]* über das Ziel hinausschießen

206 *fortiter in re, suaviter in modo]* stark in der Sache, sanft in der
Ausführung

206 *Sed quid opus teneras mordaci radere vero auriculas?]* Aber welches Werk berührt mit der bissigen Wahrheit die zarten Öhr-
chen? (Persius, sat., I)

207 δευτερος πλους] die zweitbeste Fahrt; mit den Rudern, ohne
Wind

214 *The origin of karma is inconceivable.]* Der Ursprung des Karma

ist unbegreiflich. Karma: im Buddhismus, Brahmanismus = Glaube, daß das Schicksal des Menschen nach dem Tode von seinen Taten in seinem letztvergangenen, das Schicksal des gegenwärtigen Lebens von denen in seinen früheren Leben abhänge.

der die Kinder den Namen der Mutter führen und nicht erbberechtigt sind

254 *prägnosticiren:* im vorhinein ergründen

255 *präjudiciell:* eine Vorentscheidung bildend; bedeutsam für die Beurteilung eines späteren Sachverhalts

255 *neque reapse hoc fundamentum sufficere evicit:* noch auch hat er in der Sache diese Grundlage als ausreichend bewiesen

256 *pereat mundus dum ego salvus sim:* Die Welt mag zugrunde gehen, wenn nur ich wohlbehalten bleibe.

256 *après moi le déluge – post mortem nulla voluptas:* nach mir die Sintflut – nach dem Tode gibt es keine Vergnügen mehr

257 *justum et tenacem propositi virum (Horaz, carm., III, 3):* den Mann des Rechts, der am Entschluß festhält

257 *summum crede nefas animum [eigentl. animam] praeferre pudori // et propter vitam vivendi perdere causas (Juvenal, sat., VIII, 83 f.):* Halte es für das Schmählichste, das Leben für die Ehre einzutauschen, // und um des Lebens willen zu verlieren, worum zu leben sich lohnt.

258 *velle non discitur:* Wollen läßt sich nicht lernen. (Seneca, epist. 81, 14)

259 *Supposition:* Unterschiebung, Voraussetzung in fine: am Schluß

259 *salvum esse:* wohlbehalten sein

260 *Palliativmittel:* ein Beschwerden linderndes, aber nicht Ursachen beseitigendes Mittel

261 πίθηκος: Affe

265 *desiderirte:* erwünschte

266 *Anodynum:* schmerzstillendes Mittel

266 *tragiren:* im tragischen Stil spielen

270 »*ach zur Strafe meiner Sünden ist die Thüre nicht zu finden?*«: Mozart, Don Giovanni

270 *Illuminismus:* Illuminatenlehre, -wesen (aufklärerisch – freimaurerische geheime Gesellschaft)

271 *socios habuisse – scrupulorum:* man hätte Gefährten gehabt – hinsichtlich der (eigenen) Bedenken

271 *fibriren:* wahrscheinlich vibrieren → nachschwingen

271 *Quadam prodire tenus:* bis zu einem gewissen Punkte weitergehen

273 *abusive:* mißbräuchlich

274 *Resipiscere:* wieder zu Verstand kommen

275 Ἐγγὺς γὰϱ νυϰτός τε ϰαὶ ἤματός εἰσι ϰελευϑοι: Nahe beieinander nämlich sind die Bahnen der Nacht und des Tages (Odyssee 10, 86)

282 *cidevant poète:* ehemaliger Poet

283 *par usage, par dépit, & par ennui:* aus Gewohnheit, aus Verdruß, aus Langeweile

284 *Bedlam:* populärer Name des Bethlehem Royal Hospital in London, eines der ersten psychiatrischen Krankenhäuser Europas

289 *abortiv:* unfertig; mißraten

290 ϑεῶν ἐν γούνασι ϰεῖται: es liegt in den Knieen, d.h. der Macht der Götter

291 *conclusio inevitabilis:* unvermeidliche Schlußfolgerung

292 *nullius momenti:* unwichtig; bedeutungslos

293 *uno eodem puncto:* in ein und demselben Punkt

294 *ad marginem:* an den Rand

302 *fons vitae:* Born des Lebens

303 *corvée:* eine Belastung

303 *entia rationis:* Wesenheiten der Vernunft

304 *the engineer blown up by his own petard:* von seiner eigenen Lunte der Leger platzt (Shakespeare, Hamlet III)

304 *thoroughly:* durch und durch

304/5 *quite amazed:* ganz erstaunt

305 *to prevent all possibility of mistake, & to see that all be right:* um jeder Möglichkeit eines Irrtums vorzubeugen und darauf zu sehen, daß alles seine Richtigkeit habe

308 *who acted as jurors:* die als Geschworene wirkten

308 *ius legendi:* Lehrbefugnis

309 *nolenti volenti:* mit oder wider Willen

312 *te saxa loquuntur:* die Steine verkünden deinen Namen

313 *experimentum crucis:* Kreuzesprobe; nach Baco von Verulam die Bezeichnung für ein Experiment, das endgültig über mehrere Möglichkeiten entscheidet.

313 *Voyez vous? Quocirca vivite fortes, fortiaque adversis opponite pectora rebus.:* Sehen Sie? Drum als Tapfere lebt und werfet die tapfere Brust den Schicksalsschlägen entgegen. (Horaz, serm. II, 2)

314 *Bel cavallo non morire/Ch' erba deve venire:*
Stirb nicht, schönes Pferd,
weil das Futter erst wachsen muß. (ital. Sprichwort)

316 *gène:* Enge
Der Teufel hat sie's zwar gelehrt: Allein der Teufel kann's nicht machen.: Goethe, Faust I, 2376/7

317 *agentia:* wirkende Kräfte

318 ὁ βίος ἐν τῃ κινησει ἐστι: Das Leben besteht in der Bewegung.
(nach Aristoteles, de anima I, 2 p 403)

319 *Kapuzinerpredigt:* possenhafte Predigt

319 *Desperation:* Verzweiflung

319 *indignirt:* entrüstet

320 *Magna est vis veritatis et praevalebit:* Die Macht der Wahrheit ist groß und wird den Sieg behalten. (Vgl. Esra, Vulgata III, Motto der Ethik Schopenhauers)

329 *Edite, bibite, post mortem nulla voluptas!:* Eßt und trinkt, nach dem Tod gibt es kein Vergnügen mehr! (vgl. 1 Kor. 15,32)

331 *cagot:* Heuchler

331 μικροκοσμος και μακροκοσμος: der Mensch und die Welt im Ganzen

332 *probatum est:* es ist erprobt

333 *Detto:* dito; das Gesagte, Vorgenannte

333 *quidam:* ein Gewisser

333 *bipedes:* die Zweifüßer (verächtlich: Menschen)

334 *cagotage:* Heuchelei

334 *partibus:* in den Teilen

334 *lumina:* Leuchten

337 *Democritus redivivus:* ein aufgewärmter Demokrit

341 *Sapienti sat:* dem Weisen genügt es (Plautus, Pers. 729)

342 *Wer Recht behalten will und hat nur eine Zunge, Oh, der behält's gewiß.:* Goethe, Faust I, 3069/7

343 *sine ira et studio:* ohne Vorliebe und Haß

343 *in extenso:* ausführlich

343 *et alibi:* und anderswo

344 *Pasquillant:* Verfasser von Spottschriften

344 *honorifice:* ehrenvoll

344 *Hactenus de Evangelio; jam ad epistolas!:* Soweit zu den Evangelien, nun zu den Briefen!

345 *per saecula saeculorum:* durch die Jahrhunderte der Jahrhunderte

345 διανοια, το γνωστικον, επιστημονικον: die Denkkraft, das Erkenntnisvermögen, die Verstandeskraft

345 *conclusio ex praemissis:* Schluß aus gegebenen Voraussetzungen

345 *vis a tergo:* Gewalt von hinten

346 *qui s'excuse, s'accuse:* Wer sich entschuldigt, klagt sich an.

346 *Cochonnerie:* Schweinerei; Dreck

346 *tout craché:* ganz ähnlich

346 *Hum, Mani, Padma, Oum!:* Bekannter als: O mani padme oum = Aufruf (zur Sammlung); Bitte um Erkenntnis buddh. Lehrgehalte

347 *toutes les affaires sont longues:* Alle Angelegenheiten nehmen viel Zeit in Anspruch. (Voltaire)

348 *paulo graviora canamus:* Etwas Wichtigeres laßt uns singen! (Nach Virgil, ed. IV,1)

349 *Chi non ha sdegno, non ha ingegno!:* Wer keinen Zorn aufbringt, hat keinen Geist. (ital. Sprichwort)

349 *Vale et nos amare perge!:* Leben Sie wohl und lieben Sie uns weiterhin!

353 *Geh' er nur grad usw.:* Goethe, Faust I, 3864/5

354 *j'ai de plats écoliers et de mauvais critiques:* Ich habe geistlose Schüler und schlechte Kritiker. (Voltaire)

354 *medicina mentis:* geistige Medizin

355 *ces gens là servent à repandre votre renommée:* Diese Leute verbreiten Ihr Ansehen. (Voltaire)

355 *of very low understanding:* auf sehr niedrigem Niveau

361 *Amphibolie:* Gebrauch von Worten, die in mehreren Beziehungen verstanden werden können

371 *very few have so firmly and strictly adhered to Kant as I did and have made like me his works the main point of their erudition.:* sehr wenige haben sich so fest und streng an Kant gehalten wie ich und gleich mir seine Werke zum Hauptgegenstand ihrer Geistesbildung gemacht.

383 *indefatigabilis:* unermüdlich

SIGLEN

[I.] Arthur Schopenhauer, Sämtliche Werke. Hrsg. von Arthur Hübscher. 7 Bände. 4. A. Mannheim: F. A. Brockhaus 1988 (= Werke)

G = Ueber die vierfache Wurzel des Satzes vom zureichenden Grunde (Werke Bd. I: Schriften zur Erkenntnislehre)

F = Ueber das Sehn und die Farben (Werke Bd. I: Schriften zur Erkenntnislehre)

W I = Die Welt als Wille und Vorstellung Bd. I (Werke Bd. II)

W II = Die Welt als Wille und Vorstellung Bd. II (Werke Bd. III)

N = Ueber den Willen in der Natur (Werke Bd. IV [1])

E = Die beiden Grundprobleme der Ethik (I. Ueber die Freiheit des menschlichen Willens. II. Ueber das Fundament der Moral. Werke Bd. IV [2])

P I = Parerga und Paralipomena Bd. I (Werke Bd. V)

P II = Parerga und Paralipomena Bd. II (Werke Bd. VI)
   Bd. VII der Werkausgabe enthält die Urfassung der Dissertation von 1813, Gestrichene Stellen, Varianten früherer Auflagen, Nachweis der Zitate mit Übersetzungen der fremdsprachigen Stellen und Namen- und Sachregister.

[II.] Arthur Schopenhauer, Der Handschriftliche Nachlaß. Hrsg. von Arthur Hübscher. 5 Bände in 6. Frankfurt am Main: Waldemar Kramer 1966-1975. 2. A. dtv-Kassette. München: Deutscher Taschenbuch Verlag 1985 (= HN)

HN I = Bd. I: Die frühen Manuskripte 1804-1818

HN II = Bd. II: Kritische Auseinandersetzungen 1809-1818

HN III = Bd. III: Berliner Manuskripte 1818-1830

HN IV (1) = Bd. IV, 1: Die Manuskripte der Jahre 1830-1852

HN IV (2) = Bd. IV, 2: Letzte Manuskripte/Gracians Handorakel

HN V = Bd. V: Arthur Schopenhauers Randschriften zu Büchern

[III.] Arthur Schopenhauer, Gesammelte Briefe. Hrsg. von Arthur Hübscher. 2. A. Bonn: Bouvier 1987 (= GBr)

[IV.] Arthur Schopenhauer, Gespräche. Hrsg. von Arthur Hübscher. 2. stark erweiterte A. Stuttgart-Bad Cannstatt: Friedrich Frommann Verlag Günther Holzboog 1971 (= Gespr.)

EDITORISCHE NOTIZ

Um das philosophische Anliegen und den Dialogcharakter des Schopenhauerischen Briefwechsels herausarbeiten zu können, lösten die Herausgeber Briefe und Gegenbriefe weitgehend aus ihrer Chronologie und gruppierten sie um thematische Schwerpunkte. Dieses Vorgehen allein reichte jedoch nicht aus, um die philosophischen Hauptgedanken der Korrespondenz sichtbar zu machen. Hierzu waren wegen der Vielzahl der thematisierten Inhalte und biographischen Ausführungen eine Reihe von Kürzungen nötig, die oft einzelne Sätze oder kleinere Kapitel, häufig auch längere Passagen umfassen. Derartige Kürzungen sind in den Brieftexten mit [...] oder [Auszug] kenntlich gemacht. Wenn die Zuordnung der Briefe zu den Themenblöcken in Einzelfällen dennoch strittig bleibt, so liegt dies an den Struktureigenschaften der Briefe selbst. Schopenhauer hatte sie nicht in Gedanken an eine Veröffentlichung verfaßt. Insbesondere bei den an Frauenstädt gerichteten Briefen, zu denen die Gegenbriefe fehlen, handelt es sich um »ohne Vorbedacht und Sorgfalt« hingeworfene Schreiben, wie er selbst sagt. Eine Ausnahme bildet durch ihren ausführlichen Dialog die Korrespondenz mit Becker aus dem Jahre 1844, das Herzstück des Briefwechsels. Hierbei handelt es sich um den schwierigsten Teil des gesamten Briefbestands. In diesem Themenkomplex ist der Brief von Schopenhauer an Adam v. Doß vom 22. Juli 1852 zum zweiten Mal abgedruckt, weil er sowohl für Schopenhauers Beziehung zu Kant wie auch für seine Ethik erhellend ist. Im Verlauf des Briefwechsels wird aus verschiedenen Auflagen, meist den Erstauflagen der einzelnen Werke Schopenhauers zitiert, die mit späteren Auflagen differieren, so auch mit der historisch-kritischen Gesamtausgabe (Arthur Schopenhauer,

Sämtliche Werke. Nach der 1. von Julius Frauenstädt besorgten Gesamtausgabe neu bearbeitet und hrsg. von Arthur Hübscher, 4. A. Mannheim: F. A. Brockhaus GmbH 1988), aus der heute üblicherweise zitiert wird. Die Herausgeber haben daher in eckigen Klammern jeweils die entsprechenden Stellen nach dieser Ausgabe angegeben.

Dem Wunsch des Verlages nach Vereinheitlichung entsprechend wurden die Ort- und Zeitangaben, die Schopenhauer an den Schluß seiner Briefe zu setzen pflegte, den Briefen vorangestellt, Sperrungen kursiviert und Kursivierungen mit Ausnahme der Namen beibehalten. Die mit der Zeit sich wandelnde Orthographie und Interpunktion entsprechen dem jeweiligen Erstdruck der Originale.

Die Quellen zu den wiedergegebenen Briefen und anderen Texten sind, soweit dies nicht in Fußnoten geschieht, in der folgenden Übersicht angegeben:

Schopenhauers Briefe sind entnommen: Arthur Hübscher (Hrsg.), Arthur Schopenhauer. Gesammelte Briefe. 2. Auflage. Bonn: Bouvier 1987.

Die An-Briefe stammen aus der längst vergriffenen Ausgabe: Paul Deussen (Hrsg.), Arthur Schopenhauers sämtliche Werke. Band XIV, München 1929 sowie Band XV, München 1933. Diese Bände enthalten: Carl Gebhardt (Hrsg.), Der Briefwechsel Arthur Schopenhauers. 1. Band 1799-1849, München 1929 sowie: Arthur Hübscher (Hrsg.), Der Briefwechsel Arthur Schopenhauers. 2. Band 1849-1860, München 1933, R. Piper u. Co., Verlag. (Vgl. a. Bd. XVI, 3. Band des Briefwechsels, Arthur Hübscher [Hrsg.] München 1942)

Die Briefe von Johanna und Adele Schopenhauer an den Sohn und Bruder sowie die Korrespondenz von Ferdinand von Biedenfeld mit F. A. Brockhaus sind folgender Briefbiographie entnommen: Angelika Hübscher (Hrsg.), Arthur Schopenhauer. Ein Lebensbild in Briefen. Insel Verlag

Frankfurt am Main 1987. (Nach Drucken in Schopenhauer-Jahrbüchern.)

Die Briefe von Karl Rosenkranz an Friedrich Dorguth sind Teil der »Fünf Briefe von Karl Rosenkranz an Dorguth über Schopenhauer«, hrsg. von W. Sange. In: Zeitschrift für Philosophie und Philosophische Kritik, Verlag von Johann Ambrosius Barth, Leipzig 1913, S. 93 ff.

Die mit Schemann gekennzeichneten Stellen beziehen sich auf: Schopenhauer-Briefe, Sammlung meist ungedruckter oder schwer zugänglicher Briefe von, an und über Schopenhauer. Hrsg. von Ludwig Schemann, Leipzig. F. A. Brockhaus 1893.

Das Namenregister bringt, mit Rücksicht auf notwendige Raumersparnis, nur da erläuternde Daten, wo sie zum Verständnis der Briefinhalte unumgänglich sind.

Die Herausgeber

NAMENREGISTER

In diesem Register werden alle in den Briefen vorkommenden Namen sowie Titel von Zeitungen und Zeitschriften der Zeit aufgeführt. Nur da, wo es zum Verständnis bestimmter Zusammenhänge und Situationen notwendig erschien, wurden die Informationen zu den jeweiligen Personen entsprechend erweitert. Der Leser, der ausführlichere Informationen wünscht, wird auf die S. 404 dieses Bandes angeführten Werke verwiesen.

Die in ⟨ ⟩ gesetzten Zahlen zeigen die Seiten der biographischen Porträts zu diesen Personen an. Die kursiv gedruckten Zahlen bedeuten die Seiten der jeweiligen Briefe.

»Entwicklung der deutschen Speculation seit Kant« (3. Band des »Versuchs einer wiss. Darstellung der Geschichte der neuern Philosophie«) erschien in 2 Bdn.: 1, 1848; 2 (mit Erwähnung Schopenhauers) 1853. 53, 315, 345

Ermann, Paul 25

Eulenspiegel, Tyll 222

Euler, Leonhard (1707-83), Mathematiker, Physiker, Astronom; zahlreiche Schriften 88

Exner, Franz (1802-53), Prof. d. Philosophie Padua und Wien, hatte sich in »Die Psychologie der Hegelschen Schule, beurtheilt« (Lpzg. 1842) gegen Rosenkranz' Werk »Psychologie...« (Königsberg 1837) gewandt. Rosenkranz schlug zurück in der 2. Ausgabe seiner »Psychologie« mit »Nebst Widerlegung der Hegelschen Psychologie« (Königsberg 1843) 162

Fallmerayer, Jakob Philipp (1790-1861), Schulmann, Historiker, Reisender, Prof. München, hatte in den »Blättern für Litt. Unterhaltung« 1850 »in einer von den Regeln des Anstands ziemlich abweichenden Art über Vortrag und Persönlichkeit des Prof. Ringseis berichtet« (Pierers Universallexikon, Suppl. 1851). 334

Faraday, Michael (1791-1867), der Begründer der modernen Elektrizitätslehre, versuchte, wie Humboldt, das Tischrükken aus mechanischen Ursachen zu erklären 313

Fernow, Carl Ludwig (1763-1808), Kunstschriftsteller, Bibliothekar in Weimar. Freund Johanna Schopenhauers 20f.

Feuerbach, Ludwig 281, 329, 331

Fichte, Johann Gottlieb 25, 33, 59, 68, 90, 92, 153f., 162, 164, 187, 211, 261, 296, 328, 348

Fichte, Immanuel Hermann 42, 261ff., 345f.

Ficinus, Heinrich David August 136

Fischer, Ernst Gottfried 25

Fischer, Kuno (1824-1907), Prof., Hegelianer, Verf. »Geschichte der neueren Philosophie«, 10 Bde. 1852-1877, darin Bd. 9 »Schopenhauer« 46, 103

Flourens, Marie Jean Pierre (1794-1842), Gehirnphysiologe 112, 334

Fortlage, Carl (1806-81), Fichtianer, Verf. »Genetische Geschichte der Philosophie seit Kant« (1852) 90, 92f., 345

Frankfurter Katholische Kirchenzeitung = Frankfurter katholisches Kirchenblatt 319

Frankfurter Konversationsblatt, belletr. Beilage zur Postzeitung 307, 341

Meyer, Jürgen Bona (1829-97),
Prof. Bonn; »ein Buch«: »Ari-
stoteles' Thierkunde. Ein
Beitrag zur Geschichte der
Zoologie, Physiologie und al-
ten Philosophie« (Berlin
1855) 329f., 353
Meyerbeer, Giacomo 383
Michelet, Karl Ludwig (1801-
93), Hegelianer, Prof. Berlin,
s. Gesch. d. Philos. wohl 1. Bd.
von »Geschichte der letzten
Systeme der Philosophie in
Deutschland« (2 Bde 1837/38)
82
Möser, Albert ⟨383⟩ 64, 105 ff.
Moleschott, Jacob 325, 329,
330, 337, 338 f., 352
Mollweide, Carl Brandan (1774-
1829), Prof. f. Mathematik u.
Physik; das »elende Lateinische
Programm«: »Demonstratio
propositionis quae theoriae
colorum Newtons fundamenti
loco est« (1814) 130
Montaigne, Michel Eyquem Sei-
gneur de 50
Mozart 270, 400
Müller, Johannes 151
Mulder, Gerardus Johannes
(1802-80), Prof. d. Chemie
Utrecht, Verf. »Versuch einer
allg. physiologischen Chemie«
(dt. 1844-51)
Munk, Salomon (1803-67),
Orientalist, Nachfolger Re-
nans am Collège de France
302, 303

Nägelsbach, Hans 62
Nationalzeitung 151
Newton, Sir Isaac Kap. IV pas-
sim, 135, 174, 190, 341, 381
Neuburger = Neubürger, Lud-
wig Ferdinand (1836-95),
wurde später ein bekannter
Schriftsteller u. Dramatiker,
Theaterkritiker in Frankfurt
a. M. 357
Ney, Elisabeth 192 f., 362
Ney, Michel, Herzog v. Elchin-
gen, Fürst v. d. Moskwa
(1769-1815), Maréchal de
France 193
Nietzsche, Friedrich 10, 156,
217, 218, 219
Noack, Ludwig (1819-85),
Theologe, Philosoph, vgl.
GBr 573 f. 306 f., 346
Novellenzeitung, Leipzig 192

Odin 116
Oken, Lorenz (1779-1851),
Naturphilosoph in der Nach-
folge Schellings. Zu Goethes
»eigenen Erfahrungen« vgl.
Tag- und Jahreshefte 1807,
635. 125
Oldenburg, Heinrich (1626-78),
Bremischer Diplomat, be-
suchte Spinoza 1661 und korrespondierte länger mit ihm
242
Osann, Friedrich Gotthilf (1794-
1858), Jugendfreund Sch.s
s. 1808 (Weimar) 33
Ostwald, Wilhelm 114